Explorando a cidade

Coleção Antropologia

– *As estruturas elementares do parentesco*
Claude Lévi-Strauss
– *Os ritos de passagem*
Arnold van Gennep
– *A mente do ser humano primitivo*
Franz Boas
– *Atrás dos fatos – Dois países, quatro décadas, um antropólogo*
Clifford Geertz
– *O mito, o ritual e o oral*
Jack Goody
– *A domesticação da mente selvagem*
Jack Goody
– *O saber local – Novos ensaios em antropologia interpretativa*
Clifford Geertz
– *Estrutura e função na sociedade primitiva*
A.R. Radcliffe-Brown
– *O processo ritual – Estrutura e antiestrutura*
Victor W. Turner
– *Sexo e repressão na sociedade selvagem*
Bronislaw Malinowski
– *Padrões de cultura*
Ruth Benedict
– *O tempo e o outro – Como a antropologia estabelece seu objeto*
Johannes Fabian
– *A antropologia do tempo – Construções culturais de mapas e imagens temporais*
Alfred Gell
– *Antropologia – Prática teórica na cultura e na sociedade*
Michael Herzfeld
– *Arte primitiva*
Franz Boas
– *Explorando a cidade – Em busca de uma antropologia urbana*
Ulf Hannerz
– *Crime e costume na sociedade selvagem*
Bronislaw Malinowski
– *A vida entre os antros e outros ensaios*
Clifford Geertz
– *Estar vivo – Ensaios sobre movimentos, conhecimento e descrição*
Tim Ingold

Dados Internacionais de Catalogação na Publicação (CIP)
(Câmara Brasileira do Livro, SP, Brasil)

Hannerz, Ulf
Explorando a cidade : em busca de uma antropologia urbana / Ulf Hannerz ; tradução de Vera Joscelyne. – Petrópolis, RJ : Vozes, 2015. – (Coleção Antropologia)

Título original : Exploring the City : inquiries toward an urban anthropology
Bibliografia
ISBN 978-85-326-4917-1

1. Antropologia urbana 2. Cidades I. Título. II. Série.

14-11954   CDD-307.76

Índices para catálogo sistemático:
1. Antropologia urbana : Sociologia   307.76

Ulf Hannerz

Explorando a cidade
Em busca de uma antropologia urbana

Tradução de Vera Joscelyne

EDITORA
VOZES

Petrópolis

© 1980 Columbia University Press

Título do original inglês: *Exploring the City – Inquiries Toward an Urban Anthropology*

Direitos de publicação em língua portuguesa – Brasil:
2015, Editora Vozes Ltda.
Rua Frei Luís, 100
25689-900 Petrópolis, RJ
www.vozes.com.br
Brasil

Todos os direitos reservados. Nenhuma parte desta obra poderá ser reproduzida ou transmitida por qualquer forma e/ou quaisquer meios (eletrônico ou mecânico, incluindo fotocópia e gravação) ou arquivada em qualquer sistema ou banco de dados sem permissão escrita da editora.

Diretor editorial
Frei Antônio Moser

Editores
Aline dos Santos Carneiro
José Maria da Silva
Lídio Peretti
Marilac Loraine Oleniki

Secretário executivo
João Batista Kreuch

Editoração: Maria da Conceição B. de Sousa
Diagramação: Alex M. da Silva
Capa: Felipe Souza | Aspectos
Ilustração de capa: Ilustração feita a partir da imagem de
© Davidtb | Dreamstime.com

ISBN 978-85-326-4917-1 (edição brasileira)
ISBN 978-0-231-08376-8 (edição norte-americana)

Editado conforme o novo acordo ortográfico.

Este livro foi composto e impresso pela Editora Vozes Ltda.

Sumário

Agradecimentos, 7

1 A formação de um antropólogo urbano, 11

2 Etnógrafos de Chicago, 28

3 A busca pela cidade, 69

4 A vista do Copperbelt, 131

5 Pensando com redes, 178

6 A cidade como um teatro – Contos de Goffman, 218

Conclusão – A construção de cidades e das vidas urbanas, 261

Apêndice – Conceitos analíticos em *Explorando a cidade*, 337

Referências, 345

Índice remissivo, 381

Agradecimentos

Os agradecimentos que começam um livro, mas que geralmente são a última coisa a ser escrita, são a evidência de parte de uma rede de contatos pessoais e de fases da carreira de uma vida. Eles podem documentar a passagem por muitos ambientes, uma série de experiências significativas e uma variedade de conversas em andamento ou interrompidas.

No final do capítulo introdutório, descrevi alguns dos fatores pessoais que fizeram de *Explorando a cidade* o tipo de livro que é, e menciono três experiências de campo, em Washington D.C., em Kafanchan, na Nigéria, e nas Ilhas Cayman. Parece-me adequado, primeiramente, destacar o que aprendi nesses locais sobre o que é urbano e o que não é, e agradecer coletivamente aos amigos, conhecidos e aos que estavam lá e me deram informações, pelo que fizeram para que eu entendesse melhor aquilo que via. Aos que mais me ajudaram, em alguns casos pude destacar ou o farei, futuramente, em outras publicações. Mas alguns, devido à ética do trabalho de campo e de publicação, continuarão anônimos. É muito provável, é claro, que muitos deles acharão difícil enxergar a relação entre as coisas concretas que passamos juntos e algumas das noções mais abstratas das páginas que se seguem. Mesmo assim, a relação está lá.

Voltando-me para o mundo acadêmico, é possível, com uma frequência um tanto maior, discernir a influência direta sobre o que foi colocado neste livro de determinados parceiros da rede de contatos, embora em alguns casos devam, inevitavelmente, ser feitas referências a outras coletividades. A mais diversa e maior delas é a dos colegas e alunos que tiveram alguma reação a minha opinião sobre antropologia urbana, em uma série de seminários e conferências nos Estados Unidos, Canadá, Inglaterra e Escandinávia e que me permitiram compartilhar a sua. O que tornou-se um grupo verdadeiro, embora, a esta altura, possa muito bem estar quase igualmente disperso, foram os participantes de um seminário de antropologia urbana no Departamento de Antropologia da Universidade de Pittsburgh, onde eu era membro convidado da faculdade em 1971-1972. Apesar de até então ainda não ter pensado seriamente em escrever um livro sobre o assunto, esse seminário ajudou-me a começar a organizar minhas ideias. Leonard Plotnicov e Keith Brown, com quem dei o seminário, estavam igualmente interessados em discutir, dentro ou fora do seminário, aquilo que consideravam como característico da vida e da antropologia urbanas e fizeram muito para tornar esse ano inesquecível. Espero que eles reconheçam, neste livro, uma série de questões levantadas pela primeira vez em nossas conversas em Pittsburgh – se por um deles ou por mim, confesso, não consigo me lembrar bem.

Outra incursão acadêmica aconteceu em um estágio posterior do desenvolvimento deste livro. Na primavera de 1976, eu era Pesquisador Sênior do Programa Simon, no Departamento de Antropologia Social da Universidade de Manchester. Já que isso me deu a oportunidade, bastante rara, de passar muito tempo lendo, pensando e escrevendo, sem grandes perturbações e em um ambiente estimulante, sou muito grato aos meus então colegas de Manchester por terem me recebido. John Comaroff, Chris Fuller e Keith Hart me ajudaram muito com nossas conversas. Em virtude de o papel do departamento de Manchester ter sido tão proeminente no desenvolvimento de estudos de antropologia urbana, no entanto, as vantagens daquele período também variaram entre algo concreto, como o acervo de bibliotecas especializadas e uma sensação muito menos tangível, mas mesmo assim verdadeira, de que ali era um ambiente adequado para meus interesses.

No entanto, foi, naturalmente, no meu próprio departamento, na Universidade de Estocolmo, que tive a grande oportunidade de testar várias ideias, durante os anos que este livro estava sendo escrito (nem sempre de forma linear), e onde, também, o livro tomou forma de várias outras maneiras. Os seminários de Antropologia Urbana, Informações Pessoais nas Relações Sociais, Análise de Carreira e Análise Cultural, entre 1970 e 1978, foram especialmente úteis a esse respeito, e seus participantes constituem outro grupo fortemente unido a que devo agradecer coletivamente. Stefan Molund, Kristina Bohman e Thomas Gerholm, também, em um ou outro momento, leram vários esboços de capítulos e muitas vezes me ajudaram a tornar mais claras as minhas hipóteses e a organizar meu argumento, com suas críticas e, também, chamando a minha atenção para uma etnografia mais clara e para outras referências. Um grupo de colegas, ex-alunos ou alunos de pós-graduação do departamento, uma vez mais incluindo os três que acabei de mencionar, também tem minha gratidão por terem sido um dos melhores guias que um antropólogo urbano poderia ter quando os visitei em campo, em cidades de três continentes. E estou também muito grato pela minuciosa atenção que quatro assistentes conscienciosos do departamento, Kerstin Lagergren, Ulla Forsberg Fröman, Gunnel Nordström, e Lena Haddad, deram às partes digitadas e às versões do original.

Além da rede dos grupos de Pittsburgh, Manchester e Estocolmo, é preciso reconhecer, também, o interesse que algumas outras pessoas demonstraram ter por este livro. Por meio de conversas ou de correspondência, tive o prazer de ter as opiniões de Gerald D. Berreman quanto ao capítulo 1, A.L. Epstein e J. Clyde Mitchell no que diz respeito aos capítulos 4 e 5, Jeremy Boissevain e Alvin W. Wolfe sobre o capítulo 5 e Erving Goffman com relação ao capítulo 6. Um leitor anônimo que leu todo o original, em nome da Columbia University Press, deu várias sugestões úteis, das quais apenas algumas pude seguir. E John D. Moore, da Columbia University Press, foi um editor extremamente amável, mesmo levando em conta que a conclusão do original foi constantemente adiada.

O *Explorando a cidade*, que agora estará diante do leitor, é um livro um pouco diferente daquele que, a princípio, eu esperava escrever quando dei início ao projeto de organizar minha concepção sobre antropologia urbana. Isso, em parte porque, depois de certo período, vi que estava em uma corrida contra o tempo, e iludido por esperar escrever o livro de escopo bastante amplo originalmente previsto. E, de qualquer forma, ele dificilmente caberia entre duas capas. Mesmo como está, *Explorando a cidade* não é um livro muito pequeno. É possível que eu venha a encontrar outras oportunidades para lidar com questões e dados que agora devem ser deixados de lado. Mas, outro motivo para o livro, talvez, ter aumentado um pouco aqui, diminuído um pouco ali, e partido para algumas direções que eu não pensara antes, foi, evidentemente, a influência constante de amigos e colegas. Ele não irá, espero, ser o produto final de meus diálogos com eles, já que gostaria de ter muitos deles na minha rede de contatos quando eu passar para outros aspectos do estudo antropológico das cidades.

Qualquer que seja o mérito que este livro possa ter, penso que deveria compartilhá-lo com aqueles que ajudaram e encorajaram minha iniciativa. Ao contrário de um punhado de autores recentes, entretanto, acho que seria injusto de minha parte sugerir que aqueles que deram esse apoio também devam estar preparados para assumir uma parte da culpa pelos vários defeitos do livro. A convenção de que este fardo deve ser carregado apenas pelo autor é a que aceito. Afinal, se fosse um livro com o qual meus amigos e colegas, sinceramente, quisessem estar associados, não o teriam escrito eles mesmos?

Em vários aspectos, a escrita tende, em geral, a ser uma tarefa solitária. Na maioria das vezes, encontrei a solidão necessária, durante os períodos que passei longe da confusão da vida urbana, em uma casa de veraneio isolada com um jardim cheio de mato e velhas árvores frutíferas que recebia a visita de gatos e tinha um ouriço residente, no sul da Suécia. Esse, paradoxalmente, é o local onde este livro sobre antropologia urbana foi iniciado e é onde pretendo terminá-lo agora. Mesmo para um urbanita assumido, devo confessar, o campo pode ter suas vantagens.

Utvälinge, abril de 1980.
Ulf Hannerz

A formação de um antropólogo urbano

Apenas há pouco mais de uma década, quase não havia uma antropologia urbana. A preocupação com o urbanismo como parte da civilização e o interesse pela definição de suas propriedades interculturais, já levaram uma série de pesquisadores a Timbuktu e a outros locais distantes. Mas, ainda no início da década de 1960, um estudante de urbanismo comparativo pôde observar que os antropólogos eram "um grupo notoriamente agoráfobo, antiurbano por definição" (BENET, 1963a: 212). Só nessa década a tendência dos antropólogos de ir para as cidades (ou, simplesmente, de permanecer nelas) tornou-se realmente considerável. Houve vários motivos para isso. Nas sociedades "exóticas" às quais os antropólogos habitualmente dedicaram a maior parte de sua atenção – e que agora estão aprendendo a descrever como "Terceiro Mundo" – as pessoas, cada vez mais, deixavam as aldeias e iam para novos centros urbanos em constante crescimento e é claro que os pesquisadores de suas vidas dificilmente poderiam desconsiderar esse fato. Nos Estados Unidos, muitos antropólogos estavam mais diretamente envolvidos com os desenvolvimentos locais. Na década de 1950, a imagem que os Estados Unidos tinham de si mesmos era a de uma sociedade de massa homogeneizada e afluente; intelectuais queixavam-se de um excesso de conformismo medíocre. Na década de 1960, a etnicidade e a pobreza foram redescobertas e, na maioria das vezes, foram definidas como "problemas urbanos". Na Europa, ao mesmo tempo, a migração de mão de obra internacional e, em menor medida, o afluxo de refugiados de convulsões políticas, estavam mudando o caráter de muitas cidades. Havia uma busca por novos conhecimentos e os antropólogos sentiram que poderiam desempenhar um papel. Tinham se especializado em "outras culturas", mas as tinham procurado em lugares distantes. Agora, eles as encontravam do outro lado da rua[1].

---

1. Certamente também não é um fato totalmente insignificante que em um número crescente de países do Terceiro Mundo, pesquisadores estrangeiros já não eram particularmente bem-vindos. Além disso, o financiamento para longos períodos de trabalho de campo no exterior parecia cada vez mais

Entre a presença de antropólogos nas cidades até o surgimento de uma antropologia urbana, no entanto, houve ainda outro passo. A identificação coletiva com a nova especialização acadêmica, e o uso habitual do rótulo de antropologia urbana, foi mais uma coisa da década de 1970 do que da década precedente. O primeiro livro com o título *Antropologia Urbana* surgiu em 1968. Desde 1973, autores e editores (um pouco sem imaginação) o usaram em mais cinco livros[2]. A revista *Antropologia Urbana* começou a ser publicada em 1972. Obviamente, naquele momento, os antropólogos urbanos já estavam formando uma comunidade. Candidatavam-se a vagas de especialistas em seus próprios departamentos de antropologia, encontravam-se em suas próprias conferências e as cartas que trocavam não eram pequenas, isto quando não escreviam compêndios para ensinar aos alunos sobre as cidades.

A reação a esses desenvolvimentos tem sido um tanto confusa. A antropologia urbana, como é agora, pode reivindicar certas realizações. Ela também enfrenta vários problemas não resolvidos e não há consenso sobre suas perspectivas. Um profissional sugere que a "antropologia urbana pode vir a ser o novo núcleo criativo da antropologia social comparativa moderna" (GUTKIND, 1968: 77); outro considera a delimitação de tal área "falsa e retrógrada, na medida em que tende a criar uma justificativa para manter um tema dentro de uma disciplina que não pode e não deve lidar com ele" (LEEDS, 1972: 4). Para alguns, os recursos teóricos e metodológicos da tradição antropológica parecem insuficientes para a pesquisa urbana; para outros, o problema é justamente que os novos urbanologistas não estão prestando atenção suficiente às ideias desenvolvidas por antropólogos em outros contextos sociais. Os que têm alguma consciência do que se passa na disciplina-irmã da sociologia podem ter notado que a base para uma especialização urbana, teórica ou prática, talvez estivesse lá. Outros podem ter percorrido seu caminho independente e, talvez, mais lentamente, em direção à incerteza similar. O que é uma preocupação de relevância, para alguns, pode ser mero oportunismo para outros – "uma luta indigna para encontrar selvagens substitutos nas favelas", nas palavras de Robin Fox (1973: 20).

Assim, pode parecer que a antropologia urbana não tem nenhum passado nem qualquer motivo para se preocupar com seu futuro. Mesmo assim, este livro é em grande parte retrospectivo, uma tentativa de trilhar alguns dos passos dados na direção do presente. Que motivos poderia haver para realizar um empreendimento como este?

---

difícil de se encontrar, talvez especialmente para jovens antropólogos americanos. A antropologia urbana em meu país poderia assim ser uma saída.

2. O primeiro volume com esse título é de Eddy (1968); os outros são de Southall (1973a), Gutking (1974), Uzzell e Provencher (1976), Fox (1977) e Basham (1978). Bastante semelhantes são os livros de Weaver e White (1972), Foster e Kemper (1974) e Eames e Goode (1977).

Em grande parte, eu diria, eles podem ser encontrados na maneira pela qual os antropólogos entraram na cidade. Não foram tanto suas próprias reflexões sobre a natureza e o estado de sua disciplina que os levaram lá, mas sim eventos externos que insistentemente exigiam atenção. Em uma corrida desenfreada para um campo definido por conflitos raciais, instituições que funcionavam mal e o crescimento de favelas, eles, muitas vezes, refletiam pouco sobre o que é urbano na antropologia urbana e o que é antropológico a respeito dela. Havia apenas a transferência mais simples e menos autoconsciente possível da antropologia básica para o novo contexto. As especialidades da antropologia que eram consideradas óbvias eram uma sensibilidade para a diversidade cultural e a proximidade dos acontecimentos da vida cotidiana, que eram acompanhadas pela observação participante como método de pesquisa dominante; e a inclinação para definir os problemas em seus termos gerais, "holisticamente", e não em suas minúcias. Tais características, de método e perspectiva, tenderam a levar o antropólogo, especialmente nos Estados Unidos, para o enclave étnico, o gueto, que tinha características culturais e organizacionais com as quais ele poderia – à sua própria estranha maneira – sentir-se à vontade. Mas, em geral, o que era mais importante para atraí-lo para lá, é claro, é que esse tipo de comunidade é também frequentemente confrontada com problemas sociais. Particularmente a antropologia urbana americana, tornou-se então, na frase de Tylor, "a ciência do reformador". Ela se voltou para as questões de saúde e bem-estar social, lei e justiça, escola e trabalho, o ambiente físico e suas mudanças.

Isso, certamente, não é motivo para arrependimento. A preocupação com boas obras, certamente continuará a ser parte da antropologia urbana e a tendência é acharmos que ela pode ser bastante útil nessas áreas. Seria também imperdoável que um antropólogo com raízes em uma sociedade muito mais homogênea sugerisse que os antropólogos urbanos americanos devessem parar de prestar atenção aos bairros étnicos de suas cidades. Obviamente, a etnicidade continua sendo uma força viva na sociedade americana. O resultado disso, no entanto, é especialmente uma antropologia de senso comum, cuja qualidade tende a ser mensurada mais por sua relevância prática e resultados, do que por seu puro valor intelectual. Embora contribuições teóricas possam resultar de tal trabalho, elas são passíveis de ser subprodutos inesperados.

É um outro fato das mesmas realidades de pesquisa que o campo da antropologia urbana foi definido de uma maneira muito ampla. Na maioria das vezes ela é levada a incluir todos os estudos em que a cidade é o *locus* e não o *focus*[3]. Etnicidade e pobreza, por exemplo, podem ocorrer *na* cidade, mas elas não são,

---

3. Estou grato a Henning Siverts por essa formulação em um seminário no Departamento de Antropologia Social, Universidade de Bergen, em 1971.

por definição, fenômenos tipicamente urbanos. O uso eufemístico de "problemas urbanos" na retórica política não é um guia confiável aqui. As investigações da vida familiar urbana, ou das atividades de gangues de jovens, ou das culturas ocupacionais, tampouco precisam estar muito relacionadas com quaisquer características intrinsecamente urbanas. Essa inclusão generosa de todos os tipos de interesses, ideias e descobertas, juntamente com uma relativa despreocupação com aquilo que poderia ser seu denominador comum, também contribui para a imagem de uma antropologia urbana que parece não ter uma estrutura coerente e unificadora de ideias.

Neste livro, tentaremos selecionar alguns dos elementos dessa estrutura. É provavelmente inevitável que isso também nos leve a ter como objetivo primordial uma antropologia urbana mais estritamente concebida, onde o *focus* esteja no urbanismo em si – seja lá o que for que esta afirmação possa significar. Em grande medida, iremos desconsiderar o que pareça ser meramente prática rotineira da antropologia dentro dos limites da cidade. Mas isso não significa necessariamente que tenhamos de começar novamente do zero. Podemos obter uma visão geral melhor do território a ser explorado se usarmos as oportunidades que surgem em nosso caminho para observá-las do ombro de gigantes – ou às vezes até mesmo de gente pequena como nós. Em outras palavras, tentaremos reunir alguns componentes de um passado utilizável para a antropologia urbana que temos em mente. A antropologia urbana precisa de sua própria história das ideias, uma consciência coletiva do crescimento das compreensões que digam respeito aos fundamentos da cidade e da vida da cidade. Algumas dessas compreensões já podem ter uma idade respeitável. Outras são produto de um passado muito recente, até mesmo fundindo-se com o presente. Elas apareceram em contextos variados e pode muitas vezes ser útil (ou pelo menos intelectualmente agradável) vê-las, ali, pela primeira vez. Outras, claro, ocorreram periodicamente em formas ligeiramente diferentes em vários momentos e locais. Grande parte do trabalho de traçar suas interligações e combiná-las em um padrão ainda precisa ser feita.

Descrever o que se segue como história parcial do pensamento antropológico urbano, no entanto, só seria correto de algumas maneiras; de outras, seria um equívoco. Isso implicaria, sobretudo, uma autonomia muito grande para a disciplina. A maior parte do que possa ter sido útil no passado para a antropologia urbana de hoje, originou-se do outro lado das fronteiras acadêmicas, por mais aceitáveis que essas ideias possam agora parecer para uma perspectiva antropológica. Elas devem ser tomadas, por exemplo, da história, da sociologia e da geografia. Há também a questão do relacionamento da disciplina do ramo urbano, com a antropologia como um todo.

Podemos, talvez, ver os antropólogos urbanos quer seja como urbanologistas com um determinado conjunto de ferramentas, ou como antropólogos que estudam um determinado tipo de arranjo social. Os dois modos de olhar o trabalho deles não são totalmente independentes, mas sugerem ênfases diferentes. Acredito que grande parte da antropologia urbana recente presta-se mais ao conceito anterior; sua pergunta tem sido: "Qual é a contribuição da antropologia para os estudos urbanos?" A questão complementar é, "Qual é a contribuição dos estudos urbanos para a antropologia?" Ambas as perguntas merecem ser feitas, repetidamente, para ver se novas respostas podem estar em desenvolvimento. Mas, se para a primeira questão até agora as respostas estiveram, em sua maioria, dentro dos padrões normais acerca das características da antropologia, a última pode ser, teoricamente, mais provocativa e talvez possa garantir que a comunicação entre a antropologia comparativa geral e o seu ramo da cidade passe a ser uma via de mão dupla.

Para fazer jus à sua pretensão de ser "a ciência da humanidade", no entanto, a antropologia deve ser reconstruída para incluir uma consciência de vida urbana. Ela não pode tirar suas conclusões baseando-se apenas em pesquisas em comunidades pequenas, sem complicações, principalmente nas partes não ocidentais do mundo. A contribuição especial da parte urbana ao todo antropológico consiste na compreensão de uma série de fenômenos sociais e culturais, pouco ou nunca encontrados em outros locais, que sejam examinados tendo como fundo a variação humana em geral.

Com base nesse ponto de vista, deve ser acrescentado que a afluência dos antropólogos urbanos para os enclaves étnicos das nossas cidades pode parecer um subterfúgio. Eles podem ser a coisa mais semelhante aos locais da pesquisa antropológica tradicional que poderíamos encontrar na cidade, "aldeias urbanas" nos termos de Gans (1962a). No caso ideal, uma grande parte dos relacionamentos sociais da população está contida dentro do enclave. Os compatriotas do aldeão urbano formam um grupo para o qual são atraídos não só seus vizinhos, mas também seus amigos e parentes, e ele interage com eles nestas capacidades, principalmente dentro do território da aldeia. Quanto menor for a população, mais provável será que ela forme uma densa rede de relacionamentos em que podemos começar a partir de uma pessoa, traçar algumas ligações e voltar por um caminho tortuoso para aquela mesma pessoa – e podemos fazer isso por uma série de caminhos diferentes. Como Gans diz, é possível que nem todos conheçam todos os demais, mas todos sabem alguma coisa de todos os outros. Além disso, pode haver uma continuidade considerável ao longo do tempo nessas relações, já que os aldeões se veem dia após dia, e raramente passam por mudanças em suas vidas que rompam os laços que têm entre si. Crianças que crescem juntas podem muito bem ser, quando adultas, amigas umas das outras, vizinhas e talvez, até parentes por afinidade.

Nem todos os bairros étnicos são assim. Para contribuir ao máximo com o panorama etnográfico que é um dos maiores recursos da antropologia, no entanto, os antropólogos da cidade talvez devessem dar grande parte de sua atenção ao extremo oposto da aldeia urbana. Tendemos a pensar a cidade especialmente como um lugar onde as pessoas não se conhecem muito bem (pelo menos não inicialmente), onde conhecidos em comum são descobertos e não presumidos, e onde transições rápidas podem ser feitas através da estrutura social. Diante disso poderíamos afirmar que tais fenômenos não são realmente mais típicos da cidade do que da aldeia urbana. Isso pode ser verdade, por um lado, mas, por outro, pode ser bastante irrelevante. Existe um sentido em que provavelmente concordaríamos que eles são "mais urbanos" do que a aldeia urbana – ou seja, que é mais provável que eles sejam encontrados na cidade do que em outras áreas. Se fiéis a nossa herança antropológica, estaremos mais interessados nas variações da forma do que naquilo que é típico e é neste sentido que eles são importantes como manifestações de urbanismo.

Ao longo deste livro, nossas investigações irão, portanto, ser direcionadas para a identificação de *insights* específicos que o estudo da cidade pode oferecer para a antropologia. Ao mesmo tempo, deve ser entendido que a nossa própria maneira de selecionar e conceituar fenômenos pode ser, em si, uma contribuição da antropologia aos estudos urbanos. O pensamento urbano antropológico é, fundamentalmente, pensamento antropológico. Tanto o que pode ser original sobre o assunto quanto o que será emprestado de outras fontes (e, depois, possivelmente transformado) é determinado pelo confronto da mente antropológica com a realidade urbana. Isso pode acabar se tornando uma experiência um tanto paradoxal na adaptabilidade da análise antropológica. Depois de décadas de trabalho construindo um sistema conceitual para a compreensão de sociedades tradicionais distantes, sempre temendo o cativeiro moral e intelectual do etnocentrismo, agora nos deparamos com o teste desse sistema em nossas próprias cidades. Seus efeitos, espero, incluirão o desenvolvimento de ideias que também possam provar ser importantes em outras esferas da antropologia, embora a natureza da vida urbana possa mostrar a sua utilidade de formas particularmente dramáticas.

Espero que a perspectiva esboçada aqui satisfaça os antropólogos que criticam a noção de uma antropologia urbana porque sentem que a sua diferenciação, com um rótulo próprio, marcaria sua separação da disciplina-mãe. Eles estão preocupados com o fato de que o estabelecimento de uma identidade separada leve à rejeição do método e da teoria antropológicos considerando-os inadequados para os estudos urbanos. Isto não é, obviamente, a minha concepção de antropologia urbana. Como um ramo da antropologia, a antropologia urbana não é mais separada do que os estudos de, digamos, sociedades camponesas ou nômades. Ninguém sugere que o estudo antropológico de camponeses tenha se divorciado da antropologia propriamente dita; ninguém nega que a antropologia tenha se beneficiado do crescimento dos estudos camponeses que, não faz muito tempo, também constituíam um novo interesse emergente. Contudo, ao mesmo tempo, reconhece-se que o estudo das sociedades camponesas envolve um grupo de conceitos e ideias para o qual é prático ter-se uma designação comum. Nem mais nem menos, é o que eu acho que deva ser reivindicado para a antropologia urbana. Ela é uma especialização reconhecida, mas, ao mesmo tempo, uma parte integrante da antropologia.

Por outro lado, a preocupação com a contribuição intelectual dos estudos urbanos para a antropologia pode parecer mero academicismo, um recuo de relevância. Pode-se responder à essa objeção, antes de mais nada, dizendo que há espaço para mais do que uma antropologia urbana. Pelo menos nessa fase inicial, certamente, devemos estar preparados para deixar que mil flores cresçam e esperamos que elas irão encontrar maneiras de florescer mesmo em um ambiente de concreto. Mas, além disso, pode-se responder que o antropólogo cujo campo seja em Boston ou Berlim, deve ter tanta ou tão pouca liberdade – seja qual for nosso desejo – para cultivar sua curiosidade por suas vantagens intrínsecas quanto aquele que vá viver entre os bongo. Pensar de outra forma daria a impressão de etnocentrismo, por mais bem-intencionado que fosse. Na verdade, se Boston ou Berlim por acaso fossem parte de nossa própria sociedade, poderíamos ser mais capazes de desempenhar a parte ativa de um antropólogo-advogado do que poderíamos fazer nos lugares em que estivéssemos "apenas visitando". No entanto, parece haver pouca diferença, em princípio, entre rejeitar esse papel ficando em casa ou evitando-o indo para Bongo.

Naturalmente, também podemos esperar que uma atenção mais crítica à teoria e à conceituação dos fundamentos comuns da antropologia e do urbanismo possa levar a uma aplicação prática mais precisa da antropologia aos assuntos urbanos. E, além disso, não devemos cair na armadilha de considerar o trabalho acadêmico de uma maneira restrita e o envolvimento definido na engenharia social fragmentada também de uma maneira restrita como sendo as únicas alternativas diante dos antropólogos. A relevância da antropologia também se baseia no seu potencial, nem sempre percebido, de fazer as pessoas refletirem sobre a variabilidade da condição humana e sobre sua própria situação particular.

Devo falar um pouco sobre esse poder da antropologia. Em 1935, um escritor satírico inglês, Charles Duff, publicou o *Anthropological Report on a London Suburb* [Relato antropológico sobre um subúrbio de Londres], uma paródia daquilo que um antropólogo daquela época poderia ter a dizer se voltasse sua atenção para sua própria sociedade[4]. A seguir o Professor Vladimir Chernichewski, o "eminente cientista" fictício, em cujo nome Duff escreveu:

---

4. Esse esquecido volume foi apresentado de uma maneira ligeiramente mais completa em outro lugar (HANNERZ, 1973).

a ciência da antropologia não se preocupa somente com o selvagem nu, mas com o homem ou a mulher com calça *plus fours* ou vestido de gala. Para o verdadeiro homem de ciência, pouco importa se ele está lidando com o subúrbio ou com a selva, com a dança de *jazz* moderno ou com a orgia sexual selvagem, a mágica da floresta mágica ou o deísmo antropomórfico de um verdureiro suburbano, as curas e feitiços do pagé de Bantu ou a obra de um membro do *Royal College of Physicians*. A diferença entre nós e os selvagens muitas vezes é mais aparente do que real; uma calça *plus fours* pode esconder um bruto, e uma camada de tinta pode encobrir um coração sensível (DUFF, 1935: 12).

Até certo ponto, o antropólogo urbano de hoje pode concordar com o relativismo do Professor Chernichewski. Mas, Chernichewski usa sua liberdade poética para tornar o suburbano e o selvagem igualmente burlescos e torna-se ele próprio ridículo ao parecer incapaz de chegar a uma compreensão mais profunda de um ou do outro. A tática que podemos preferir é aquela onde a antropologia, devido à consciência que ela promove de qualquer estilo de vida, como uma de uma série quase infinita de alternativas, pode contribuir para uma exotização do familiar; sua estranheza recém-adquirida pode, então, tornar possível concepções novas e incisivas. As bases da perspectiva da antropologia não deveriam somente ir em direção às inter-relações da vida social, mas tomar para si o que C. Wright Mills (1961: 5) chamou de imaginação sociológica, permitindo que quem a tenha "entenda o cenário histórico mais amplo, em termos de seu significado para a vida privada e pública de uma variedade de indivíduos". Há também uma imaginação antropológica peculiar, que implica melhorar seu entendimento, por comparações implícitas ou explícitas, do modo de vida em outros arranjos sociais e culturais. Ela se apoia na possibilidade de compreender a si mesmo por entender os outros. Isso também é uma contribuição da antropologia aos estudos urbanos: a antropologia urbana como instrumento pelo qual os habitantes da cidade possam pensar de maneira nova sobre o que se passa ao seu redor.

Pode ser útil se eu falar um pouco mais, aqui, sobre o meu entendimento da natureza da antropologia, já que ele continuará a nortear o que se segue. Talvez o produto mais característico do trabalho antropológico seja a etnografia; predominantemente qualitativa, com descrições ricamente contextualizadas do pensamento e da ação humanos. Em linhas gerais, pode-se pensar em tal etnografia, por um lado, como algo intimamente ligado à forma como o trabalhador do campo antropológico aborda a realidade, por outro lado, como a fonte da qual a teoria antropológica é extraída e refinada e, em seguida, usada para guiar a produção futura da etnografia. Esse complexo da indústria intelectual pode não parecer muito eficiente. Alguns observadores podem achar que uma grande parte da etnografia torna-se inútil. Na verdade, isso deveria ser visto contra o pano de fundo da preocupação natural do antropólogo com descobertas. Como sua tradição é explorar terrenos sociais e culturais desconhecidos ele quer maximizar a sensibilidade para o inesperado – fatos novos, novas ligações entre eles. É fácil entender a ênfase dada à observação participante e ao "holismo" como, no mínimo, parcialmente motivada pelo caráter exploratório da tarefa. Esse uso da imaginação antropológica pelo qual até cenas familiares possam ser tidas como estranhas e, portanto, disponíveis para novas descobertas também se encaixa aqui.

Mas, neste ponto em particular, podemos nos preocupar menos com o procedimento de campo antropológico e mais com o pensamento antropológico, com a estrutura conceitual que também faz parte da postura antropológica com relação à realidade. A perspectiva que desenvolvo aqui é a de um antropólogo *social*, e ela me sugere uma maneira de descrever o contraste entre mim e uma espécie de sociólogo típico. Isso provavelmente é útil, já que os antropólogos urbanos parecem muitas vezes desenvolver uma ansiedade crônica sobre não ser suficientemente diferentes dos sociólogos urbanos – especialmente dos primeiros sociólogos urbanos. Beals (1951: 4), há muitos anos, citou um sociólogo no sentido de que, se os antropólogos continuassem como haviam começado o estudo da cultura moderna, iriam com o tempo reinventar a sociologia, no mínimo pelo menos 50 anos depois do resto da área. Mais recentemente, Shack (1972: 6) lamentou que grande parte da antropologia urbana parece ser apenas "a sociologia da década de 1940 revisitada". Em vez disso, ele propõe que a antropologia urbana deva basear-se na tradição antropológica de análise comparativa do comportamento institucional – como exemplos, ele sugere que o princípio da oposição complementar ou a análise de ciclos de desenvolvimento em grupos domésticos possam muito bem ter sua valia nos estudos urbanos.

Não faço objeções a esses exemplos, e a expansão dos conceitos antropológicos gerais para a área urbana está, certamente, em sintonia com a minha concepção de antropologia urbana como parte integrante de uma visão comparativa geral da sociedade humana. Mas isso não deve degenerar em escolasticismo, um menosprezo das maneiras pelas quais a vida urbana tem suas próprias características peculiares, um entendimento que, por si só, pode ajudar a desenvolver ideias para a antropologia geral. Por tais motivos, pode-se achar até que a "análise comparativa do comportamento institucional" seja uma definição muito limitada da antropologia, pois uma das áreas para as quais a antropologia das sociedades complexas tem dado importantes contribuições é, de fato, a do comportamento não institucionalizado – empreendedorismo, manipulação de rede e assim por diante.

Seja qual for a diferença que exista entre a antropologia e a sociologia urbanas, eu creio, ela é melhor compreendida de outra forma. A distinção que tenho em mente é feita, mais convincentemente, por Leach (1967) em seus comentários sobre uma pesquisa social no Ceilão rural. A premissa do sociólogo com sua orientação estatística, Leach sugere, é que o campo de observação consiste em "unidades de população", "indivíduos". O antropólogo social, por sua vez, acredita que seus dados são compostos de "sistemas de relacionamento". A imagem antropológica da sociedade é, mais especificamente, uma imagem de episódios de interação e de interdependências mais duradouras entre as pessoas. Os indivíduos, da maneira como os antropólogos sociais lidam com eles, estão empenhados em fazer contato com os outros; eles são entidades construídas a partir dos papéis que assumem nestas situações variadas. Os sociólogos mais frequentemente tentam enfrentar o paradoxo de abstrair as pessoas da diversidade real de suas ligações em andamento, descontextualizando-as, e ainda assim definindo-as de alguma forma como animais sociais. Essa diferença de tendência é o que é fundamental. O fato de ser muito mais fácil usar os números para lidar com dados individuais do que com dados relacionais é secundário, por mais evidente que isso possa ser como sintoma.

Nossa ênfase aqui é, portanto, sobre uma perspectiva relacional – sobre situações sociais, sobre a participação das pessoas nestas e sobre a maneira como uma vida social complexa pode ser construída a partir delas. Isso, reconhecidamente, não é o suficiente para separar a antropologia urbana estritamente de tudo aquilo que passa por sociologia urbana, ou até mesmo para separar a sociologia da antropologia. Os antropólogos, às vezes, acham motivos para contar pessoas, e vemos sociólogos que pensam tanto em termos relacionais como qualquer antropólogo. Na área urbana, o último é exemplificado por clássicos, bem como por uma série de estudiosos com uma filiação sociológica profissional que recentemente se tornaram os etnógrafos bacanas das boates de *striptease*, bares noturnos e casas de massagem[5]. Mesmo assim, podemos discernir que, à medida que foram evoluindo, a antropologia e a sociologia passaram a ter centros de gravidade diferentes, não só na escolha do assunto, mas também de modo analítico. A antropologia, quando vai para a cidade, não precisa se tornar completamente indistinta da sociologia e, refletindo um pouco, talvez possamos perceber que a "sociologia urbana" que, como antropólogos, achamos ser mais compatível está, realmente, de acordo com esse critério de "antropologia urbana". De uma maneira um tanto arrogante, podemos até achar algumas vezes que suas análises poderiam ter se aprofundado mais se isso tivesse sido percebido. Por outro lado, uma definição um tanto vaga da fronteira entre sociologia e antropologia não precisa ser especialmente inquietante. O imperativo territorial não deve ser intelectualmente respeitado e a visita mútua entre antropologia e sociologia, quando ocorre, tem sido frequentemente gratificante. Em grande parte a linha divisória pouco clara que temos é um acidente da história. Neste livro não seremos muito respeitosos em relação a ela.

---

5. Um órgão extraoficial dessa última tendência é a publicação *Urban Life*, que começou a ser publicada em 1972.

Aqueles que não sejam tão enfaticamente antropólogos *sociais* podem se surpreender por eu ter escolhido o ponto de vista relacional, em vez do conceito de cultura, como a marca distintiva da antropologia. Na academia americana em particular, muitas vezes deparamos com a noção, um tanto estranha, que "os sociólogos estudam a sociedade, enquanto os antropólogos estudam a cultura". Poderíamos até pensar que dificilmente seria possível estudar uma ou a outra sem, em certa medida, estudar as duas. Mas, certamente, há alguma verdade nessa opinião. Existem alguns antropólogos que lidam com cognições sem desenvolver muito uma concepção da estrutura social e os sociólogos, às vezes, prestam muito pouca atenção a coisas como ideias, conhecimento, crenças ou valores em suas descrições da sociedade. Na antropologia urbana também, acredito que a ideia de cultura será muito mais central do que tem sido habitualmente na sociologia urbana. Meu motivo para dar prioridade à concepção relacional da sociedade pode ter alguma semelhança com a bem conhecida declaração de Fortes (1953: 21), que a estrutura social pode ser vista como "a cultura total de um determinado povo é tratada em um enquadramento especial da teoria", mas ela tem uma relação mais direta com a nossa compreensão de urbanismo. O último é consideravelmente mais propenso a ser definido em termos sociais do que culturais; tendemos a generalizar sobre urbanismo, primeiramente, como um tipo característico de sistema de relacionamentos sociais e somente de forma secundária e por derivação, como um conjunto de ideias pertencente aos urbanitas. A cultura urbana, consequentemente, pode ser conceituada mais facilmente quando a descrição da estrutura social já estiver bem encaminhada.

Parece bastante possível, ao mesmo tempo, que os estudos urbanos possam contribuir para dar aos antropólogos uma concepção muito mais sofisticada dos processos e da organização culturais do que em geral têm feito. A cultura, como já foi dito, é uma questão de tráfego de significados. A imagem é oportuna para os nossos propósitos, pois fica imediatamente evidente que os padrões de tráfego urbano têm algumas peculiaridades e que alguns veículos podem ser mais adequados para eles do que outros. O sistema social urbano pode promover certos tipos de ideias, ou dar origem a problemas específicos de organização da cultura. Pode haver ideias sobre gerenciamento de contatos com estranhos, se houver uma grande quantidade deles no meio ambiente. Ou se, como é bastante provável em um sistema social complexo, for possível dizer que pelo menos alguns indivíduos estão envolvidos com várias culturas, as formas de lidar com esta diversidade podem ser um problema para a análise. Vamos lidar com essas questões brevemente, mas não mais do que isto, neste livro.

Essa, então, é, em termos mais gerais possíveis, minha concepção de visão antropológica de sociedade, o fundamento do tratamento que dou às variadas formas de descrever e analisar a vida urbana nos capítulos a seguir. Eu poderia ter prosseguido aqui para dizer algo sinopticamente similar sobre o que presumo ser a realidade do urbanismo, a outra parte da equação no encontro do antropólogo com a cidade. Mas deixarei que essas compreensões se desdobrem gradativamente no que se segue. Em vez disso, acrescentarei algumas observações mais pessoais, que podem lançar luz sobre o tipo de livro que escrevi.

Embora eu creia que seria útil para os antropólogos urbanos se unirem mais firmemente por algum tempo, desenvolvendo um conjunto de conceitos de escopo variado na tentativa de ver até que ponto isso ajudaria a organizar a área intelectualmente, é possível que fique óbvio pelo que foi dito, que na minha escolha pessoal de tal ordenação de ideias, não sou muito fiel a qualquer tradição antropológica específica. Disse que escrevo como um antropólogo *social*; isto pode ser entendido como a identidade escolhida de alguém favoravelmente inclinado para a corrente britânica do pensamento antropológico. De fato, acho que os esforços dessa corrente para realizar uma análise sistemática e abrangente das relações sociais é admirável. Mas muitas de suas ideias centrais têm uma história mais longa e com o passar dos anos elas se espalharam para outros cantos do mundo, onde foram reformuladas. Esses desenvolvimentos anteriores e posteriores, como provavelmente veremos, têm me interessado tanto quanto aqueles do centro estabelecido.

Além disso, a visão da antropologia urbana apresentada aqui teve a influência de algumas outras preferências minhas. Quero dar bastante atenção à formação e ao tratamento dado ao significado das interações objetivando, assim, uma análise cultural que seja flexível o suficiente para ser compatível com a análise social de estruturas complexas que, por enquanto, está tão mais desenvolvida. Com esse objetivo fui atraído muito cedo para o interacionismo simbólico, uma tendência do pensamento social americano, embora em sua maior parte ligeiramente fora da antropologia acadêmica daquele país. Embora meu interesse nesse tipo de interacionismo não tenha sido particularmente sistemático, ele certamente desempenha um papel nas páginas que se seguem. Até agora, contudo, vejo uma afinidade muito grande entre ele e a antropologia simbólica que mais recentemente se tornou um dos componentes principais da antropologia nos Estados Unidos.

Meu interesse em história social só estará em evidência de forma mais dispersa. Acredito, no entanto, que será uma boa coisa se os antropólogos urbanos se familiarizarem mais profundamente com estudos de História, especialmente quando começam a se envolver com estudos comparativos mais sistemáticos do urbanismo. Espero ter mais a dizer sobre isso em uma obra futura.

Provavelmente essa síntese pessoal, por mais incompleta que possa ainda ser, tem algo a ver com a minha própria experiência acadêmica. Tive a oportunidade de fazer algumas observações participantes entre antropólogos americanos e britânicos, e como a antropologia urbana se desenvolveu muito mais nos Estados

Unidos do que em outros locais, vejo-me conduzindo uma espécie de diálogo especialmente com estes desenvolvimentos. Mas passo a maior parte do tempo em um ambiente acadêmico sem uma tradição nacional própria estabelecida no tipo de antropologia pelo qual me interesso. Pode ser que isso tenha me deixado com liberdade um pouco maior para procurar ideias em direções um tanto idiossincráticas, atravessando as fronteiras de universos de pensamento que, em outros lugares, poderiam ser demarcadas mais claramente.

Mas envolvimentos e experiências, além daqueles que surgiram dentro do círculo de colegas de profissão, também podem ter tido seus efeitos sobre minha visão da antropologia urbana. Embora eu sugira que um certo conhecimento das ideias sobre a cidade, das obras onde elas foram proeminentes e das pessoas que estão por trás destes trabalhos, são todos parte da formação de um antropólogo urbano, esta formação também deve basear-se consideravelmente na inter-relação de temas urbanos com a própria biografia do antropólogo. Como inúmeros outros antropólogos, passei praticamente toda a minha vida em áreas urbanas. (Talvez vislumbremos, aqui, outro motivo para que a disciplina tenha se voltado, cada vez mais, para os estudos nas cidades – são poucos os antropólogos que têm conhecimento dos aspectos práticos de cuidar de uma fazenda, da criação de animais domésticos e de outros aspectos da vida mais próxima da natureza e somos, a este respeito, malpreparados para aprender sobre formas rurais de vida.) Também gosto das cidades e uso outros *habitats*, na maioria das vezes por pouco tempo, apenas para contrastá-los com as cidades. Quando saio de férias, é mais provável que procure ruas distantes do que a serra ou a praia. Fui um morador habitual, por períodos bastante longos, de cidades americanas, suecas e inglesas e passei menos tempo fazendo turismo antropológico em comunidades urbanas na África, Ásia, Austrália, Oceania, América Latina e Caribe, bem como em outros lugares da Europa. Isso tem me dado a oportunidade para refletir sobre o que é diferente e o que permanece, de alguma forma, o mesmo entre aldeias e cidades em locais variados. Além disso, três experiências de trabalho de campo antropológico também influenciaram meu pensamento sobre a vida urbana – um deles mais indiretamente, dois muito diretamente.

Na década de 1960, passei dois anos em Washington, D.C., fazendo o que consideraria agora (de acordo com o que foi dito acima) antropologia na cidade, mas, em sua maior parte, antropologia não urbana no sentido estrito. Em outras palavras, o foco de meu interesse não era o caráter especificamente urbano dos estilos de vida com o qual me envolvi, embora tenha gradativamente ficado mais atento a este tipo de linha de investigação e mais preocupado com isto. Esse estudo foi centrado em um bairro negro de baixa renda, conduzido quase inteiramente por meio de observação participante, para tornar o meu papel de pesquisador minimamente ambíguo em uma atmosfera tensa. O livro que resultou (HANNERZ, 1969) tratou da interação da delimitação étnica com oportunidades econômicas limitadas na formação de uma série de adaptações coletivas; uma cultura complexa ancorada no passado e no presente. Entre os temas específicos estavam a dinâmica dos papéis dos gêneros no gueto, o conhecimento partilhado que serviu como fonte para uma identidade comum entre os seus moradores e a relação entre seus pensamentos e ações com a cultura americana predominante. Menos ostensivamente, no entanto, eu estava lidando também, por exemplo, com as incertezas que eu e eles confrontamos ao lidar com a vida da rua. Percebi, como nunca antes, que podemos, algumas vezes, ser forçados a pensar nas pessoas desconhecidas do cenário urbano como problemas. Também me tornei consciente das dificuldades para escolher e delimitar uma unidade de observação nos estudos urbanos. Meu bairro poderia ser visto, de certa maneira, como uma aldeia urbana, mas esta região não tinha tanto significado na vida de uns quanto tinha na vida de outros. Se certas pessoas dificilmente saiam dele, outras na maioria das vezes iam para casa para dormir e isso, às vezes, nem tão regularmente. Poderia haver laços de parentesco e amizade estreitos com pessoas do sul rural e uma falta de relacionamentos pessoais fora da comunidade negra. Como Washington tinha uma população negra muito grande, o gueto como um todo bastava para a criação de arranjos de relacionamentos sociais que não eram nem compactos nem estáticos. Como mais um exemplo da maneira como os problemas do urbanismo se misturam com os da pobreza e da etnicidade, pude notar que às vezes queria saber mais sobre as diferenças entre a vida do gueto negro de Washington e os de outras cidades, como Newark ou Detroit. Em que medida a natureza de toda a comunidade afeta a comunidade étnica aninhada dentro dele? Se você já viu um gueto, realmente viu todos eles?

Minha segunda experiência de campo, em 1970 (e relatada em HANNERZ, 1974a), foi um breve estudo da política local nas Ilhas Cayman, no Caribe, e sua relação com a antropologia urbana não é exatamente óbvia. Eu estava, de fato, morando na capital – chamada George Town, como tantos outros lugares que uma vez fizeram parte do Império Britânico – mas era pouco mais do que a vila principal em um território muito pequeno. Na verdade, a relevância dessa experiência para a minha compreensão de urbanismo foi o fato de ela ter apresentado um contraste significativo. A sociedade das Ilhas Cayman foi o mais próximo que consegui chegar como etnógrafo profissional de uma estrutura social de pequena escala, e essa escala não era menos evidente em sua política. A máquina formal do governo tinha como base ideias importadas de uma sociedade de massa, com papéis altamente diferenciados e procedimentos impessoais. O relacionamento que os caimanianos tinham uns com os outros, por outro lado, às vezes era demasiado intenso e era como se a personalidade total das pessoas tendesse a se envolver nas interações. Era assim também que preferiam agir na política e, por isto, sua divergência de opinião com as nuanças do governo teve alguns momentos dramáticos. Isso me fez pensar sobre o papel desempenhado pelas informações pessoais nas construções variáveis dos relacionamentos sociais.

Meu trabalho de campo mais recente foi na Nigéria, em meados da década de 1970 e, neste caso, os objetivos da pesquisa foram antropologicamente urbanos no sentido estrito. Como já tinha realizado um estudo da vida em um enclave de uma grande cidade, agora queria experimentar, conceptual e metodologicamente, estudando toda uma comunidade urbana. O sítio escolhido foi Kafanchan, uma cidade que cresceu em um importante entroncamento ferroviário durante os últimos cinquenta anos e que agora apresenta grande diversidade ocupacional e étnica[6]. O mosaico é uma metáfora popular quando tentamos resumir a natureza de uma comunidade assim e realmente é, de alguma forma, apropriado. Mas se alguns dos grupos que formam a comunidade são relativamente bem-demarcados, com limites bem-definidos, como um mosaico, outros se sobrepõem ou se misturam. Além disso, a história de Kafanchan de alguma maneira refletiu o passado volátil da Nigéria como um todo, e este é um dos motivos pelo qual a dimensão diacrônica de sua estrutura social é de grande importância. O mosaico transforma-se em um caleidoscópio, onde a multiplicidade das partes repetidamente assume novas configurações.

Eu comecei em Kafanchan colhendo os dados da totalidade dos grupos de relacionamentos, ordenados por linhas étnicas, profissionais, religiosas, recreativas e outras. Esse é um objetivo que exige a visita a igrejas, tribunais, mercados, bares que servem vinho de palma, cortiços e uma série de outros lugares. Em condições ideais – e o estudo, certamente, ainda não chegou lá – gostaríamos de ter uma representação da estrutura social urbana de cima para baixo, desde os conjuntos de vínculos mais inclusivos até os menos inclusivos, mesmo que dos últimos só seja possível obter uma amostragem. No processo de obter essa representação, obteríamos também uma avaliação da maneira como são ordenados esses vários componentes da vida comunitária para compor uma coexistência física em um espaço restrito. Indubitavelmente, essa organização espacial e visual deve causar grande impressão nas mentes dos etnógrafos urbanos em muitos locais. Kafanchan também me despertou para o fato de que para entender uma comunidade urbana como um todo, deve-se vê-la em seu contexto mais amplo. A cidade não teria chegado a existir se não fosse pela construção de um sistema ferroviário na Nigéria. O local poderia ainda ser um trecho de savana, parcialmente usado por agricultores de subsistência em um pequeno vilarejo próximo, e ocasionalmente atravessada por pastores de gado. Agora que as coisas mudaram, Kafanchan tor-

---

6. Um primeiro relatório sobre o projeto, voltado para a metodologia, encontra-se em Hannerz (1976).

nou-se o centro de uma pequena região, servido (ou, talvez, às vezes governado ou explorado) pelos burocratas, comerciantes, médicos, enfermeiros, professores, líderes religiosos e artesãos da cidade. Os camponeses vão lá vender seus produtos, mas algumas vezes também para ter o prazer de observar o cenário urbano. Se deixarmos de fora todas essas ligações entre cidade e país, teríamos uma imagem bastante estranha de um lugar como Kafanchan.

Essas impressões de três campos, então, podem prenunciar muitas das questões levantadas neste livro, já que elas foram uma parte importante do meu próprio trabalho no curso de antropologia urbana. Nas páginas a seguir, no entanto, Washington, George Town e Kafanchan não estão conspicuamente presentes. O material para uma antropologia urbana que enfatizarei é o que recebeu grande reconhecimento por sua importância na pesquisa urbana, embora essa nossa maneira de juntá-lo e interpretá-lo possa ser incomum. Nem todos os capítulos cortarão fatias semelhantes do pensamento urbano. Em primeiro lugar, no próximo capítulo, nos concentraremos em Chicago e no notável trabalho pioneiro de etnografia urbana feito lá, particularmente nas décadas de 1920 e 1930. Ele é um exemplo onde desconsideraremos o limite entre sociologia e antropologia, uma vez que estamos lidando com "a Escola de Sociologia de Chicago". Mas descobriremos, no final, que os estilos contrastantes de conceituação que demarcam o limite têm alguma importância. A partir daqui, passamos, no capítulo 3, para uma pesquisa mais ampla de ideias sobre o que seja urbanismo. Ele poderia ser considerado como o capítulo principal do livro e ao mesmo tempo aquele que tem um dos conteúdos mais diversificado. Todos os tipos de cidades aparecem nele e várias disciplinas. No capítulo 4, há um foco mais distinto, semelhante àquele sobre a Escola de Chicago. Tratamos aqui novamente com uma forma específica de urbanismo, a das cidades de mineração na África Central, como foram estudadas durante o final da era colonial pelos antropólogos do Instituto Rhodes-Livingstone (também identificáveis como membros "da Escola de Antropologia de Manchester"). Há uma estreita ligação também entre esse grupo e o tema do capítulo 5, análise de redes, já que ela teve papel proeminente no desenvolvimento desta maneira de conceituar as relações sociais. Mas, falaremos aqui sobre um grupo mais variado de contribuidores do pensamento em rede, nem todos dentro da antropologia acadêmica. A análise de redes, é claro, não se limita à pesquisa urbana, mas parece útil tratar dela aqui, uma vez que pode ser especialmente útil para compreender os aspectos da vida na cidade. O papel principal no capítulo 6 é desempenhado por Erving Goffman, um pensador brilhante e um pouco controverso, cuja posição encontra-se na fronteira entre a sociologia e a antropologia. Usando seu trabalho como ponto de partida, consideramos o problema de definir a pessoa – tanto a construção quanto a apresentação do *self* – sob circunstâncias urbanas. Isso é também um retorno para onde começamos, já que Goffman é um chicagoense de uma geração posterior. No último capítulo tentaremos juntar os fios soltos de seus predecessores, delineando nossa percepção daquilo que é antropologia urbana.

Um pequeno exército de guias será, portanto, alistado para nos ajudar a explorar a cidade. Existem ainda outros que poderiam ter-nos levado para passeios adicionais, mas eu também vi motivo para deixar de fora alguns dos candidatos mais óbvios. Os estudos *Yankee City*, de Lloyd Warner e seus associados, certamente constituem um importante acervo de pesquisas, com uma reconhecida inspiração antropológica. No entanto, o seu impacto foi maior no campo da estratificação social do que no do urbanismo e, talvez por isto, não cause tanta surpresa que os antropólogos urbanos hoje prestem pouca atenção a eles. Além disso, o suficiente já pode ter sido dito – "foram tantas as críticas a Warner que talvez seja hora de pedir a moratória delas" (BELL & NEWBY, 1971: 110). Um julgamento semelhante provavelmente pode ser feito para excluir os Lynds sobre Middletown, e (mais próximo de nosso tempo) o debate sobre "cultura da pobreza", tão central para o que foi entendido como antropologia urbana nos Estados Unidos no final dos anos de 1960. Eu mesmo estive envolvido nesse debate através do meu estudo sobre Washington; e para exemplificá-lo parecem ser suficientes os livros de Lewis (1966), Valentine (1968) e Leacock (1971). Um conjunto de pesquisas que teriam me atraído mais é aquele sobre o urbanismo latino-americano, realizado especialmente por antropólogos dos Estados Unidos e da Grã-Bretanha. Antes de mais nada, ele poderia ter sido um complemento útil àquilo que é dito sobre cidades africanas, pequenas e grandes, no capítulo 4. O trabalho anterior, no entanto, principalmente sobre áreas de assentamento ilegal, parece menos rico em ideias analíticas sobre urbanismo, enquanto a segunda onda, teoricamente importante, com seu interesse em conexões mais amplas, regionais e internacionais, é uma coisa tão atual que seria difícil tratar aqui da continuidade de seu desenvolvimento. Repetindo, estamos particularmente interessados em resgatar um passado utilizável.

Portanto, comecemos com Chicago, como ela era em sua adolescência.

2
Etnógrafos de Chicago

O crescimento de Chicago que, no século XIX e início do XX, partiu de praticamente nada para se tornar uma grande metrópole, foi espetacular. Dos estados do leste e de grande parte da Europa as pessoas afluíam para pegar uma parte, grande ou pequena, da riqueza criada pela indústria frigorífica, pela siderurgia, pela bolsa de trigo e por outros tipos de indústria e comércio. Volta e meia um recém-chegado tinha mais sucesso do que seria imaginável. Outros, no entanto, se viam na pobreza desesperada que era, tão frequentemente, o reverso de uma sociedade em rápida industrialização sob condições de *laissez-faire*. Alguns dos recém-chegados tiveram sucesso apenas quando se voltaram para o crime, mas este não foi necessariamente o caminho seguro para uma vida confortável para todos aqueles que o tentaram. Na recente classe trabalhadora, sindicatos e grupos políticos se organizavam para uma ação coletiva; em 1° de Maio de 1886, aquela que foi provavelmente a primeira manifestação mundial do Dia do Trabalho, marchou até a Avenida Michigan pela jornada de trabalho de oito horas. Alguns dias depois, um protesto dos trabalhadores, em *Haymarket Square* terminou em grande confusão quando a polícia agiu para dispersá-los e uma bomba explodiu, provocando tiroteios indiscriminados, com a morte de vários policiais e manifestantes. A "Revolta de Haymarket" durante muito tempo permaneceu como símbolo da ameaça que as ideologias estrangeiras como o anarquismo e o socialismo representavam para a sociedade americana.

Essa Chicago volátil era também o ponto de entrada para o Ocidente e, por isto, alguns recém-chegados mudavam-se novamente. No final do século XIX, porém, essa opção já não era tão atraente quanto antes. Simultaneamente à Feira Mundial de Chicago de 1893 – um evento que orgulhava os chicagoenses, que viam sua cidade como uma história de sucesso – foi realizada aquela reunião de historiadores em que o jovem Frederick Jackson Turner observou o fim da era da fronteira, ao mesmo tempo em que especulava sobre seu significado para a cultura americana. Nas décadas que se seguiram, a expansão da sociedade americana se concentraria ainda mais em suas cidades, com Chicago ainda ocupando um lugar de destaque.

Como muitas outras cidades em transformação, Chicago apagou muitos dos vestígios de sua história recente. O *Hull House*, o antigo abrigo que um pequeno grupo de idealistas, lideradas por Jane Addams administrava, tentando melhorar as condições das favelas vizinhas, ainda está de pé, mas agora um pouco isolado como um pequeno museu nos arredores de um novo complexo acadêmico. A poucas centenas de metros de distância, a *Haymarket Square* foi cortada em dois por um sistema viário e por um monumento erguido para perpetuar a ação dos policiais em "defesa da cidade", naquela desastrosa noite de maio, e apenas sua base continua ali, quase imperceptível para quem não estiver procurando por ela. Muitas versões da estátua que ficava sobre ela foram explodidas ao longo dos anos, uma delas pelos *Weathermen*, em 1969.

Mas se a cidade não parece mais a mesma, a juventude de Chicago foi documentada, expressivamente,de muitas outras maneiras. Havia os escritores. Theodore Dreiser, em *"Sister Carrie"*, mostrou uma cidade que parecia crescer sozinha e a corrupção de jovens recém-chegados era seu principal negócio; Upton Sinclair descreveu a carreira sombria do imigrante lituano Jurgis Rudkus, que de trabalhador em um matadouro se transformou em presidiário, metalúrgico, mendigo, ladrão e político corrupto, em *The Jungle*. Há as memórias de Jane Addams, *Twenty Years at the Hull House*. Há um capítulo dedicado à política de Chicago em *The Shame of The Cities*, de Lincoln Steffens, onde, talvez surpreendentemente, o autor descobriu que a cidade, pelo menos em 1903, não estava realmente entre as mais corruptas.

Não menos importante, no entanto, é uma instituição local que ainda está viva e que também teve um papel significativo na formação do nosso entendimento não só de Chicago no início do século XX, mas do urbanismo em geral. A partir da Primeira Guerra Mundial e durante toda a década de 1930, os sociólogos da Universidade de Chicago realizaram uma série de estudos baseados em investigações de sua própria cidade, que foi geralmente reconhecida como o início dos estudos urbanos modernos, e como o conjunto de pesquisas sociais mais importantes sobre qualquer cidade do mundo contemporâneo. Embora tenha sido examinada antes, podemos nos lembrar dela, mais uma vez, a fim de incorporá-la explicitamente à herança da antropologia urbana[1].

---

1. Decidi não entulhar o texto que se segue com referências e sim reservá-las para pontos específicos que pareceriam exigir uma documentação precisa. Em vez disso, esta nota pode ser considerada como um miniensaio bibliográfico sobre fontes que me pareceram úteis ao desenvolver minha própria compreensão dos sociólogos de Chicago. Já que este é um grupo de acadêmicos que atraíram muitos comentários durante anos, certamente não afirmo estar oferecendo um quadro completo da literatura. Sobre as obras dos próprios chicagoenses um número de monografias é citado ou resumi-

O começo: Thomas e Park

Instituições jovens, amenos que tenham a intenção muito respeitável de imitar suas venerandas antecessoras, têm a possibilidade de criar algo novo. A Universidade de Chicago abriu suas portas em 1892 e logo teve o primeiro departamento de sociologia em uma universidade americana. Foi um período em que os recrutados para a nova disciplina vieram, em geral, de outras áreas mais estabelecidas e, talvez por isto, a sociologia americana daquela época possa ser dividida em duas grandes tendências: uma filosofia social especulativa, teorizando em grande escala sobre as bases da sociedade humana e do progresso social,

---

do no texto. Grande parte da importante obra de Thomas e Park, no entanto, adotou outras formas, e foi colecionada em forma de livro apenas em anos recentes. A série Heritage of Sociobiology da University of Chicago Press é particularmente útil aqui. De W.I. Thomas ela contém um volume sobre Social Organization and Social Personality (1966) organizado e introduzido por Janowitz. Ralph H. Turner fez uma coleção semelhante da obra de Park On *Social Control and Collective Behaviour* (1967) e na série estão também uma reedição de 1967 de *The City*, uma coleção de artigos de Park, Burgess e McKenzie, publicada pela primeira vez em 1925 e a dissertação de doutorado de Park em alemão *The Crowd and the Public* traduzida e publicada com alguns outros ensaios sob a organização de Henry Elsner, Jr., em 1972. A coleção de Louis Wirth *On Cities and Social Life* (1964a) organizada e introduzida por Reiss e *On Human Ecology* (1968) de Roderick McKenzie com serviços semelhantes prestados por Hawley estão no mesmo formato que os dois primeiros volumes sobre Thomas e Park. Outros volumes úteis na série Heritage of Sociobiology incluem as breves memórias de Robert Faris *Chicago Sociology 1920-1932* (1970), assim como *The Social Fabric of the Metropolis* (1971) em que o organizador, James F. Short Jr., nos dá uma revisão lúcida da sociologia urbana de Chicago como introdução a uma amostra de textos por seus profissionais. Fora dessa série há os três volumes dos textos coletados de Park, *Race and Culture* (195), *Human Communities* (1952) e *Society* (1955), sob a organização geral de Everett C. Hughes. O segundo deles contém os textos mais diretamente voltados para o urbanismo e minhas referências de páginas no texto são para esse volume facilmente acessível, e não para as publicações originais dispersas. É claro, há uma superposição considerável entre esses três volumes e os da série Heritage. Há uma coleção anterior de escritos por Thomas em *Social Behaviour and Personality*, organizada por Volkart e publicada em 1951 pelo Social Science Research Council. Entre os muitos comentários gerais sobre os chicagoenses dois livros recentes não abreviados, *Sociology and Public Affairs: The Chicago School* (1975 de Carey e *Quest for an American Sociology Robert E. Park and the Chicago School* (1977) de Matthew, merecem menção especial; o último é uma leitura particularmente agradável. Um capítulo por Stein em *The Eclipse of Community* (1960) e um por Madge em *The Origins of Scientific Sociology* (1962) também merecem ser citados. O último tem um capítulo adicional sobre *The Polish Peasant in Europe and America* de Thomas e Znaniecki. O capítulo por Burgess e Bogue (1967) é uma retrospectiva vista de dentro. Há uma ênfase sobre Park no artigo de Burnet sobre a sociologia de Chicago (1964); Park também foi sucintamente retratado por Hughes em um artigo que foi publicado pela primeira vez no semanário *New Society* e foi reimpresso no livro *The Founding Fathers of Social Science* (1969) de Raison, assim como *The Sociological Eye* pelo próprio Hughes (1971) em que outros artigos também fornecem vislumbres dos estudos urbanos da Chicago. A discussão de Park pelos Whites (1962) parece-me exagerar suas tendências antiurbanas. Há um artigo de duas partes sobre Thomas por Young (1962-1963) e um sobre a colaboração Thomas-Znaniecki sobre *The Polish Peasant* por Symmons-Symonolewicz (1968). A avaliação daquele estudo por Blumer (1939) é bem conhecida. Baker publicou sketches autobiográficos por Thomas e Park em 1973. Sobre as ideias de Wirth há um texto geral por Bendix (1954) e uma crítica de seu estudo do gueto por Etzioni (1959). O quase que infinito debate sobre seu "Urbanism as a way of Life" será tratado no próximo capítulo; para bibliografia cf. capítulo 3, nota 3.

e um movimento de pesquisa social conceitualmente fraco, mas extremamente preocupado em reunir dados sobre as características indesejáveis da sociedade industrial em crescimento. (Meio século, ou quase isto, mais tarde este último teria um paralelo na primeira onda de pesquisas em cidades do Terceiro Mundo; cf. MITCHELL, 1966b: 39-40.) Ambas as tendências estavam interessadas em melhorar a condição humana, mas entre elas havia uma grande lacuna. Em virtude de sua contribuição para fechar essa brecha,a nomeação mais importante nos primeiros vinte anos do departamento, pelo menos no que diz respeito a sua duradoura influência intelectual, foi provavelmente a de William Isaac Thomas.

Thomas insistiu na investigação empírica sistemática e participou do afastamento gradual dos estudos de organização social das inclinações biologísticas que o caracterizavam anteriormente. Enfatizou, também, a necessidade de compreender a visão dos participantes, a "definição da situação", termo dado por ele, e como contrapartida metodológica a esta inovação teórica, foi pioneiro no uso de "documentos pessoais" – diários, cartas e autobiografias, bem como relatos de experiência de vida coletados por psiquiatras, assistentes sociais ou cientistas sociais. Em uma declaração autobiográfica, Thomas sugeriu que tropeçou pela primeira vez neste método acidentalmente:

> Descubro a origem de meu interesse em uma longa carta que peguei em um dia chuvoso, em uma ruela atrás da minha casa, uma carta de uma moça que fazia um curso de treinamento em um hospital, para o pai, sobre relacionamentos e discórdias familiares. Ocorreu-me, no momento, que uma pessoa poderia aprender muito se tivesse um grande número de cartas desse tipo (BAKER 1973: 250).

Thomas pôde apresentar muitas de suas ideias em seu grande estudo de grupos de imigrantes europeus, que o levou a viajar para lugares distantes em busca de novos materiais. No final ele se concentrou nos poloneses, em colaboração com o jovem filósofo social polonês, Florian Znaniecki, que, assim, lançou a sua própria carreira americana. Os cinco volumes de *The Polish Peasant in Europe and America* foram publicados entre 1918 e 1920, um marco da sociologia norte-americana.

Mais ou menos na mesma época, Thomas deixou a Universidade de Chicago, sob a ameaça de um escândalo pessoal. (Um detetive o encontrou em um quarto de hotel com a esposa de alguém e não teve muita dúvida sobre como definir a situação; Thomas se defendeu contra as acusações, mas de uma forma um tanto provocativa. O clima moral da universidade aparentemente era o mesmo daquele que predominou quando Thorstein Veblen a deixou sob circunstâncias semelhantes, mais ou menos uma década antes.) Thomas deixou para trás um conjunto de ideias importantes, incluindo, além das já mencionadas – e talvez um pouco ironicamente, dadas as circunstâncias – um conceito de desorganização social, "a diminuição da influência das regras de comportamento social existentes sobre os indivíduos do grupo", que enfatizava o processo social em vez de características individuais. Essa ideia iria ocupar um lugar central nos estudos urbanos de Chicago. No entanto, apesar de todas as suas contribuições, o papel mais importante que Thomas desempenhou no crescimento da sociologia urbana foi, provavelmente, o de ter trazido Robert Ezra Park para a universidade.

Quando chegou para assumir um cargo em Chicago, Park já tinha 50 anos de vasta experiência. Criado em uma cidade de Minnesota, em um bairro onde os imigrantes escandinavos predominavam, estudou na Universidade de Michigan e logo depois começou a trabalhar no *Minneapolis Journal*. Os muitos anos como jornalista o ajudaram a desenvolver seu ponto de vista sobre a vida urbana, pois quando seu editor de assuntos locais percebeu que ele dedicaria mais tempo a uma história do que qualquer outro jornalista, fez de Park um repórter investigativo. Foi um período em que a imprensa popular começou a ser reformulada e o *muckraking* havia começado, embora ainda não sob este rótulo. Park só queria continuar esse trabalho de forma mais sistemática. Escreveu sobre antros de ópio e casas de jogos, discutiu as causas do alcoolismo com base em casos e seguiu as pistas da origem de uma epidemia de difteria fazendo um mapa do local de sua propagação. Tendo iniciado com essas experiências, escreveu o próprio Park mais tarde em uma passagem muito citada, ele provavelmente tinha "coberto mais território, vagando por cidades de diferentes partes do mundo, do que qualquer outro homem vivo".

Mas, no longo prazo, o avanço do jornalismo deixou Park insatisfeito e ele seguiu adiante, tornando-se estudante de filosofia na Universidade de Harvard. Depois de um ano em Harvard deu continuidade a seu trabalho acadêmico na Alemanha, onde adquiriu um conhecimento profundo das correntes intelectuais europeias, assistiu palestras de Georg Simmel e outros, e fez um doutorado em Heidelberg, com uma pequena tese sobre o comportamento coletivo. Isso tudo pode parecer muito distante da vida de um jornalista, mas, de certa forma, foi consequência de suas experiências anteriores. Em sua tese afirmou que a opinião pública era facilmente manipulada por palavras de efeito; "o jornalismo moderno que, se supõe, deveria instruir e orientar a opinião pública, relatando e discutindo eventos, geralmente acaba se tornando um simples mecanismo para controlar a atenção coletiva".

Ao voltar para os Estados Unidos, Park logo quis sair do mundo acadêmico novamente e voltou-se, mais uma vez, para a reforma. Tornou-se assessor de imprensa da *Congo Reform Association*, uma organização de missionários batistas que queria chamar a atenção para o desgoverno do Rei Leopold, do Congo, e colaborou com artigos para a *Everybody's*, uma publicação líder do *muckraking*. Seus planos eram ir ao Congo para estudar a situação localmente, mas em vez disso, acabou por se envolver com as relações raciais nos Estados Unidos. Booker T. Washington, o líder negro mais influente à época, convidou Park para trabalhar em seu instituto, em Tuskegee, e lá ele permaneceu, como assistente de Washington, por muitos anos. Para isso, teve de conhecer o sul do país intimamente e, além disso, acompanhou Washington em uma viagem de estudo pela Europa com o objetivo de comparar a situação dos negros do sul norte-americano com a de camponeses e operários europeus. Em Tuskegee, Washington e Park também deram uma conferência internacional sobre o problema racial e foi nesta conferência, em 1911, que Thomas encontrou com Park pela primeira vez. Alguns anos depois, ele pôde trazê-lo para a Universidade de Chicago. No início, a ideia era que Park ocupasse o cargo temporariamente, no entanto, como se viu, ele o ocupou por vinte anos.

Uma visão de urbanismo

Durante esses anos em Chicago, nos escritos de Park, houve um fluxo constante de comentários analíticos sobre a vida contemporânea. Dada sua experiência com relações raciais americanas e o impacto contínuo da imigração na sociedade norte-americana, não é de se estranhar que os problemas das minorias constituíssem uma de suas principais áreas de interesse; a outra era o urbanismo, e as duas nem sempre foram facilmente separadas. Park se expressava, principalmente, nos artigos e prefácios para os livros de seus alunos. Dessa forma, ele seguidamente acrescentava algo a uma estrutura de ideias, mas a essência dessa estrutura estava, aparentemente, bem clara em sua mente quando este período começou. No primeiro e mais famoso de seus trabalhos urbanos, *The City: Suggestions for the Investigation of Human Behavior in the Urban Environment,* publicado em 1915, não muito tempo após sua chegada a Chicago, podia-se ter uma visão do urbanismo que era, ao mesmo tempo, o produto de uma longa experiência e o prenúncio de um programa de pesquisa para os anos que se seguiriam.

Park era capaz de pensar sobre urbanismo, tanto em grande escala quanto em seus mínimos detalhes. Sua familiaridade com escritores como Simmel e Spengler mostrou-lhe que a cidade era um elemento poderoso na história mundial, capaz de dar forma e libertar a natureza humana de novas maneiras. Ao mesmo tempo, ele era o homem que tinha passado uma década de sua vida no mundo das notícias, observando o que se passava nas ruas e por trás de suas fachadas. No primeiro estudo sobre pesquisa urbana esses dois aspectos de seu interesse são visíveis. Por um lado, Park observava as características variadas dos bairros urbanos: alguns eram pequenos mundos isolados em si mesmos, lar de populações imigrantes que tinham poucos laços com a sociedade a seu redor; outros eram aglomerações anônimas de gente de passagem e outros ainda, novamente, áreas de consumo de droga que eram mais caracterizadas pelo uso que se faziam delas do que por quem morava ali. Todos esses bairros diferentes precisavam ser descritos e compreendidos. Mas, ao mesmo tempo, a grande mudança que o urbanismo trouxe foi a crescente divisão do trabalho, que serviu para romper ou modificar o velho tipo de organização social baseado em fatores como parentesco, casta e vínculos com o lugar. A divisão do trabalho criou um novo tipo de homem racional e especializado – ou melhor, muitos tipos, pois cada ocupação podia marcar as pessoas de uma maneira diferente. A implicação prática para a pesquisa era que uma série de formas de sustento deveria ser investigada.

> A balconista, o policial, o vendedor ambulante, o taxista, o vigia noturno, o vidente, o ator de teatro de variedades, o curandeiro, o *barman*, o líder político, o fura-greve, o agitador trabalhista, o professor, o repórter, o corretor da bolsa de valores, o agiota; todos eles são produtos característicos das condições de vida na cidade; cada um, com sua experiência particular, *insight* e ponto de vista, determina para cada grupo profissional e para a cidade como um todo, sua individualidade (PARK, 1952: 24-25).

Uma série de instituições também merecia estudo. O que aconteceu na cidade, com a família, com a Igreja, com os tribunais de justiça? Que novas formas organizacionais surgiram como consequência do urbanismo? Havia, mais uma vez, o jornal e o seu papel moldando a opinião pública. Que tipo de pessoa era o jornalista? Um detetive? Um historiador? Um fofoqueiro? Havia o mercado de ações: Qual era a psicologia e a sociologia de suas flutuações? Havia a organização política: Qual era a natureza das relações sociais na máquina e na reforma políticas? Em parte, essas eram questões da área do comportamento coletivo e, por isto, Park pôde retornar a algumas de suas preocupações acadêmicas do passado.

Havia a preocupação constante com a "ordem moral"[2]. Em muitas sociedades, Park sentiu, o indivíduo travava uma luta para preservar o respeito próprio e seu ponto de vista, mas só podia ser bem-sucedido se ganhasse o reconhecimento dos outros. Isso era o que transformava o indivíduo em uma pessoa. Porém, nas cidades, essa ordem moral das relações é cheia de dificuldades incomuns. O dinheiro, em vez de trazer civilidade, torna-se o meio de troca. As pessoas dificilmente se conhecem. "Sob essas circunstâncias o *status* do indivíduo é determinado por um grau considerável de sinais convencionais – por moda e 'fachada' – e a arte de viver é enormemente reduzida a uma patinação sobre gelo fino e ao estudo meticuloso de estilo e maneiras" (PARK, 1952: 47).

---

2. O conceito de "ordem moral" foi usado mais frequentemente do que definido nos escritos de Park, e podemos suspeitar que seus limites não foram desenhados com precisão. Uma discussão de que dependo aqui e que acho bastante esclarecedora foi publicada pela primeira vez em 1925 no texto então intitulado "The Concept of Position in Sociology" reimpresso mais tarde em *Human Communities* (1952: 165-177).

Essa ideia de superficialidade das relações sociais urbanas seria tema recorrente nos estudos urbanos de Chicago. Mesmo assim, Park tinha plena consciência de que laços estreitos e estáveis também existiam na cidade e de que as condições urbanas exerciam influência na forma como eles se organizariam. Na cidade havia gente o bastante para manter uma série de estilos de vida e a liberdade suficiente para que muitos grupos não tivessem que se importar muito com a desaprovação alheia.

> [...] o contágio social tende a estimular, em tipos divergentes, as diferenças de temperamento que são comuns, e a suprimir os atributos que os unem com os tipos normais a seu redor. A associação com outros como eles próprios também não dá apenas um estímulo, mas também apoio moral para os traços que tenham em comum e que não encontrariam em uma sociedade menos seletiva. Na cidade grande, os pobres, os viciados e os delinquentes misturados em uma intimidade nociva e contagiosa, se reproduzem em corpo e alma [...]. Devemos, então, aceitar essas "regiões morais" e as pessoas mais ou menos excêntricas e excepcionais que as habitam, em certo sentido, pelo menos, como parte da vida natural, senão normal, de uma cidade (PARK, 1952: 50-51).

Existe pelo menos uma parte da teoria do processo cultural urbano, aqui. Nela, talvez estejamos dispostos a aceitar algumas coisas, mas provavelmente acharemos outras insatisfatórias. O vocabulário já não é mais nosso e podemos nos sentir pouco à vontade com ele. A ênfase na base interacional do crescimento cultural, que podemos ver como o núcleo do enunciado, parece correto e voltaremos para ele. Park, também, cuidadosamente observou que isso era uma análise geral, e não uma que dissesse respeito apenas ao criminal ou anormal. A cidade possibilita a pessoas diferentes manterem companhias diferentes; e uma companhia com características semelhantes pode dar o apoio moral para um comportamento que outros poderiam desaprovar. Na comunidade pequena cada uma dessas pessoas poderia ter sido a única pessoa de um tipo específico, e a pressão para a sua conformidade ocultaria expressões daquilo que, então, seria mera idiossincrasia. Park foi menos eficaz, no entanto, quando examinou o que era exatamente que as pessoas traziam como objeto da interação. Aqui, ele quis depender de uma psicologia individual, tratando as inclinações pessoais para um tipo de comportamento ou outro como algo mais ou menos dado. Assim, a cidade foi considerada como uma influência permissiva mais do que como o tipo de influência que real e ativamente molda as pessoas. A cidade teria a tendência a "disseminar e revelar para a opinião pública todas as características e traços humanos que são normalmente obscurecidos e reprimidos". A essa altura, provavelmente, gostaríamos de aprofundar nossa investigação ainda mais buscando os determinantes socioestruturais do comportamento na cidade.

A descrição das distintas "regiões morais" ou "mundos sociais" tornou-se uma das tarefas mais importantes dos sociólogos de Chicago. Mas, o fato de esses dois mundos coexistirem na cidade podia, também, levar a novas perguntas sobre o relacionamento entre eles. Em uma passagem que por si só parecia ser suficiente para estimular muitas pesquisas, Park deu um vislumbre de um caminho no qual eles poderiam interagir:

> Os processos de segregação geram distâncias morais que fazem da cidade um mosaico de pequenos mundos que se tocam, mas não se interpenetram. Isso torna possível aos indivíduos passarem, rápida e facilmente, de um ambiente moral para outro e encoraja a experiência fascinante, mas perigosa, de viver ao mesmo tempo em vários mundos diferentes e contíguos que, sob outros aspectos, são extremamente separados (PARK, 1952: 47).

Essa faceta da organização cultural da cidade, entretanto, foi em grande medida abandonada por seus seguidores nos anos que se seguiram. É possível considerar os escritos sobre o "homem marginal", lançados em 1923 pelo próprio Park, como uma retomada desse fio da meada, embora muitos deles tenham se perdido em um atoleiro de conceituação inadequada. Mas, tanto aqui quanto em outras partes de seu trabalho sobre ordem moral, Park e outros chicagoenses tenderam a deixar como herança um trabalho inacabado, e não uma inabilidade de desenvolver uma compreensão da vida urbana.

Tal como acontece com as plantas: a ordem espacial da cidade

Houve um esforço um tanto mais sistemático para esclarecer o que era considerado a outra principal dimensão da vida urbana – de fato, de toda a vida humana – a da luta cruel pela sobrevivência. Já em seu primeiro trabalho importante sobre a cidade, Park observou as características extremamente variadas dos bairros; ele pôde, também, perceber que estas características não permaneciam estáveis com o tempo. Nas palavras de um de seus alunos (ZORBAUGH, 1929: 235), no início do século XX um observador do cenário de Chicago, podia ver como

> ruas residenciais da moda tornaram-se o bairro das casas de cômodos da região, as casas de cômodos se transformaram em cortiços, cortiços foram reformados em estúdios e lojas. Um grupo sucedia outro, o mundo da moda tornou-se o mundo dos quartos mobiliados e para este mundo vieram os moradores desmazelados da favela. O enclave irlandês *Kilgubbin* tornou-se o *Smoky Hollow* sueco; o *Smoky Hollow* sueco, a *Little Sicily*; e agora a *Little Sicily* passou a ser um bairro negro.

Park refletiu sobre essa mudança de padrões em uma série de estudos, onde desenvolveu sua "ecologia humana". Era uma perspectiva analítica, onde a peculiaridade do fenômeno humano do consenso e da comunicação tinham importância insignificante, e onde a inspiração do darwinismo social era óbvia. Havia um *stratum* de vida humana, onde as pessoas tendiam a se comportar como outras coisas vivas, um *stratum* "subsocial" ou "biótico", onde a disputa era a forma básica de coexistência. Embora essas tendências possam ou não ser influenciadas por fatores de ordem superior, tais como a coação moral, elas tiveram um grande impacto na formação da cidade moderna. Park descobriu que a analogia com a ecologia vegetal se encaixava perfeitamente e escreveu sobre a utilidade, para os estudos urbanos, dos conceitos como a dominância, a simbiose e a sucessão. O mais importante, contudo, era a disputa e ele a viu como uma disputa por espaço. Assim, os habitantes mais fortes do ambiente urbano ocupariam os locais mais vantajosos e os outros se adaptariam às suas demandas. Com o tempo, os primeiros poderiam se expandir obrigando aos demais a se mudar para outro local. O princípio da simbiose, segundo o qual habitantes diferentes poderiam se beneficiar, mutuamente, da coexistência em um ambiente, foi um fator modificador em todo o esquema.

Os próprios estudos de Park sobre ecologia humana eram, em sua maioria, declarações de princípios gerais complementados com ilustrações adequadas. Coube a seus jovens associados, particularmente Roderick McKenzie e Ernest Burgess, elaborar mais esses conceitos e demonstrar suas aplicações práticas. O segundo, especialmente, o fez dentro do contexto de Chicago. Já que a ecologia humana fora concebida como uma sociedade de espaço e como a disputa era a força principal de regulamentação, foi entendido que as várias atividades humanas seriam distribuídas de acordo com o valor do terreno. Burgess derivou disso seu famoso diagrama de tipo ideal da cidade como uma série de círculos concêntricos (figura 1). Dentro do primeiro círculo estava o bairro de comércio no centro – em Chicago *"the Loop"* – com os preços de terreno mais caros. O segundo círculo continha a "zona em transição", que fora invadida pelo comércio e a indústria leve vindos do centro. Isso a tornou sem atrativo para a maioria dos habitantes que, então, fugiram para as áreas residenciais das zonas mais periféricas. Mas a zona de transição ainda continha colônias de artistas, bairros de imigrantes, e as áreas de casas de cômodos. Eles somente se mudariam se conseguissem rejeitar seu ambiente deteriorado ou se o centro afluente, devido ao seu crescimento, os forçasse a ir para ainda mais longe. Os processos econômicos, então, criaram "áreas naturais", como os sociólogos de Chicago colocam – bairros que não foram conscientemente projetados, mas que apenas cresceram.

Essa visão da cidade foi muito criticada, em parte devido à tendência de Burgess e outros a não deixar claro se suas interpretações diziam respeito somente a Chicago, ou a qualquer cidade industrial ou a qualquer outra cidade de qualquer tipo[3]. De fato, teria sido prudente se tivessem feito apenas afirmações mais limitadas. O esquema pareceu, por exemplo, pressupor uma extensa divisão de trabalho, com usos de terreno bem diferenciados e uma separação entre moradia e trabalho; ele ignorou o fato de que se deslocar pela cidade seria muito mais inconveniente em algumas circunstâncias do que em outras (dependendo, especialmente, da tecnologia de transporte), de tal forma que a vida no subúrbio poderia ser um inconveniente para as pessoas que ainda tinham alguma escolha; excluiu, também, as considerações sobre as características naturais do local urbano; e, não menos importante, sua premissa de que o valor dos terrenos dependia necessariamente do mercado e não de outros tipos de avaliação nem sempre era verdadeira.

É claro, o modelo aplicava-se muito bem a Chicago, mesmo se os círculos de Burgess tivessem de se estender até o Lago Michigan por um lado, e se as diferenças entre o norte e o sul tivessem de ser minimizadas. Era uma nova cidade, onde nenhum sentimento de ligação com certas áreas era suficientemente intenso para perturbar os processos econômicos, e era um lugar plano. E por mais limitações que a estrutura do pensamento tivesse, ela era importante para orientar os sociólogos de Chicago. No caso dos estudos a que daremos uma atenção especial a seguir, essa estrutura deu-lhes um ponto de apoio em territórios específicos, principalmente na zona em transição. Mas, como veremos, nesses casos, a localização dos fenômenos no espaço foi geralmente apenas o prefácio para o trabalho etnográfico, onde os conceitos ecológicos, como estavam, foram pegos de surpresa pelo fator cultural e outros da consciência humana. Em outros estudos, a dimensão espacial permaneceu mais central, já que eles se concentraram no estudo em grande escala das distribuições de fenômenos sociais específicos na cidade. Vimos que Park, como jornalista, já havia feito mapas locais das coisas que estava investigando. Na Universidade de Chicago, a ideia foi adotada como uma importante ferramenta de pesquisa e Burgess, em particular, regularmente fazia uso de aulas de "patologia social" para abordar a criação de mapas. O resultado desse tipo de conhecimento acumulado foi uma série de estudos correlatos, usando dados quantitativos abstratos – e não, como foi sugerido no capítulo anterior, na forma de conceituação e pesquisa que os antropólogos usualmente preferem. Mas, na ecologia urbana sociológica eles se tornaram incrivelmente dominantes, sem mudanças fundamentais, quando os novos pesquisadores tentaram reconstruir a perspectiva, para evitar alguns erros anteriores sobre Chicago. Ao concentrar ou agregar informações e desprezando a opinião interna, ela tomou um caminho diferente daquele que agrada mais aos antropólogos. Park, por seu lado, tinha suas dúvidas sobre o bom-senso em se desprezar a informação qualitativa,

---

3. A literatura de comentários sobre determinantes do uso da terra urbana, como inicialmente inspirado pelo esquema de Burgess, tornou-se muito extensa. Schnore (1965) e London e Flanagan (1976) estão entre os escritores que oferecem revisões comparativas bastante úteis.

mas também tinha interesse em tornar a sociologia mais científica. E a ciência, na época, fazia bastante mensuração. Então, perto de 1930, na Universidade de Chicago e em outros locais, o que era denominado sociologia urbana começou a se afastar da etnografia.

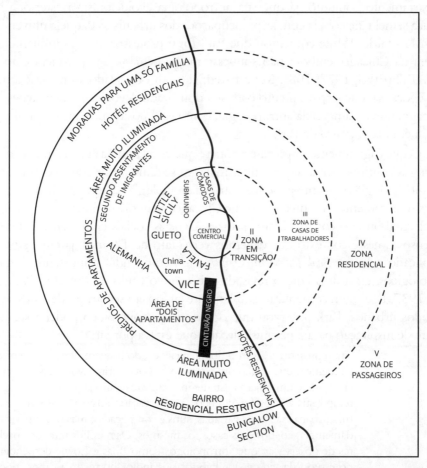

Figura I O diagrama tipo-ideal da cidade criado por Burgess

Os estudos da Chicago como antropologia

Parece justificável sugerir, portanto, que dois tipos de estudos urbanos foram criados na Universidade de Chicago; concebidos em unidade, mas afastados em termos das características das tendências atuais da disciplina. Um tornou-se mais estritamente sociológico e há uma linha contínua de descendência entre ele e grande parte da sociologia atual. O outro era mais antropológico. É possível dizer que ele possa vir a se tornar parte da ancestralidade da antropologia urbana somente por adoção; a propósito, podemos observar que a ligação é um pouco mais forte do que isto.

Quando o programa de pesquisa urbana começou a avançar, o divórcio entre a sociologia e a antropologia ainda não havia começado na Universidade de Chicago. Somente em 1929 foi criado um departamento de antropologia separado. Não é do conhecimento geral que Leslie White foi um produto desse departamento conjunto, já que sua antropologia evolucionista posterior tinha pouca semelhança óbvia com as preocupações dos urbanistas daquela universidade. Mais tarde, White comentou que Park foi o professor mais estimulante que tivera na Chicago, embora não soubesse muito bem o que aprendera com ele (MATTHEWS, 1977: 108). Robert Redfield, por outro lado, que quase à mesma época, saía do departamento com seu doutorado, levou as preocupações dos chicagoenses ao âmago da antropologia, como veremos no próximo capítulo; ele era, além disso, genro de Park.

O que é igualmente importante notar é que essa era uma época em que os sociólogos continuavam a se preocupar mais em se familiarizar com o estado atual da antropologia (e os antropólogos com o da sociologia) do que tenderam a fazer mais recentemente. A Universidade de Chicago, além disso, tinha uma atmosfera intelectual onde o contato entre as várias ciências sociais era excepcionalmente intenso. É neste contexto que devemos ver o fato de Thomas, já em 1909, ter publicado o *Source Book for Social Origins*, um compêndio importante de fatos etnológicos, com uma edição revisada sob o novo título de *Primitive Behavior*, em 1937. E, em um comentário amplamente citado em seu artigo de 1915 sobre estudos urbanos, Park observou que o método antropológico poderia ser uma fonte de inspiração para a pesquisa urbana que estava por vir:

> Até o presente a Antropologia, a ciência do homem, tem estado principalmente preocupada com o estudo de povos primitivos. Mas, o homem civilizado é um objeto bastante interessante de investigação e, ao mesmo tempo, sua vida está mais aberta à observação e ao estudo. A vida e a cultura urbanas são mais variadas, sutis e complicadas, mas os motivos fundamentais são, nos dois casos, os mesmos. Os mesmos métodos pacientes de observação que antropólogos como Boas e Lowie despenderam no estudo da vida e dos hábitos dos índios norte-americanos, podem ser utilizados mais proveitosamente na investigação de hábitos, crenças, práticas sociais e concepções gerais de vida prevalentes em Little Italy, no baixo norte de Chicago, ou registrando os tipos mais sofisticados de comportamento de um grupo de moradores de Greenwich Village e do bairro de Washington Square, Nova York (PARK, 1952: 15).

Park, no entanto, certamente tinha outras fontes para uma abordagem etnográfica da vida urbana – sua experiência jornalística era uma delas, o naturalismo literário de Zola, Dreiser e Upton Sinclair era outra – e o que é importante não é apenas a genealogia intelectual. O que importa, ao contrário, é que, qualquer que seja o local de onde as influências originais tenham vindo e onde quer que elas tenham ido posteriormente, muitos dos estudos acabaram se parecendo bastante com a antropologia urbana de hoje. Isso não é tão verdadeiro no que diz respeito à teoria explícita, mas mais verdadeiro quanto à escolha de métodos e tópicos e quanto à forma de apresentação. A bateria metodológica desses chicagoenses era similar ao dos antropólogos, ao enfatizar a observação de fenômenos sociais em seu ambiente natural, mas incluindo entrevistas informais, pesquisas e a coleta de documentos pessoais, em combinações que variavam de um estudo para outro. À medida que as informações colhidas por esses meios eram entrelaçadas, os resultados foram etnografias bem-equilibradas, com ênfase na apresentação qualitativa. E como a descrição, a seguir, de cinco dos estudos mais conhecidos pode demonstrar, os tópicos selecionados foram instituições e formas de vida de tipos que igualmente tenderam a atrair o interesse dos antropólogos urbanos modernos.

Hoboes e Hobohemia

O primeiro de uma série de estudos bem conhecidos dos mundos sociais de Chicago a ser publicado foi *The Hobo*, de Nels Anderson, em 1923. O *hobo*, como Anderson o conhecia, era um trabalhador migrante, geralmente nascido e criado nos Estados Unidos, que se deslocava pelo país sem planos predeterminados. A construção e o trabalho agrícola, a silvicultura e a pesca e uma série de biscates temporários, todos encontraram lugar para o *hobo*. Porém, não muito tempo depois do estudo de Anderson, ficou óbvio que esse tipo de nômade moderno, em particular, era uma espécie em extinção. O *hobo* fez parte de uma segunda fronteira americana, que foi para o oeste mais ou menos duas décadas depois da primeira fronteira, no rastro da estrada de ferro. Novas cidades, grandes e pequenas, novas fazendas e indústrias, possibilitaram a existência de uma mão de obra itinerante e até, em parte, tinham necessidade dela. Quando essa fronteira também fechou, as vagas para o trabalhador temporário diminuíram bastante. E, então, o *hobo* passou para a história da fronteira. Grande parte do território ocupado pela sociedade *hobo*, é claro, estava situada mais para o oeste, mas Chicago continuava sendo sua capital. Para Chicago os homens viajariam entre trabalhos. Chicago era a estação final de estradas de ferro importantes e os *hobos* tinham o hábito de viajar clandestinamente nos trens de carga. Eles haviam tomado parte na construção das vias férreas e, em Chicago e em outros lugares, invadiam acampamentos, conhecidos como "jungles" que frequentemente estavam localizados perto dos trilhos. Mas, em Chicago, as *jungles* eram apenas uma parte do mundo do *hobo*. A *hobohemia* de Anderson era parte da zona transicional, uma área com hospedarias baratas, que podia competir com os desconfortáveis acampamentos de desabrigados, mas também onde o *hobo* se misturava com uma variedade de pessoas e instituições.

Nels Anderson estava peculiarmente bem equipado para realizar o estudo da vida *hobo*. Nels tinha, de fato, abandonado a escola secundária para ser um jovem *hobo*, vagando pelo oeste por algum tempo, até que uma família de fazendeiros de Utah, que havia lhe dado trabalho, o encorajou a voltar para a escola e fazer faculdade. Durante os estudos o rapaz fazia trabalhos migrantes ocasionais e depois foi aconselhado, por um professor, a fazer sociologia na Universidade de Chicago. Tendo feito uso de sua experiência anterior como material para a sua tese na universidade, ele conseguiu obter um financiamento para continuar seus estudos nessa área. Para Anderson, como sociólogo, isso era observação participante; para Anderson, como *hobo*, o estudo era uma forma de "sobrevivência". E o sítio de pesquisa eram as mesmas ruas, becos e tabernas onde ele vendera jornal quando menino.

Anderson avaliou que, por ano, uns 300.000 a 500.000 homens sem-teto passaram por Chicago, ficando apenas por alguns dias ou por longos períodos, dependendo de uma série de fatores, como a situação do mercado de trabalho e a época do ano. Durante o inverno muitos permaneceriam na cidade por períodos mais longos. Em qualquer época havia entre 30.000 e 75.000 desses homens em Chicago. Mas, os homens sem-teto que, então, se juntavam nas "principais ruas" dos bairros transicionais de Chicago, não eram todos *hoboes*. Cinco tipos principais podiam ser distinguidos, de acordo com Anderson, e o *hobo* era apenas um deles. O primeiro era o trabalhador sazonal, que seguia um ciclo anual mais ou menos fixo, principalmente de trabalho agrícola, como os camponeses migrantes americanos de hoje. Na terminologia do nomadismo, seu padrão migratório podia ser visto como uma espécie de transumância. O segundo tipo era o *hobo*, também um trabalhador migrante, mas não um que seguisse um itinerário previsível e recorrente. O terceiro tipo era um migrante, mas não um trabalhador; era o vagabundo, que ganhava a vida mendigando ou talvez roubando. O quarto tipo era o *home guard*, que era um trabalhador, mas não um migrante. Enquanto o *hobo* normalmente não pegasse trabalhos em Chicago, o *home guard* era uma espécie de sua contrapartida urbana localizada; ele permanecia na mesma comunidade, mas vivia entre o trabalho malpago e o biscate, com suas raízes, se tivesse alguma, na sociedade das ruas da *hobohemia*. O quinto tipo era o mendigo, mais necessitado do que qualquer um dos outros, que não trabalhava e não era migrante. Entre esses tipos havia, é claro, gradações, e os homens estavam, constantemente, transferindo-se de uma categoria para outra.

Exatamente por que motivo os homens sem-teto se tornaram homens sem-teto, não era sempre fácil descobrir, já que o passado de cada homem era o seu próprio segredo, embora notícias menos pessoais sobre as condições da vida na estrada fossem, de boa vontade, trocadas. Mas, uma variedade de razões poderia ser colhida. Alguns simplesmente foram em busca de novas experiências. Outros foram empurrados para fora do trabalho estável pelas contradições do mercado de trabalho. Já outros deixaram crises familiares atrás de si. Alguns sofriam de deficiência física ou mental. Com as condições de vida e trabalho encontradas pelos homens sem-teto, a maioria deles, tempos depois, acabaria nessa última categoria. O alcoolismo também teve seu preço, assim como o uso de drogas em menor escala.

Os homens tinham muito pouca contrapartida feminina[4]. A maioria deles não era casado, alguns tinham se separado de suas famílias. A prática homossexual ocorria com alguma frequência, talvez especialmente nos acampamentos de trabalho, assim como em outras situações de isolamento sexual. Em Chicago havia melhor chance de se achar companhia feminina, nos salões de dança, entre as meninas do teatro burlesco ou entre as prostitutas. Alguns se acalmavam com as suas parceiras e deixavam o mundo dos homens sem-teto, mas a maioria deles tinha somente relacionamentos passageiros. Na *hobohemia*, o relacionamento entre homem e mulher era apenas um dos muitos exemplos de simbiose entre o sem teto e outros grupos ou instituições. Havia umas cinquenta agências de emprego que mantinham os *hoboes* indo e voltando entre Chicago e o oeste. Havia os penhoristas, os restaurantes onde podia-se comer uma refeição não muito atraente por dez centavos, os hotéis e pensões baratas onde eles podiam ficar. Havia escolas de barbeiro, onde os treinados necessitavam de alguém para praticar, alguém que não reclamasse dos resultados desde que o preço fosse justo.

Embora na cidade os *hobo*s tivessem muito tempo sobrando, mas pouco dinheiro, muito deste tempo era gasto subindo e descendo as ruas, olhando as vitrines à procura de comida e trabalho. Eles podiam ir para a Washington Square, a "Bughouse Square" nos mapas *hobo*, para ouvir os oradores de palanque que falavam sobre assuntos variados de ciência, política, economia e religião. Paravam para ouvir os cânticos dos coros de missões religiosas ou a inspirada arte de vender do mascate. Se sua situação econômica ficasse particularmente ruim podiam se voltar para a venda ambulante ou mendigar. Embora, talvez, grande parte dos homens sem-teto fosse hostil às religiões organizadas, alguns se subme-

---

4. Há, no entanto, uma autobiografia por uma *hobo* feminina, "Box Car Bertha", *Sister of the Road*, publicada como foi contada para o Dr. Ben L. Reitman (1975; 1. ed., 1937). Reitman que também é mencionado no livro de Anderson, era ele próprio uma pessoa pitoresca. Abandonado muito cedo por seus pais, com apenas oito anos ele fazia pequenas encargos para prostitutas e foi ser marinheiro poucos anos mais tarde. Enquanto trabalhava como porteiro na Policlínica de Chicago, chamou a atenção dos médicos que lhe ajudaram a obter uma formação em medicina. Envolveu-se intensamente com o mundo dos *hoboes* especialmente com suas atividades educacionais, mas também foi um personagem conhecido na boemia de Chicago, especialmente no Dill Pickle Club que Zorbaugh mencionou em *The Gold Coast and the Slum*. Por um longo período foi amante de Emma Goldman, a anarquista; dizem também que teve um caso com a viúva de Albert Parsons, mulher politicamente ativa e uma das líderes trabalhistas radicais que foi enforcada por sua suposta participação no Haymarket Affair (cf. ADELMAN, 1976: 109-114).

tiam a ser "convertidos" em troca de cama e comida, mas isso era mais frequente entre os vagabundos ou mendigos do que entre os *hobos*. Eles eram apelidados de "mission stiffs"; os homens sem teto desenvolveram bem um vocabulário de tipos sociais que os permitia se comunicar eficientemente sobreacomodações e personalidades em seu mundo em constante mudança. O "jungle buzzard" ganhava a vida mendigando nas *jungles* e lavava potes e panelas para outro homem, em troca do privilégio de comer o que sobrara neles. O "jack roller" roubava os colegas vagabundos enquanto estivessem bêbados ou dormindo; é sobre o jovem deste tipo que Clifford Shaw (1930), outro chicagoense, realizou um estudo de história de vida muito conhecido. A "gun moll" era uma vagabunda perigosa. Assim como os esquimós, que criaram uma série de nomes para tipos diferentes de neve, os *hoboes* precisavam de termos para pensar e falar sobre tipos de pessoas. Embora tivesse feito pouco mais do que perceber a existência desses termos, é possível considerar a atenção que Anderson deu a eles como o primeiro passo em direção ao estudo etnocientífico do nomadismo urbano, retomado mais recentemente por Spradley (1970, 1972), cujos estudos de vagabundos demonstraram que alguns dos mesmos termos continuam sendo usados quase 50 anos depois.

O estilo de vida itinerante do *hobo* obviamente não permitiu uma organização social muito sólida e os homens mantinham tais agências externas, como as da missão religiosa e de caridade, a distância. Todavia, duas organizações existentes não eram apenas para o *hobo*, mas em alguma medida, também do *hobo*. Ambas tinham o objetivo político de melhorar a sorte dos trabalhadores migrantes, mas sua estratégia era diferente. Uma delas era a reformista International Brotherhood Welfare Association, fundada por James Eads How, herdeiro de fortuna de família, que esperava acabar com a pobreza através da educação. Para esse fim, ele apoiou "as universidades *hobo*", salas de conferência onde os homens podiam ir para ouvir palestras e discutir as questões do dia. A Ibwa também tinha albergues. Devido ao controle de How sobre os fundos, no entanto, ela só podia ser uma organização dos homens sem-teto parcialmente; em parte ela continuava sendo uma instituição beneficente, mesmo que fosse dedicada ao objetivo de construir "uma sociedade sem classes sociais". Portanto, ela diferia significativamente da outra organização de maior impacto sobre a sociedade *hobo* – os Industrial Workers of the World, os "*Wobblies*". A IWW, é claro, não tinha como meta apenas organizar os *hoboes*, mas entre eles encontrou seu apoio mais forte e isto contribuiu para fazer de Chicago a capital dos *wobblies*. Seus organizadores viajaram muito por todo o oeste, vendendo o cartão vermelho de membro, às vezes pela persuasão ideológica e, outras vezes, por meio de ameaças. Alguns *hobos*, pelo menos, podiam, assim, ser considerados uma parte politicamente consciente do lupemproletariado. Eles eram os homens que apoiavam as livrarias radicais da *hobohemia*, liam o *Hobo News* e o

Industrial Solidarity e, de acordo com uma lista de leituras recomendadas pela IWW, de abril de 1922, podiam refletir sobre o significado da *Ancient Society*, de Lewis Henry Morgan. Eles tentariam passar a mensagem adiante, discursando na "Bughouse Square", e alguns deles tentavam escrever, embora só alguns poucos, como Joe Hill com suas músicas, ganhassem qualquer reconhecimento por seus esforços, mesmo entre outros *hobo*s.

Talvez porque Anderson, com sua experiência, pudesse torná-lo um "trabalho interno", *The Hobo,* em termos de riqueza etnográfica, foi considerada uma das melhores monografias da Universidade de Chicago. Se havia uma tendência ao romantismo envolvida em sua maneira de retratar o mundo dos homens sem-teto, isso pode ser devido em parte a esta tendência geral entre os sociólogos de Chicago, e em parte a alguma nostalgia sua. Mas, essa nostalgia, por sua vez, talvez possa ser fundamentada na consciência de que, pelo menos para o *hobo*, esse mundo podia conter uma forma de vida razoavelmente viável e uma coerente visão de mundo. O *hobo*, Park escreveu no *The City*, era "o boêmio nas categorias de mão de obra comum". Mas, se é possível que alguns considerassem que esse era um estilo de vida com algumas satisfações, claramente não era assim para todo *hobo* e ainda menos provável para o vagabundo e o mendigo. Com o fim do *hobo* e somente esses últimos ainda permanecendo, o *Skid Row* das cidades americanas, que é o sucessor da *hobohemia* como bairro dos homens sem-teto, continua a ter pouco mais do que os elementos da tragédia humana.

1.313 gangues

Chicago, na década de 1920, tinha um grande número de organizações com nomes como "Buckets of Blood", "the Dirty Sheiks and Wailing Shebas" e "the Hawthorne Toughs". Esses, e outros exemplos, de meninos e jovens em grupos (com mulheres raramente incluídas), foram o tema do *The Gang*, de Frederic M. Thrasher, publicado pela primeira vez em 1927, uma investigação pioneira sobre a delinquência na vida urbana. Seu subtítulo a descrevia como "um estudo de 1.313 gangues em Chicago", um número enorme, considerando-se que os pesquisadores mais recentes de gangues, geralmente ficaram satisfeitos de cobrir uma. É, também, um número que pode sugerir que isto seria um estudo girando em torno da manipulação estatística de um número gigantesco de dados quantitativos. Esse não é o caso, no entanto, já que as informações de Thrasher sobre as várias gangues não eram estritamente comparáveis e, assim, não eram geralmente receptivas a tal tratamento. Alguns dados vieram de reportagens de jornais, outros de observações pessoais e ainda outros de documentos pessoais de membros das gangues e de observadores deste cenário. (Thrasher, aparentemente, recebeu a ajuda de muitos garotos de gangues mostrando suas habilidades como mágico.) De fato, não fica exatamente claro como Thrasher enumerou suas gangues.

Contá-las e separá-las por entidades distintas certamente envolveria algumas dificuldades, já que "o processo de formação de uma gangue é um fluxo contínuo e há pouca permanência na maioria dos grupos". Algumas delas tinham apenas três membros; outras reuniam milhares. No primeiro caso, é claro, a característica do "agora você vê, agora você não vê" deve ter sido inevitável.

Embora Thrasher pudesse fornecer tabelas de dados numéricos para algumas características das gangues – mas apenas para proporções muito variáveis das populações de 1.313 – ele, desta forma, usou a amplitude de suas informações, em grande parte para indicar temas e variações. O leitor atual do *The Gang,* independentemente de ficar, talvez, um pouco impaciente com alguns dos argumentos psicológicos, pode achar essa apresentação, às vezes, um pouco fora de foco, ou, pior ainda, contraditória. Ao tentar generalizar sobre grupos com orientações e características dos membros bem diferentes, tais problemas podem ser esperados. Embora grande parte dos membros das gangues fosse de adolescentes, Thrasher tinha grupos com membros de apenas seis anos de idade e outros com até 50 anos. Certamente, teria sido uma tarefa mais manejável lidar com uma quantidade de grupos menor, ou com grupos de tipos mais acentuadamente delimitados. O que Thrasher deu aos seus leitores, em vez disso, foi uma visão geral de todo o complexo de formação de gangues, irritantemente obscuro em alguns aspectos, mas, bastante esclarecedor em outros[5].

Uma descoberta importante descoberta foi que a formação de gangues tinha um aspecto territorial. Elas surgiam no submundo do crime, e isto coincide muito com a zona de transição do esquema ecológico de Burgess.

> Provavelmente, o conceito mais significativo do estudo seja o termo *intersticial* – isto é, pertencente a espaços que intervêm entre uma coisa e outra. Na natureza o material estranho tende a se acumular e solidificar em cada fenda, rachadura e greta – interstícios. Há, também, fissuras e rupturas na estrutura da organização social. A gangue deve ser vista como um elemento intersticial na estrutura da sociedade, e o submundo do crime como uma região intersticial no desenho da cidade (THRASHER, 1963: 20).

O ponto era importante, primeiramente, porque nele está sugerido que as gangues faziam parte das características sociais da própria área, em vez de ser qualquer grupo em particular que se encontrasse ali. Thrasher notou que uma variedade de grupos de imigrantes passou pela zona transicional, como área de primeiro acampamento e embora tendessem a formar grupos enquanto estivessem ali, o índice de formação de gangues, em geral, caía drasticamente quando

---

5. A biografia por Shaw, *The Jack-Roller* (1930) é um complemento útil ao trabalho de Thrasher para nos dar um estudo de caso extenso e coerente da vida de um menino que fazia parte de uma gangue.

saíam dali. As gangues, portanto, tinham de ser vistas como parte integral da desorganização social que ele descobriu ser típica da zona transicional.

Mesmo assim, ele não podia ignorar totalmente as maneiras pelas quais a etnicidade direcionava a vida da gangue. Das 880 gangues em que ele colheu informações sobre composição étnica, quase 60% eram, exclusiva ou dominantemente, de um grupo étnico. Naturalmente, alguns grupos étnicos supriam mais gangues do que outros, simplesmente por serem uma maior proporção da população. Mas havia também alguma variação relativa a essa porcentagem. Poloneses, italianos, irlandeses e negros tinham muitas gangues, partindo-se desse ponto de vista. Alemães, judeus e suecos tinham poucas. Em parte, mas não totalmente, seria uma função de quais grupos étnicos já tinham começado a sair da zona transicional, já que Thrasher fazia os cálculos tendo em vista os números da população de Chicago como um todo. Além disso, seus números não nos dizem se algum grupo étnico fez surgir gangues maiores do que outras, de maneira que um pequeno número delas pudesse abranger uma parte relativamente grande da população. Provavelmente, no entanto, havia também algumas reais diferenças culturais e organizacionais entre os grupos étnicos – Thrasher utilizou o contraste entre judeus e irlandeses como exemplo.

Entretanto, a etnicidade não era a única, talvez nem mesmo a base principal da formação de uma gangue e de seus conflitos. Havia antagonismo entre os grupos, em níveis econômicos diferentes, e a homogeneidade étnica pode, muitas vezes, ter sido um coincidente de territorialidade. As gangues eram, na maioria das vezes, recrutadas no bairro, e como grande parte da zona transicional consistia de uma variedade de bairros étnicos, as gangues étnicas eram uma consequência natural. Se esses bairros fossem ameaçados pela invasão de outro grupo étnico, a solidariedade étnica da gangue podia aumentar, na medida em que o conflito entre as gangues se tornava uma expressão da luta. Onde os bairros mistos alcançaram alguma estabilidade, por outro lado, as gangues também eram mistas.

Thrasher descobriu a origem das gangues na pequena e informal turma de crianças, mesmo abaixo da idade escolar; este foi um motivo para que ele sentisse ser necessário observar tudo, destes grupos à máquina política e ao crime organizado como um único campo social. Gradualmente, os grupos desenvolveriam uma estrutura interna e compartilhariam tradições. O que, finalmente, transformaria um grupo em uma gangue, no entanto, era a reação à oposição e à reprovação de seu ambiente – a gangue era um grupo de conflito.

Certamente, ela não estava frequentemente envolvida em conflitos graves. Thrasher percebeu que grande parte da atividade da gangue envolvia simplesmente andar a esmo e explorar o mundo, experimentando novos padrões de comportamento e criando fantasias românticas que tirassem suas mentes, pelo menos momentaneamente, de seu ambiente restrito. A caminhada, o esporte, o teatro burlesco e o filme de suspense desempenharam um papel tão fundamental nisso quanto as brigas entre gangues. Thrasher viu nisso uma busca interminável para novas experiências, um dos "quatro desejos" que Thomas formulara como a mola principal da motivação humana[6]. Mas, ele não estabeleceu uma relação muito clara entre essa busca e a posição estrutural dos meninos de gangue. Embora os sociólogos de delinquência, mais recentes, com seu conceito mais socializado do homem, tivessem frequentemente visto o comportamento das gangues em termos de insegurança e problemas similares, para Thrasher ele era um sinal de independência. O submundo do crime era uma fronteira moral e cultural, onde a natureza humana podia ser expressa em estado bruto e o menino da gangue era um fronteiriço.

Deixe-nos voltar, entretanto, para o envolvimento com o conflito. Ele não toma uma forma idêntica, ou igualmente grave, em todas as gangues e Thrasher descreveu uma tipologia que nos permite compreender um pouco as variações. O "tipo difuso" era apenas a gangue rudimentar. Seus membros podem morar no mesmo bairro e assim interagir todos os dias e, ocasionalmente, irão brigar juntos. Mas, a lealdade ou a estrutura interna não eram fortemente desenvolvidas. Dentro desse tipo, geralmente através de conflito mais prolongado, o "tipo solidificado" podia desenvolver "uma máquina de guerra bem integrada, por meio do qual a gangue apresenta uma frente sólida contra seus inimigos". Esse era o tipo mais puro de grupo de conflito, que valorizava o conflito em si, estimava sua reputação de durão e mantinha um código rígido de lealdade. Geralmente, o grupo era de adolescentes. Quando seus membros ficavam mais velhos, e se eles simplesmente não abandonassem a vida de gangue, algumas sequências alternativas de desenvolvimento poderiam ocorrer. A gangue podia virar uma sociedade secreta, desenvolvendo rituais aparentemente mais motivados pela excitação do misticismo. Esse, provavelmente, seria o grupo predominantemente pacífico, buscando um padrão de organização de grupo com algum prestígio em uma sociedade ampla e continuando a dar sociabilidade a seus membros. Outra possibilidade era que ela poderia se tornar um "tipo convencionalizado" de gangue, descartando sua mais ostensiva orientação de conflito e alcançando legitimidade, como um clube com algum propósito socialmente aceitável. A variante mais comum era o clube esportivo, por meio do qual pelo menos alguns membros estabeleceriam contato com esportes organizados.

Muitas vezes, no entanto, ela também estará ligada à política, quando um membro da máquina política der seu patrocínio em troca de vários tipos de apoio, como conseguir votos em dia de eleição. Essa era uma das maneiras de

---

6. Os "quatro desejos" eram nova experiência, segurança, reação e reconhecimento (cf. VOLKART, 1951: 111ss.; THOMAS, 1966: 117ss.).

integrar a gangue na estrutura mais ampla do mundo adulto. Outra era assumir uma orientação mais instrumental para o crime e ligar-se mais definitivamente ao submundo. Muitas gangues, é claro, tinham o hábito de roubar ocasionalmente, devido a uma mistura de motivos econômicos e expressivos, e seus bairros foram, por vezes, redutos do crime organizado, que podiam desempenhar algum papel em sua socialização informal. Algumas gangues tinham seus próprios Fagins, Thrasher observou. E na época da proibição de venda de bebidas alcoólicas, havia um extenso escopo para atividades ilícitas.

Quando as gangues se tornavam sociedades secretas ou clubes esportivos, elas necessariamente assumiam uma estrutura mais formal. Em outros tipos de gangues, as relações internas eram, com mais frequência, informalmente ordenadas e tal ordem poderia existir entrelaçada com a organização formal. Em sua atenção não só para com os líderes, mas também para o papel do "menino engraçado", do "maricas", do "exibicionista", e do "pateta", na divisão instrumental e expressiva de trabalho na gangue, Thrasher tornou-se mais especificamente microssociológico do que a maioria dos sociólogos de Chicago e mostrou um notável conhecimento da dinâmica de pequenos grupos. Nisso, assim como em notar a inclusão de gangues nas estruturas da máquina política e do crime organizado, ele prenunciou as realizações de William F. Whyte, em *Street Corner Society* (1943). Whyte, é claro, de certa forma pôde ser mais sistemático, na medida em que lidou com apenas uma única gangue e decisivamente, fez questão de salientar que a favela tinha uma organização social própria, ao invés de mera desorganização. Mas Thrasher, enquanto se apega ao vocabulário de seus pares, não estava tão distante de tal compreensão:

> As gangues representam o esforço espontâneo de meninos de criar uma sociedade para si, no caso em que nenhuma sociedade que seja adequada às suas necessidades exista [...] A incapacidade de controlar e dirigir normalmente os costumes e instituições para que funcionem eficientemente é, na experiência dos meninos, indicada pela desintegração da vida familiar, pela ineficiência das escolas, pelo formalismo e externalidade da religião, pela corrupção e indiferença da política local, pelos baixos salários e a monotonia das atividades ocupacionais, pelo desemprego e pela falta de oportunidade para a recreação sadia. Todos esses fatores entram no cenário da fronteira moral e econômica, e, juntamente com a deterioração da habitação e do saneamento e das outras condições de vida da favela, dão a impressão de desorganização e decadência generalizadas. A gangue funciona com referência a essas condições de duas maneiras: ela fornece um substituto para o que a sociedade falha em dar e um alívio para a supressão e o comportamento desagradável (THRASHER, 1963: 32-33).

Em outras palavras: a própria gangue era organização, em vez de desorganização, uma adaptação a um ambiente indiferente. Esse exemplo deveria ser óbvio o suficiente para demonstrar como os conceitos da Chicago às vezes traíam as observações de Chicago.

O bairro judeu na Europa e América

The Ghetto (1928), de Louis Wirth, foi, em maior medida do que as outras monografias respeitantes a determinados bairros de Chicago, uma obra de história social – nada surpreendente, já que o bairro judeu fez a sua aparição nos Estados Unidos com um passado já pronto e óbvio no Velho Mundo. Wirth, assim, passou quase a primeira metade de seu livro discutindo o fenômeno gueto na Europa, a partir da diáspora até o século XIX, caracterizado pela emancipação da Europa Ocidental e pelo aumento da repressão no Oriente. Em seu início, os guetos eram concentrações voluntárias de judeus em bairros específicos; com o passar do tempo, sua segregação ali se tornou publicamente regulada, ao mesmo tempo em que os meios de subsistência dos judeus ficaram cada vez mais circunscritos a um número limitado de nichos. Por um lado, a história do gueto na Europa é, portanto, o da institucionalização de uma fronteira étnica. Os judeus eram úteis, pelo menos para algumas partes da sociedade ao redor e, portanto, em grande medida tolerados, mas sofrendo ataques contínuos e ímpetos de perseguição que um membro da minoria dificilmente poderia se permitir esquecer. Por outro lado, o gueto tinha uma autonomia considerável, pelo menos ao que dissesse respeito a seus assuntos internos. O mundo exterior tinha a tendência de tratá-lo como uma comunidade corporativa, responsável, de um modo geral, pela conduta de seus membros. Seus impostos, por exemplo, eram cobrados dos oficiais da sinagoga em uma quantia única. Dentro dessa comunidade, instituições religiosas, jurídicas, educacionais e de assistência social cresceram, emaranhando os habitantes do gueto em uma teia de vida que os ligava entre si e os separava dos de fora. Mas, também, tinha uma dimensão informal, emocional, que dificilmente era menos importante para o homem do gueto.

> Embora seus contatos com o mundo exterior fossem categóricos e abstratos, dentro de sua própria comunidade ele estava em casa. Ali, podia relaxar da etiqueta e do formalismo pelos quais sua conduta no mundo gentio fora regulada. O gueto proporcionava libertação. O mundo, em geral, era frio e estranho, seu contato com ele limitando-se ao intercurso abstrato e racional. Mas, dentro do gueto ele se sentia livre. [...] Sempre que retornava de uma viagem a um mercado distante, ou de seu trabalho diário, que eram predominantemente em um mundo gentio, ele voltava para o seio familiar, ali para ser recriado e reafirmado como homem e como judeu. Mesmo quando estava muito afastado da família, vivia sua verdadeira vida interior, nos seus sonhos e esperanças com

eles. Com os da sua própria espécie ele podia conversar na linguagem doméstica e familiar que o resto do mundo não conseguia entender. Estava conectado por problemas comuns, por inúmeras cerimônias e sentimentos a seu pequeno grupo que vive sua própria vida, alheio ao mundo além dos limites do gueto. Sem o apoio de seu grupo, sem a segurança de que desfrutava em seu círculo privado de amigos e compatriotas, a vida teria sido intolerável.

Em sua discussão sobre o gueto europeu Wirth usou, particularmente, o exemplo de Frankfurt, o mais famoso dos bairros judeus da Europa Ocidental. Mas durante o século XIX, os judeus da Europa Ocidental foram atraídos, cada vez mais, para o comportamento de vida predominante em suas respectivas sociedades. Muitos estavam na linha de frente do iluminismo intelectual cosmopolita. Na Europa Oriental, a situação era bem diferente. Muitas vezes, isolados no meio de uma sociedade camponesa, os judeus continuavam a se voltar para a sua própria comunidade, sua visão de mundo fortemente tingida pelo misticismo. Enquanto os guetos ocidentais começaram a se dissolver, as comunidades orientais ainda estavam encapsuladas em sua condição de minoria. Essa diferença entre Oriente e Ocidente, na Europa, foi um fato de importância fundamental quando a história dos guetos americanos começou.

Como, então, era o gueto de Chicago de acordo com o que Wirth o descreveu? Para começar, por um período de várias décadas de vida judaica na cidade, não havia nada que pudesse, apropriadamente, ser chamado de gueto. A pequena comunidade judaica, recrutando novos membros, lenta e gradativamente, não estava exatamente espalhada de forma aleatória no espaço, mas também não estava isolada. Seus membros estavam, em sua maioria, envolvidos com o comércio, com bastante sucesso e tinham uma série de contatos com outros chicagoenses. Visto que a maioria deles era de origem alemã, sentiam pouca inclinação para erguer barreiras contra a sociedade ao seu redor e se esforçavam para moldar as instituições que construíram, de forma que se encaixassem no padrão comum de vida respeitável da América urbana. Na última parte do século XIX, no entanto, o número de judeus recém-chegados continuou a crescer e agora eles eram, em sua maioria, do Leste Europeu – poloneses, russos, romenos. Esse foi o período em que o crescimento de um gueto realmente começou no lado oeste de Chicago, continuando até que, com uma população de mais de um quarto de milhão no momento do estudo de Wirth, a comunidade judaica de Chicago era a segunda maior de qualquer cidade americana, embora ainda com grande inferioridade numérica com relação a de Nova York. Mas, claro, essa quantidade toda de pessoas não morava no gueto. Em primeiro lugar, os judeus mais bem-estabelecidos permaneceram naqueles bairros mais satisfatórios onde já haviam criado raízes. E aqueles para quem o gueto fora o ponto de entrada, sairiam gradualmente dali.

Onde o judeu chicagoense escolheu para morar é, realmente, o foco do estudo de Wirth, já que, fiel às inclinações ecológicas de sua fraternidade sociológica, ele observou que "onde o judeu more é um indicador tão bom quanto qualquer outro do tipo de judeu que ele é". O gueto do lado oeste, na verdade, transformara-se, em alguns aspectos, nos antigos guetos da Europa. Uma barreira, embora agora invisível, ainda parecia cercá-lo e proteger a vida da comunidade das influências externas. Sinagogas ortodoxas floresceram, compensando em quantidade o seu tamanho e aparência frequentemente modestos. O idioma era o iídiche e a vida social formal e informal, girava em torno da *Lanckmannschaften* de pessoas da mesma cidade ou região do antigo país. As sinagogas, as sociedades de ajuda mútua, as sociedades funerárias e as escolas religiosas foram criadas sobre essa base e os compatriotas podiam relembrar juntos o passado e trocar ideias sobre o seu novo país. No entanto, a criação de instituições também ocorreu, baseando-se em toda a comunidade. Havia a imprensa iídiche e o teatro iídiche, o sionismo e o socialismo tinham grande apoio, como já haviam tido na Europa Oriental.

Mas, apesar de toda a intensidade de sua vida interior, o gueto era uma comunidade vulnerável. Desde o início, seus habitantes viram que havia judeus que preferiam morar fora dali, que aparentemente haviam rejeitado os conceitos do gueto sobre a identidade judaica. Os judeus alemães, naturalmente, eram predominantes entre estes. Os europeus orientais do gueto agora frequentemente os viam como apóstatas. Ao mesmo tempo, outros laços uniam os dois grupos. Os europeus orientais tinham chegado quase sem dinheiro e a vida no gueto para estes recém-vindos foi caracterizada pela pobreza extrema. Motivados, sem dúvida, em parte pelo humanismo e a solidariedade étnica, os judeus alemães realizaram uma variedade de projetos para auxiliar os pobres do gueto; de certa maneira, eles também foram impulsionados pelo desejo de respeitabilidade, que tantas vezes foi um forte motivo entre os membros das minorias americanas em melhor situação, que entendiam que a reputação dos guetos judeus também iria refletir sobre eles. Para muitos dos europeus orientais, um desses compatriotas étnicos já bem-sucedidos também se tornaria o primeiro patrão. No entanto, se os dois grupos fossem, assim, de alguma forma ligados, a natureza hierárquica dos relacionamentos também podia aumentar a discórdia.

Conforme o tempo passava, os judeus alemães já não estavam sozinhos como símbolo da relação problemática entre o judaísmo e o sucesso, como era entendido no gueto. Os homens que subiram de vida, de um carrinho de mão no mercado de Maxwell Street para uma pequena loja e depois para uma empresa de vendas no atacado, começaram a se afastar dos costumes que interferiam no progresso, e a próxima geração teve ainda mais propensão a questionar os valores antigos.

Esse dilema de adaptação levou à diferenciação da comunidade do gueto e também a seu declínio como centro da vida étnica. Os habitantes tinham um vocabulário para isso. Havia judeus bem-sucedidos que eram *Menscken*, que tinham dado certo sem sacrificar muito de seu judaísmo. Mas havia também os *Allrightnicks*, considerados oportunistas culturais cuja mobilidade econômica fora acompanhada pelo desrespeito aos padrões da comunidade tradicional[7]. Aqueles que pareciam moldar seu novo comportamento de acordo com aquele dos judeus alemães ficaram conhecidos como *Deitchuks*: e à medida que eles se mudaram para longe do gueto do lado oeste, gradualmente tomando o comando da área de Lawndale dos irlandeses e dos alemães, este novo bairro, socialmente superior, mas com um sabor étnico muito menos distinto, ficou conhecido pelos moradores do gueto como *Deutschland*. Um número cada vez maior deles subiu na vida e se mudou para fora do gueto, porém, até aqueles que tinham ido para Lawndale para escapar do gueto, descobriram que ele os havia seguido para o novo local, mesmo que tivesse perdido algumas de suas características. E, assim, uma nova onda de dispersão teve início, para bairros que, se não fosse por isso, nunca teriam tido uma concentração étnica tão forte.

The Ghetto mostra as influências habituais do pensamento ecológico da Chicago. Vimos que Wirth encontrou na moradia um indicador útil de estilo de vida. Alguns fatores culturais em particular, como o acesso a um mercado e a relação com outros grupos étnicos, podem ter tido alguma influência sobre a localização do gueto; ainda assim, as leis da concorrência econômica eram supremas, e por isto, basicamente, o gueto era o mesmo tipo de "área natural", como Little Sicily, o Black Belt ou mesmo uma área de consumo de drogas. Cada área tinha a sua própria vida e entre elas o contato era superficial. Novamente, Wirth trouxe a imagem da simbiose entre plantas.

Até mais do que uma obra sobre a ecologia de Chicago, no entanto, *The Ghetto* pode ser visto como uma expressão da influência do pensamento de Park sobre relações raciais[8]. O "ciclo de relações raciais" típico a partir do isolamento levaria à competição, ao conflito e à acomodação até a assimilação – o gueto representava a acomodação e a saída era o início da assimilação. Essa, no entanto, era uma fase difícil. A pessoa envolvida nela, no termo cunhado por Park, um "homem marginal". No estágio anterior, Wirth sugeriu um tanto duramente, "o gueto judeu é provinciano e tem uma personalidade ananicada". Quando ele entra na sociedade mais ampla, "ele está sobre o mapa de dois mundos, e não está confortável em nenhum dos dois".

---

7. Há alguma semelhança entre o contraste *Mensch-Allrightnick* e a distinção feita por Paine entre "freeholder" (dono de propriedade alodial) e "free enterprisers" (empreendedor autônomo).

8. Deve ser observado aqui que o esquema do "ciclo de relações raciais" era ele próprio inspirado pela ecologia.

Escritores posteriores, como vimos, fizeram muito uso do conceito do homem marginal; outros o têm criticado duramente. Isso, no entanto, é tangencial às nossas preocupações aqui. O que deveria, talvez, em vez disso, ser enfatizado, é que a constante mudança, que segundo a descrição de Wirth, acontece após a saída do gueto, não necessariamente acaba em assimilação. Como Amitai Etzioni (1959) assinalou, em uma crítica do *The Ghetto*, uma comunidade étnica, embora de um tipo um pouco diferente, podia se estabilizar novamente sem uma base territorial. Para Wirth, um agnóstico de origem judaica alemã, tal proposição pode ter sido nem interessante nem desejável. Mas talvez também a sua falta de preocupação com tal alternativa é o preço que teve de pagar por sua inclinação ecológica.

Panorama do Baixo Lado Norte

Em sua introdução ao livro de Harvey W. Zorbaugh, *The Gold Coast and the Slum* (1929), Robert Park traçou a diferença entre comunidades "descritíveis" e "indescritíveis". As primeiras eram locais de unidade e charme; as últimas não tinham estas qualidades. O Baixo Lado Norte de Chicago, tema da monografia de Zorbaugh, era claramente indescritível. O mais questionável era se ele realmente podia ser chamado de comunidade, uma vez que a área compartilhava pouco mais do que uma designação comum. Mas ao mesmo tempo, como o título do livro pode levar a crer, tampouco se tratava de apenas duas comunidades. Zorbaugh, de fato, delineou seis "áreas naturais" no Baixo Lado Norte – The Gold Coast, a zona de casa de cômodos, Bohemia, a dilapidada área comercial e de entretenimento que tinha como centro a North Clark Street, a favela e Little Sicily. Mais uma vez, entre essas, algumas eram mais comunidades do que outras. De qualquer forma, o escopo desse estudo era, portanto, mais amplo do que os da maioria de seus contemporâneos. Ele também se sobrepunha parcialmente a esses baseando-se, até certo ponto, por exemplo, em Thrasher sobre a gangue, em Anderson sobre o *hobo* e em Cressey sobre os salões de dançarinas de aluguel.

Na maioria das vezes os urbanistas de Chicago relataram sobre os pobres, os estrangeiros, ou sobre aqueles mais ou menos mal-afamados. O capítulo de Zorbaugh sobre o mercado da Gold Coast assinalou uma exceção. A Gold Coast, às margens do Lago Michigan, foi o lar de muitos habitantes chicagoenses que deram certo, mas principalmente dos *Four Hundred*, a classe alta autoconsciente da cidade. O guia dos dez mais, de quem era quem nesse grupo, com suas universidades, clubes e casamentos listados, era aquele pequeno livro azul, o *Registro Social*, e o *Blue Book of Etiquette*, de Emily Post, era a codificação de seu estilo de vida.

Vários membros desse grupo escreveram documentos para o estudo de Zorbaugh, representando "percepções amigáveis e autoanálise meio divertida", e o capítulo foi construído em torno destes. Esse era um mundo de lazer. As pessoas tinham de comparecer às estreias na ópera, e aos bailes e encontros nos clubes corretos, e encaixar o cabeleireiro, a manicure, a massagem e a aula de francês na agenda semanal. Para uma parte considerável do ano, é claro, podia-se não estar em Chicago, mas na Europa ou em *resorts* americanos. No entanto, havia também responsabilidades para com a sociedade. A pessoa podia participar de uma ou outra organização de melhoria social, ativa nos bairros mais pobres, ou, voluntariamente, tinha de fazer doações para as instituições de caridade. De fato, essa era uma das maneiras pelas quais uma família de novos ricos podia entrar para a verdadeira elite: doando, conspicuamente, para uma organização estabelecida de caridade a animais domésticos de uma mulher da alta sociedade, e assim, provocar o convite para participar de seu círculo social, mesmo que, no início, apenas em sua periferia. Outra forma era enviar os filhos às escolas certas, criando relações por meio delas. A elite social de Chicago, neste momento, tornava-se menos fechada e menos semelhante a um sistema de castas, algo que os *Four Hundred* lamentavam. Mas, os recém-chegados, pelo menos, teriam que assimilar a hierarquia do estilo. Não se podia chegar à ópera em um táxi amarelo, nem carregar embrulhos ou um guarda-chuva e, quando as balconistas começassem a usar uma moda, os socialmente ambiciosos da Gold Coast teriam de abandoná-la.

Algumas dessas balconistas fizeram seu lar – ou aquilo a que podiam, hesitantes, se referir como seu lar – não muito longe da Gold Coast, nesse "universo de quartos mobiliados" que as mantinham em contato com o oeste. Essa área, certa vez, fora uma região de residências elegantes, mas foram substituídas, uma a uma, por casas de cômodos e, assim, tornou-se naturalmente um local de um tipo muito diferente. Enquanto a Gold Coast tinha seus grupos restritos que interagiam com bastante intensidade e, seus habitantes mantinham um controle estreito sobre as reputações pessoais, a área das casas de cômodos era uma área de forte atomismo social e anonimato. Em alguns pontos juntara-se à favela, em sua parte mais ao norte e mais respeitável, moças e rapazes solteiros, de um modesto estrato de colarinho-branco, constituíam grande parte da população, em um interlúdio nada surpreendente entre dois ciclos familiares. Naturalmente tal bairro seria marcado pela transiência, não só porque fizesse parte de uma fase da vida de alguém. As pessoas também se mudavam para as casas de cômodos e rapidamente saíam delas esperando que, de alguma forma, a próxima fosse um lugar menos triste. Nem mesmo os proprietários tinham raízes. Zorbaugh descobriu que metade deles não permanecia mais de seis meses no mesmo endereço.

A zona de casa de cômodos deu ao sociólogo uma plataforma para a formulação dramática do que a vida urbana seria:

> As condições de vida no universo dos quartos mobiliados são a antítese direta de tudo que estamos acostumados a pensar como normal na sociedade. A mobilidade exagerada e o anonimato surpreendente

desse mundo têm implicações significativas para a vida da comunidade. Onde as pessoas estão constantemente indo e vindo; onde elas vivem, no melhor dos casos, só alguns meses em um determinado local, onde ninguém se conhece em sua própria casa, para não dizer em seu próprio bairro (as crianças são os vizinhos reais, e é um mundo sem filhos); onde não há grupos de qualquer tipo – onde todas estas coisas são verdadeiras, é óbvio que não possa haver nenhuma tradição de comunidade ou definição comum de situações, sem opinião pública, sem controle social informal. Como resultado, o universo da casa de cômodos é de indiferença política, de negligências dos padrões convencionais, de desorganização pessoal e social. O universo da casa de cômodos não é, em nenhum sentido, um mundo social, um conjunto de relações de grupos através do qual os desejos da pessoa são realizados. Nessa situação de mobilidade e anonimato, de preferência as distâncias sociais são criadas, e a pessoa é isolada. Seus contatos sociais são, mais ou menos, totalmente cortados. Seus desejos são frustrados, ela não encontra na casa de cômodos, nem segurança, nem resposta, nem reconhecimento. Seus impulsos físicos são contidos. Ela está inquieta, e ela é só (ZORBAUGH, 1929: 82).

Claramente, houve alguma base para uma interpretação como essa. Os documentos muniram Zorbaugh com ilustrações de inquilinos cujas vidas, passada e presente, eram desconhecidas dos vizinhos e que partiram sem deixar rastros, ou de pessoas cujo isolamento pode tê-las levado para caminhos que, em outra situação, talvez não houvessem tomado. O índice de suicídio da área da casa de cômodos era alto. No entanto, pode-se perguntar se, no caso de tal população livre, um foco em seu bairro realmente levaria a uma compreensão do seu modo de vida – ou de forma mais realista, talvez, de sua variedade de estilos de vida. Pois, embora alguns, sem dúvida, estavam solitários na cidade grande, outros poderiam ter feito contatos importantes fora do território, e entre os homens e mulheres jovens, alguns provavelmente criaram lá fora os relacionamentos íntimos que finalmente os levaria a abandonar a área dos quartos alugados.

O bairro boêmio de Chicago também era conhecido como Towertown, depois que a antiga torre de água passou a ser a única lembrança do antigo Lado Norte, antes do grande incêndio de 1871. Ele tinha o que um bairro como esse deveria ter: estúdios, lojas de arte, livrarias e pequenos restaurantes. Quando se reuniam em locais como o Dill Pickle Club, seus intelectuais emitiam opiniões radicais sobre sexo e política. Mesmo que vários de seus habitantes também se tornassem apenas moradores temporários, a área era mais parecida com uma comunidade do que a região de casa de cômodos. Ela dava liberdade não apenas através do anonimato, mas através da afirmação de princípios. Casais não casados, que viviam juntos, podiam encontrar refúgio lá, como podiam as minorias sexuais. Ali as mulheres encontravam uma liberdade de iniciativa na vida cultural que não tinham em outro lugar da sociedade americana.

Towertown também teve sua parcela de artistas e autores de sucesso. Mas a maioria deles fora para boemias maiores e melhores de outros lugares, em Nova York e do exterior. Para Zorbaugh isso foi um sinal de declínio, pois o que fora deixado para trás não o impressionava muito – "pessoas afetadas e egocêntricas, neuróticas, rebeldes contra as convenções da Main Street ou as fofocas da comunidade estrangeira, pessoas que buscam um ambiente incomum, ocultistas amadores, diletantes das artes ou partidos para criar lapsos de um código moral que a cidade ainda não havia destruído". A autoexpressão era o objetivo declarado, mas para aqueles com pouco talento isso se tornou uma questão de desempenhar papéis e usar máscaras. Como na Gold Coast, aqueles que tinham uma reivindicação mais autêntica dos valores da comunidade, estavam sendo acompanhados pelos recém-chegados, cujo domínio sobre esses valores era mais precário. Mas, novamente, esses últimos também estavam preocupados em manter os limites simbólicos entre eles próprios e a sociedade em geral, rejeitando o que ela aceitava.

Mesmo nessas circunstâncias, no entanto, Zorbaugh sentiu que a boemia não podia se manter. Não só onde os valores dos terrenos subiram, forçando as pessoas a sair de seus conjugados baratos diante dos prédios comerciais que invadiam a região. Mais importante, talvez, a tolerância à boemia se espalharia pela cidade com a mobilidade e o anonimato. Não haveria mais necessidade de uma Towertown.

Sair da Gold Coast, ir para a zona das casas de cômodos e para a boemia, e depois para a North Clark Street era, claramente, descer no sistema de classes. Essa era uma parte da *hobohemia* como descrita por Anderson. Essa era também a rua principal para grande parte da zona de casas de cômodos e da favela, e "o Rialto do meio-mundo", uma expressão popular entre os sociólogos da Chicago. Ela era alinhada com salões de dança, cabarés, restaurantes, salões de bilhar, lojas de penhor e hospedarias baratas. Os jovens solteiros das casas de cômodos podiam buscar seu entretenimento ali, nos salões de dança menores. Os salões maiores tinham um público misto de operários, balconistas, membros de gangues, prostitutas e criminosos. As calçadas eram território de pedintes e vendedores ambulantes.

A favela da qual a North Clark Street era, em parte, uma extensão comercial, era em si uma área de grande diversidade. Somente os aluguéis baratos reuniam gente de vários tipos ali. Para muitos, seria apenas uma parada para outro lugar. Outros passaram a vida toda lá. Alguns dos habitantes, pessoas solteiras ou famílias, eram econômica, mental e fisicamente derrotados. Outra categoria incluía o pessoal do submundo. Uma terceira categoria era, simplesmente, de pessoas da classe trabalhadora de renda modesta, frequentemente de minorias étnicas. Zorbaugh encontrou representantes de vinte e oito nacionalidades. Havia a maior colônia de assírios dos Estados Unidos, um acampamento grego, um *Black Belt* em crescimento e grupos de alemães e suecos que permaneceram mesmo quando a maioria dos compatriotas tinha deixado a área. Para Zorbaugh a favela era, eminentemente, uma área de desorganização social. No entanto, podemos suspeitar que essas categorias variadas, em um exame mais aprofundado, mostrariam padrões sociais mais variados do que tal rótulo permitiria, e que particularmente as minorias étnicas poderiam, em alguns casos, ser descritas como grupos intimamente unidos.

A sexta e última área descrita por Zorbaugh, era uma das colônias étnicas que fazia parte da favela, embora fosse grande e distinta o suficiente para ser escolhida para um tratamento especial. Era a Little Sicily, também conhecida como "Little Hell". A área tornara-se italiana – e praticamente toda siciliana – logo após a virada do século, e ainda mais do que antes, quando fora o lar de outros grupos de imigrantes, tornara-se um mundo próprio. Talvez devesse ser dito até que ela se transformara em muitos mundos menores, pois a consciência de "espécie" do siciliano era intensamente local. Como os judeus do gueto do Lado Oeste com sua *Landsmannschaften*, os sicilianos então começaram organizando sua vida social tendo como base sua origem no mesmo local do antigo país.

Essa virada interna da comunidade teve muitas implicações. Ela poderia manter um código social Mediterrâneo de intensa lealdade à família, controle rigoroso sobre as mulheres e as ideias de honra e vergonha. Ela permitiu que alguns membros se estabelecessem no comércio, fornecendo os necessários derivados culturais desconhecidos do mundo exterior, e que outros se estabelecessem como corretores, a quem se confiava, por exemplo, a tarefa de encontrar trabalho para os outros naquele mundo, ou usando seu poder de votos coletivos na máquina política. Ela tornou possível que uns aterrorizassem os outros com atos de violência, uma vez que ninguém seria um informante para a polícia. E essa regra do silêncio também protegeria aqueles que estavam para subir a escada do crime organizado. Mas isso, para Zorbaugh, já era um sinal de mudança, pois a gangue delinquente era uma resposta, da segunda geração, ao aumento do contato com a vida americana. Tal como acontece com outros grupos de imigrantes, a geração mais jovem teria que passar pela desorganização, uma vez que deu os primeiros passos para a arena social mais ampla e deixou normas antigas para trás.

A perspectiva panorâmica de *The Gold Coast and the Slum* continua impressionante. Observando que Zorbaugh atingira uma das aspirações de Robert Park, David Matza (1969: 48) sugeriu que "era como se um antropólogo solto em Chicago tivesse descoberto a América urbana em toda a sua diversidade". No entanto, pode-se sentir que se ele ganhara em amplitude de cobertura, em comparação a maioria de seus colegas, perdera algo em profundidade. Embora suas descrições propiciassem vislumbres fascinantes da variedade de vidas do Baixo Lado Norte, elas se parecem mais com as notas etnográficas fornecidas aos arquivos coloniais por funcionários do distrito de turismo (embora, talvez, mais cheias de vida) do que com textos que estejam em conformidade com os ideais malinowskianos dos antropólogos profissionais. No que diz respeito a dar uma visão interna, o estudo de Wirth sobre o gueto e o de Anderson sobre *hobohemia* são consideravelmente superiores ao *The Gold Coast and the Slum*. Zorbaugh tampouco fez muito com a proximidade de suas seis áreas naturais entre si, mesmo que a última parte do livro seja dedicada à discussão sobre os problemas enfrentados pelas ações voluntárias e associações na tentativa de fazer do Baixo Lado Norte uma comunidade. De um modo geral, é provável que o leitor ainda se lembre disso como um estudo de uma série de mundos sociais distintos. É provável que a intenção tenha sido essa, mas talvez, se Zorbaugh tivesse dado mais atenção ao que aconteceu nas fronteiras sociais e às perspectivas que esses mundos tinham uns dos outros, ele pudesse ter feito algo para unir as partes, mais estreitamente, em um único todo. Mais especificamente, se a Gold Coast não fosse apenas uma comunidade de lazer, e sim um mundo social onde o poder era exercido de maneira a afetar grande parte da cidade, Zorbaugh teve pouco a dizer a respeito. Isso se tornou apenas mais um retrato de um estilo de vida, para ser colocado ao lado de outros escritos de natureza semelhante.

Apesar dessas críticas, tendo em vista quase outro meio século de desenvolvimentos nas ciências sociais, no entanto, *The Gold Coast and the Slum* merece ser visto entre os clássicos de Chicago. Para alguém que queira uma introdução concisa ao trabalho dos primeiros urbanistas de Chicago, ele (ou a antologia de Short, *The Social Fabric of the Metropolis*), seria uma boa escolha. O livro tem a forma característica de apresentação daqueles urbanistas, um bom esboço de seus pontos de vista teóricos e etnografia que ainda deveria estimular o pensamento de antropólogos urbanos.

Dançando para se sustentar

"A sociedade feminina está à venda, e por um bom preço." Assim Paul G. Cressey descreveu a essência da nova instituição urbana que era o tema de seu *The Taxi-Dance Hall*. Publicado em 1932, o livro foi uma das últimas etnografias bem conhecidas associadas com os primeiros anos da escola de sociologia da Universidade de Chicago. O trabalho de campo para o livro tinha começado em 1925, no entanto, e ele teve como base a tese de um mestrado que foi concedido em 1929, de tal forma que o contexto é realmente Chicago dos anos de 1920 e não dos anos de 1930.

O salão de dançarinas de aluguel era um tipo de estabelecimento com uma reputação um tanto duvidosa que teve suas origens tanto nas escolas de dança quanto nos salões normais de dança abertos para os dois sexos. Alguns gerentes de escolas de dança descobriram que certos alunos estavam dispostos a pagar pela oportunidade de dançar com suas professoras por muito mais tempo do que aquele necessário para aprender a dançar; proprietários de salões de dança, por outro lado, às vezes se deparavam com grandes números de clientes do sexo masculino socialmente pouco atraentes para os quais não havia nenhuma companhia feminina. A solução lógica era pagar moças para que dançassem com os clientes. O preço normal era dez centavos de dólar por cada dança. Os homens compravam os bilhetes no portão de entrada e a moça que tinha sido escolhida como parceira para uma dança recolhia o bilhete. Ela então recebia a metade dos ganhos obtidos com seus bilhetes, enquanto a outra metade ia para o proprietário que pagava pelo salão, pela orquestra, e outros gastos operacionais. Esse sistema, naturalmente, garantia melhores ganhos para as moças mais populares e colocava todas as moças em uma situação de competitividade umas com as outras.

Algo poderia ser dito sobre a ecologia dos salões de dançarinas de aluguel (que tendiam ainda a se descreverem como academias de dança, embora poucos clientes se iludiriam com essa reivindicação pedagógica). Eram localizados nos locais onde os aluguéis fossem baratos e em áreas de fácil acesso para seus clientes – agora todos do sexo masculino. Na prática isso muitas vezes significava uma área de casas de cômodos, não muito distante do bairro comercial central. Mas a ecologia não foi um tema a que Cressey dedicou muitas páginas. Ele estava mais interessado no salão de dançarinas de aluguel como "um mundo diferente, com sua própria maneira de agir, de falar e de pensar. Ele tem seu próprio vocabulário, suas próprias atividades e interesses, sua própria concepção daquilo que é significativo na vida e – até certo ponto – seus próprios esquemas de vida" (CRESSEY, 1969: 31).

Esse mundo tinha três grupos principais de habitantes: os proprietários, as dançarinas de aluguel e os clientes. Em Chicago quase todos os pioneiros no estabelecimento de salões de dançarinas de aluguel eram americanos de origem grega. Para Cressey, a explicação para isso era a mobilidade geográfica desse grupo; graças a ela eles ouviam falar de uma nova oportunidade de negócio desse tipo em outras cidades onde ela tinha surgido primeiro; outro motivo era também o pouco prestígio desse grupo étnico, algo que provavelmente os afastava do negócio de salões de dança regulares, mas que, por outro lado, os punha em contato com os moradores da zona de casas de cômodos. Cressey observou também que à medida que esses tipos de salão foram tendo mais sucesso economicamente, houve uma tendência à sucessão étnica, já que eles passaram a ser interessantes como proposições comerciais para membros de grupos étnicos com conexões políticas mais poderosas – sempre um fator importante em um empreendimento que funcionava à margem da respeitabilidade e da legalidade.

O segundo grupo, as dançarinas de aluguel, foi o que atraiu mais a atenção de Cressey. Muitas delas, ele descobriu, eram "jovens volúveis na primeira empolgação do entusiasmo pelas excitações, satisfações e dinheiro que esse mundo transiente do salão de dança oferece" – como a heroína de *Sister Carrie*, só que 40 anos depois da original. Outras já estavam mais *blasé* e menos preocupadas com as convenções morais. Suas idades variavam entre 15 e 28 anos. No salão de dançarinas de aluguel elas passavam por um processo de socialização; a conversa no banheiro durante o intervalo era uma parte importante disso. O resultado era, por um lado, reduzir a influência da etiqueta convencional e, por outro, regulamentar os relacionamentos entre as moças. A posição predominante com relação aos clientes era de que eles eram o que elas chamavam de "peixes", pessoas para serem exploradas. Era possível acontecer, no entanto, que uma moça gostasse de um parceiro, e uma maneira de expressar esse sentimento era lhe dar danças grátis, isto é, sem coletar seu bilhete. Mas essa prática tinha de ser feita sem o conhecimento da gerência. Essa última tinha seu código de conduta para as moças, essas, por sua vez, tinham um código próprio e era o delas que funcionava de maneira mais eficiente no salão.

Quem eram essas moças? Com frequência elas aparentemente já tinham se desligado das influências controladoras da família e dos vizinhos, por vários caminhos, antes de entrar no salão de dançarinas de aluguel. Muitas tinham crescido em famílias incompletas e, considerando sua juventude, o fato de cerca de dois quintos delas já terem passado por um divórcio pode causar surpresa. Na maioria dos casos seus pais moravam em Chicago ou por perto, mas havia também um número considerável de moças imigrantes. Cressey observou que quase não havia italianas, ou moças do gueto judeu, mas que havia algumas moças da área judia de segundo assentamento (Lawndale ou áreas semelhantes) e uma proporção bastante considerável de moças de origem polonesa. Muitas delas adotavam novos nomes "profissionais" para uso no salão. Se a lista camuflada que Cressey fez desses nomes for uma representação verdadeira, essa mudança de nome tinha a tendência a envolver uma mudança de nomes eslavos para nomes franceses, anglo-saxões e célticos[9].

Um dos conjuntos mais interessantes de descobertas no estudo de Cressey relaciona-se à mobilidade social das dançarinas de aluguel. Ao contrário das carreiras ocupacionais típicas, a carreira da dançarina de aluguel piorava em vez de melhorar. É bem verdade que poderia se estabilizar em um momento dado; mas havia, segundo Cressey, um padrão de declínio. O primeiro passo envolvia uma mudança de uma situação insatisfatória na sociedade convencional para o mundo do salão de dançarinas de aluguel, onde a recém-chegada poderia gozar de popularidade e prestígio. Se, com o passar do tempo, no entanto, ela já não

---

9. Thrasher (1963: 81-82) observa mudanças semelhantes do nome étnico entre boxeadores.

pudesse manter seu *status*, é possível que buscasse restabelecê-lo em novos círculos – em um salão menos competitivo, por exemplo, ou aceitando as atenções de clientes de um *status* inferior, tais como os orientais que compunham uma parte considerável da população dos salões desse tipo. Ela só poderia manter sua popularidade com esses últimos, no entanto, enquanto eles não a considerassem "vulgar". O próximo passo do declínio poderia ser os cabarés do Black Belt de Chicago, e a mudança final poderia ser para a prostituição em um bairro negro. O padrão, portanto, envolvia uma mudança de baixa apreciação em uma esfera de prestígio mais alto para alta apreciação em uma esfera de prestígio inferior. Isso poderia ser considerado como um pequeno movimento para cima; mas, uma vez estabelecida na nova esfera, a moça muito provavelmente sofreria um declínio contínuo.

Com respeito aos clientes, Cressey foi menos capaz de oferecer informação sistemática, em parte porque os homens que fluíam por essa instituição compunham um grupo um tanto variado. Havia *hobos* e trabalhadores, homens de negócio de fora da cidade e membros de estratos sociais mais altos, que vinham, uma vez na vida, experimentar uma atividade "inferior"; filipinos, eslavos, gregos, chineses, mexicanos, ovelhas negras de famílias de classe alta (mas não pessoas negras); os anões, os mutilados, os marcados pela varíola. Obviamente vários tipos de necessidades eram satisfeitos pelo salão de dançarinas de aluguel. Era uma maneira conveniente de desfrutar de companhia feminina para pessoas de passagem que não tinham tempo para fazer camaradagem por meio dos canais convencionais. Era uma forma de passar uma noite se divertindo para rapazes de grupos étnicos que mantinham suas jovens mulheres sob rígida vigilância familiar. Era uma ajuda para homens solteiros de meia-idade para quem relações bem-intencionadas normalmente sugeririam companhia feminina muito mais enfadonha. Mas claramente, o salão de dançarinas de aluguel também encontrava muitos de seus clientes em grupos estigmatizados que não eram competitivos. Entre esses estavam os orientais; e os filipinos eram a maioria entre eles, pelo menos um quinto da clientela total segundo a avaliação de Cressey. Os filipinos sofriam discriminação racial e assim tinham grande dificuldade em encontrar companhia do outro sexo; e dos filipinos que chegaram aos Estados Unidos durante a década de 1920, apenas um em cada 15 era mulher. O fato de os salões de dançarinas de aluguel também existirem nas Filipinas poderia ser um motivo adicional para a propensão que tinham os homens daquele país para procurarem esses salões nas cidades americanas.

Para as categorias de homens que não podiam facilmente estabelecer contato com mulheres por meio de outros canais, era natural que às vezes eles desejassem levar seu relacionamento com as dançarinas de aluguel um pouco mais além da dança. O gerenciamento dos salões normalmente desencorajava esses contatos, mas eles ocorriam de qualquer forma. Ocasionalmente eles levavam ao casamento, mas com maior frequência os relacionamentos assim formados seriam mais ou menos mutuamente exploradores. Entre aqueles que envolviam relacionamentos sexuais, Cressey delineou três tipos: aqueles em que a moça se tornava, por um período, a amante de um homem; aqueles em que uma espécie de poliandria era estabelecida, com vários homens contribuindo para o sustento de uma mulher, embora cientes da existência uns dos outros ou até amigos entre si; e o relacionamento sexual de uma noite. Tais relacionamentos poderiam obviamente significar um passo descendente na carreira na direção da prostituição. Mas essa nem sempre era a consequência e nem todas as dançarinas de aluguel se envolviam neles.

Cressey deu alguma ênfase a sua visão do salão de dançarinas de aluguel como um mundo independente "um ambiente moral quase que totalmente distanciado das outras formas mais convencionais da vida urbana". Realmente, uma moça poderia se tornar completamente absorvida pela instituição, morando com outras dançarinas de aluguel, se sustentando com o que fazia no salão e conhecendo seus namorados no recinto. No entanto parece razoável hesitar antes de fazer essa afirmação sobre isolamento moral em vista da evidência apresentada em outra parte do texto. As moças vinham de outros tipos de vida e após um breve período novamente se mudavam passando a fazer alguma outra coisa. Muitas delas mantinham algum tipo de contato com suas famílias e Cressey chega a descrevê-las como "levando uma vida dupla" evitando que suas famílias tivessem conhecimento de sua ocupação. Embora formulando um padrão de carreira típico com um movimento descendente, ele também observou que o anonimato da sociedade urbana fazia com que fosse possível que tanto as dançarinas de aluguel quanto as prostitutas alternassem entre esses meios de vida e as posições na sociedade convencional. Os clientes dos salões de dançarinas de aluguel, é claro, vinham de muitos círculos diferentes e a rede do proprietário poderia incluir políticos e policiais. Tudo poderia ser uma questão, naturalmente, daquilo que se quer dizer com "isolamento" de um mundo social. Mas considerando essa variedade de conexões com o mundo externo, bem poderíamos considerar *The Taxi-Dance Hall* como um estudo pioneiro de uma dessas instituições nodais em que muitos mundos urbanos se encontram.

Uma retrospectiva da Escola de Chicago

Em sua introdução a uma nova edição do *The Jack-Roller*, de Shaw, Howard Becker (1966) comentou sobre a maneira pela qual os estudos de Chicago formam um mosaico – uma vez mais essa metáfora – cada um deles um pedaço que contribui para o todo e que serve como uma leitura contextual para os outros.

Quando chegamos àquela parte da história em que Stanley, o *jack-roller** se envolve em roubos com outros rapazes, é possível que venha à mente a discussão de Thrasher sobre gangues e roubos; e quando, por um período, o cenário de sua vida é o oeste da Madison Street, podemos nos voltar para Anderson para uma descrição mais detalhada desse *hobo* de "rua principal". Isso é etnografia cooperativa; mesmo que o mosaico não forme um retrato de Chicago como um todo, pelo menos podemos obter um quadro mais amplo do ambiente urbano de qualquer grupo ou instituição específicos do que aquele que normalmente podemos encontrar em um único estudo. Vale a pena observar esse feito, porque ele praticamente não teve paralelos em outros lugares.

Em grande parte, no entanto, depende do leitor deslindar sozinho os fatos sobre os quais basear essa compreensão de um escopo mais amplo. Os próprios autores tendem a exagerar um pouco o isolamento do mundo social que estudavam – como David Matza (1969: 70-71) disse em sua crítica importante dos chicagoenses em *Becoming Deviant*, "havia uma certa cegueira com relação à superposição e à conexão " para o fato de, por exemplo, certos grupos dissidentes "existirem no contexto da América convencional, obterem seu sustento daquele ambiente, prestarem serviços a ele, recrutarem pessoas dele e, frequentemente, devolverem dissidentes arrependidos a ele".

Se considerarmos cada estudo separadamente, na verdade, acabamos percebendo que a Escola de Chicago teve mais ou menos os pioneiros em virtualmente todos os tipos de antropologia tópicas na cidade com as quais hoje estamos acostumados: estudos de enclaves étnicos, estudos de gangues, estudos de ocupações dissidentes, estudos de comportamento em locais públicos ou de entretenimento público; estudos de bairros mistos. Mas eles compartilham, com muitas das etnografias urbanas de uma geração posterior, aquela "certa cegueira". A deficiência pode parecer surpreendente em vista do interesse de Park na passagem das pessoas entre diferentes ambientes morais.

É bastante possível que os chicagoenses às vezes estivessem mais próximos de um avanço radical nessa área do que acadêmicos posteriores. Uma das maneiras em que isso é verdade é sua consciência da dimensão temporal. Os relacionamentos entre vários segmentos da sociedade urbana podem com frequência serem compreendidos como relacionamentos que emergem com o passar do tempo, e, como Short (1971: xliv) observou, "a Escola de Chicago, mais do que qualquer outra, desenvolveu uma sensibilidade para processo". O ciclo de relações raciais de Park, o acompanhamento que Thrasher fez da gangue desde sua fase como grupo de atividades juvenis até a política ou o crime organizado, ou a interpreta-

---

* Nos Estados Unidos do fim do século XIX e começo do século XX, um *jack-roller* era um indivíduo que roubava pessoas obviamente bêbadas, normalmente atacando-as violentamente [N.T.].

ção que Cressey fez dos estágios da carreira de dançarina de aluguel são exemplos disso. Se os chicagoenses tivessem reconhecido mais a abertura relativa dessas sequências do desenvolvimento, as passagens variáveis de grupos e indivíduos pela estrutura social urbana poderia ter sido melhor esclarecida.

O fato de eles não terem ido mais adiante, sob circunstâncias que pareceriam ter sido propícias, é talvez mais bem compreendido contra o pano de fundo de uma fragilidade geral no grupo na análise da organização social, em que o progresso era menor do que os que ocorriam na ecologia e também na psicologia social. A interação entre etnografia e desenvolvimento conceitual nunca realmente funcionou muito bem. As contribuições etnográficas da Escola de Chicago foram às vezes descritas, com uma referência explícita ou implícita ao passado de Park, como "mero jornalismo". Essa avaliação no mínimo subestima a própria formação de Park – sua experiência acadêmica que estava longe de ser paroquial e sua profunda imaginação sociológica. Embora muitas de suas ideias ainda continuem a atrair um interesse considerável, no entanto, é verdade que nem todas foram realmente desenvolvidas por seus seguidores. Algumas delas foram simplesmente negligenciadas, outras apenas citadas fielmente; e quando seguidores se esforçaram para incorporar o máximo possível delas, houve pouca cumulatividade teórica. Poderíamos ter desejado, além disso, que Park tivesse transmitido mais eficazmente suas inspirações que vieram dos clássicos emergentes da sociologia europeia a todos, e não apenas a alguns, de seus alunos e colegas. Em várias das etnografias, há poucos sinais de uma influência direta desses clássicos. Nels Anderson, no novo prefácio à reedição de *The Hobo*, observou que o conselho mais importante que ele recebeu de Park foi realmente o de "escrever apenas aquilo que você vê, ouve e sabe, como um repórter de jornal" e que, no estágio em que estivesse escrevendo seu livro famoso, seu conhecimento empírico superasse em muito sua sofisticação teórica. Embora compartilhasse alguma nostalgia da pequena comunidade com um grande número de teóricos sociais, Park também tinha um forte sentido das possibilidades peculiares da vida urbana. Uma vez mais, essa apreciação pareceu muitas vezes faltar em outros de seu grupo, que poderiam parecer, para um crítico mais recente (FEUER, 1973: 86) "como um bando de secretários da Ymca de uma cidade pequena" com seu vocabulário moral extremamente rígido que gerações posteriores poderiam ter achado que não era uma contribuição para a sociologia vinda do estilo extravagante da década de 1920.

Em primeiro lugar, coisas demais foram consideradas "desorganização". Existe, por certo, a necessidade de um conceito para isso no estudo dos relacionamentos sociais e os antropólogos atuais podem, às vezes, exagerar em seu relativismo cultural para evitá-lo. Mas os chicagoenses fizeram o erro contrário. A definição de Thomas enfatizou a influência decrescente das normas – mas quais normas? Embora, como Park mostrou, a estrutura social urbana pudesse permitir que grupos fossem por caminhos diferentes e afirmassem suas próprias normas, havia uma forte tendência nestes grupos de estudiosos a considerar tudo que não fosse conformidade com os padrões da sociedade convencional como uma questão de desorganização. E portanto, na frase de Matza, eles concebiam desorganização quando descreviam diversidade. Como uma exceção parcial, eles podiam prontamente admitir que os padrões de grupos imigrantes eram realmente diferentes e normas por direito próprio; mas de acordo com as crenças assimilacionistas de Park e outros, achavam que isso era um fenômeno temporário. Quando a segunda geração nos grupos de imigrantes mostrou outro tipo de comportamento sem parecer ser exatamente americanos convencionais, já era mais provável que seu modo de vida fosse denominado desorganizado. O uso generoso desse rótulo pôde obviamente ocultar a variação sistemática na forma de relacionamentos sociais.

Por trás desse tipo de vocabulário, e por trás do interesse relativamente limitado em desenvolvimento teórico, podemos pressentir que os interesses por trás dos estudos eram muitas vezes de uma natureza um tanto mais prática. Apesar do desprezo um tanto provocativo que Park, na fase chicagoense de sua carreira sinuosa, costumava expressar sobre o tema dos "fazedores do bem" – aparentemente resultante de sua desilusão com os missionários com quem trabalhara sobre a questão do Congo – a sociologia na Chicago ainda estava profundamente envolvida em reforma. E se a ecologia parecia a caminho de se tornar uma ciência insensível demais, a etnografia era com mais frequência associada com a ala sensível e sua tradição de pesquisas de fatos. Isso também implicava um envolvimento com agências externas, com Burgess frequentemente no papel de mediador. Para o estudo do *hobo*, Anderson teve o patrocínio do Chicago Council of Social Agencies e do Juvenile Protective Association (respectivamente Conselho de Agências Sociais de Chicago e Associação Protetora de Menores); essa última também apoiou Cressey em sua pesquisa sobre o salão de dançarinas de aluguel. O estudo de Zorbaugh estava relacionado com o trabalho de organizações comunitárias tais como o Lower North Side Community Council (Conselho Comunitário do Baixo Norte) e Thrasher mencionou nada menos que 26 agências que cooperaram com seu estudo sobre as gangues. Sob tais circunstâncias, esses alunos se viam escrevendo não apenas para seus colegas de profissão, mas em grande medida para pessoas que tinham um interesse prático imediato em suas conclusões. Certamente, se "nada é tão prático quanto uma boa teoria", isso não precisava restringir o desenvolvimento de ideias teóricas em seus estudos. Mas ideias com relevância menos evidente para a reforma social poderiam não ser muito requisitadas e poderiam até mesmo ter sido contraproducentes se sua inclusão nas publicações as tornasse menos intelectualmente acessível aos leitores leigos.

Com respeito à ecologia, onde o impulso teórico realmente ocorreu, vimos que teve um valor misto para o trabalho sobre etnografia urbana. O que ofereceu a essa última foi aquilo que podemos considerar como um sentido de lugar que, em grande medida, foi útil. Os estudos chicagoenses estão bastante claramente localizados em um território específico e não em um vácuo como parece ocorrer com certas análises mais puramente organizacionais. Ao mesmo tempo, isso gerava problemas próprios. De vez em quando os próprios chicagoenses tornavam esse sentido de lugar ambíguo ao sugerir que a ordem espacial de Chicago era a ordem espacial de qualquer cidade. A analogia com a ecologia das plantas também tinha limites que eram muito óbvios, mas que a Escola de Chicago não levou realmente em consideração. As pessoas, ao contrário das plantas, se deslocam no espaço. Nem todos seus relacionamentos são baseados em compartilhamentos duradouros de território ou na disputa por terra. E especialmente os urbanitas, como teremos a oportunidade de assinalar uma vez mais, tipicamente não extraem seu sustento diretamente da terra, e sim, em grande medida, de suas interações uns com os outros. Uma preocupação mais restrita com relações espaciais e os tipos de fatos relacionados mais intimamente com elas iriam, provavelmente, levar a uma visão empobrecida da vida urbana, ainda que claramente a cidade deva ser reconhecida como, em parte, um fenômeno espacial.

Desde o início, é claro, Park observou que os laços de localidade provavelmente teriam uma importância decrescente na cidade. Em uma área como o "mundo de quartos mobiliados" de Zorbaugh isso é bastante conspícuo. As sugestões alternativas que Park tinha feito para estudos ocupacionais em seu primeiro programa de pesquisa realmente inspirou alguns trabalhos, principalmente o de Everett Hughes que, com Redfield, tinha herdado os interesses variados de Park e seu estilo de ensaísta. A perspectiva interacionista de Hughes e sua preocupação com a observação de campo foi motivo para uma forte conexão entre a Escola de Chicago em seu início e etnógrafo-sociólogos posteriores tais como Erving Goffman, Howard Becker e Anselm Strauss. Trabalhos como esses, no entanto, não se tornaram uma parte integral da pesquisa urbana, e sim uma sociologia de ocupações separada.

O texto de 1915 de Park caracterizou o começo do primeiro período da etnografia de Chicago; pouco mais de duas décadas mais tarde, outro trabalho por Louis Wirth de certa maneira fez um resumo de grande parte do assunto de que tratava aquele primeiro período. Como veremos a seguir, havia semelhanças óbvias entre os dois. Isso poderia ser considerado como outro sinal de que, pelo menos na área de organização social, teria havida alguma estagnação teórica, mesmo que os dois textos tivessem tido grande relevância. Mas não devemos ser demasiado implacáveis. Meio século depois de sua publicação o trabalho dos etnógrafos da Chicago ainda merece muito ser lido. Mas algumas das críticas que podem ser dirigidas a eles são igualmente relevantes, já sugerimos, no caso de um número bastante extenso de estudos recentes. E se quisermos progredir na direção de uma antropologia mais sistemática da vida da cidade, o primeiro oferece um número tão grande de textos úteis quanto esses últimos.

Com respeito à própria Chicago, é claro, a etnografia está de volta. Podemos pensar que alguns dos estudos mais recentes, além disso, são mais ou menos contrapartidas dos estudos do primeiro período. O bairro multifacetado de Zorbaugh tem seu paralelo na década de 1960 em *The Social Order of a Slum* (1968) de Suttles, uma ordem que não é tão misturada e que foi analisada muito mais intensivamente. O *Jack-Roller* tem um rival em *Hustler!* (1965), a história da vida de Henry Williamson, um criminoso negro, organizada por Lincoln Keiser. Estudos de gangues vão desde o livro de Keiser (1969) *The Vice Lords,* sobre uma grande organização, até as obras de Short e Strodtbeck, sobre um grande número delas, que, portanto, podem parecer mais com o trabalho de Thrasher com suas 1.313. Se os atores travestis (NEWTON, 1972) e os cantores de *blues* urbanos (KEIL, 1966) são, de algumas maneiras, muito diferentes das dançarinas de aluguel, eles ainda são os centros de mundos sociais onde o entretenimento significa negócio. Mas observadores participantes estão também aparecendo em novos locais – como um trabalhador em uma siderúrgica, como em Kornblum (1974), ou como um delegado na máquina política dominante, no caso de Rakove (1975). Obviamente Chicago continua a ser atraente como um laboratório para a pesquisa social, exatamente como Park imaginava.

3
A busca pela cidade

Louis Wirth publicou seu *Urbanism as a Way of Life* em 1938, um dos textos mais amplamente conhecido nas ciências sociais. Mais ou menos à mesma época, outro chicagoense, Robert Redfield, trabalhava na formulação de sua ideia da anticidade, a sociedade popular. Neste capítulo, na tentativa de começar a lidar com o conceito de urbanismo, iremos ter como ponto de partida a cidade de Wirth, iluminada pelo contraste com a *folk society* (sociedade primitiva) de Redfield. A identificação de seus limites, e defini-los de uma forma que seja válida para todas as épocas e todos os lugares, para cidades pequenas e megalópoles, acabou por não ser nada fácil. "É um dos termos mais multiformes", nas palavras de um recente e fidedigno comentarista (WHEATLEY, 1972: 601). No entanto, uma rápida vista aérea de algumas das formas que ele assumiu, na visão de intérpretes diferentes, deve pelo menos permitir que descubramos algo sobre o que os antropólogos urbanos podem fazer com ele. Assim, continuaremos para observar a relação entre urbanismo e tradições culturais específicas; o impacto de economias e tecnologias diferentes na forma da vida urbana; as perspectivas com relação à história urbana comparativa de Marx, Weber e outros; e ideias de sistemas urbanos desenvolvidas por geógrafos. E então, na terceira parte deste capítulo, começarei a juntar os elementos de um arcabouço analítico propriamente nosso.

Embora Redfield fosse pessoal e intelectualmente conectado com os sociólogos chicagoenses, seu interesse era mais amplo, abarcando outras partes do mundo e concentrando-se inicialmente nas pequenas aldeias comunitárias tradicionais. À sua preocupação com questões amplas sobre a natureza humana aliava-se uma das mentes poéticas da antropologia. A primeira fonte de experiência no campo (na década de 1920) que o levou a cunhar o conceito de sociedade primitiva mostrava apenas vestígios desse modo de vida – a aldeia não tão pequena de Tepoztlan, a quase cem quilômetros da Cidade do México. Depois disso, Redfield desenvolveu suas ideias no contexto de um projeto de pesquisa que envolvia quatro comunidades na Península de Yucatan: uma aldeia tribal maia, uma aldeia de camponeses, uma cidade comercial e uma cidade de características um tanto cosmopolitas. Daí em diante, ele continuou a desenvolver o contraste entre *folke* cidade, e a influência da cidade na mudança dessas ditas "sociedades primitivas", em textos escritos durante um período que vai até a década de 1950[1]. Embora a leitura desses textos, assim como de outros trabalhos seus, seja uma experiência agradável para alguns ela é, evidentemente, uma experiência irritante para outros.

Foi Tusik, a aldeia tribal, que pôde servir como modelo mais próximo para a sociedade primitiva. Mas Redfield teve o cuidado de assinalar que essa última era apenas um construto.

> A sociedade primitiva ideal poderia ser definida juntando, na imaginação, as características que são logicamente opostas àquelas que são encontradas na cidade moderna, só se primeiramente tivéssemos algum conhecimento de pessoas não urbanas que nos permitisse determinar aquilo que, realmente, são os traços característicos da vida na cidade moderna. O procedimento todo exige que nos familiarizemos com sociedades primitivas em muitas partes do mundo e as descrevamos em palavras suficientemente gerais para descrever na maior parte delas aquelas características que elas têm em comum umas com as outras e que a cidade moderna não tem (REDFIELD, 1947: 294).

A sociedade primitiva típica, continuou ele, seria uma sociedade isolada com um número mínimo de contatos com o mundo externo. Seus membros estão em comunicação íntima uns com os outros. Há pouca ou nenhuma mobilidade física, pelo menos do tipo que perturbe as relações internas da sociedade ou aumente as influências externas. A comunicação é apenas verbal – nenhuma escrita e nenhuma leitura para competir com a tradição oral ou para controlá-la. Os membros da sociedade primitiva são muito semelhantes. Em contato apenas uns com os outros eles aprendem as mesmas maneiras de pensar e de fazer – "hábitos são o mesmo que costumes". As pessoas mais velhas veem as gerações mais novas fazendo aquilo que elas próprias faziam na mesma idade, já que há pouca mudança. Há uma forte sensação de pertença; cada membro tem "uma forte reivindicação da solidariedade dos demais". A divisão do trabalho é limitada àquela entre homem e mulher, e o mesmo ocorre com a divisão do conhecimento. A sociedade primitiva é autossuficiente, na medida em que as pessoas produzem o que consomem e consomem o que produzem.

Sua cultura é, em grande medida, única. Normas, valores e crenças são os mesmos para todos. O que as pessoas pensam que deve ser feito é coerente com

---

1. Entre os trabalhos relevantes de Redfield estão seus livros de 1930, 1941, 1953 e 1955. Um texto de 1947 foi a base para o resumo de seu conceito de sociedade primitiva aqui e as tentativas recentemente renovadas de definir "a grande divisão" entre estilos da época. Outros textos relacionados, previamente publicados ou não publicados, aparecem em suas obras completas (1962).

aquilo que elas creem que é feito. Tudo na cultura está intimamente conectado com tudo o mais. A ronda da vida não vai de uma atividade para outra que seja diferente. Ela é uma única grande atividade, da qual nenhuma parte pode ser separada sem que afete todo o resto. O poder da sociedade de agir coerentemente e de enfrentar crises com sucesso não depende do poder de indivíduos ou da devoção a algum princípio único, e sim é devido à coerência geral das ações e compreensões. As pessoas não são direcionadas para refletir sobre a tradição de uma maneira crítica ou objetiva. Não há qualquer sistematização do conhecimento.

As convenções que unem as pessoas umas às outras são tácitas e não explícitas ou contratuais. Espera-se que a outra pessoa reaja às situações da mesma maneira como nós reagiríamos e lida-se com ela como uma pessoa e não como uma coisa. Com efeito, essa tendência se estende tanto que muitas vezes as coisas também são tratadas como pessoas. Além disso, as relações não são apenas pessoais – elas são familiares. É nos termos de um universo de conexões de parentesco que os relacionamentos são conceituados e categorizados, criando sejam quais forem as diferenças que existem entre eles. "Os parentes são as pessoas típicas para toda a experiência."

A sociedade primitiva é a sociedade do sagrado. As noções de valor moral estão ligadas às maneiras de pensar e de agir. Todas as atividades são objetivos em si mesmas e expressam os valores da sociedade. Não há qualquer lugar para o motivo totalmente secular de ganho comercial. A distribuição de bens e serviços é um aspecto da estrutura de relacionamentos pessoais. Intercâmbios são sinais de boa vontade.

Obviamente Redfield tinha uma apreciação estética da harmonia da sociedade primitiva. Como ele observou, se invertermos as qualidades daquela sociedade, obteremos o urbanismo, de uma forma muito semelhante àquele descrito por Wirth. Nenhuma parte do ensaio de Wirth é mais conhecido do que sua definição da cidade como "um assentamento relativamente grande, denso e permanente de indivíduos socialmente heterogêneos". De um ou outro desses atributos do urbanismo, sugeriu ele, outros podem ser derivados. Na verdade, porém, como ele tinha muito pouca coisa específica a dizer sobre a permanência, o tamanho, a densidade e a heterogeneidade foram os fatores que receberam um tratamento mais detalhado.

O tamanho do agregado populacional, na visão de Wirth, tem um impacto importante na natureza dos relacionamentos sociais. Tão logo uma comunidade tenha mais que algumas centenas de habitantes, passa a ser difícil ou até impossível para cada indivíduo conhecer todos os outros pessoalmente. A multidão de pessoas em interação exige uma redução dos contatos. É provável que nenhum outro parágrafo em *Urbanism as a Way of Life* seja mais significativo do que o que foi dedicado a este argumento.

Caracteristicamente, urbanitas se encontram em papéis extremamente segmentais. Por certo, eles são dependentes de mais pessoas para a satisfação de suas necessidades vitais do que as pessoas no campo e assim estão associados a um número maior de grupos organizados, mas são menos dependentes de pessoas específicas, e sua dependência de outros está limitada a um aspecto altamente fracionalizado da ronda de atividades do outro. Isso é essencialmente o que queremos dizer quando dizemos que a cidade é caracterizada por contatos secundários em vez de contatos primários. Os contatos da cidade podem realmente ser cara a cara, mas apesar disso são impessoais, superficiais, transitórios e segmentais. A reserva, a indiferença e a visão blasé que os urbanitas manifestam em seus relacionamentos podem assim ser consideradas como artifícios para se que eles se imunizem contra as reivindicações pessoais e as expectativas dos outros (WIRTH, 1938: 12).

Não estando particularmente preocupados uns com os outros como pessoas totais, os moradores da cidade tendem a adotar uma visão completamente racional de suas interações, considerando os demais como um meio para a realização de suas próprias metas. Isso pode ser visto como emancipação do controle do grupo. Ao mesmo tempo, no entanto, isso implica uma perda da sensação de participação que vem com uma identificação mais próxima com os outros. Ela é substituída, observou Wirth (citando Durkheim), pelo estado de anomia, um vazio social.

O caráter segmentar e utilitário dos relacionamentos é expresso na variedade de ocupações especializadas. Há um perigo constante de que a falta de consideração pessoal por outros envolva as pessoas em relacionamentos predatórios. Para controlar a expansão dessas tendências destrutivas, no entanto, a sociedade urbana tende a instituir códigos profissionais e uma etiqueta ocupacional. Na vida econômica, a corporação empresarial é outro exemplo típico do etos urbano; sua utilidade e eficiência é resultado do fato de a corporação não ter alma.

O tamanho da população, além disso, faz com que seja impossível para cada indivíduo estar diretamente envolvido nos negócios da comunidade como um todo. Os interesses são articulados por meio de delegação. O que um indivíduo diz é de pouca importância, enquanto a voz do representante parece ser ouvida mais claramente tanto maior seja o número de pessoas em cujo nome ele fala.

Entre os resultados da densidade está a tendência do urbanita de se orientar de acordo com pistas visuais. Como os contatos físicos são próximos, mas os contatos sociais distantes, a pessoa reage ao uniforme e não ao homem. O ajuntamento de pessoas e de atividades pode ser um incômodo e algumas pessoas e atividades incomodam mais que outras. Por isso ocorre a segregação e na disputa por qualquer espaço específico o resultado será normalmente determinado por qual dos usos oferecer o maior retorno econômico. Locais de residência e locais de trabalho tendem a se separar. Os processos de segregação produzem o mosaico urbano de mundos sociais e no entanto, há suficiente justaposição de modos de vida divergentes para fomentar a tolerância e a perspectiva relativista pela qual a vida é secularizada. A ordem da vida na sociedade compacta é mantida pela adesão a rotinas previsíveis. As pessoas da cidade vivem seguindo o relógio e os sinais de trânsito. Ainda assim, o congestionamento pode causar fricção e irritação. E o próprio contraste entre proximidade física e distância social aumenta a reserva, fazendo surgir a solidão a menos que o indivíduo possa descobrir saídas sociais mais específicas.

Como o urbanita está exposto à heterogeneidade da cidade e vai de um contato a outro com vários indivíduos e grupos, ele passa a aceitar a instabilidade e a insegurança como normal, uma experiência que acrescenta algo a seu cosmopolitismo e a sua sofisticação. Nenhum único grupo tem sua total lealdade. Os círculos dos quais ele participa não podem ser organizados hierarquicamente ou concentricamente; ao contrário, eles se tocam ou intersectam de várias maneiras. O fato de ele passar por muitos empregos, bairros e interesses durante sua vida também evita que o morador da cidade se comprometa muito fortemente com outras pessoas. No entanto, apesar de toda sua mobilidade, ele não consegue adquirir uma visão geral da complexidade de sua comunidade como um todo. Com isso, ele fica inseguro sobre aquilo que é de seu próprio interesse, e é vulnerável às pressões persuasivas dos propagandistas. Por motivos como esse, o comportamento coletivo na cidade tende a se tornar imprevisível.

A prevalência da dicotomia

A análise que Wirth faz da vida urbana e a visão complementar da sociedade primitiva oferecida por Redfield podem atrair um urbanita contemporâneo em virtude de sua própria experiência e pelo menos em partes iguais em virtude de hábitos de pensamento herdados. Reconhecemos como tipos o malandro urbano e seu oposto, seja ele parte do verdadeiro "povão", um nobre selvagem, ou simplesmente um caipira do campo. De um jeito ou de outro, a dicotomia há muito está entre nós. Caro Baroja (1963) mostrou como isso era um lugar comum no comentário social da Antiguidade Clássica. Aproximando-se mais do tipo de cidade que era a Chicago de Wirth, Engels (1969: 58) tinha escrito em *The Condition of the Working Class in England* que embora "esse isolamento do indivíduo, essa busca restrita de si mesmo seja o princípio fundamental de nossa sociedade no mundo todo, ele não está tão despudoradamente desnudo, tão autoconsciente como exatamente aqui na multidão da grande cidade". (No entanto, com Marx, no *Manifesto Comunista*, ele reconheceu que essa experiência resgataria o homem da "idiotice da vida rural".)

Aquela urbanização explosiva que Engels observou e que drasticamente mudou a face da sociedade europeia também inspirou o desenvolvimento da disciplina de sociologia. De sua própria maneira, o *Gemeinschaft* e *Gesellschaft* de Tönnies, e a oposição entre solidariedade mecânica e solidariedade orgânica de Durkheim são assim também parte da mesma família dos contrastes entre a sociedade primitiva e a urbana. Georg Simmel, em seu ensaio de 1903 sobre a vida mental da metrópole, foi claramente um dos antecessores intelectuais mais próximos de Wirth; e é provável que isso tenha ocorrido especialmente pela influência direta que teve sobre Robert Park.

A influência fundamental da grande cidade na psique humana, sugeriu Simmel, é a "intensificação do estímulo nervoso". Impressões duradouras, impressões que se diferem apenas levemente umas das outras, impressões que continuam a partir de um curso estabelecido e mostram apenas os contrastes previsíveis, envolvem a consciência menos do que o agrupamento de imagens que mudam rapidamente, descontinuidades que são aparentes apenas com um olhar, e a imprevisibilidade de novas impressões. Essas últimas são a experiência do habitante da cidade. Ele se torna uma pessoa complexa, que reage com a mente e não com o coração e também se torna blasé. Ele é indiferente a toda individualidade genuína porque as reações e relacionamentos que resultam dela não podem ser tratados completamente por meio de operações lógicas. Ele tende à justiça formal e a uma dureza desatenciosa.

Em grande parte, Redfield e Wirth sobre a sociedade primitiva e a cidade foram apenas celebrantes de um conhecimento estabelecido. Estudiosos do pensamento humano e da vida social também continuaram a dicotomizar de forma semelhante em anos posteriores, fossem ou não diretamente inspirados por esses dois ou por fontes anteriores[2]. Mas, pelo menos por algum tempo, um amplo grupo de sociólogos e antropólogos tiraram suas premissas explícita e diretamente do paradigma Wirth-Redfield. Para o sociólogo, interessado principalmente em sua sociedade ocidental moderna, a ênfase era sobretudo em Wirth e seu contraste era provavelmente o menos dramático entre o urbano e o rural – esse último, dentro do contexto da sociedade moderna, não podia ser exatamente igual à sociedade primitiva. A formulação de Redfield atraía mais os antropólogos, com seu interesse – pelo menos parcialmente – pelas sociedades mais isoladas e tradicionais encontradas no mundo. Em sincronia com as ideias de ambos os autores, a dicotomia foi então transformada em um contínuo, em reconhecimento ao fato de sociedades verdadeiras ou modos de vida nem sempre

---

2. Há semelhanças óbvias, p. ex., entre as dicotomias citadas aqui e as tentativas recentemente renovadas de definir "a grande divisão" entre estilos de pensamento. Podemos nos lembrar de Redfield na ênfase de Horton (1967) sobre a falta de consciência de alternativas, ou na delineação de Gellner (1974: 158ss.) da visão de normalidade e da penetração de cláusulas bem-estabelecidas no pensamento tradicional. No entanto aqui, é claro, a ênfase não é no contraste urbano-rural propriamente dito. A obra de Goody (GOODY & WATT, 1963; GOODY, 1977) contribuiu para dar à conquista do alfabetismo um lugar mais central no debate.

se encaixarem completamente em nenhum dos tipos polares e se colocarem em algum ponto entre os dois.

Noções dos contínuos primitivo-urbana ou rural-urbana passaram a ser ciência social dos livros acadêmicos principalmente após a Segunda Grande Guerra e nos Estados Unidos, estendendo-se de forma desigual para influenciar estudiosos em outras partes do mundo. No entanto, nem tudo deu certo com essas noções. A quantidade de novas pesquisas inspiradas por essas conceituações, que as usavam como base cumulativamente, foi considerada pouco interessante. Com muita frequência elas parecem simplesmente ter sido congeladas, passivamente incorporadas ao sistema de crenças cotidianas dos cientistas sociais. Além disso, em sua posição atual, elas são vulneráveis a várias críticas[3].

O urbanismo de Wirth: características, premissas, pontos fracos

Devemos, portanto examinar cuidadosamente e um pouco mais de perto a conceituação de Wirth, as premissas que aparentemente a subjazem e as críticas dirigidas a ela, na esperança de que isso possa clarificar a ideia de urbanismo.

Antes de proceder por esse caminho, no entanto, podemos nos perguntar o que é que era, e até certo ponto pode ainda continuar a ser, atraente com relação à formulação de Wirth. Ela é, obviamente, uma afirmação clara e competente na maior parte de suas alegações e abrangente o bastante, considerando os limites de suas duas dúzias de páginas, para ocupar sozinha a maior parte do núcleo central nesse tipo de pensamento sobre a vida urbana. Para um antropólogo, em grande medida a atração dessa formulação pode ter como base sua ênfase em relações sociais e modos de pensar. Parece que *Urbanism as a Way of Life* foi até certo ponto uma reação contra o tipo de pensamento ecológico que tinha predominado entre os sociólogos da Chicago. Wirth trouxe as pessoas de volta. O parágrafo citado acima, sobre a forma de relacionamentos face a face e a resultante definição da pessoa, alinha-se com a problemática clássica da antropologia social. Além disso, pelo menos parte da análise de Wirth está em um nível de abstração acima de instituições particulares e a forma que lhes é dada em uma certa tradição; e, em parte, ela oferece, portanto, algum alívio da tendência de grande parte da ciência social a apresentar formulações mais claramente vinculadas à cultura. Wirth era irregular com relação a isso, no entanto; simplesmente em virtude de sua con-

---

3. O debate sobre os contrastes entre sociedade primitiva-sociedade urbana ou rural-urbana inclui comentários por Benet (1963a), Dewey (1960), Duncan (1957), Fischer (1972), Foster (1953), Gans (1962b), Hauser (1965), Lewis (1951, 1965), Lupri (1967), McGee (1964), Miner (1952, 1953), Mintz (1953, 1954), Morris (1968), Pahl (1966, 1967), Paine (1966), Reiss (1955), Sjoberg (1952, 1959, 1964, 1965), Steward (1950), Stewart (1958), Tax (1939, 1941) e Wheatley (1972). Um texto de Wirth, publicado após sua morte (1964b) também é relevante. Os comentários continuados aqui podem apenas parcialmente cobrir as questões suscitadas nesse debate.

cretude suas conhecidas proposições relacionadas com a redução do tamanho do grupo familiar e a importância das associações voluntárias na vida urbana, por exemplo, estão mais imediatamente vulneráveis à crítica baseada em evidência comparativa. E, como finalmente ocorre, algumas das afirmações que podem parecer ter uma relevância mais ampla são, na verdade, igualmente limitadas em seu escopo cultural.

Voltaremos novamente a essa questão. Com relação a um detalhamento das características do urbanismo de Wirth, a primeira coisa a observar pode ser que há nele uma forte tendência a ver a cidade como um sistema fechado. Existem afirmações espalhadas por todo o ensaio que constituem exceções a essa tendência, mas, de um modo geral, essa pode ser a maior falácia de Wirth. A cidade é necessariamente um sistema aberto, ou um sistema parcial, ao contrário da sociedade primitiva. Nesse sentido, as duas não são comparáveis. Redfield percebeu esse ponto mais tarde, substituindo cidade por "civilização" em sua versão do contraste[4]. No caso de Wirth, há pouco mais do que uma leve consideração do impacto externo da cidade. O relacionamento entre cidade e sociedade dá a impressão de ser uma influência em uma só direção, a cidade atuando sobre o que está a sua volta por meio de um processo de difusão e, com isso, reformulando-o em sua própria imagem. Obviamente a ideia aqui parece com a de Redfield, que identifica essa influência como um elemento importante de desorganização na sociedade primitiva. Mas Wirth quase não tinha nada a dizer sobre como um modo de vida urbano pode ser mantido sob condições não urbanas, partindo-se do princípio que ele só pode se originar sob as circunstâncias encontradas na própria cidade. De um modo geral, fica claro que o modo de vida urbano é encontrado na sua forma mais reconhecível na cidade, sob a influência direta dos três fatores, tamanho, densidade e heterogeneidade. Esses fatores são considerados em grande parte como variáveis independentes na teoria de Wirth e "quanto maior, mais densamente povoada e mais heterogênea for uma comunidade, mais acentuadas serão as características associadas com o urbanismo" (WIRTH, 1938: 9).

Nesses termos, podemos também observar, a cidade de Wirth é um tipo ideal – ela é muito grande, muito densa, muito heterogênea. Como ocorre com outras formulações semelhantes, o que fazer com casos verdadeiros que são aproximações menos perfeitas desse tipo ideal tende a se tornar um problema prático. A ideia de um contínuo, afinal, tende a ser considerada como algo um tanto impossível de ser manejado. Quase inevitavelmente no estudo existente sobre o urbanismo, um limiar de descontinuidade é reintroduzido entre o que é urbano e o que é rural, embora com pouco consenso sobre onde esse limiar deve ser colocado. De acordo com a afirmação há pouco citada, poderíamos esperar que

---

4. Cf., p. ex., o texto *Civilizations as Things Thought About* (REDFIELD, 1962: 364-375, esp. 370).

a urbanidade de um lugar seja determinada pelo tamanho, densidade e heterogeneidade absolutos de sua população. No entanto, uma vez mais, isso parece questionável se pudermos assim considerar a comunidade urbana separadamente de seu contexto mais amplo. As variáveis de tamanho e densidade, aparentemente simples, oferecem evidência suficiente disso, aliando-se para fornecer um conceito de urbanismo demográfico e não estritamente sociológico. A densidade pode ser definida como a razão população/espaço. Mas é realmente a densidade absoluta que usamos como um componente na definição do urbanismo ou é a densidade relativa às áreas ao redor – ou seja, a concentração? Em grande parte, pelo menos o entendimento de nosso senso comum parece ser guiado pela segunda alternativa. Aquilo que é um nível urbano de densidade em um contexto pode não ser definido assim em uma sociedade que, como um todo, é mais densamente povoada. Uma definição de densidade urbana do censo indiano – mil habitantes ou mais por cada 1.600 quilômetros – como se constatou aplica-se a uma grande parte da área rural do Japão (cf. TSURU, 1963: 44).

Se queremos argumentar, então, como Wirth parece fazer, que uma certa densidade absoluta produz efeitos sociais específicos, as comunidades que nos interessam podem ser consideradas urbanas em alguns locais, mas não em outros. Isto é um obstáculo no caminho dos estudos urbanos comparativos. A variável tamanho oferece problemas semelhantes. Não há qualquer acordo universal sobre quão populosa uma comunidade precisa ser para adotar um *status* urbano. Leigos, funcionários e cientistas sociais todos tendem a usar as ideias de precisão muito variada que prevalecem em seus cantos do mundo. Para pessoas acostumadas a cidades com milhões de habitantes muitas vezes é uma surpresa ouvir falar de centros urbanos em outras épocas e lugares, que têm uma importância indisputável, mas com cifras populacionais que sob outras circunstâncias poderiam fazer com que eles fossem considerados meras aldeias.

Outro problema pode ser observado com a ideia de predizer efeitos sociais com base nos números que indicam o tamanho e a densidade da população, algo que à sua própria maneira, é um resultado da premissa da cidade como um sistema fechado. Essas cifras, quando se originam, por exemplo, dos registros dos censos oficiais, normalmente mostram onde as pessoas dormem. Na medida em que os seres humanos se deslocam nas horas em que estão acordados, introduz-se, aqui, uma fonte de erro. Isso é evidente na distribuição interna de pessoas na cidade ocidental moderna, onde o centro comercial parece ter uma população esparsa porque poucas pessoas têm sua residência ali. Isso pode, igualmente, ser observado na distribuição de pessoas entre cidade e campo. A vida urbana também inclui os usuários de meio expediente da cidade, pessoas que vêm vender no mercado, dar um passeio pelos bares, litigar no tribunal, visitar um amigo no hospital ou assistir a um desfile. E algumas comunidades urbanas podem ter uma proporção maior desses tipos de visitantes do que outras. Inversamente, é claro, os urbanitas podem atravessar os limites da cidade a fim de coletar lenha, comprar ovos caipiras frescos, vender novidades dúbias aos mais rústicos, ou gozar de uma comunhão com a natureza.

Talvez não seja preciso dizer mais nada sobre as variáveis de tamanho e densidade propriamente ditas a essa altura. No caso da terceira variável, heterogeneidade, um problema semelhante pode ser afirmado: Quanta heterogeneidade seria necessária para que uma comunidade fosse definida como urbana? Mas aqui os próprios referentes do termo também parecem menos certos. Realmente, autores discordaram com relação ao lugar onde Wirth coloca a ênfase[5].

Em um sentido, que pode ser observado *en passant* em *Urbanism as a Way of Life*, uma certa quantidade de heterogeneidade poderia presumivelmente estar relacionada com o próprio tamanho da população urbana – se pudéssemos imaginar algum tipo de "heterogeneidade generalizada" distribuída proporcionalmente entre as pessoas, uma comunidade maior iria abarcar mais heterogeneidade do que uma menor. O que mais provavelmente interessaria ao observador do urbanismo, no entanto, é uma concentração relativa de heterogeneidade na cidade: uma variedade de atributos sociais que, de alguma forma, poderiam ser medidos como sendo maior do que a média por unidade da população. Wirth deu dois motivos principais pelos quais a cidade seria particularmente heterogênea nesse sentido.

O primeiro é que a cidade tende a recrutar heterogeneidade de fora. (Este foi um caso em que Wirth realmente reconheceu os contatos externos da comunidade urbana.) Ela atrai migrantes de origens diversas, e assim torna-se "o cadinho de raças, povos e culturas". O outro motivo foi identificado como sendo baseado em Darwin e Durkheim. Quando há um aumento no número de organismos que habitam uma área determinada, a diferenciação e a especialização ocorrem, já que só dessa forma é que a área pode sustentar números maiores.

Há algo neste último argumento que pode ser aplicado à vida humana. No entanto, aqui vemos Wirth escorregar de novo para uma visão da cidade como um sistema fechado. A população densa aparece primeiro; a seguir se estabelece uma divisão do trabalho interna. Embora seja reconhecido que uma parte do mercado mais amplo do qual depende a especialização é encontrado nas partes externas à cidade, enfatiza-se, ao contrário o acesso à própria população urbana. As pessoas da cidade parecem estar se ocupando e se sustentando lavando a roupa umas das outras.

---

5. A indefinição de Wirth sobre esse ponto levou Oscar Lewis (1965: 496), p. ex. a afirmar que "por 'socialmente heterogêneo' ele tinha em mente primordialmente grupos étnicos distintos e não diferenças de classe" e Paul Wheatley (1972: 608) a achar que "ele estava mais preocupado com diferenças de classe do que com diversidade étnica".

É possível que queiramos investigar se essa tendência a ver a cidade como se estivesse em um vácuo não teria sido um dos resultados da experiência de Wirth com Chicago. A divisão de trabalho interna em uma metrópole como essa é mais complexa do que aquela que encontraríamos na grande maioria das comunidades urbanas. Muitos de seus habitantes poderiam, provavelmente, vivenciar a cidade subjetivamente em suas vidas cotidianas como um universo autossuficiente. Seus vínculos externos, por mais importantes que possam ser para todos os habitantes, podem estar fortemente concentrados em um número relativamente pequeno de mãos. Um fato adicional sobre a Chicago do começo do século XX foi que um grande número de sua população tinha vindo de fora, como migrantes do Leste Europeu, da Irlanda, da Itália, da Escandinávia e de outras regiões. Mas talvez porque tenham vindo para tão longe de suas origens e não das terras rurais da vizinha Indiana ou de Illinois, para eles Chicago pode ter sido mais como uma ilha isolada no mar.

De qualquer forma, por mais vagas que algumas das referências de Wirth à heterogeneidade possam ser, ele sugere assim que a cidade intensificou a heterogeneidade trazendo diversidade externa e aumentando a diversidade interna. Às vezes as duas coisas podem estar relacionadas, como, por exemplo, quando a cidade "juntou pessoas das extremidades da terra porque elas são diferentes e assim úteis umas às outras, e não porque elas são homogêneas e têm ideias semelhantes" (WIRTH, 1938: 10). De certas maneiras, a heterogeneidade poderia ser vista como se ela própria se tornasse uma variável dependente do tamanho e da densidade. Ao mesmo tempo, é claro, Wirth tinha começado com a ideia de atribuir efeitos sociais separados às variáveis independentes de tamanho, densidade e heterogeneidade, uma de cada vez. Mas há motivos para sermos céticos com relação a esse procedimento. Se a forma dos relacionamentos sociais se transformasse na direção da impessoalidade, da superficialidade e da segmentabilidade, por exemplo, como sugerido na citação dada anteriormente, isso não ocorreria apenas em virtude de um aumento no tamanho da população, mas também porque a população é densa o bastante para que esses muitos indivíduos tenham acesso uns aos outros. Se há processos de segregação na cidade, eles não são resultado apenas da densidade, mas da densidade e da heterogeneidade combinadas. Em outras palavras, não podemos adicionar os efeitos do tamanho àqueles da densidade e àqueles da heterogeneidade, mas as características de vida urbana que podem ser resultantes deles (sem considerar outros fatores) podem muitas vezes ter mais a ver com as maneiras pelas quais eles interagem.

Além disso, tamanho, densidade e heterogeneidade não necessariamente se inter-relacionam da mesma maneira em todas as cidades; um fato que complica a ideia do contínuo rural-urbano ou primitivo-urbano. Entre os estudos que exemplificam esse ponto, está o de Marvin Harris (1956) sobre Minas Velhas, no Brasil. Minas Velhas tinha alta diversidade. Tinha começado no século XVIII como uma comunidade de mineração de ouro e mais tarde se tornou um centro administrativo, educacional e religioso. Havia 69 especialidades ocupacionais e as pessoas que não eram funcionários públicos preferiam ter seu próprio negócio em vez de estarem subordinadas a outra pessoa. O individualismo se manifestava também na desconsideração pelo santo padroeiro da cidade e na proliferação de santos padroeiros pessoais. Consciente ou inconscientemente, abstrata ou concretamente, as pessoas de Minas Velhas endossavam e aprimoravam o caráter urbano de sua comunidade. Havia um amor pelo barulho, pelo movimento, pelas multidões, e pelas casas nas ruas movimentadas. A educação, uma facilidade no uso das palavras, processos legais, ternos e gravatas – essas eram as boas coisas da vida. No entanto, Minas Velhas tinha uma população de umas 1.500 pessoas. Como Harris observou, era possível encontrar muitos exemplos na antropologia de comunidades latino-americanas que eram maiores, mas ainda assim considerados como aldeias.

É possível, então que tamanho, densidade e heterogeneidade tenham de ser considerados como se constituíssem contínuos diferentes; além disso, os últimos envolvem tantas dimensões que descobrir uma maneira de alinhá-los para ter acesso a uma única medida é uma tarefa extremamente difícil. A mera classificação dessas variáveis principais no modelo de urbanismo de Wirth acaba sendo algo bastante complexo. No entanto, elas tinham sido mais ou menos presumidas como algo dado. A ênfase de Wirth foi mais na delineação do tipo de vida que lhes corresponde. Isso se resume, no final, em uma descrição muito generalizada e bastante sugestiva das experiências e reações de um morador médio da cidade, o "homem na rua". Aqui, como seria de se esperar, concentraram-se muitas das críticas a Wirth baseadas em evidências empíricas.

Entre as mais famosas dessas críticas está a de Oscar Lewis (1951, 1965) que enfrentou os conceitos sobre primitivo-urbano de frente, tanto com um reestudo da Tepoztlan de Redfield quanto com uma pesquisa na metrópole da Cidade do México. As diferenças entre os dois retratos de Tepoztlan, particularmente com relação à qualidade das relações interpessoais, fizeram dos dois em conjunto um caso clássico na discussão da etnografia interpretativa. Em contraste com o cenário harmonioso apresentado por Redfield, Lewis encontrou inveja, desconfiança e violência comum. A reação de Redfield à divergência parece característica de seus impulsos humanistas: ele a reconheceu como evidência do elemento pessoal na antropologia. Ele tinha se perguntado quais eram as coisas que os Tepoztecanos desfrutavam na vida, e Lewis quais eram seus problemas e sofrimentos. Ainda assim, é possível achar que isso lança alguma dúvida em seu retrato da sociedade primitiva, na medida em que esse retrato era baseado em Tepoztlan.

Na Cidade do México, Lewis não pôde comparar seus resultados com qualquer um dos estudos locais precedentes, mas perguntou, em vez disso, se os conceitos de urbanismo em geral de Wirth, Redfield e Simmel poderiam servir como uma descrição da vida nos bairros de classe mais baixa que ele conhecia na cidade. Pelo que ele via, isso não era viável. As pessoas dessas *vecindades*, migrantes vindos do campo, não tinham sofrido muito de qualquer coisa que pudesse ser chamada de "desorganização" e suas vidas não eram exatamente caracterizadas por anonimato e impessoalidade. Pareceria como se os laços familiares tivessem se fortalecido e aumentado, em vez do oposto, ainda que as unidades domésticas não fossem tão grandes quanto na aldeia. Outro motivo pelo qual a descrição de relacionamentos sociais de Wirth não se aplicava era que os conhecidos urbanos de Lewis eram não tanto os habitantes da cidade em geral e, sim, aqueles de bairros específicos que tinham um caráter semelhante ao das aldeias. Ali era onde eles tinham a maior parte de seus contatos, de estabilidade e intimidade consideráveis. Lewis (1956: 497) descobriu, assim, que

> as variáveis de número, densidade e heterogeneidade como foram usadas por Wirth não são as determinantes cruciais da vida social ou da personalidade. Há muitas variáveis intervenientes. A vida social não é um fenômeno de massa. Ela ocorre na maior parte das vezes em pequenos grupos, na família, dentro dos domicílios, nos bairros, na igreja, em grupos formais e informais e assim por diante. Quaisquer generalizações sobre a natureza da vida social na cidade devem ser baseadas em estudos cuidadosos desses universos menores e não em afirmações *a priori* sobre a cidade como um todo.

E tampouco esses habitantes da *vecindad* parecem ter-se transformado em secularizados crentes na ciência. Na verdade, "a vida religiosa tornou-se mais católica e disciplinada" e as crenças e remédios da aldeia persistiram. As noções de uma mentalidade urbana realmente atraíram algumas críticas especialmente vigorosas por parte de Lewis. Com muita frequência elas foram baseadas em teorias defasadas e inadequadas da personalidade, com muita frequência havia uma quase total falta de evidência empírica para sustentá-las. Se os construtos de sociedade primitiva e cidade foram em geral uma confusão malcompreendida de fatos, suposições e ideologia, suas afirmações sobre como os habitantes da cidade pensavam pertenciam muito mais ao polo extremo daquilo que é duvidoso e não comprovado.

A descrição que Lewis faz da qualidade dos relacionamentos sociais nos bairros da Cidade do México assinala um erro grave no raciocínio de Wirth. Ele parece ter em mente alguma quantidade fixa de envolvimentos sociais, espalhados espessamente por alguns relacionamentos na sociedade primitiva, tenuemente por muitos na cidade, e um tanto uniformemente por todos os relacionamentos nos dois casos. Certamente essa não é a maneira como a sociedade está organizada. Há, além disso, o esforço para encontrar um conceito excessivamente generalizado do urbanita típico. Apesar da ênfase em heterogeneidade, podemos perceber uma premissa de uniformidade. Mas há muitos tipos de cidades: cada uma delas tem muitos tipos de habitantes; e cada um deles, por sua vez, tem tipos diferentes de relacionamentos. E quase sempre, alguns desses últimos são íntimos, pessoais e duradouros. O próprio estudo de Wirth sobre o gueto deixa isso claro. Realmente, Short (1971: xxix), em suas memórias da sociologia urbana da Chicago, observou que pelo menos um dos colegas de Wirth divertiu-se com o fato de os próprios relacionamentos de Wirth estarem longe de ser "impessoais, superficiais, transitórios e segmentares".

A crítica dessa concepção de relacionamentos urbanos tornou-se um gênero importante na pesquisa urbana comparativa e Lewis não foi o primeiro a contribuir para ela. Ela inclui *Street Corner Society* (1943) de Whyte e alguns dos escritos que nele se basearam. Gans, como observamos, cunhou o termo que resume grande parte da crítica com *The Urban Villagers* (1962a) escrevendo, como Whyte, sobre os ítalo-americanos de Boston; e um número de outros autores escreveram igualmente sobre a intimidade de vários bairros urbanos em todo o mundo. O que pode ser dito sobre seu argumento principal, além de observar que esse argumento a essa altura já perdeu grande parte do encanto da novidade, é que ele se arrisca a ser exagerado. Se Wirth não estava 100% correto sobre o caráter das relações sociais urbanas, ele tampouco estava 100% errado. Não estaria certo sugerir que os relacionamentos entre os habitantes da cidade são tipicamente profundos e amplos, íntimos e duradouros. É a variabilidade das relações na cidade que merece reconhecimento e também mais atenção analítica.

Um aspecto adicional da descrição que Wirth faz do urbanita generalizado deve ser identificado. A ênfase do ensaio é, mais literalmente do que a princípio podemos perceber, sobre um "modo de vida". O que é descrito é um estilo de vida e a descrição mais ou menos tem como seu ponto de partida o indivíduo submerso naquele modo de vida. Por outro lado, não nos é dada uma visão geral diferenciada da ordem social urbana. Talvez a preocupação com um tipo de "homem na rua" tenha algum relacionamento com a experiência de pesquisa de Wirth e de seus colegas na Chicago. Com a exceção dos vislumbres da Gold Coast que nos dá Zorbaugh, como vimos, os chicagoenses "estudavam para baixo" ou, ocasionalmente, "para o lado", como os etnógrafos urbanos continuam tipicamente a fazer. Para obter "o urbanismo como uma ordem social" em vez de o urbanismo como um "modo de vida" mais atenção deveria presumivelmente ter sido dada aos níveis mais altos da política e da economia da cidade. Além da premissa de uma ecologia urbana *laissez-faire*, no entanto, os sociólogos da Chicago de um modo geral não deram muita atenção analítica à economia mais ampla da comunidade, nem às questões de poder e conflito – algo incrível para uma cidade com eventos tais como o Haymarket Affair em sua história[6].

Etnocentrismo, tradições culturais e a unidade do urbanismo

Como nos deparamos com uma grande variedade de evidência empírica que, como a de Lewis, seria anômala a um ponto de vista wirthiano, a ideia do urbanismo como uma combinação fixa de características torna-se cada vez mais como uma miragem, afastando-se progressivamente ou se dissolvendo à medida que tentamos nos aproximar dela. Há o trabalho de Reiss (1955), por exemplo, que, após investigar ingredientes fundamentais dos contrastes urbano-rurais, concluiu que quase nada pode ser encontrado que diferencie a cidade do país em termos universais e absolutos. Um lugar como Aarhus, o segundo maior centro urbano da Dinamarca, parece menos heterogêneo do que era a antiga fronteira americana. Uma contabilização do tempo mostra que os urbanitas gastam tanto tempo em relações interpessoais íntimas quanto os moradores do campo. Uma região rural com habitações espalhadas pode oferecer condições tão favoráveis ao anonimato quanto uma grande cidade. Os urbanitas não podem ter qualquer monopólio de tolerância para com o comportamento dissidente como demonstram os ladrões de gado no oeste americano, os índices de homicídios na Sicília rural ou os altos índices de gravidez fora do casamento entre camponeses escandinavos. A mobilidade não é, ela própria, uma característica urbana e sim uma função das estruturas de oportunidade que podem estar abertas ou fechadas tanto na cidade quanto no campo. As associações voluntárias não atraem apenas pessoas urbanas, podemos encontrar um número bastante considerável delas em áreas rurais, incluindo clubes four-H*, bem como o Ku Klux Klan. Diz-se que a inventividade e a criatividade se concentram no centro urbano, mas algumas inovações na verdade têm origem na área rural e se espalham para as cidades. Há pessoas no campo que não se dedicam à agricultura e pessoas na cidade que o fazem.

Podemos achar que o tipo de comparação que Reiss faz é um tanto provocativo. Sua contraevidência é tão radicalmente descontextualizada como qualquer lista de supostas características urbanas. No entanto parece aconselhável buscar caminhos para sairmos desse impasse na sociologia de contrastes urbano-rurais

---

6. Exatamente como na noção de sociedade primitiva de Redfield essas questões não recebem muita atenção. Quando na apresentação de 1947 "os chefes, os homens que decidem as disputas e conduzem na guerra" aparecem, é no contexto de um festival sagrado, com ênfase no cumprimento de seu dever tradicional.

* Four-H club no original – Associação patrocinada pelo Ministério da Agricultura nos Estados Unidos para treinar jovens em métodos mais modernos de cultivo. Os "4 hs" são as iniciais de *head* (mente) *heart* (coração) *hands* (mãos) e *health* (saúde) que seriam aprimorados através desse treinamento [N.T.].

que críticas como as dele identifica. Um fator que precisa ser abordado aqui é o etnocentrismo, daquele tipo especial que afeta os pesquisadores que generalizam a partir de sua própria experiência no campo para uma parte maior da humanidade. Pode haver alguma coisa assim na descrição que Redfield faz da sociedade primitiva como sendo isolada e voltada para si mesma, pois os maias de Yucatan, que talvez tivessem sido seu modelo mais importante, poderiam ter desenvolvido algumas de suas tendências à introversão como uma reação aos contatos com o mundo externo – um daqueles casos na etnografia mundial em que uma sociedade implícita ou explicitamente considerada como uma forma simples e prematura em algum esquema evolucionário, na verdade, foi formada ou pela invasão de alguma forma mais complexa de organização social ou pela sua destruição.

Estamos mais interessados, no entanto, em Wirth e a cidade. É possível que seja um pouco injusto acusar Wirth de etnocentrismo, no sentido de que ele pode estar presumindo como um fato consumado que estava se comunicando com cientistas sociais americanos no contexto da sociedade americana. Como ele não foi claro e coerente sobre isso, no entanto, e como tanto seus seguidores quanto seus críticos estavam dispostos a ver aquilo que ele escreveu como uma tentativa de produzir uma formulação mais geral, não é absurdo que consideremos que tipo de cidade ele tinha à mão. Isso não explica tudo, pois a evidência contra algumas das afirmações mais exageradas de Wirth estava disponível em Chicago. Mas o tipo de lugar que Chicago era e o tipo de comunidades urbanas com que, em geral, Wirth estava familiarizado, sem dúvida deixaram sua marca em sua visão de urbanismo. Aquela era uma cidade que crescia febrilmente, atraindo pessoas de muitos países em vários continentes, uma metrópole que, já dissemos, poderia parecer quase como um mundo, com o comércio como rei. Não era exatamente como todas as outras cidades. Não que fosse necessariamente impossível inferir quaisquer *insights* gerais a partir dela; apenas é possível presumir que dar validade universal a esses *insights* seria algo um tanto traiçoeiro. A aparência de culturas específicas transcendentes na perspectiva de Wirth com relação à cidade às vezes era um tanto ilusória. Nas palavras de Francisco Benet (1963b: 2), ela prometeu a Chicago uma posição nos estudos urbanos paralela àquela da família burguesa vienense na psicologia freudiana.

A mistura étnica era um aspecto dessa síndrome que era típico de uma jovem cidade em um país de imigrantes. Se a heterogeneidade fosse também característica das comunidades urbanas em outras partes, ela não seria necessariamente desse mesmo tipo. "É particularmente importante chamar a atenção para o perigo de confundir urbanismo com industrialismo e capitalismo moderno", Wirth também escreveu, mas a separação do urbanismo desses outros ismos importantes na verdade não recebeu muito mais atenção em *Urbanism as a Way of Life*. Na medida em que Wirth continuou para analisar valores de troca da terra como determinantes da ecologia urbana e adotar a corporação comercial sem alma como exemplo de uma ênfase urbana em eficiência impessoal, ele não estava exatamente discutindo todas as cidades em todo o mundo. O efeito nivelador da produção em massa a que ele se referiu também era industrial e não necessariamente urbano.

Todo o imaginário do urbanismo na Europa e na América estava, é claro, entrelaçado com o industrialismo e o capitalismo. Para Engels, os três tinham sido uma trindade indivisível, ainda que profana. Sua Manchester era como a Coketown do *Hard Times* de Dickens, dedicada à produção nas fábricas e, ao mesmo tempo à destruição do corpo e do espírito humanos gerada pela mina, pela fábrica e pela ferrovia (cf. MUMFORD, 1961: 446ss.). Como o relato de Upton Sinclair sobre a indústria da carne mostrou, Chicago era muito parecida. Simmel tinha se interessado especificamente pelo efeito do uso do dinheiro na mente humana e na ordem social e em *The Metropolis and Mental Life* ele chegou bem perto de sugerir que o urbanismo e o capitalismo eram mais ou menos a mesma coisa. E a postura blasé era, em grande parte, derivada desse fato:

> Essa disposição de espírito é o reflexo subjetivo perfeito da economia do dinheiro completamente internalizada. Sendo o equivalente de todas as várias coisas de uma maneira única e semelhante, o dinheiro passa a ser o nivelador mais terrível. Pois o dinheiro expressa todas as diferenças qualitativas das coisas em termos de "quanto custa?" O dinheiro, com toda sua indiferença sem cor, passa a ser o denominador comum de todos os valores; irreparavelmente ele esvazia o núcleo das coisas, sua individualidade, seu valor específico e sua incompatibilidade (SIMMEL, 1950: 414).

Uma vez mais, Wirth foi assim parte de uma tradição do pensamento urbano, mas ele não fez muito para afastar-se dela. Esse estado de coisas foi criticado mais recentemente por Manuel Castells (1976, 1977: 73ss.) na tentativa de aplicar o marxismo à sociologia urbana, que sugere que uma análise do modo de vida urbano de acordo com Wirth é mera ideologia, uma pista falsa quando enganosamente atribui a uma forma espacial os fatos da vida sob o capitalismo industrial.

Neste estágio poderíamos decidir que iríamos desistir da busca por aquela unidade elusiva do urbanismo. Começando de novo, poderíamos talvez transformar o etnocentrismo em um ponto forte. Assim como Wirth construiu um modelo do urbanismo americano do início do século XX, assim também poderíamos supor que cada tradição cultural, velha ou nova, deu forma a seu próprio tipo de cidade peculiar – ou a uma série de cidades que seguiam umas às outras correspondendo a períodos específicos da história. Aqui tenderíamos a dar uma exposição máxima à distinção cultural. Encontramos esses construtos na obra de historiadores da cultura, interessados em mostrar como uma configuração particular de ideias e práticas se manifesta no urbanismo, naquela "cidade muçulmana" ou naquela "cidade latino-americana". Quando mais não seja elas podem dar atenção adequada ao fato de tradições culturais poderem conter suas definições êmicas próprias mais ou menos explícitas daquilo que é urbanismo. A cidade muçulmana tradicional, já foi dito, deve ter um mercado, uma mesquita para as sextas-feiras, e um banho público (cf. VON GRUNEBAUM, 1955: 141).

Entre os antropólogos, esse ponto foi defendido com algum vigor por Pocock (1960) no contexto da sociedade indiana. (Nada surpreendente, já que há um paralelo óbvio no debate sobre a aplicabilidade transcultural do conceito de casta.) Analisando estudos em sociologia "urbana" e "rural" na Índia, Pocock ficou espantado com aquilo que parecia ser uma dependência inquestionável de ideias importadas. Aqui estava Wirth, querendo ou não, nas *mohallas* da antiga Déli. Presumia-se que a religião e os laços de parentesco iriam se enfraquecer na cidade; na verdade, isso não ocorreu. As possibilidades de amizades e vizinhança seriam discutidas, em termos do fluxo físico de corpos e o *design* de prédios. Se as pessoas envolvidas eram da mesma casta ou religião ou de castas e religiões diferentes foi ignorado. Um estudo de estratificação social usou o *Yankee City* de Warner como modelo, sem grandes modificações, para enquadrá-lo às circunstâncias indianas. Na visão de Pocock, essa dependência do pensamento urbano ocidental podia ter sido mais compreensível, se não totalmente aceitável, se as cidades indianas, como muitas daquelas na África, tivessem sido criações europeias. Mas embora a influência ocidental estivesse lá, a Índia tinha sua própria tradição urbana, com uma continuidade cultural direta da vida na aldeia. Foi na cidade que o sistema de castas alcançou seu desenvolvimento mais pleno. O plano da cidade, como o da aldeia, era uma representação da ordem do universo, e não das necessidades espaciais e do poder de compra do comércio e da indústria. Na Índia, não havia qualquer espaço para duas sociologias separadas, a da aldeia e a da cidade.

Não há dúvida de que seria uma abordagem empobrecida e deficiente ao urbanismo aquela que de uma forma um tanto sistemática desconsiderasse a maneira pela qual as várias tradições culturas podem ser representadas nela por meio de ideias e instituições. No entanto parece ser discutível se o paroquialismo da teoria e pesquisa urbanas de uma única cultura irão tampouco oferecer uma satisfação de longo prazo. Talvez em algum lugar entre as tradições de regiões culturais específicas e a noção de cidade, possamos buscar tipos mais amplos de urbanismo. E, afinal, a disposição de muitos escritores para traduzir a variedade de conceitos culturalmente específicos de uma maneira um tanto improvisada como sendo "urbanos" nos faz perguntar se não existe ali algum denominador comum. Para investigar tais possibilidades, devemos nos voltar para outros teóricos urbanos que não aqueles da Escola de Chicago.

Cidades na sociedade: perspectivas históricas

Dizer que Chicago é uma cidade do capitalismo industrial já sugere meios de dividir o urbanismo em categorias mais administráveis. Uma dessas distinções é a industrial-pré-industrial. A revolução industrial fez surgir centros urbanos de um tamanho jamais conhecido antes, deu forma a novas maneiras de ver o trabalho humano e aglutinou as pessoas em novas formas de relacionamentos. Como Manchester, Chicago e outras, entre seus produtos, mostram, ela criou uma nova paisagem urbana. Se esse fosse o tipo de urbanismo que Wirth e seus colegas descreveram, poderíamos, quase que indiscutivelmente, precisar de uma visão do urbanismo pré-industrial como complemento.

Explicitamente uma resposta às formulações no estilo de Wirth, o livro *The Preindustrial City* (1960) de Gideon Sjoberg é uma tentativa de nos dar exatamente esse complemento. O construto de Sjoberg é um tipo generalizado, que vai ousadamente dos começos da vida urbana passando pela Europa medieval até algumas das cidades atuais da Ásia, do norte da África, do sul da Europa e da América Latina – "cidades pré-industriais pelo mundo todo exibem estruturas sociais e ecológicas surpreendentemente semelhantes, não necessariamente em termos de conteúdo cultural específico, mas certamente nas formas básicas" (SJOBERG, 1960: 5).

Sjoberg localizou a cidade pré-industrial naquilo que ele chamou de sociedade feudal, um termo que comentaristas acharam que ele usou de maneira bastante idiossincrática. A tecnologia era a variável principal. A sociedade feudal, na visão de Sjoberg, se distinguia da sociedade primitiva em virtude de seus maiores excedentes agrícolas, particularmente cereais, que eram obtidos graças ao uso do arado e da roda, a melhor metalurgia e as obras de irrigação de grande escala. No entanto, em contraste com a sociedade industrial, ela era quase que totalmente dependente de fontes animadas (humanas e animais) de energia. Esses excedentes desempenharam um papel importante para fazer surgir o urbanismo, mas uma condição necessária adicional foi a centralização do poder nas mãos de uma elite literata que controlava o complexo integrado de funções políticas, religiosas e educacionais. O comércio servia em um grau bastante alto para satisfazer as necessidades e desejos dessa classe dominante.

A cidade era tipicamente rodeada por um muro, necessário para a defesa, mas também útil para outros propósitos em épocas mais pacíficas, tais como o controle do influxo de pessoas, mantendo os não desejáveis fora quando possível e coletando taxas alfandegárias. Dentro da cidade também algumas áreas eram mais ou menos fechadas fisicamente, tais como os bairros das minorias étnicas. Uma vez mais, isso era parcialmente um sistema de segurança. No centro da cidade ficavam os prédios mais importantes – o palácio, o templo, a fortaleza. A elite morava perto dali. Suas casas não revelariam necessariamente todo seu esplendor externamente, mas voltavam-se para o interior, afastando-se das abundantes massas de classes inferiores. As últimas tendiam a morar nas áreas periféricas e isso era especialmente verdadeiro daqueles com ocupações impuras, tais como açougueiros e curtidores. Embora houvesse com frequência um mercado perto dos prédios principais, tais como o templo, os artesãos e os comerciantes muitas vezes combinavam seu lar com seu local de trabalho. Além da diferenciação geral espacial entre as classes, havia uma diferenciação mais sutil de tal forma que famílias, ocupações e grupos étnicos se aglomeravam em ruas ou bairros específicos.

O sistema de duas classes era rígido. Enquanto a elite se ocupava com o governo, a religião, a educação, a classe inferior incluía todos os demais. O contato entre as duas camadas era mínimo na medida em que a elite limitava suas interações com criados, astrólogos, músicos, comerciantes e artesãos àquelas totalmente necessárias. Além disso, as pessoas tendiam a mostrar seu *status* por meio da vestimenta, do estilo da fala e de outras maneiras, de tal forma que o entendimento apropriado de deferência e respeito podia ser mantido. O anonimato, na medida em que era uma questão de categoria social e não de identidade pessoal, não era uma característica da cidade pré-industrial.

Na classe inferior, é claro, havia gradações de *status*, mas nenhuma tão importante quanto a brecha entre as classes. Ocasionalmente os comerciantes podiam converter riqueza em influência e até abrir caminho para si próprios ou para seus descendentes até a classe privilegiada. Um motivo pelo qual a elite tentava mantê-los a distância e limitar sua influência, no entanto, era que os comerciantes, por meio de seus contatos com todos os tipos de pessoas, inclusive forasteiros, podiam ser uma ameaça à ordem existente. Artistas de rua, também, eram considerados como um elemento mais ou menos subversivo.

Abaixo dos comerciantes mais ricos havia uma variedade de negociantes, e artesãos, assim como trabalhadores não qualificados – criados, mensageiros, carregadores, cuidadores de animais, coveiros, e outros. E misturados a eles, é claro, mendigos, pequenos criminosos, e outras pessoas com meios de sustento indeterminado. A forma típica de organização entre essas ocupações das classes inferiores (mesmo ladrões e mendigos) era a guilda. Dependendo das exigências da ocupação, ela servia vários objetivos, tais como controle das oportunidades de negócio, a regulamentação do recrutamento e da socialização ocupacional, o controle de conflito interno e ajuda mútua. As próprias unidades comerciais constituintes eram pequenas. A tecnologia quase não dava oportunidade para economias de escala nos vários ofícios.

Devido às circunstâncias de sua profissão, as pessoas das classes mais baixas não podiam facilmente manter grandes famílias e laços familiares estreitos. Os mais pobres podiam até não ter qualquer conexão familiar. Entre a elite, por outro lado, redes de parentesco extensas eram de grande importância para a manutenção da coesão dos grupos em geral e para o recrutamento para as funções em particular. Os postos ocupados pela elite tendiam a se fundir com suas pessoas, e campos de autoridade eram definidos vagamente. Havia pouco conflito de classe perceptível – as divisões entre os membros da elite e ameaças externas eram às vezes mais significativas. Talvez deva ser dito, também, que a classe mais baixa era na verdade ainda mais dividida. Sua organização econômica criava pouca coesão geral, ela podia ser dividida por diversidade étnica e também sectária, e lhe faltava a influência homogeneizante que uma cultura literata tinha sobre a elite. Os pregoeiros públicos, os contadores de histórias, cantores de rua e atores tendiam também a formar elos de conhecimento, crenças e valores que ligavam as pessoas das classes inferiores à elite em vez de umas às outras.

The Preindustrial City teve um grande número de leitores, uma influência considerável e algumas resenhas desfavoráveis[7]. A ideia de afastar o termo "feudalismo" de seus referentes políticos, legais e sociais costumeiros não foi bem recebida; alguns prefeririam ser mais cautelosos sobre a questão das bases tecnológicas para o urbanismo em seus primórdios, e a afirmação de que as elites urbanas em todas as partes baseavam seu controle na sua capacidade de ler e escrever é duvidosa. Historiadores reclamaram também do uso das fontes de Sjoberg. Além disso, o que foi mais polêmico foi a extensão de suas generalizações, a justaposição de dados de épocas e lugares muito distantes uns dos outros. Nos casos em que o debate sobre essas questões acaba sendo entre sociólogos e historiadores, extremamente ansiosos para se adequar a suas reputações como generalizadores e particularizadores respectivamente, cada grupo só raramente mostra simpatia pelo ponto de vista do outro ou sequer uma percepção justa dele e o argumento passa a ser infrutífero. Ignorando outras questões, no entanto, o que continua sem resposta é como organizar nossa compreensão de variações urbanas importantes que não são plenamente explicadas pelo fator tecnologia.

Como a cidade ocidental moderna é normalmente descrita não só como industrial, mas também como capitalista, parece natural buscar mais esclarecimentos na economia política do urbanismo. Mais explicitamente, preocupamo-nos, então, com as bases da existência urbana; com a maneira como as cidades se sustentam ou, mais concretamente, com a maneira como os moradores da cidade se sustentam.

Isso nos leva de volta aos fundamentos absolutos do urbanismo. Quando, apesar de toda nossa hesitação em tentar definir o urbanismo de uma forma transcultural, nós realmente usamos o termo descuidadamente em uma variedade de contextos, nós, sem dúvida, temos em mente a noção do sentido comum

---

7. Para algumas das críticas do estudo de Sjoberg cf. Thrupp (1961), Wheatley (1963), Fava (1966), Cox (1969) e Burke (1975).

sobre pequenas e grandes cidades como assentamentos grandes e densos. Pelo menos desde Wirth, é claro, foi um problema saber se esse fato da demografia, do uso do espaço ou até mesmo da arquitetura poderia ser precisamente compatível com os fatos das relações sociais. Mas na sua perspectiva a cidade já era um *fait accompli*. O começo da linha de investigação pode ser empurrado para trás um pouquinho – por que é que assentamentos grandes e densos ocorrem? Por que as pessoas nas sociedades se juntam para fazer um uso mais intensivo de algum espaço do que outro? Como respostas a essa simples pergunta e perguntas complementares tornaram-se cada vez mais complexas, o resultado final pode ser mais do que apenas uma antropologia de uso do espaço. Nossas ideias cotidianas sobre locais urbanos, sendo o que são, no entanto, parece lógico começar aqui[8].

De uma maneira um pouco dramática e muito geral, podemos ver o uso de espaço pelo homem como uma equação envolvendo seu relacionamento com a terra e com outros seres humanos. Se homens e mulheres fossem autossuficientes, Robinson Crusoé sem Sextas-feiras, e se eles vivessem em uma paisagem uniforme e que não tivesse provisões muito abundantes, é possível que eles se espalhassem de forma a ter ambientes pessoais igualmente amplos dos quais se sustentar, com uma competição mínima por seus recursos. Mas na medida em que são dependentes de várias maneiras uns dos outros, maximizar a distância física é inconveniente. Seria melhor sempre estar próximos uns dos outros.

As pessoas sempre levam esse último fato em consideração até certo ponto aglomerando-se, por exemplo, em domicílios e em aldeias. A cidade, no entanto, desse ponto de vista é a adaptação máxima à interdependência humana. Podemos ver por que, com base nisso, a agricultura tende a ser considerada fundamentalmente uma atividade não urbana. Por outro lado a agricultura é normalmente espaço-extensiva e se é conveniente viver perto da terra os cultivadores irão se congregar menos. Por outro lado, se seu meio de vida os torna mais ou menos autossuficientes, eles têm poucas transações a fazer com os outros. Isso é, o cultivador não tem qualquer motivo para estar na cidade e, ao contrário, ele tem motivos para não estar na cidade.

Parenteticamente, podemos observar que as premissas que subjazem esse raciocínio são, por certo, bastante limitantes. O agronegócio moderno está tão envolvido em interdependência quanto qualquer outra área de trabalho, as exigências espaciais da horticultura podem ser modestas e há várias razões pelas quais um cultivador poderia escolher morar na cidade que não precisam de muito conhecimento etnográfico para descobrir quais são elas. Suas terras podem ser tão espalhadas que quase qualquer residência é igualmente conveniente ou

---

8. Para um tratamento mais elaborado do urbanismo pré-industrial nesses mesmos moldes cf. Trigger (1972).

inconveniente; sua posse de qualquer pedaço específico de terra pode ser muito insegura para que ele pense em termos de um assentamento permanente nela; ele pode ser apenas um cultivador de meio expediente; ou ele pode preferir uma residência urbana por motivos outros que não aqueles de seu sustento material básico – por exemplo, ritual, recreativo ou de segurança – de tal forma que a conveniência do trabalho precisa ser pesada contra esses outros fatores. O cultivador na cidade não é, portanto, uma contradição tão grande de termos, como é mostrado, por exemplo, pelas agrocidades da região mediterrânea ou dos ioruba da África Ocidental.

No entanto, ele tampouco está no centro do desenvolvimento urbano. A maior parte dos urbanitas está a um passo ou mais de distância da relativa autossuficiência mantida por alguns de cultivadores que moram na cidade, satisfazendo – mais ou menos – suas necessidades a partir da terra e por meio de relacionamentos com outras pessoas.

O fato ligeiramente desconcertante, em outras palavras, é que por mais que o modo de existência urbano seja baseado na interdependência, não pode haver espaço na cidade para todas as conexões envolvidas. De uma maneira extremamente esquemática, podemos decidir que há duas formas principais de solucionar o problema por meio de contatos externos: dando algo em câmbio ou obtendo alguma coisa por nada. No primeiro caso, as pessoas na terra oferecem parte de seus produtos para as pessoas da cidade, para ganhar, em vez disso, uma parte dos bens e serviços fornecidos pelos últimos. É um relacionamento em que as pessoas entram mais ou menos voluntariamente; pelo menos em teoria as pessoas na terra poderiam decidir não se envolver. No outro caso, as pessoas da cidade têm algum tipo de poder sobre aquelas na terra, e, por isso, podem fazer com que os outros as alimentem. A forma mais óbvia seria coerção física. Mas a dominância pode também ser alcançada por meio do controle e manipulação de símbolos, aos quais as pessoas na terra devem tal lealdade que o relacionamento pode assumir uma qualidade consensual. O papel do habitante da cidade nesse caso envolve o processamento da informação, o processo decisório, e a aplicação de sanções. O homem na terra pode ou não sentir que ele está recebendo um tratamento justo. É possível que haja uma área cinzenta ali, consequentemente, entre relacionamentos baseados no poder e no intercâmbio, em que participantes, assim como analistas externos, possam diferir sobre as definições.

Essa simples maneira de representar relacionamentos entre pessoas concentradas e pessoas espalhadas, entre cidades e a sociedade a sua volta, nos permite considerar o papel da cidade como um centro. Pelo menos até recentemente, esse ponto de vista com relação ao urbanismo, contrastando, mas na verdade complementando aquele ponto de vista em que a cidade é considerada como um concentrado de população dado, teve um impacto maior entre geógrafos e historiadores do que entre sociólogos e antropólogos da vida urbana. Como John Friedmann (1961: 92) disse em uma declaração muitas vezes citada, uma "mera área" torna-se "um espaço efetivo" organizado social, política e economicamente pela ação de instituições urbanas que estendem sua influência para fora e atam as regiões vizinhas à cidade central.

É tentador pensar em cidades de poder e cidades de intercâmbio como dois tipos básicos distintos. Embora possamos ver que essa ideia às vezes corresponde a tendências reais, ela é um tanto simplista demais. Há obviamente centros urbanos cujos relacionamentos variados com a sociedade a sua volta vão desde aqueles que em grande parte envolvem poder até aqueles que envolvem inter-câmbio livre e tangível. Em outros casos, a ligação típica pode fundir elementos dos dois tipos – um intercâmbio de mais por menos e não de algo por nada, talvez, regulamentado pelo poder urbano. A situação não precisa ser estável, a evidência pode ser ambígua. Grande parte da história urbana, e uma grande parte do debate sobre o papel das cidades na sociedade envolve a tensão entre as duas formas de conexão.

Podemos talvez dignificar nossa diferenciação rudimentar relacionando-a com os tipos de economia de Polanyi (1957a: 47-55; 1957b: 250ss.): domésti-ca, de reciprocidade, de redistribuição e de intercâmbio mercadológico. A ima-gística de Redfield faz das duas primeiras as formas econômicas características da sociedade primitiva. Produzindo aquilo que consumimos e consumindo aquilo que produzimos é a economia doméstica; reciprocidade está envolvida naqueles relacionamentos simétricos em que indivíduos e grupos oferecem uns os outros os símbolos de boa vontade[9]. Como vimos que podem haver elementos da so-ciedade primitiva na cidade, a economia doméstica e a de reciprocidade podem existir como formas complementares nos interstícios da estrutura social urbana. No entanto, elas por si só não criam cidades. As formas econômicas críticas para o desenvolvimento do urbanismo, em vez disso, são a de redistribuição, a apro-priação e gerenciamento de bens e serviços por um centro poderoso, e o inter-câmbio mercadológico, com sua determinação de preço pelas forças do mercado. É provavelmente fácil ver que há alguma conexão, embora não necessariamente uma congruência perfeita, entre esses conceitos e aquilo que dissemos sobre po-der e intercâmbio.

Nos últimos anos, a tendência foi ver o primeiro surgimento de assentamen-tos amplos e densos no passado distante como se tivessem ocorrido por meio de economias redistributivas. Os fundadores da cidade original foram evidente-mente uma elite que baseou sua existência na coleta de um excedente da maioria

---

9. O paralelo entre a breve formulação de Redfield e o tratamento clássico da reciprocidade por Mauss (1967) é óbvio.

da população. Uma interpretação assim foi apresentada mais sucintamente por Paul Wheatley em *The Pivot of the Four Quarters* (1971) lidando particularmente com o urbanismo emergente no norte da China no período Shang, mas também comparando-o com regiões de "geração urbana primária" em outros lugares – as áreas clássicas, a Mesopotâmia, o Vale do Nilo e do Indo, Mesoamérica e os Andes, mas com o acréscimo das cidades dos ioruba[10]. À medida que esses centros urbanos surgiram nessas áreas, com a transformação de sociedades relativamente igualitárias organizadas principalmente pelo parentesco em estados estratificados, politicamente organizados e com base territorial, uma característica recorrente ainda que não universal foi a interpenetração prematura entre esses princípios de organização, muitas vezes com uma crescente desigualdade entre segmentos dentro do sistema de parentesco[11]. Esses centros eram, acima de tudo, focos de cerimoniais. Sacerdócios e monarcas divinos e, sob eles, um corpo de oficiais e guardas, controlavam um amplo estrato de camponeses na área a seu redor. Durante as fases de florescimento, aquilo que poderia ter começado como templos tribais modestos foram aprimorados, transformando-se em complexos de arquitetura monumental: templos, pirâmides, palácios, terraços e tribunais, "instrumentos para a criação de espaço político, social, econômico e sagrado que, ao mesmo tempo, eram símbolos da ordem cósmica, social e moral" (WHEATLEY, 1971: 225). Ciências exatas e preditivas foram desenvolvidas ali, assim como ofícios especializados. As cidades ioruba, últimas do tipo que surgiu independentemente e as únicas que ainda existem em funcionamento em uma forma parecida com a original (e à qual iremos rapidamente voltar no próximo capítulo), embora sem exibir a complexidade de tecnologia arquitetônica ou de outro tipo dos casos clássicos, mostra semelhanças na forma social.

Pode haver muita coisa a ser debatida em uma interpretação como a de Wheatley. O grau preciso de uniformidade naquele tipo urbano de centros cerimoniais que ele esboça é necessariamente difícil de estabelecer nas sete áreas originais ou em outras áreas em que ela ocorreu em formas derivativas[12]. A evidência material é desigual. Até o ponto em que devemos depender da arqueologia, não podemos ter certeza de que lugares com funções diferentes deixam atrás de si depósitos igualmente ricos, ou que as várias funções de um determinado lugar estão uniformemente representadas nas descobertas. Poderia, portanto, haver uma super-representação dos vestígios da vida cerimonial em comparação a ou-

---

10. O caso específico dos ioruba é ainda discutido por Wheatley em um artigo separado (1970).

11. Essa transformação foi discutida em algum detalhe por Adams (1966: 79ss.).

12. Devemos talvez ter cuidado ao rotular os primeiros urbanismos como "original" e "derivativo" já que ele pode mudar com novas descobertas arqueológicas; os assentamentos da Mesopotâmia e do Vale do Indo, por exemplo, poderiam ter um antecessor comum (cf. SERVICE, 1975: 240).

tras facetas do urbanismo prematuro. Além disso, o corpo acumulado de estudos dedicados a essa evidência seguiu paradigmas teóricos e metodológicos variados. Isso também faz com que as comparações sejam mais difíceis.

Uma pergunta que, provavelmente, é muito importante para nós é o que está por trás do poder apropriador da elite sacerdotal. Wheatley reluta em assinalar qualquer outra coisa além dos próprios recursos simbólicos. Junto com outros autores, ele rejeita a sugestão de que é a presença de um excedente que produz uma elite dominante, já que há uma questão do tipo galinha ou ovo envolvida aqui[13]. Talvez seja necessária uma elite para extrair um excedente de uma população que, de outra forma, estaria satisfeita em produzir menos. Por sinal, as pessoas também poderiam se desfazer daquilo que podemos designar como excedente de outras maneiras menos centralizadoras. Mesmo assim, é possível afirmar que certas condições materiais poderiam ser úteis a um grupo que desejasse manter seu estilo de vida urbano por meio do exercício do poder. Um sistema produtivo de cultivo e a facilidade de comunicação no território não poderiam ser exatamente prejudiciais. E se a população a ser controlada for relativamente imóvel em virtude de um ambiente restrito, rodeado de desertos, como é o caso do Vale do Nilo, ou talvez de nômades hostis, como no caso da Mesopotâmia, isso também poderia fazer com que a tarefa fosse mais simples[14].

Além disso, a redistribuição no sentido dado por Polanyi não é sempre apenas um movimento da periferia para o centro. Na medida em que ela realoca bens ou serviços para os grupos ou áreas periféricas, ela pode se estabelecer em uma posição-chave na divisão de trabalho reconhecida como sendo fonte de benefício para todos. Talvez Wheatley tenha subestimado um pouco a importância disso em algumas regiões do urbanismo prematuro; pode haver comparativamente pouco disso na planície do norte chinês, que é um tanto homogênea e foi a área de sua pesquisa mais intensa. No México antigo ou nas montanhas do Peru, por outro lado, parece provável que a diferenciação ecológica poderia ter oferecido alguma base para o poder a um grupo que pudesse tomar para si a tarefa de organizar a produção e distribuição na área como um todo. Uma situação semelhante poderia também ser gerada onde a diversidade de ambientes seja menos proeminente, é claro, se uma diferenciação da produção for imposta de qualquer forma, como parece ter sido o caso no Egito.

---

13. Uma literatura bastante extensa sobre a noção de excedentes está relacionada com esse problema; cf., p. ex., Pearson (1957), Harris (1959), Dalton (1960), Orans (1966), Wheatley (1971:268ss.) e Harvey (1973:216ss.).

14. Harvey (1973:206ss.), que desenvolve uma análise marxista estimulante das formas de urbanismo no arcabouço das categorias de Polanyi, também comenta sobre esses fatores. Para nova discussão do papel de ambientes circunscritos cf. esp. Carneiro (1970).

A redistribuição nas primeiras cidades, isso é, poderia incluir uma medida de intercâmbio. Mas Polanyi e, com ele, Wheatley, enfatizam muito que esse intercâmbio não era a mesma coisa que o intercâmbio mercadológico. Só em uma escala muito modesta é que as pessoas comuns podiam se desfazer de seus produtos por conta própria, permitindo que os preços fossem influenciados por meio de barganhas pelos fatores de oferta e demanda. O comércio contínuo de grande escala era controlado politicamente pelo aparato estatal, e o comerciante típico era um funcionário do governo, que estabelecia os termos de acordo com os interesses do estado. O tipo de relacionamento observado acima como implicando uma fusão de fatores de intercâmbio e poder, assim, é considerado aqui como uma parte da configuração redistributiva.

Possivelmente esse conceito de comércio administrado foi levemente exagerado. Adams (1974) chamou a atenção para a possibilidade de a distinção entre redistribuição e intercâmbio mercadológico não ter sido tão rígida no mundo antigo como Polanyi sugere e de o burocrata comerciante também poder ter tido um pouco do empreendedor em seu caráter. De qualquer forma, não pode ser assim tão errado considerar esses primeiros centros como predominantemente cidades de poder, mais especialmente do tipo baseado no controle do simbolismo. Mas alguns centros eram evidentemente mais envolvidos em atividades militares que outros e, talvez em virtude das crises militares, havia uma tendência a que a liderança dos centros cerimoniais se tornasse secularizada com o passar do tempo. A guerra também era um fator provavelmente significativo por trás das variações nos padrões de assentamento, entre lugares e em momentos diferentes. Em alguns casos, apenas um pequeno número de pessoas – membros da elite e seus ajudantes – se estabeleciam na vizinhança imediata do centro cerimonial. Nos termos de uma definição que se concentra no tamanho e na densidade da população, esses poderiam ser casos marginais de urbanismo. Como centros organizadores, suas qualidades urbanas seriam mais óbvias. Para eventos importantes, um número maior de pessoas viria da região ao redor, e toda essa população dispersa sob o controle do centro também seria contada como cidadãos da comunidade. Nenhuma linha divisória cultural clara era estabelecida entre as pessoas que habitavam o território que essa elite governava. Essa era a "cidade com limites estendidos" muitas vezes na forma do antigo Estado-cidade, a *polis* (cf. MILES 1958; FINLEY, 1977). O livro de Wheatley, podemos observar, é dedicado à memória de Fustel de Coulanges, que tinha descrito o começo da comunidade urbana na Grécia e em Roma em termos semelhantes, mais que um século antes, em *The Ancient City*. Em outros casos, uma forma mais compacta de assentamento surgia. Atenas, pelo que parece, deu os passos finais em sua mudança de uma comunidade dispersa para uma comunidade compacta com a deflagração da segunda Guerra do Peloponeso.

O padrão de urbanismo político-cerimonial, portanto, se estendeu até a antiguidade europeia, embora em uma forma modificada. A elite agora era de proprietários da terra e guerreiros em controle de uma enorme força de trabalho escravo. Artesãos e comerciantes viviam de uma maneira um tanto inconspícua. Em comparação com suas outras realizações, o comércio e a indústria permaneciam um tanto subdesenvolvidos nas cidades do mundo greco-romano; no fundo elas eram cidades do consumo.

Os impérios antigos e suas cidades iriam entrar em declínio, no entanto, na Idade Média, e um novo urbanismo iria surgir na Europa ocidental, não totalmente independente das formas antigas, mas sob condições suficientemente diferentes para permitir que outra configuração evolvesse. Henri Pirenne, o autor de *Medieval Cities* (1952, publicado pela primeira vez em 1925) e um número de outras obras, pode ser seu intérprete histórico principal[15]. A política, no início dessa era, estava sendo conduzida das mansões senhoriais, e as coisas do intelecto tinham suas bases nos mosteiros. O comércio, à medida que se erguia era, a princípio, móvel, talvez conduzido em grande parte pelos livres e felizes filhos dos servos. Aqui também, como no caso dos centros cerimoniais, concentrações populacionais maiores podiam ser de uma natureza temporária e periódica, na forma de feiras. Gradualmente os comerciantes se tornaram mais sedentários, no entanto, juntando-se muitas vezes em alguma fortificação. Não devemos subestimar (como Pirenne talvez tenha feito ocasionalmente) até que ponto a regulamentação e proteção dos governantes políticos se faziam sentir também nesses centros comerciais, pelo menos em certas fases. Mas nos locais em que os comerciantes eventualmente se tornaram o elemento mais forte, surgiu um urbanismo com base no intercâmbio mercadológico, e no capitalismo. Os homens no poder eram os intermediários e financistas do comércio internacional de longa distância, suas cidades muitas vezes localizadas estrategicamente para combinar regiões comerciais diferentes. Na medida em que os lucros eram reinvestidos nas empresas, as economias urbanas se expandiram de uma nova maneira. O começo de uma manufatura relativamente em grande escala podia ser vislumbrado em alguns lugares. No entanto, é claro, as cidades também tinham seus pequenos lojistas, artesãos, diaristas e outros, muitas vezes conectados de uma maneira paroquial ao campo a sua volta.

Centros desse tipo vieram a definir o urbanismo prematuro para muitos estudiosos cuja visão do mundo era mais ou menos exclusivamente centrada na experiência ocidental. Para Pirenne, um historiador belga que repensava o passado europeu mais ou menos à época da Primeira Guerra Mundial, a sustentação que

---

15. Mas a literatura sobre urbanismo medieval é, é claro, muito ampla. Lopez (1976) e Rörig (1971) estão entre os resumos mais úteis.

elas forneciam para a ideia de democracia burguesa tinha especialmente um significado patriótico. Para alguns historiadores soviéticos, uma ênfase no papel dos artesãos no desenvolvimento da cidade aparentemente foi preferível àquela em intermediários comerciais[16]. Max Weber, certamente mais interessado na história comparativa das civilizações do que a maioria de seus contemporâneos, obviamente considerava a cidade medieval europeia no contexto de seu permanente interesse pelo desenvolvimento da racionalidade. Seu *The City* (1958, publicado pela primeira vez em 1921) está bastante relacionado com *The Protestant Ethic*. Na opinião de Weber, esse tipo de cidade foi o expoente do urbanismo em sua forma mais inflexível. Era uma comunidade construída ao redor do intercâmbio regular de bens, em que o mercado tinha se tornado um componente essencial para o sustento dos habitantes. O mercado era, além disso, parte de um complexo de instituições que juntas definiam a integridade da comunidade urbana. Weber sugeriu que o assentamento urbano, para ser completo, precisava ter não só um mercado, mas também uma fortificação, pelo menos um sistema legal parcialmente autônomo, uma forma de associação relacionada com as peculiaridades da vida urbana (a guilda era um exemplo óbvio) e pelo menos autonomia parcial e autocefalia na direção da administração. Essa formulação tantas vezes citada, por certo, constituía uma definição extremamente restritiva do urbanismo. Aproveitava ao máximo a distinção entre cidade e campo, mas suas expressões institucionais não sobreviveriam nem mesmo nas cidades do mundo ocidental em períodos posteriores.

Nesses termos, Weber também contrastou as cidades ocidentais com as orientais, as últimas comunidades internamente fragmentadas e separadas e, ao mesmo tempo, intimamente integradas à administração de impérios, muitas vezes as sedes de cortes imperiais[17]. A falta de autonomia e coesão, a seu ver, fazia com que elas fossem menos do que cidades completas. No entanto elas eram, é claro, na forma em que são descritas por Weber, uma modalidade de nossas cidades de poder – simbólico, político e militar, em uma combinação ou outra. Foi o esplendor de seus palácios que impressionou Marco Polo durante suas viagens no leste distante, e foi a relação entre suas fortunas e o surgimento e a queda de dinastias que foi discutido por Ibn Khaldun (1969: 263ss.) como teórico urbano medieval, no *Muqaddimah*. É uma de suas formas que Geertz (1967) trata com sua "doutrina do centro exemplar" e o papel dramatúrgico da capital nos estados do Sudeste Asiático. E obviamente Sjoberg as tinha em mente – e em menor grau os primeiros centros cerimoniais – quando ele escreveu *The Preindustrial City*. Sua visão dos

---

16. Cf., p. ex., Gutnova (1968).

17. O contraste entre urbanismo ocidental e oriental continuou a interessar os acadêmicos. Para discussões recentes cf., p. ex., Murphey (1954), Murvar (1969) e Bryan Turner (1974: 93ss.).

comerciantes inferiores sob o feudalismo não poderia fazer justiça às importantes aristocracias e burocracias mercantis e burguesas, às vezes mantendo a autonomia urbana diante de um complexo de poder político externo à cidade – as realidades históricas de Flandres, do norte da Itália e da Liga Hanseática.

A tendência da distinção entre urbanismo oriental e ocidental, cidades de poder e cidades de intercâmbio, cidade de tribunal e cidade comercial, faz-nos voltar ainda a outro par de conceitos que reivindicam um *status* clássico no estudo do urbanismo. O artigo de Redfield e Singer (1954), intitulado "The Cultural Role of Cities" representa um estágio posterior na evolução dos interesses de Redfield do que a maioria de seus escritos sobre a sociedade primitiva; aqui o foco está em civilizações. O contraste entre cidades "ortogenéticas" e "heterogenéticas" teve como resultado uma visão mais diferenciada daquilo que os centros urbanos fazem com as tradições culturais do que aquela antiga perspectiva que dava ênfase à desorganização:

> Como um "distrito central comercial" a cidade é obviamente um mercado, um lugar para comprar e vender, "para fazer negócios" – permutar, trocar e intercambiar com pessoas que podem ser totalmente estranhas e de raças, religiões e credos diferentes. A cidade aqui funciona para desenvolver relações em grande parte impessoais entre diversos grupos culturais. Como um centro religioso e intelectual, por outro lado, a cidade é uma lanterna para os fiéis, um centro para o aprendizado e talvez doutrina que transforma as implícitas "pequenas tradições" das culturas locais não urbanas em uma "grande tradição" explícita e sistemática (REDFIELD & SINGER, 1954: 55-56).

O urbanismo mudou, no entanto, com o "ecumenismo universal" a Revolução Industrial e a expansão ocidental. Antes dessa cisma havia cidades administrativo-culturais e as cidades de comércio nativo. As primeiras eram cidades dos literatos e da burocracia indígena. Pequim, Lhasa, Uaxactun, Quioto e talvez Allahabad eram os exemplos de Redfield e Singer. As últimas, as cidades do empreendedor, eram lugares como Bruges, Marselha, Lübeck, Cantão no seu começo e as cidades de mercado na África Ocidental. No período tardio havia as grandes cidades metropolitanas "na rua principal do mundo" como tinha dito Park, cidades de uma classe mundial de empreendedores e gerentes – Nova York, Londres, Xangai, Yokohama, Bombay, Cingapura, assim como, em uma escala menor, pequenas e grandes cidades menos importantes que também exercem seus negócios mundiais. Há também as cidades da administração moderna, os locais de novas burocracias, tais como Washington, D.C., Nova Déli e Camberra, assim como qualquer número de cidades administrativas menores, sedes de condados e sedes de governos coloniais.

Desses quatro tipos de cidade apenas o primeiro, o dos burocratas e literatos nativos, era uma forma clara da "cidade de transformação ortogenética", ou, em suma, a cidade ortogenética. As outras tendiam a ser cidades heterogenéticas – a distinção é entre "levando adiante para dimensões sistemáticas e refletivas uma antiga cultura" e "a criação de modos de pensamento originais que têm autoridade sobre antigas culturas e civilizações ou estão em conflito com elas". Naturalmente as mudanças culturais ortogenéticas e heterogenéticas podem ocorrer no mesmo lugar, mas muitas cidades tendem para um tipo ou para o outro. As primeiras cidades – os centros cerimoniais – eram aparentemente ortogenéticas em sua maioria. Uma sociedade primitiva era transformada em uma sociedade de camponeses com um centro urbano correlacionado, mas uma matriz cultural comum permanecia para ambas as correntes da vida social que surgia da herança primitiva compartilhada. Uma grande tradição passou a existir na cidade na medida em que seus especialistas religiosos, filosóficos e literários refletiram sobre materiais tradicionais, fizeram novas sínteses e criaram formas que as pessoas comuns acharam que eram desdobramentos autênticos das antigas. Manifestada em escrituras sagradas e em uma geografia de locais sagrados, a grande tradição também foi comunicada por meio de histórias que os pais ou os avós contavam às crianças, por meio de canções e provérbios, de recitadores e contadores de histórias profissionais, e por meio de danças e apresentações dramáticas. Ela dava legitimidade às novas formas administrativas e mantinha outras instituições, tais como o mercado, sob controle cultural local. Se nem todos os locais podiam ser centros significativos de desenvolvimento ortogenético, pelo menos as tendências heterogenéticas podiam ser controladas. (Isso, é claro, era também o argumento de Sjoberg quando observou que aos olhos da elite pré-industrial, os comerciantes eram um elemento culturalmente impuro e potencialmente subversivo.) A lealdade relativa à herança primitiva também, na visão de Redfield e Singer, limitava a discórdia urbano-rural. "A cidade perigosa" é uma ideia que mais provavelmente ocorrerá entre as pessoas do interior da cidade heterogenética.

Pois, em uma cidade assim, a vida intelectual, estética, econômica e política está livre das normas morais locais. É um lugar de encontro para pessoas de muitas origens. Por um lado, a conduta é governada pelo egoísmo, pela vantagem e pela conveniência administrativa – coisas que lembram Simmel e Wirth aqui – por outro lado, há a reação de tais traços urbanos na forma de humanismo, ecumenismo ou nativismo. A cidade heterogenética é um centro de heterodoxia e dissensão, de falta de raízes e de anomia. Seus intelectuais não são literatos, e sim, membros, da *intelligentsia*; seus parentes mais próximos na cidade ortogenética são os hereges ocasionais. Os típicos habitantes da cidade heterogenética são homens de negócio, administradores estrangeiros, rebeldes e reformadores, planejadores e conspiradores. Seus novos grupos estão conectados por poucos, mas fortes interesses e sentimentos comuns em vez dos relacionamentos de *status* complexamente inter-relacionados de uma cultura há muito estabelecida. A metrópole ocidental é obviamente esse tipo de cidade, mas também o é a pequena cidade da sociedade colonial não ocidental, com (à época em que Redfield e Singer escreviam) seu chefe de distrito, seus missionários e professores primários. É um tanto duvidoso que possamos encontrar qualquer centro urbano com um caráter predominantemente ortogenético. Redfield e Singer se perguntaram se cidades não ocidentais, quando a independência política era obtida, seriam capazes de se voltar para si mesmas e tornar-se centros ortogenéticos de uma cultura nacional em desenvolvimento, mas acharam que isso era questionável em virtude de sua história e de sua posição no arcabouço internacional.

É possível que o maior valor do ensaio de Redfield e Singer seja suas sugestões relacionadas com os processos culturais de urbanismos diferentes, complementando a visão um tanto estática e institucional de muitos outros autores. É também reconhecidamente uma parte, no entanto, de um consenso relativo sobre a delineação principal do passado urbano que permaneceu um tanto estável por algum tempo e que pode ser percebido apesar das ênfases em tradições variadas do pensamento histórico sobre tradição regional, periodização, função, tecnologia e o plano físico como princípios ordenadores no estudo do urbanismo. Podemos ver isso uma vez mais nas duas séries mais ou menos paralelas de tipos urbanos sugeridas no contexto europeu por Robert Lopez (1963) e Fernand Braudel (1974: 401ss.). Lopez tem a cidade protegida em primeiro lugar; dentro de seus muros havia apenas um templo, uma fortaleza e um depósito, mais espaço vazio. Líderes políticos, religiosos e militares eram os únicos habitantes permanentes e toda a população das áreas vizinhas entrava na cidade para ocasiões festivas ou em tempos de guerra, fome ou calamidades naturais. A cidade agrária, no esquema de Lopez, surgiria à medida que os proprietários da terra começaram a construir seus lares na cidade protegida por razões de segurança, conforto e prestígio; eles teriam dependentes que permaneciam na terra, cultivando-a para eles. Artesãos e comerciantes então também viriam para servir aos moradores da cidade. A "cidade aberta" de Braudel, fundindo-se com sua área rural, parece abranger os dois primeiros tipos de Lopez, chamando a atenção para a maneira como o urbanismo prematuro envolvia pessoas que tinham um pé na praça da cidade e o outro no solo rural – pessoas que consideravam o centro urbano como um local para atividades específicas e não como um lugar para viver.

Na cidade-mercado de Lopez, que é "a cidade fechada em si mesma" de Braudel, nos unimos a Weber e a Pirenne. O comerciante tornou-se líder, um desenvolvimento que, Lopez sugere, mudou drasticamente a disposição de espírito urbano. Com a superioridade do dono da terra eliminada "as comunas medievais mais bem-sucedidas eram, francamente, governos de homens de negócios, por homens de negócios e para homens de negócios". Os capitães do comércio eram incansavelmente ativos, desprezando a preguiça, desdenhosos dos aristo-cratas que tinham perdido sua riqueza e dos artesãos que tinham pouca chance de adquirir alguma. Para Braudel, essa cidade era, em sua autonomia, "uma terra nativa liliputiana exclusiva" com as guildas como seus donos.

Embora Lopez nos deixe nesse estágio, Braudel nos leva para um outro mais, as cidades súditas, disciplinadas pelos estados-nação emergentes, com uma corte claramente em controle. Mas Braudel também insiste em observar que ele não quer impor um esquema derivado da Europa como uma sequência universal e inevitável no mundo todo. Na velha Rússia ele vê uma passagem de algo como a cidade aberta diretamente para a cidade súdita, sem a cidade fechada e autônoma envolvida em um comércio frenético realmente chegando a sua forma plenamen-te desenvolvida. Na América espanhola, ele vê as cidades coloniais como centros permanentes de administração, cerimônia e recriação e não como as cidades aber-tas da Antiguidade. No Oriente, a partir da civilização islâmica até a China, as ci-dades eram quase sempre partes de reinos ou impérios "cidades abertas e cidades súditas ao mesmo tempo". Braudel assim usa seus tipos como instrumentos um tanto provisórios para a diversidade que irá vir, e ele está perfeitamente disposto a sugerir modos alternativos de classificação – políticos (cidades capitais, cidades fortalezas e cidades administrativas); sociais (cidades rentistas, cidades de igrejas, cidades de cortes, cidades de artesãos).

Podem haver variações, então, mas elas parecem ser variações sobre um tema recorrente nos escritos da história urbana. Mais ou menos um século antes, Marx tinha formulado isso de uma maneira muito semelhante em seu *Grundrisse*[18]:

> A história da Antiguidade Clássica é a história das cidades, mas de ci-dades que tinham como base a propriedade da terra e a agricultura; a história asiática é uma espécie de unidade indiferente de cidade e campo (as cidades realmente grandes, aqui, devem ser consideradas meramente como campos reais, como obras de artifício... erguidas sobre a constru-ção econômica propriamente dita); a Idade Média (período germânico) começa com a terra como a sede da história, cujo desenvolvimento pos-terior então vai adiante na contradição entre cidade e campo; a [idade] moderna é a urbanização do campo, e não a ruralização da cidade como na Antiguidade (MARX, 1973: 479).

Lugares centrais e lugares especiais: perspectivas geográficas

Quando caminhamos pelas alamedas estreitas da Bruges de Pirenne ou su-bimos as pirâmides de Teotihuacan, estamos a uma longa distância da cidade de Wirth. Apesar de tais tendências à ordem como podemos perceber na visão

---

18. O caderno em que Marx fez esse comentário está datado de dez./1857-jan./1858.

histórica do urbanismo, no entanto, podemos ainda estar buscando conceitos úteis adicionais que possam dar maior rigor à análise da maneira como as comunidades urbanas são construídas.

Na geografia, também desenvolvendo uma perspectiva com relação às cidades no contexto mais amplo, há uma teoria de lugar central, que teve como pioneiro o geógrafo econômico alemão Walter Christaller (1966, edição original em 1933) e que incluiu duas variedades básicas com conexões óbvias com as noções de urbanismo baseadas na redistribuição e no intercâmbio mercadológico[19]. Voltaremos mais tarde à diferença entre elas. O que elas têm em comum é um interesse naqueles relacionamentos assimétricos que criam padrões espaciais de centricidade. Há um médico, por exemplo, para muitos pacientes; assim uma multidão de relacionamentos converge em um ponto. A localidade em que esse tipo de interação ocorre, pela presença de uma pessoa ou grupo de pessoas que são interdependentes com um grande número de outras, torna-se uma espécie de cinosura dentro daquele território em que essas outras estão espalhadas.

Segundo a teoria de lugar central, formulada normalmente na linguagem mais abstrata e um tanto desumanizada de "função" (para a parte no relacionamento mantido por uma pessoa ou por algumas pessoas) e "mercado" (para o número de pessoas que em um momento ou outro assumem a outra parte) a distribuição dos pontos em que os relacionamentos convergem podem ser conceituados nos termos-chave de "limiar" e "alcance". Um limiar é o mínimo mercado necessário para viabilizar uma função determinada, o alcance é a distância máxima na qual uma função localizada pode ser efetivamente oferecida – normalmente a distância que um consumidor está disposto a viajar para obtê-la. Em outras palavras, quando o uso de uma função dentro de seu alcance é menor que a exigência do limiar, a função não pode existir naquela localização. Mas com frequência, naturalmente, o alcance da função abarca mais do que o tamanho do limiar no mercado.

Algumas funções obviamente têm limiares mais altos e alcances mais amplos que outras. É preciso um mercado maior para que uma pessoa possa se sustentar vendendo móveis do que vendendo comestíveis. Mas as pessoas também provavelmente estarão mais dispostas a viajar mais para comprar seus móveis do que para comprar um pão, já que no primeiro caso, não têm de fazê-lo com tanta frequência. Dentro da área servida por uma loja de móveis, consequentemente, poderá haver espaço para muitas mercearias. Com a premissa básica de que é prático ter funções diferentes agrupadas em vez de espalhadas, é provável que uma dessas mercearias esteja localizada ao lado de uma loja de móveis.

---

19. Para as revisões por geógrafos da teoria do lugar central, cf., p. ex., Berry (1967), Berry e Harris (1968), Johnson (1970) e Carter (1972: 69ss.).

Trabalhando dessa maneira, chegamos a uma hierarquia de lugares centrais. No lugar de ordem mais alta, uma ou mais funções serão fornecidas com limiares tão altos que elas não podem existir em qualquer lugar adicional na área envolvida. Nos lugares de segunda ordem estão localizadas aquelas funções cujos limiares são os segundos mais altos, no entanto, baixos o suficiente para que mais de uma possa ser espremida dentro da área servida pelo lugar de ordem mais alta. E assim por diante. Além dessas funções que são mais exigentes em termos de tamanho do mercado e que, portanto, definem o lugar de um centro na hierarquia, ela também tem todas as funções de ordem mais baixas de tal forma que os lugares centrais podem idealmente ser ordenados em uma escala Guttman em termos de suas ordens de função.

A teoria do lugar central e seus métodos relacionados, naturalmente, em sua forma convencional dependem das premissas e ideias típicas de geógrafos. Os últimos estão interessados nos padrões locacionais de lugares centrais como um problema em si mesmo, e os materiais empíricos que eles usam são normalmente dados agregados, e, em virtude de seu modo particular de abstração, um tanto divorciados de uma concepção dos seres humanos e de suas interações pessoa a pessoa. Alguns novos escritos interdisciplinares podem assim ser necessários para encaixar a teoria do lugar central no pensamento antropológico. Se o hábito da maioria dos antropólogos e sociólogos foi pensar sobre uma comunidade urbana em isolamento ou em relação a um interior talvez vagamente definido, no entanto, esse corpo de teoria permite uma sinopse de um sistema de centros organizando uma região. Certamente essa é uma das razões pelas quais ele se tornou recentemente uma fonte de inspiração para antropólogos que tentam encontrar meio de lidar analiticamente com regiões como essas[20]. Por outro lado, se nossa preocupação aqui é ainda com a ordem social da única comunidade urbana, podemos vê-la como resultado, em parte, da inter-relação com as áreas rurais que a rodeiam, assim como, direta ou indiretamente, com outros centros.

Voltando aos termos de uma definição wirthiana de urbanismo, poderíamos dizer que a teoria do lugar central refere-se à ordenação cumulativa da heterogeneidade – se as várias funções são consideradas, em uma perspectiva ligeiramente diferente, como meios de sustento distintos para os moradores da cidade. Isto é, ela envolve especificamente heterogeneidade ocupacional e não heterogeneidade em geral. Ela não é, em qualquer sentido exato, uma teoria do tamanho e densidade de assentamentos humanos, já que seu foco está na concentração de funções e não nas pessoas. Nesses termos, a grande diversidade ocupacional de uma Minas Velhas pareceria fazer dela mais decididamente um lugar central,

---

20. O trabalho pioneiro aqui é de Skinner (1964-1965) sobre mercados e estrutura social na China. Para desenvolvimentos mais recentes cf.., p. ex., Carol A. Smith (1974, 1975, 1976), Balnton (1976) e Oliver-Smith (1977).

mesmo que ela seja marginalmente urbana apenas por critérios demográficos. Mas podemos achar que não é assim tão difícil estabelecer uma ponte sobre essa brecha conceitual de uma maneira geral. Em uma versão antropológica, as funções são servidas por seres humanos que normalmente esperamos encontrar estabelecidos nas localidades em que as funções são oferecidas. Sem propor um relacionamento um a um, algo que inevitavelmente teria de ser qualificado por um número de fatores sócio-organizacionais, podemos pelo menos achar que, provavelmente, quanto mais funções de lugar central forem acrescentadas, maior será a população da localidade.

A ideia geral da teoria de lugar central segundo a qual pode ser possível identificar uma série de tipos comunitários com mais ou menos elaboradas constelações de meios de sustento, com vários graus de poder para a formação das tendências centrípetas de sociedade e espaço, pode ser o tipo de ideia que podemos vantajosamente assimilar em nosso próprio estoque de ideias. Por outro lado, certamente seria melhor evitar qualquer noção mecanicista de um acréscimo altamente previsível de funções na vida real. Além disso, há outras premissas na versão ortodoxa da teoria de Christaller, com as quais devemos ser cautelosos. Os padrões geométricos das localizações do lugar central aos quais ele chegou por meio de raciocínio dedutivo só ocorreriam no "espaço puro" e praticamente nunca de uma maneira exata em paisagens verdadeiras. Eles exigem um terreno uniforme em que o alcance de uma função possa ser calculado em linha reta, sem que seja afetado por rios e cumes de montanhas, de uma maneira muito semelhante àquela do esquema de círculo concêntrico da ecologia urbana de Burgess. De forma um tanto mais interessante, eles também adotam uma população homogênea em vez de uma população sociocul-turalmente diferenciada e uma população uniformemente distribuída sobre a superfície da terra.

A última, a propósito, é improvável, parcialmente pela mesma razão que acabamos de observar: onde há uma concentração de funções, é provável também que haja uma concentração de pessoas. Esse fato na verdade fortalece outra premissa importante da teoria do lugar central, o agrupamento de diferentes funções na mesma localidade. Se os lugares centrais tivessem apenas funções e nenhum habitante, as primeiras estariam localizadas juntas apenas para a conveniência daquela população que está espalhada por todo o território servido. Como as funções são personificadas por pessoas, no entanto, há uma concentração parcial do mercado no próprio lugar central, um núcleo de apoio para o qual considera-ções sobre o alcance são insignificantes. A possibilidade de um efeito adesão ou "multiplicador" está lá: quantas mais funções forem adicionadas ao lugar central, tanto maior a probabilidade de que o limiar do tamanho do mercado para outras funções também seja alcançado.

O fato de a teoria de lugar central de Christaller, em sua forma mais pura, não levar em conta essas concentrações de consumidores – contrastando assim com a ênfase de Wirth em demanda urbana interna – pode ser uma das razões pelas quais sua geometria muitas vezes demonstra um encaixe mais próximo com sistemas de mercados periódicos do tipo encontrado com frequência nas sociedades camponesas. Aqui os mercados não precisam implicar concentrações permanentes de população do mesmo grau. A lógica por trás deles é que nos casos em que a demanda é fraca, é possível fazer com que a população dentro do alcance de uma função atinja o nível limiar modificando o local da função.

A premissa da população indiferenciada faz surgir outros problemas: mais em alguns lugares do que em outros. Aqui talvez fosse melhor observarmos a diferença entre as duas variedades da teoria do lugar central mencionada anteriormente. O padrão locacional para o qual foram orientados a maior parte dos estudos inspirados pela teoria do lugar central e que está implícita em grande parte do que foi dito acima, é aquela governada por um "princípio de mercado". A ideia é que lugares centrais satisfazem uma demanda espalhada do consumidor em um espírito competitivo e empreendedor. O *design* total surge à medida que cada fornecedor de uma função faz sua própria escolha estratégica de localização. Todas as outras coisas estando iguais, faz sentido para ele escolher um lugar tão longe quanto possível dos outros na mesma linha, para garantir que um número suficiente de consumidores próximos irão achar que é suficientemente conveniente fazer com que ele ultrapasse o limiar de sobrevivência. A localização, em termos de "espaço puro" provavelmente estará a meio caminho entre os centros de ordem superior mais próximos, onde existem competidores[21]. Mas isso significa que o centro de ordem inferior não está claramente conectado a qualquer um de ordem superior. Seu alcance irá se superpor ao alcance de mais de um desses últimos.

Contanto que permaneçamos na sociedade ocidental moderna, podemos não estar tão malservidos pelos entendimentos que logicamente geram um padrão assim. Aqui até mesmo a maioria das pessoas do campo se afastaram da autossuficiência na direção de uma divisão de trabalho avançada. Essa é uma grande parte da "urbanização do campo" a qual Marx e outros se referiram. Os consumidores estão em todas as partes, e os serviços que eles exigem pode, portanto,

---

21. Segundo o "modelo de mercado" ideal, um centro de ordem inferior se colocaria a meio caminho entre três centros de ordem superior para que o espaço fosse coberto com eficiência máxima. Um "modelo de transporte" coloca o centro de ordem inferior a meio caminho sobre uma linha reta entre dois centros de ordem superior. Esse é ainda um modelo de relações competitivas, mas ele conecta centros uns aos outros com mais facilidade por estradas ou redes ferroviárias. Podemos acrescentar aqui que teóricos mais recentes do lugar central trabalharam como modelos matemáticos mais flexíveis como substitutos para a geometria de Christaller. As realidades de viagem e do comportamento de consumidores pode assim ser tratada com mais facilidade.

se espalhar. Durante grande parte da história humana, no entanto, e em grande parte do mundo atual, a demanda rural cria apenas uma base mínima para um sistema de lugar central deste tipo. Nas palavras de Fernand Braudel (1977: 19).

> O próprio camponês, quando ele vende, regularmente, uma parte de sua colheita e compra ferramentas e vestimentas, já é parte do mercado. Mas se ele for ao mercado da cidade para vender alguns itens – ovos ou uma galinha – a fim de obter algumas moedas com as quais pagar seus impostos ou comprar parte de um arado, ele está meramente encostando seu nariz na vitrine do mercado. Ele permanece no vasto mundo de autossuficiência.

Examinando sistemas de lugar central apenas em termos do "princípio de mercado" não esperaríamos que eles, sob tais condições, chegassem a ser bem desenvolvidos. Só os moradores da cidade pareceriam estar profundamente envolvidos na rede de interdependências que permite que um número maior de especializações chegue acima do nível limiar, e essas funções, portanto, podem não se tornar estabelecidas em um número maior de lugares em que elas teriam de estar mais dependentes do mercado rural a sua volta[22].

Sistemas de lugar central nem sempre se estendem para servir as pessoas, no entanto, mas às vezes o fazem para que as pessoas os sirvam. A questão de poder retorna aqui, assim também como o "princípio administrativo" de Christaller. Quando o centro urbano dominante maximiza o controle eficaz sobre um território mais amplo, seu relacionamento com os centros de ordem menor não é de competição parcial e, sim, de delegação no interesse de uma cobertura mais segura. Aos centros dependentes dá-se as tarefas de coletar impostos, e de satisfazer seja lá o que for que passe por justiça, recrutamento de mão de obra ou disseminação de informação em suas subáreas. Considerações do alcance de uma função permanecem importantes (embora possamos hoje normalmente pensá-lo como uma questão de ir do centro até a periferia e não o contrário), enquanto o significado de conceitos como mercado e limiar podem mudar sutilmente. Esse tipo de sistema de lugar central não tolera qualquer ambiguidade. Os lugares de ordem inferior devem estar diretamente sob um lugar de ordem superior, e apenas um, para que a hierarquia de comando funcione. Por esse motivo ele pode também organizar a paisagem de uma forma diferente daquela feita pelos centros do "princípio de mercado" – os lugares menores não devem estar próximos de qualquer outro lugar maior a não ser aquele sob o qual eles se encontram.

No estudo comparativo do urbanismo, é obviamente importante não presumir o "princípio de mercado" como dado nos sistemas de lugar central. Há

---

22. Há outro comentário sobre isso em conexão com a discussão do conceito de "cidade primata" no cap. 4, nota 9.

agora, como houve no passado, inúmeros casos em que ele e o "princípio administrativo" poderiam ser vistos como se coexistissem de uma maneira ou de outra e, ocasionalmente, com algum esforço, dentro do mesmo sistema. Mas grande parte do passado urbano, bem sabemos, envolveu grande desigualdade entre a cidade e o campo, onde o poder de um tipo ou de outro e a apropriação de recursos rurais foi a base da afluência urbana. E hoje, sobretudo no Terceiro Mundo, esses relacionamentos continuam ou começam a existir em novas formas. O próprio termo "princípio administrativo" pode então parecer enganoso com frequência, na medida em que os relacionamentos são muitas vezes de uma natureza evidentemente comercial. Monopólios comerciais, com ênfase na extração de produtos locais, são expressos por meio de sistemas de mercado dendríticos em que, uma vez mais, o mercado menor e mais periférico se encontra em uma posição claramente subordinada com referência a um centro maior, parte de uma nova economia política global. Esses são os tipos de estruturas com que lidam os antropólogos, junto com outros, nos vários arcabouços da "teoria de dependência", uma fronteira de pesquisa interdisciplinar vigorosa especialmente nos estudos latino-americanos[23].

Há ainda outro fato sobre a teoria do lugar central a ser observada. Ele está, de uma maneira um tanto problemática, relacionado a uma visão do urbanismo em geral, no sentido de que ele determina mais e determina menos. Se considerarmos como urbanas apenas as comunidades relativamente grandes, ele ignora nosso ponto de corte. Dependendo da conveniência analítica, o sistema de lugares centrais inclui qualquer coisa desde metrópoles até pequenos vilarejos. Por outro lado, a teoria abarca apenas aquele conjunto funcional de comunidades que é influenciado até um grau pouco comum por cálculos de alcance dentro do mercado potencial. Ele desconsidera funções cujas localizações são determinadas pelas características do ambiente natural. Comunidades inteiras podem ser construídas ao redor deles – cidades mineradoras, *resortes* e portos. E pode haver outras funções que por algum motivo ou outro se encontram localizadas longe do padrão de lugar central, mas cuja atratividade não parece ser muito prejudicada por considerações de custo ou inconveniência da viagem. Algumas cidades universitárias seriam exemplos, talvez segregadas dos lugares centrais propositalmente porque os habitantes da torre de marfim não devem ser corrompidos por aqueles que buscam o poder e a riqueza.

---

23. Para alguns escritos recentes no mesmo molde cf., p. ex., Cornelius e Trueblood (1975), Walton (1976a) e Portes e Browning (1976). Há aqui, é claro, uma reação contra a ideia de que centros urbanos trazem desenvolvimento econômico para seus arredores rurais. Claramente, às vezes o fazem, às vezes não. O artigo pioneiro de Hoselitz (1955) sobre essa questão também se relaciona com aquilo que foi dito acima sobre modelos urbanos históricos, parcialmente comparando seus conceitos de cidades "generativas" e "parasíticas" com as cidades "heterogenéticas" e "ortogenéticas" de Redfield e Singer.

Consequentemente precisamos distinguir entre as comunidades urbanas com funções mais gerais que se estendem até uma área local em que as comunidades estão fortemente integradas, e aquelas que fornecem serviços especializados para algum sistema mais amplo da sociedade, nem sempre tão claramente definido no espaço. Mesmo se as sugestões de Braudel com relação a uma classificação mais variada de cidades pequenas e cidades grandes na história mostram que algum tipo dessa diferenciação já existia há muito tempo, é óbvio que o industrialismo, com suas economias de escala e uma tecnologia de transporte mais avançada aumentou as possibilidades dessa especialização[24].

A classificação funcional das cidades é outro jogo que os geógrafos jogam com mais frequência que outros pesquisadores urbanos com objetivos diferentes ou, às vezes, talvez (um crítico ocasional comentou) como um fim em si mesmo[25]. Um exemplo representativo é a conhecida classificação das comunidades urbanas em oito tipos desenvolvida por Chauncy Harris (1943). Os oito tipos são: varejo, atacado, manufatura, mineração, transporte, lugar de lazer e aposentadoria, universidade e diversificada. Tal categorização pode parecer ser pouco mais do que senso comum, mas ainda assim ela fez com que geógrafos urbanos se deparassem com problemas metodológicos complexos. Quão dominante uma única função precisa ser para que uma comunidade seja colocada em uma certa classe? Que proporção da população deve ter como seu meio de sustento aquela função dominante? É preciso que seja a maioria? Pode ser a mesma para todas as especializações? De qualquer forma não há nenhuma cidade de mineração em que toda a população trabalhadora seja composta de mineiros, nenhuma cidade de aposentadoria habitada apenas por pessoas mais velhas, nenhuma cidade universitária composta unicamente de faculdades e estudantes. A cidade varejo concebivelmente estaria mais associada com o "princípio do mercado" da teoria do lugar central. Mas em qualquer dos outros casos também, podemos esperar que a presença de uma população concentrada lhes daria uma vantagem na aquisição do tipo de funções que os lugares centrais têm com relação às áreas a seu redor, já que por eles próprios podem oferecer pelo menos uma porção considerável de um mercado tamanho limiar. Com a exceção de tais entidades como uma cidade mineradora em uma área deserta, longe de qualquer outra habitação humana, essas cidades poderiam até mesmo ordenar inteiras hierarquias de lugar central ao redor delas próprias e ainda ser, em primeiro lugar, lugares especializados, e lugares centrais em segundo. Mas pode também haver funções que se voltam inteiramente para seu interior, para servir apenas a comunidade urbana. Assim

---

24. Essa visão é expressa por Sjoberg (1960: 91).

25. Para resenhas críticas das classificações da cidade funcional por geógrafos, cf. Smith (1965) e Carter (1972: 45ss.).

estabelece-se uma distinção entre os componentes "básicos" ou "de formação de cidade" da economia urbana e os componentes "não básicos" ou "servidores da cidade"[26]. Aqui uma vez mais poderíamos dizer que foi o primeiro tipo que Wirth normalmente desconsiderou ao enfatizar a divisão de trabalho interna na cidade; os dois setores poderiam de outra forma ser representados, na Chicago que vimos, por Jurgis Rudkus, o imigrante trabalhador na indústria de carne em *The Jungle* de Upon Sinclair e pela dançarina de aluguel de Cressey.

Diversidade e acessibilidade

Cidades pequenas e grandes surgiram e desapareceram, depois apareceram novamente em algum outro lugar com características ligeiramente modificadas. Elas foram formadas de várias maneiras, a partir de elementos diferentes. Assim, o urbanismo global exibe muitas variações e exceções, poucos universais ou regularidades. Tentativas corajosas, tais como a de Wirth, para formular um padrão urbano comum, no final, conseguiram apenas produzir modelos e não paradigmas duradouros. No entanto, talvez a variedade de tipos de urbanismo e modos de pensar sobre eles que nós exemplificamos neste capítulo, após ter deixado de lado a cidade de Wirth, possa nos permitir concluir com certas ideias mais gerais relacionadas com a conceituação da vida urbana, estimulantes em vez de analiticamente rigorosas, mas com implicações para a antropologia urbana que serão parcialmente elaboradas mais tarde.

A heterogeneidade era parte da definição de urbanismo de Wirth. No entanto, a cidade poderia presumivelmente existir sem variabilidade de temperamentos, passatempos, pratos favoritos, sensos de humor, identidades étnicas, predileções sexuais, noções de honra, cultos religiosos ou padrões de fala. O único tipo de heterogeneidade que se encontra em uma relação especial com o tamanho e a densidade do assentamento que caracteriza a cidade é a divisão de trabalho (se o termo puder ser ocasionalmente ampliado para incluir até o relacionamento entre as classes trabalhadoras e as classes do lazer) algo que criou interdependências primeiramente entre urbanitas e as pessoas nas áreas rurais, mas também entre os próprios urbanitas na mesma cidade ou em cidades diferentes. Especializações dos meios de sustento juntas constituem não só diversidade, mas uma organização da diversidade, tirando algumas pessoas da terra e concentrando-as no assentamento urbano.

Três transformações da sociedade desempenharam papéis importantes no desenvolvimento dessa diversidade organizada, e podemos estar inclinados a relacionar cada uma delas a um tipo de arquétipo urbano. Duas delas envolvem princípios de ordem político-econômica. Com a redistribuição como um princípio

---

26. As várias conceituações dessa distinção são revistas por Carter (1972: 54ss.).

dominante, o poder da cidade, a cidade-corte, surgiu aparentemente a cidade original. O desenvolvimento do intercâmbio de mercado nos deu a cidade-comércio. A terceira transformação é tecnológica. Com o industrialismo, normalmente em combinação com o intercâmbio mercadológico, nasceu a cidade-carvão. Podemos achar que as três são apenas *slogans*; mas, às vezes até *slogans* podem ser úteis em uma ordenação rudimentar, porém rápida do mapa conceitual.

À medida que a complexidade social se desenvolveu e se difundiu na história, formas de urbanismo vieram assim em um pacote junto com itens tais como a organização do Estado, a desigualdade social, o crescimento da alfabetização, e avanços na utilização da energia. Com o passar do tempo, algumas dessas coisas atraíram mais e melhores ideias do que outras por parte dos intérpretes da vida humana e, ao tentar identificar uma abordagem diferente para o urbanismo propriamente dito, podemos até mesmo chegar a ver esses pontos de vista como poderosos rivais. Podemos nos distrair olhando para o lado repetidamente a fim de adequar nossas ideias a algum corpo de teoria que seja mais completamente desenvolvido e complexo embora não relacionado principalmente com a tentativa de descobrir o que o urbanismo pode ser. Se adotarmos o arcabouço da economia política, podemos ficar envolvidos na manipulação de ideias relacionadas com as forças e relações de produção e a diferenciação pode tender a ser redefinida apenas como desigualdade. A classe e, não a cidade, captará nossa atenção. Se nossa preocupação é com a tecnologia, podemos decidir enfatizar o impacto da produção em massa, das telecomunicações, e do transporte rápido na vida, particularmente na sociedade contemporânea ocidental.

Obviamente as situações da tecnologia e da economia política no sistema social mais amplo realmente implicam uma organização de centralismo na qual a concentração da população na cidade pode parecer ser um mero epifenômeno. E como elas fazem isso de maneiras diferentes, tendemos a passar de uma noção wirthiana de urbanismo singular para uma noção de muitos urbanismos. Mas será impossível identificar alguma maneira pela qual a própria forma de assentamento desempenha uma parte mais ativa na determinação da forma da experiência urbana?

Voltamos à ideia de uma sensação de lugar. Há razões pelas quais uma antropologia urbana poderia focalizar a ideia de que a vida em um espaço limitado específico tem características diferentes daquelas que prevalecem em outros lugares, e usar isso como uma moldura significativa para a observação e a interpretação. Sejam quais forem os termos em que as pessoas estejam afastadas uma das outras ou aglomeradas de acordo com outros princípios de organização, aquelas que terminam na cidade também esbarram umas nas outras e se veem de relance em sua vida cotidiana localizada. E isso pode não ser apenas acessibilidade adicionada à diversidade; pode ser acessibilidade *na* diversidade e diversidade *na* acessibilidade. As pessoas reagem não só a estarem próximas, mas também a estarem próximas de tipos específicos de outros. Inversamente, quando as pessoas têm características variadas, algo pode ocorrer já que elas têm uma boa oportunidade de usar seus olhos e ouvidos para se tornar conscientes disso. Só a divisão de trabalho pode ter criado a cidade, então, mas no momento em que ela foi criada, ela pode muito bem atuar como um catalisador para novos processos, exatamente porque está tudo lá, em um mesmo lugar. Além disso, esse lugar intensivamente utilizado não é apenas qualquer terreno vazio na superfície da terra. É um ambiente físico complicado, formado para se adaptar a sua sociedade tanto material quanto simbolicamente. Esse ambiente também pode ir mais além e influenciar a vida de sua própria maneira. Em um sentido mais amplo, é uma obra de arte.

Até certo ponto, de qualquer maneira, podemos usar as ideias da geografia sobre plataformas para transformar os fatos da divisão de trabalho em conceitos de tipos de molduras locais – híbridas ou variações de cidade-corte, cidade-comércio ou cidade-carvão. Elas esclarecem a distinção entre lugares centrais e lugares especiais, aqueles que ganham a vida dentro do sistema mais amplo agregando muitas funções e aqueles que, ao contrário, são mais estritamente dedicados a uma função particular. Ficamos também cientes, entre os primeiros, das diferentes composições de comunidades nos vários níveis da hierarquia de centros. Usando o vocabulário da teoria de lugar central, no entanto, podemos também discernir como o limiar para muitos serviços pode ser alcançado na própria população urbana. Isso tenderia a fazer com que as cidades dentro de um sistema sociocultural sejam mais parecidas, independentemente de seus relacionamentos específicos com aquele sistema.

No entanto, não nos preocupamos com questões como a teoria do lugar central ou com a classificação funcional da cidade a fim de transformar a antropologia urbana em geografia urbana. Ao contrário, pode ser útil pensar sobre as maneiras em que a etnografia urbana e a análise antropológica podem se conectar com os resultados ou perspectivas de outras disciplinas urbanas, dadas as diferenças em objetivos, formas de abstração e metodologia. Aqui a questão seria quais são as implicações para a vida e a cultura comunitárias das concentrações de funções assim produzidas de uma maneira tão variada dentro dos sistemas sociais mais amplos.

Começaremos a abordar essa questão desenvolvendo um pouco mais a conceituação daquele ponto de vista relacional que, segundo afirmamos na introdução, é central para a antropologia. Essa será uma afirmação de orientação e não será detalhada mais do que necessário para aquele objetivo. Ao mesmo tempo, é fundamental; este livro está, em grande parte, construído ao redor dela. Isso não é dizer, no entanto, que os entendimentos que assim tornaremos explícitos sejam particularmente originais. Mas eles realmente são um primeiro passo, na nossa antropologização do urbanismo.

A vida social urbana, como qualquer tipo de vida social, é composta de situações. Indivíduos participam dessas situações buscando realizar uma certa faixa de objetivos. Podemos, portanto, dizer que sua participação nas situações consiste de envolvimentos situacionais propositais; propositais no sentido de que se eles se envolveram naquelas situações intencionalmente ou não, sua conduta é guiada pela mesma ideia daquilo que eles querem ou não querem que lhes ocorra. Relacionamentos surgem quando um indivíduo influencia e/ou é influenciado pelo comportamento de um ou mais outros indivíduos na situação, e o comportamento visível é, assim, uma dimensão do envolvimento situacional. Mas também queremos identificar duas outras dimensões do último: consciência e recursos. A consciência (na qual aqui, quando for importante, iríamos incluir aquilo que "está abaixo do nível da consciência") direciona o comportamento, mas o envolvimento situacional também implica experiências que são realimentadas nele. De uma maneira mais ou menos significativa, recursos de utilidade direta ou indireta para o sustento do indivíduo também podem ser administrados por meio do envolvimento situacional; alguns podem ser ganhos, outros, perdidos.

A um envolvimento situacional como esse, que serve a um propósito, com suas várias dimensões proeminentes, nós iremos – de forma um tanto não ortodoxa – nos referir como um papel. Nos últimos anos, é verdade, conceitos de papel não tem estado muito de moda na sociologia ou na antropologia, já que eles tiveram a tendência de não fazer justiça total às sutilezas da interação humana. Mas precisamos identificar algum tipo de blocos de construção básicos em nossa tentativa de construir uma visão geral de até mesmo estruturas sociais bastante complicadas, e para isso teremos de considerar algumas dessas sutilezas como se tivessem uma importância um tanto secundária. Assim adotaremos a opinião de que quando o comportamento visível de indivíduos diferentes em um tipo de situação for fundamentalmente comparável, assumindo alguma forma aproximadamente padronizada (independentemente de como essa padronização ocorre), poderemos dizer que eles desempenham o mesmo papel. A comparabilidade pode ser menos certa com relação à consciência e aos recursos. Isto é, podemos encontrar uma situação tendo outros motivos, e extrair outras experiências dela, do que outra pessoa que, diante dela, desempenha o mesmo tipo de papel. E, pelo menos dentro de certos limites, é aquilo que fazemos, e não quanto investimos ou quanto lucramos que define nosso papel. No entanto todas as três dimensões estarão incluídas em nosso conceito abrangente de papel, e devemos admitir imediatamente que poderíamos enfrentar dificuldades a menos que permaneçamos continuamente conscientes de sua estrutura interna que é bastante complexa e mutante.

A prática na antropologia convencional, é claro, é usar alguma versão de uma distinção *status*-papel e presumir que o comportamento visível é compatível, na consciência, com direitos e obrigações normativamente definidos.

Mas preferiríamos evitar as conotações estáticas e consensuais dessa linha oficial da análise de papéis. Queremos reconhecer que por meio das entidades que chamamos de papéis, as pessoas podem negociar, barganhar, ameaçar e batalhar umas com as outras, modos interacionais que não se encaixam com a noção de direitos e deveres bem-definidos. Tais confrontações podem ocorrer porque as pessoas diferem nas orientações de suas consciências ou porque seus interesses no gerenciamento de recursos estão em um curso de colisão. Também queremos ser tolerantes sobre que tipo de consciência comanda o comportamento. De que maneira e até que ponto qualquer padronização do comportamento visível em envolvimentos situacionais é baseado em normas é algo que idealmente gostaríamos de investigar, por meio de um entendimento replicado de que o comportamento de um certo formato provavelmente será mais eficaz). E mesmo quando as intenções chegam a ser filtradas pelas normas transformando-se em ação, as próprias intenções surgem contra um pano de fundo mais amplo de experiência. A ideia de papel que enfatiza a tarefa – e não o objetivo – obscura grande parte disso, quanto mais não seja pelo fato de os papéis às vezes serem feitos em vez de assumidos.

Possivelmente ainda poderíamos trabalhar mais a distinção *status*-papel para fazer com que ela expressasse de uma maneira mais completa nossa compreensão um tanto preliminar da conexão entre consciência e comportamento; há momentos em que conceitos gêmeos poderiam ser úteis na dissecção mais aprofundada da parte de um indivíduo em uma situação. Evitaremos fazer isso, no entanto, principalmente porque é conveniente ter uma peça de bagagem conceitual a menos para carregar por aí. Além disso, há, com a palavra *status* aquela irritante ambiguidade que resulta do fato de a palavra poder também significar posição, ou até mesmo um tipo específico de posição.

As pessoas podem ter muitos papéis; aos tipos de envolvimentos situacionais que servem a um propósito que compõem a ronda da vida de um indivíduo chamamos de seu repertório de papéis. À totalidade de tipos desses envolvimentos que ocorrem entre os membros de alguma unidade mais ampla tais como uma comunidade ou uma sociedade, chamamos de seu inventário de papéis. Como uma classificação rudimentar do inventário de papéis da cidade ocidental moderna, podemos talvez dividi-la em cinco setores, cada um contendo inúmeros papéis: (1) doméstico e de parentesco, (2) aprovisionamento, (3) recreação, (4) vizinhança e (5) tráfico.

Qualquer tipo de categorização assim é necessariamente um tanto arbitrário, e os limites entre os setores podem com frequência ser pouco claros[27]. No entanto o esquema pode ser suficientemente claro para que seja útil para objetivos heurísticos. Um fato que será útil observar imediatamente é que alguns setores envolvem contratos tanto externos quanto internos. Uma dona de casa lida com os membros de seu domicílio, mas ela também sai para fazer compras da comida e das vestimentas daquele domicílio. Quando a "gangue" sai para tomar um chope, seus membros se divertem uns com os outros, mas têm transações com o garçom do bar também. E por trás do balcão nos estabelecimentos que fornecem os bens de consumo para o domicílio e as bebidas para o grupo de amigos, há também relacionamentos entre os colegas de trabalho. Os rótulos de nossos setores, portanto, referem-se principalmente a papéis, e não a relacionamentos ou situações, que podem parecer diferentes dependendo de nossa perspectiva. Em benefício da clareza, no entanto, usaremos o termo relacionamentos de aprovisionamento apenas para os relacionamentos assimétricos que regulamentam o acesso das pessoas aos recursos materiais na divisão de trabalho político-econômica mais ampla; em outras palavras, os relacionamentos em que as pessoas oferecem bens ou serviços a outros (principalmente não do mesmo domicílio), ou os coagem, ou manipulam sua consciência, e dessas formas ganham todo seu sustento ou uma parte significativa dele[28]. Os relacionamentos de aprovisionamento, portanto, incluem os relacionamentos externos que conectam os papéis de aprovisionamento por um lado aos papéis de domicílio ou recreação do outro, mas também aqueles relacionamentos internos ao setor de aprovisionamento que, por exemplo, conectam produtores a intermediários. A estes relacionamentos no último setor que ocorrem entre pessoas cujas atividades produtivas estão coordenadas em um produto final comum, e que, assim, são, de certa maneira, semelhantes àqueles entre membros de um domicílio ou de um grupo de amigos, nós chamaremos – sem muita surpresa – de relacionamentos de trabalho. Os setores de tráfico e vizinhança, e a parte de afinidade do

---

27. Southall (1959, 1973b) tem uma classificação alternativa de setores – parentesco e étnico; econômico e ocupacional; político; ritual ou religioso; recreativo, de tempo de lazer ou voluntário. Ela coincide parcialmente com a sugerida aqui, mas para os objetivos de estudo urbano podemos achar que o esquema de Southall obscurece algumas semelhanças e variações e desconsidera totalmente alguns tipos de interação. Alguns papéis políticos e religiosos envolvem aprovisionamento e trabalho: outros podem ser apenas um pouco diferentes dos papéis recreativos. As interações de vizinhança e tráfego tenderam a ser mais significativas como fenômenos relativamente autônomos na cidade do que em outros locais.

28. Deve ser observado aqui que incluímos no setor de aprovisionamento também interações de um tipo análogo ao consumo de serviços mesmo quando a prestação pela qual os recursos são obtidos envolve alguma forma mais ou menos clara de controle do "cliente" (p. ex., juiz/réu, assistente social/cliente, policial/pedestre) em vez de um serviço estritamente definido e quando os recursos em reconhecimento da prestação são atribuídos indiretamente.

parentesco e o setor de domesticidade, não nos causam problemas desse tipo, já que eles apenas envolvem relacionamentos internos.

Os cinco setores, reconhecemos, são relativamente diferenciados na vida urbana do Ocidente contemporâneo; é possível que um papel esteja contido entre os limites de um deles. Em contraste estão as sociedades em que os papéis tipicamente se estendem por muitos setores e, consequentemente, não estão tão intimamente identificados com qualquer um deles. A sociedade primitiva de Redfield é obviamente desse tipo. Em particular, princípios de parentesco servem para organizar tantas atividades que esse setor tende a incorporar vários outros.

Mas não queremos apenas a polarização de sociedade primitiva e cidade. O argumento é, ao contrário, que as várias formas de cidades não diferenciam os setores até esse ponto. O setor de aprovisionamento emerge gradualmente; seus relacionamentos de aprovisionamento passam a existir particularmente à medida que os princípios de redistribuição e intercâmbio mercadológico atam os meios de sustento de grandes números de pessoas por meio de complementaridades de produção e consumo e o domicílio já não pode ser considerado como mais ou menos autossuficiente. Com base naquilo que foi dito antes, isso parece ter ocorrido sob todas as condições de urbanismo, embora suas formas variassem muito.

Generalizações sobre as questões com que estamos lidando aqui correm o risco de ser muito grosseiras. No entanto pode ser razoável sugerir que os princípios de redistribuição e intercâmbio mercadológico por si próprios realmente não implicam uma diferenciação da outra parte do setor de aprovisionamento, os relacionamentos de trabalho, do setor de domicílio e de parentesco. A unidade de produção poderia ainda, pelo menos com relativa frequência, ser uma unidade de consumo, ainda que não produzíssemos mais aquilo que consumíssemos. Como sugere Sjoberg, as pessoas das cidades pré-industriais podem muitas vezes combinar o lar e o local de trabalho. Com a chegada do industrialismo, uma consequência é que o setor de aprovisionamento para muitos torna-se mais completamente autônomo, envolvendo tanto um ambiente separado quanto uma coleção separada de pessoas envolvidas na interação sobre o trabalho[29]. Outra consequência, obviamente, é que os relacionamentos de aprovisionamento entre consumidores e pelo menos alguns daqueles envolvidos na produção tornam-se, com mais frequência, indiretos, mediados (entre outros) pelos gerentes e donos dos meios de produção.

A diferenciação do setor de recreação (até conceitualmente uma coisa bastante complicada, já que essa poderia tender a se transformar em uma categoria

---

29. É indubitavelmente prudente tratar esse contraste entre vidas de trabalho antes e depois da industrialização com alguma cautela ainda que seja razoavelmente válido; cf. a crítica de Pleck (1976).

residual de relacionamentos) não pode ser tão facilmente relacionada às transformações sociais. Mesmo nas cidades ocidentais modernas, é muitas vezes menos do que totalmente diferenciada, na medida em que a maioria das pessoas passam parte do seu "tempo livre", e outras quase que todo esse "tempo livre" no círculo de membros do domicílio e parentes. Outros permanecem na companhia de colegas mesmo após terminarem as horas de trabalho, embora as atividades de trabalho e diversão possam ser distinguidas claramente. Precisamos de uma teoria de lazer e talvez uma teoria bastante pluralista, para explicar a separação social relativa que a vida de lazer às vezes consegue, e pelos vínculos entre outros setores e a escolha de formas de recreação. No entanto, não podemos tratar deste tema aqui[30].

Os dois últimos de nossos cinco setores, compostos de papéis e relacionamentos de vizinhança e tráfico, podem ser vistos como cobrindo várias faixas ao longo de um contínuo de relacionamentos de proximidade. Os primeiros são relacionamentos de proximidade estável. A consequência provável dessa estabilidade é que os indivíduos envolvidos concedem reconhecimento pessoal uns aos outros. Atividades mais substantivas podem ser extremamente variáveis, com relação tanto à forma e à extensão. Há lugares em que todas as pessoas que moram perto umas das outras são parentes, e se consideram assim. Nesse caso, o setor de vizinhança pode não ser diferenciado como envolvendo um tipo específico de relacionamento. Se não fosse assim, os relacionamentos de vizinhos pareciam ser uma característica recorrente de assentamentos humanos, de uma forma ou de outra. Nos casos em que é diferenciada, a intensidade dos relacionamentos de vizinhos pode depender, em primeiro lugar, do grau de exposição mútua das pessoas, de tal forma que elas também pareceriam ser influenciadas por essa diferenciação de ambientes na medida em que essa acompanha uma diferenciação de setores. À medida que o lugar de trabalho de um homem já não é mais seu lar, ele também passa a ser menos visível para a vizinhança de onde seu lar está situado. Como os relacionamentos de domesticidade e trabalho, por outro lado, aqueles de vizinhança podem ser estendidos até o setor de recreação.

Os relacionamentos de tráfico, por sua parte, estão envolvidos em situações de interação mínima e podem parecer estar na região limítrofe, isto é, quase não serem sequer relacionamentos. Os participantes podem nem mesmo estar cientes de que estão "levando uns aos outros em conta"; essas são interações dispersas, idealmente não são encontros no sentido de Goffman (1961b:

---

30. Mas há um corpo extenso, mais ou menos analítico, de trabalhos sobre o lazer nos quais nos basearmos para a tarefa, tais como algumas das contribuições ao volume organizado por Smigel (1963).

7-8)[31]. Um participante ou ambos – se apenas dois estão envolvidos – não têm interesse de atrair a atenção um do outro. Administramos um relacionamento de tráfico evitando colisões na calçada; seguindo as regras para ficarmos em uma fila, ocupando a última posição dela quando chegamos, sem incomodar o indivíduo imediatamente a nossa frente; não ofendendo outra pessoa por meio de reivindicações desnecessárias dos sentidos alheios, como por meio de cheiro ou barulho (seja como esses forem definidos); não encarando a outra pessoa exceto, possivelmente, por um momento a fim de determinar como formas de contato mais intensas podem ser evitadas. Tomamos cuidado com essas coisas ou de inúmeras outras formas, isto é, se quisermos deixar que o relacionamento seja apenas um relacionamento de tráfico. Mas em cada interação particular, apenas um número muito limitado de arranjos podem ter de ser feitos para nos deixar passar com segurança por ela. O período de tempo envolvido pode variar, mas geralmente é curto – uma fração de segundo para não se chocar com alguém em um cruzamento na rua, algumas horas com um estranho na poltrona ao lado em um concerto. E na medida em que a interação, seja lá como ela foi, está concluída, os participantes não partem da premissa de que se encontrarão alguma outra vez.

Entre os cinco setores de papéis que identificamos, dois parecem especialmente significativos para fazer de qualquer cidade o que ela é – os setores de aprovisionamento e de tráfico. Correspondendo a qualquer função que um centro urbano possa ter no sistema social mais amplo, há uma mistura mais ou menos distintiva de relacionamentos de aprovisionamento, que parcialmente formam a cidade, parcialmente a servem. Por meio dos primeiros, em termos gerais, a cidade como uma coletividade recebe seus recursos e por meio dessa última eles são redistribuídos internamente. O que está principalmente envolvido naquele sentido de "urbanismo como uma ordem social" que achamos que faltava, em grande parte, no ensaio de Wirth, é uma compreensão da organização dessa mistura. Com relação aos relacionamentos de tráfico, há o comentário por Max Weber em *The City* (1958: 65), ecoada por Wirth, que devemos pensar sobre a comunidade urbana como "uma localidade e assentamento denso de moradias que formam uma colônia tão extensa que o conhecimento recíproco pessoal dos habitantes está faltando". Não está faltando, é claro, entre todos eles. Mas os relacionamentos de tráfico praticamente não existem onde outros termos estão disponíveis para a definição de copresença física, onde todos são parentes ou um colega de trabalho ou um vizinho ou um parceiro de jogos, ou está presente para o objetivo de alguma interação reconhecível de aprovisionamento. Em suma, eles

---

31. Outras contribuições de Goffman para o estudo dos relacionamentos de tráfego serão discutidas no capítulo 6.

são uma forma pura de encontros entre estranhos, um resultado da aglomeração de grande número de pessoas em um espaço limitado. Embora um estranho possa aparecer também em uma aldeia pequena e um tanto isolada (e talvez causar grande excitação), ele é um lugar comum na cidade[32].

Grande parte da pesquisa sobre cidades nas ciências sociais agora está interessada, como aliás esteve na maior parte dos períodos durante o século XIX, no fenômeno do setor de aprovisionamento. Dado o escopo transcultural da antropologia, uma questão óbvia aqui para seus praticantes urbanos é que funções estão envolvidas na organização social e espacial da centricidade em uma sociedade com uma tradição cultural específica, e quais são suas formas sociais. Na sociedade indiana tradicional, como observou Pocock, era na cidade que o sistema de castas com sua refinada divisão de trabalho podia ser observado em suas constelações mais desenvolvidas. No entanto neste contexto precisamos também estar cientes de que após o "ecumenismo universal" na frase usada por Redfield e Singer, os sistemas urbanos em partes diferentes do mundo se tornaram de algumas maneiras, mais parecidos.

Uma análise do setor de aprovisionamento, no entanto, pode, ela própria, ser apenas uma parte da antropologia urbana. Por mais que a diferenciação de setores tenha avançado, todas as cidades são estruturas sociais de setores múltiplos; nossa posição aqui é que uma antropologia que tente ser *da* cidade e não meramente estar *na* cidade deveria tentar lidar de forma sistemática exatamente com esse fato. Para fazer justiça tanto à diferenciação e à coerência da estrutura social urbana, em outras palavras, devemos investigar as formas e os graus de inter-relacionamento entre os papéis, não só em cada setor, mas também – na verdade, principalmente – entre os vários setores[33].

Para captar melhor as implicações dessa declaração programática pode ser útil considerar o que nossa visão geral de setores sugere com respeito ao tamanho dos inventários de papéis e dos repertórios de papéis na cidade. O próprio fato da maior diferenciação entre setores parece implicar um aumento no tamanho dos repertórios de papéis – com cada novo setor que surge, um mínimo de um novo papel é acrescentado. Mas os repertórios podem crescer ainda mais se há variedade interna nos setores, e uma pessoa pode ser incumbente de vários papéis

---

32. A prevalência de estranhos pode mesmo ser considerada como uma característica definidora do urbanismo. Lyn Lofland (1973: 3) chegou perto desse ponto de vista, e Gulick (1963: 447) adota uma abordagem relacionada em sua primeira discussão programática de antropologia urbana; ele propõe que o ponto de corte entre comunidades urbanas e não urbanas poderia ser colocado onde os habitantes mais proeminentes de uma comunidade conhecem e são conhecidos pessoalmente por apenas uma minoria dos habitantes.

33. A perspectiva desenvolvida aqui está inspirada, de uma forma geral, na visão de Barth (1972) sobre a construção de organizações sociais.

que pertencem ao mesmo setor. Os inventários de papéis, naturalmente, aumentam de tamanho de acordo com isso. Se pessoas diferentes têm papéis diferentes no mesmo setor, no entanto, isso expande ainda mais o inventário de papéis da comunidade.

Um resumo, setor por setor, clarifica ainda mais o argumento. No setor de aprovisionamento, a divisão de trabalho político-econômica na cidade pode tender a aumentar o inventário de papéis significativamente, já que as pessoas obtêm seu sustento de maneiras diferentes. Se presumimos que cada pessoa tem apenas um emprego, por outro lado, a contribuição para o tamanho do repertório de papéis pode não ser tão grande. Variações são claramente possíveis aqui, no entanto. Comunidades com funções de lugar central podem ter proporcionalmente muitos papéis neste setor, com um número mínimo de incumbentes de cada, enquanto comunidades dedicadas a servir uma função particular com referência à sociedade mais ampla podem ter um número muito grande de incumbentes em pelo menos alguns dos papéis. Há a possibilidade adicional de multiplicidade ocupacional, encontrada com mais frequência em algumas cidades do que em outras.

No setor domiciliar e de parentesco, não parece provável que o número de papéis desempenhados nos relacionamentos internos aumentaria muito na cidade. Se Wirth está certo (algo que, neste caso ele pode estar algumas vezes, mas nem sempre), os papéis de parentesco fora do domicílio tenderiam a receber menos reconhecimento social. Os papéis domiciliares desempenhados externamente, em relacionamentos de aprovisionamento, por outro lado, provavelmente aumentam em número, refletindo, até certo ponto, a variedade do setor de aprovisionamento. É provável que haja um grau bastante alto de repetição de repertórios nesse setor, com papéis ocorrendo em um número um tanto menor de grupamentos-padrão. Papéis de recreação podem vir em números muito grandes na vida urbana, mas provavelmente – como já sugerimos antes – mais nas cidades ocidentais e industriais que nas não ocidentais e pré-industriais. Onde eles têm maior impacto, podem aumentar os repertórios individuais consideravelmente (especialmente no caso de pessoas satisfeitas em ser diletantes), e também a variabilidade de repertórios. No caso de papéis de vizinhança e de tráfico, passa a ser uma questão um tanto sutil de conceituação saber quantos tipos pode haver. Estaremos desempenhando papéis diferentes, por exemplo, sentados ao lado de um estranho em um jogo de futebol e na ópera ou, aliás, em um ônibus? A contribuição desses setores para o tamanho tanto dos repertórios quanto do inventário de papéis depende da resposta a essas perguntas.

Em geral, pareceria justo dizer que as cidades provavelmente têm inventários de papéis comparativamente maiores; ou para expressar a mesma coisa de forma diferente, um número muito grande de tipos diferentes de situações ocorrem na vida urbana. Mas o tamanho dos inventários varia entre os tipos das comunidades urbanas. Igualmente significativo, alguns urbanitas têm repertórios de papéis maiores que outros – eles se envolvem em situações mais diferentes. Talvez as diferenças entre tamanhos de repertórios sejam um dos fatos da vida urbana dignos de menção. Podemos ver também que, em um repertório, os papéis podem ter pesos diferentes, de uma forma ou de outra. Gastamos muito mais tempo em alguns deles, ou nos envolvemos neles com mais frequência, ou achamos que eles são mais importantes do que outros papéis. Expressando-nos de outra maneira, poderíamos dizer que o repertório de papéis tem seu centro e sua periferia.

Nossa sugestão, então, é que devemos nos ocupar mais persistentemente, na análise antropológica urbana, com as maneiras em que as pessoas da cidade combinam papéis e repertórios. Em um dos extremos, poderíamos imaginar o caso em que os papéis estariam completamente segregados. Formar uma pessoa a partir de algum inventário de papéis amplo e variado seria um ato de perfeita bricolagem. Essa pessoa iria pensar e se comportar em uma situação de uma maneira que não teria nada a ver com aquilo que ocorre em outra, e a maneira como ela iria acumular recursos ou apelar para eles tampouco estabeleceria qualquer conexão. No outro extremo encontraríamos a pessoa com um repertório tão extremamente integrado que nenhum papel poderia ser trocado por outro.

Podemos perceber que é um pouco menos provável encontrarmos um indivíduo com o repertório de papéis perfeitamente aleatório na vida real do que um com o repertório totalmente determinado. Mas entre os dois deparamo-nos com muitos cujas vidas são compostas de misturas diferentes de determinação e variação livre. Em congruência com o que foi dito antes, quando tentamos lidar com essa combinabilidade, não presumiríamos que sejam quais forem os desvios da aleatoriedade que encontrarmos devam ser conceituados nos termos normativos de prescrição e proscrição. Esses podem desempenhar um papel, mas preferimos levar em conta mais geralmente as considerações de recursos e as orientações da consciência que podem ordenar combinações mesmo nos casos em que há uma liberdade de escolha formal. O que é de interesse aqui é que embora a consciência de uma pessoa possa não ser totalmente uma e indivisível, ela nunca é assim tão completamente compartimentalizada quanto uma aleatoriedade absoluta implicaria. Da mesma forma, é óbvio que o que uma pessoa possa gastar em uma situação depende daquilo que ela ganhou em outra.

Essa é nossa perspectiva geral com relação à diferenciação urbana. Como uma outra aplicação específica, poderíamos fazer uma hipótese operacional em que a constituição do setor de aprovisionamento tem uma influência particular na formação e seleção de outros papéis, em repertórios e no inventário como um todo. Se, como um primeiro passo no mapeamento de formas urbanas, as comunidades forem categorizadas com base em suas combinações de funções e os relacionamentos correspondentes dentro e fora do setor de aprovisionamento, o conhecimento desse último deveria assim também contribuir para o entendimento da forma e do processo em outras relações. Isso poderia ser uma estratégia para uma análise antropológica de urbanismos de cima a baixo, unindo a divisão conceitual entre a biografia do urbanita e o lugar da cidade na sociedade.

Se seguirmos essa linha, haveria obviamente uma razão especial para cuidar da parte desempenhada pelo gerenciamento de recursos. Pode não haver nenhuma justificativa *a priori* para presumir que os temas da consciência construídos em um papel específico irão necessariamente ter uma influência dominante na ordenação de outros envolvimentos. Esse é um problema na sociologia do conhecimento, embora exista muita evidência de que experiências em situações de aprovisionamento podem ser de grande relevância. Por definição, no entanto, é por meio dos papéis de aprovisionamento que as pessoas obtêm os recursos materiais (pelo menos a maioria deles) dos quais elas, a seguir, irão depender, mais ou menos extensivamente, em outros papéis também. Isso dá aos papéis de aprovisionamento uma posição dominante, embora talvez sua influência em outras partes do repertório não seja muito específica; outros papéis podem, às vezes, exigir poucos recursos, e recursos também podem ser distribuídos de maneiras diferentes entre eles.

Seja qual for a forma de inter-relacionamentos em um repertório de papéis, podemos também observar aqui que esses podem ser uma explicação parcial da diversidade de papéis urbanos mais gerais que encontramos também fora da divisão de trabalho no setor de aprovisionamento. Se há diferenciação em um setor, e seus papéis componentes têm uma influência determinante nos repertórios, pareceria que isso arrasta consigo a diferenciação em outros setores também. Papéis de aprovisionamento, por exemplo, podem estar conectados com formas específicas de recreação.

O que acabamos de dizer sugere uma forma de pensar sobre urbanismos na forma plural e como conjunto. Teremos uma oportunidade de retornar a esse tipo de análise. Neste estágio, talvez apenas uma nota de precaução deva ser acrescentada. Certamente algumas áreas de indeterminação relativa podem ser encontradas em praticamente qualquer estrutura urbana. De um modo geral, pelo que parece, com essa indeterminação e inventários de papéis bastante grandes, o urbanismo permite mais variabilidade nas constelações de papéis do que a maioria dos arranjos sociais. E não poderíamos exatamente esperar que qualquer construto de tipo urbano definido com precisão sobre a premissa de cadeias de inter-relações específicas a partir de uma classificação funcional à guisa do setor de aprovisionamento e por todos os outros setores, pudesse atravessar bem várias culturas por razões relacionadas. O porto de Cingapura, por exemplo, não é, de qualquer maneira detalhada, semelhante ao porto de Antuérpia. Não há qualquer relacionamento um a um entre alguma função urbana ou conjunto de funções urbanas, definidas em termos gerais, e um conjunto específico de formas sociais na organização do aprovisionamento. Além disso, mesmo que as cidades portuárias fossem um tipo unitário com relação à organização do aprovisionamento, outros setores da vida também podem estar expostos a outras influências. Podem haver situações em uma cidade em que modos de pensar, de se comportar e de interagir são muito semelhantes àqueles da sociedade a seu redor, ela própria, de uma maneira relativa, culturalmente homogênea ou culturalmente heterogênea. A família urbana no Afeganistão pode ser muito afegã, mas precisa ser muito urbana.

Até aqui, por enquanto, sobre a necessidade de reconhecer a variedade de urbanismos e sua diferenciação interna. Há também aquela unidade de urbanismo sobre a qual também é preciso pensar que tem a ver com o tamanho e a densidade do assentamento.

Uma afirmação como a de Weber sobre a falta de amigos pessoais entre as pessoas da cidade sugere uma maneira de traduzir os fatos da demografia e do espaço em linguagem relacional. Nos casos em que uma população considerável está concentrada, um indivíduo terá acesso, e será acessível, a relativamente mais pessoas que em um lugar menor e povoado mais esparsamente. Se, como Weber, presumirmos que há algum limite máximo para a quantidade total de envolvimento de um indivíduo em relacionamentos sociais, no entanto, é incerto até que ponto esses relacionamentos potenciais com pessoas acessíveis serão concretizados. Poderíamos olhar isso como uma espécie de possibilismo demográfico; cidades e urbanitas fazem uso diferente da acessibilidade direta de pessoa a pessoa por meio de suas formas de organização social. (E, é claro, essas últimas também intervêm para dar forma a certos elos entre urbanitas e pessoas que fisicamente são um tanto menos acessíveis, longe da cidade envolvida.)

Do conjunto de parceiros potenciais de interação que é composto pela população urbana inteira, o habitante da cidade assim extrai um número maior ou menor com o qual ele ou ela se envolverá nas atividades domiciliares e de parentesco, aprovisionamento, trabalho, recreação e vizinhança. O resto são estranhos, parceiros em relacionamentos de tráfico se é que ele ou ela de fato encontra-se com eles. Nem todas as formas diferentes de organização urbana, no entanto, podem produzir exatamente a mesma proporção de estranhos, dada uma certa população urbana. Elas variam em sua capacidade de cobrir a população por meio de outros tipos de relacionamentos. Um indivíduo entra em muitos relacionamentos se ele ou ela tem uma banca no mercado, provavelmente um número um tanto menor se ele ou ela é um trabalhador industrial em uma linha de montagem. Mas ambos esses conjuntos de relacionamentos podem ser diferentes daqueles centrados em seu lar, e seus vizinhos e amigos podem constituir ainda outros círculos separados. Com relacionamentos assim espalhados, ainda haverá estranhos, mas os rostos conhecidos podem não ser tão poucos e tão ocasionais.

Este pode ser o momento em que abordamos uma vez mais a proposição de Wirth de que relações sociais urbanas são tipicamente impessoais, superficiais e segmentárias (palavras tão semelhantes em seu significado que colocá-las em uma pilha uma sobre as outras equivalerá a pouco mais do que exagero retórico). Apesar de todas as críticas válidas que foram feitas contra ele, podemos agora ver mais claramente o grão de verdade envolvido. Quanto mais avançada for a diferenciação de setores, e também quanto mais avançada for a diferenciação de papéis nos setores, tanto maior será a segmentação dos relacionamentos sociais, quase que por definição. Essa diferenciação, insistimos, não faz com que todos os relacionamentos sejam definidos de uma maneira restrita. Pelo menos alguns relacionamentos de parentesco e domesticidade só muito raramente o são; e observamos que há uma tendência variada a que relacionamentos fundamentalmente definidos em termos de trabalho ou vizinhança adotem um tom de sociabilidade, o que quer dizer que eles avançam na direção do setor de recreação ao mesmo tempo em que este último pode também conter seus relacionamentos separados. (Isso significa, além disso, que os elos entre vizinhos, à medida que adquirem conteúdo de uma natureza recreativa ou até quase doméstica, são parcialmente cooptados nos setores baseados em interesse em oposição àqueles baseados em mera proximidade.)

O fato permanece, no entanto, que é por meio de uma variedade de envolvimentos em relacionamentos que são relativamente segmentários e concentrados em setores específicos que o urbanita pode aproveitar ao máximo a acessibilidade de outros habitantes da cidade, em relacionamentos outros que não os de tráfico. Aqui, os tipos de conexões entre setores que discutimos anteriormente pode retornar ao nosso quadro. É bastante possível que as pessoas espalhem mais amplamente seus envolvimentos com outros habitantes da cidade quando os relacionamentos entre setores tendam na direção da indeterminação. Para alguns urbanitas conexões mais determinadas podem não só especificar combinações de envolvimentos situacionais, mas também implicar interação com as mesmas pessoas em dois ou mais setores; pessoas que são colegas podem escolher também ser vizinhos e ir aos mesmos eventos desportivos durante seus momentos de lazer. Elas acabam sendo um pouco como o aldeão urbano típico, na *vecindad* mexicana de Oscar Lewis ou em outros lugares, que tendem a recrutar o mesmo grupinho de pessoas como parceiros em um tipo de situação depois da outra. As fronteiras dos setores podem se tornar indistintas uma vez mais[34]. Mas pelo menos em um respeito, essas pessoas são diferentes de um aldeão verdadeiro. Pois à volta daquele pequeno grupo, como eles verão se se deslocarem pela cidade, existe um mar de estranhos e de relacionamentos de tráfico.

---

34. No entanto, isso não precisa ser a consequência, na medida em que as pessoas podem interagir com os mesmos outros ao mesmo tempo em que definem as situações como diferentes.

Portanto, praticamente não existe nenhuma maneira pela qual o habitante da cidade pode evitar *quaisquer* relacionamentos de um caráter segmentário, impessoal e superficial. Com seus contatos espalhados, alguns de seus outros relacionamentos podem até, em certo grau, vir a se parecer com relacionamentos de tráfico, como encontros entre estranhos. Isso parece particularmente provável no setor de aprovisionamento. Quanto maior for a centricidade de um indivíduo em uma certa função, tanto mais reduzida tenderá a ser a quantidade de seus envolvimentos entre seus muitos *alters*. Como alguns dos críticos de Wirth assinalaram, a busca dessa centricidade, e a falta de interesse pessoal entre as partes de um relacionamento, podem ser explicadas mais diretamente, por exemplo, pelos princípios do intercâmbio mercadológico do que pelo tipo de assentamento. Mas para levar a especulação um pouco mais adiante, podemos ver a grande cidade como o ambiente ideal para relacionamentos que têm como foco o vínculo do dinheiro. As pessoas envolvidas neles podem não se encontrar em qualquer outro contexto e o fluxo de pessoas desconhecidas nos relacionamentos de tráfico oferece um modelo para interações instantâneas em que as personalidades são deixadas de lado. Urbanismo e intercâmbio mercadológico podem estar em simbiose, de uma maneira semelhante à burocracia, da qual se diz que, com seus ideais de imparcialidade e definições rígidas de relevância, funciona com menos distrações nos casos em que a escala da vida social não é muito pequena.

De qualquer forma, uma parte da antropologia urbana futura deve se envolver com os relacionamentos entre estranhos, relativos ou absolutos[35]. O anonimato é uma noção importante aqui. Wirth deu a ele uma certa ênfase, mas não muita consideração analítica. Para muitos de seus leitores ele pode ter parecido um termo sobretudo emotivo, mas o papel exato do anonimato nas relações sociais continua a ser problemático. Uma faceta dele é a falta de predicabilidade no encontro anônimo. Sem saber nada sobre a biografia de outro indivíduo, é difícil prever suas ações, seja em termos de capacidade ou de predisposições. A incerteza, portanto, parece ser uma característica bastante comum da interação social urbana, e podemos nos perguntar que meios poderá haver para lidar com ela. Outro aspecto do anonimato pode ser que as interações de um indivíduo que permanece não identificado em um sentido envolve um grau menor de previsibilidade com relação a ele[36]. Atos anônimos são atos desassociados de sua apresentação de um *self* determinado. O conhecimento de suas ações não é acrescentado para futura referência ao dossiê que, em linguagem figurada, outras pessoas têm sobre ele. Os usos do anonimato e os passos que a sociedade urbana pode dar para restringi-los podem ser problemas a serem investigados. Ao mesmo tempo,

---

35. *A World of Strangers*, de Lofland (1973), é uma contribuição para isso.

36. Há alguns comentários sobre esse aspecto da vida urbana em um texto por Jacobson (1971).

devemos estar cientes de que o anonimato não é um fenômeno "tudo ou nada". Se um indivíduo não pode ser identificado pessoalmente, pela conexão de um rosto a um nome, o anonimato pode pelo menos ser limitado em algumas de suas consequências pelo reconhecimento de alguma identidade menos exata, tais como etnia, classe, ocupação, idade ou gênero – Sjoberg observou isso em *The Preindustrial City*. Naturalmente a expectativa é que essas qualidades que as pessoas captam para imprimir um significado ao estranho variem de uma sociedade para outra.

A acessibilidade de outras pessoas na vida urbana, no entanto, não envolve apenas o manuseio de contatos com estranhos como indivíduos. Se para qualquer urbanita, a qualquer momento dado, a cidade tem um excedente de pessoas que não são parte de quaisquer de seus relacionamentos mais significativos, elas podem ainda assim ser relevantes de outras maneiras.

É possível, por exemplo, pensar que as pessoas na cidade são como manequins, apresentando uma variedade de significados de tal maneira que qualquer um pode inspecioná-las, aceitá-las ou rejeitá-las, sem se comprometer seriamente a uma interação ou a uma identificação com a parte pessoal envolvida. Os relacionamentos de tráfico podem implicar um desfile assim de impressões, em particular porque eles são muitas vezes um envolvimento de um lado de pessoas que estão, ao mesmo tempo, envolvidas em outras atividades. Caminhando pelas ruas da cidade, podemos ziguezaguear para evitar um jogo de futebol, ter a rápida visão de um artesão dando o toque final em seus produtos, escutar por acaso trechos de meia dúzia de conversas, dar uma olhada em várias vitrines de lojas, e parar por um momento para avaliar o talento de um músico ambulante. Não podemos exatamente evitar refletir sobre o papel desempenhado por tais experiências no processo cultural urbano.

Outro aspecto da acessibilidade, de importância fundamental para a compreensão das potencialidades da estrutura social urbana, é que nos casos em que, em um determinado momento, não havia qualquer relacionamento, novos contatos podem surgir; relacionamentos entre estranhos podem mudar de forma, tornando-se mais íntimos e mais pessoais com novo conteúdo. Um exemplo esclarecedor é a "visão na rua" em Lião, no período da Revolução Francesa, como descrita por Richard Cobb (1975: 125-126), um historiador da vida cotidiana de tendência etnográfica. Começando com declarações de gravidez e sedução feitas diante dos magistrados por mulheres trabalhadoras, Cobb pinta um quadro das possibilidades de observar o espetáculo na rua, de fazer novos conhecimentos e envolver-se em um encontro furtivo, que estão inerentes a uma prática ocupacional naturalmente peripatética.

> A *brodeuse*, a *dévideuse*, a *coupeuse*, a *tailleuse*, a *blanchisseuse*, a *appreteuse*, a *marchande de modes*, até mesmo a empregada doméstica, como

seus vários equivalentes masculinos, estão constantemente caminhando pela cidade, especialmente na central peninsular, e com o pretexto conveniente e visível de ir fazer alguma tarefa para alguém – um colete terminado pela metade, um chapéu de três pontas esperando seus acabamentos e plumas, um vestido que ainda precisa ser bordado, o chapéu de uma mulher que ainda precisa ser passado para tomar forma, uma cesta de roupa de cama e mesa molhada, um buquê com um bilhete, uma dúzia de garrafas de vinho, uma bandeja contendo uma refeição preparada por um *gargotier*, uma bandeja contendo bolos e pastéis, um gancho com faisões, uma caixa de ferramentas, um saco cheio de roupas velhas – os passaportes reveladores para a liberdade da rua durante as horas de trabalho.

Neste caso específico podemos ver como tipos de relacionamentos de tráfico (corruptíveis para outros objetivos) dependiam da organização do setor de aprovisionamento que pode ser considerado como em grande parte pré-industrial. O argumento geral é que a acessibilidade possibilita uma certa fluidez na estrutura dos relacionamentos. Na comunidade pequena, uma pessoa pode concebivelmente passar a vida toda conhecendo as mesmas pessoas – a população inteira – com o nascimento e a morte sendo os únicos fatores de mudança. Na cidade pode haver uma mudança muito maior de nossos parceiros em qualquer setor de atividade. O conjunto total de relacionamentos de um indivíduo pode aumentar e diminuir; mas mesmo que ele permaneça estável em tamanho, rostos novos podem se juntar ao círculo enquanto outros saem dele. Ou em relacionamentos segmentares rostos antigos podem surgir em novos contextos. Podemos considerar que a observação de Wirth sobre a transitoriedade dos relacionamentos na cidade se refere aos relacionamentos que terminam após apenas um único contato, tais como aqueles na agitação de locais públicos ou no intercâmbio apressado entre um lojista e um freguês. Poderia também referir-se ao fato de laços muito mais íntimos entre urbanitas também poderem ir e vir com muito mais frequência do que em outros lugares. Só com base na demografia – mas, uma vez mais, é uma questão de possibilismo demográfico – a condição urbana cria oportunidades excepcionais para relacionamentos sociais conseguidos mais do que para aqueles atribuídos[37].

Um par de comentários podem ser inseridos aqui sobre a maneira como essas oportunidades podem tender a aumentar a heterogeneidade urbana, mesmo fora da organização da diversidade no setor de aprovisionamento. Uma possibi-

---

37. É bem verdade que o limiar no qual o tamanho da população é suficiente para permitir uma circulação considerável de parceiros em relacionamentos precisa ser muito alto, de tal forma que não há qualquer relacionamento muito preciso entre tal circulação e urbanismo. Mas parece provável que uma população ampla é propícia para isso – parcialmente em virtude das possibilidades crescentes de reduzir com sucesso conexões com parceiros antigos.

lidade é que em combinação com as tendências dadas à variação na população, essas oportunidades possam influenciar a evolução de subculturas. Se a propensão para algum modo de pensamento ou ação espalha-se, só a cidade pode ter um número suficiente de pessoas interessadas para lhes dar uma chance maior de se reunirem para interagir sobre aquilo que elas compartilham. E entre todas as pessoas acessíveis na cidade elas podem se escolher uma a outra como parceiras a bem dessa oportunidade. Essa interação pode levar tanto à estabilização do ponto de vista ou tipo de comportamento envolvido (já que agora ele desfrutaria de apoio do grupo) e a seu maior desenvolvimento cumulativo. Aquilo que podem ser interesses latentes ou meramente visíveis de um ou de poucos indivíduos em uma comunidade menor, em outras palavras, pode ser amplificado e elaborado quando muitas pessoas com ideias afins estão presentes. A noção de "contágio social" de Robert Park mostra que ele estava ciente desse fato. É normalmente na cidade maior que encontramos não apenas o único pianista, mas uma cultura ocupacional de músicos, não só um dissidente político silencioso, mas uma seita ou movimento organizado ao redor de uma ideologia, não um homossexual solitário, mas sim uma cultura *gay*.

Uma explicação assim de heterogeneidade na verdade envolve uma variante de conceitos de lugar central. Como todos no grupo que interage são simultaneamente um fornecedor do serviço envolvido e parte do mercado para ele, os membros juntos se erguem acima do limiar para sua emergência, dentro daquela quantidade de acessibilidade conveniente sugerida pelos limites urbanos.

Podemos também considerar aquilo que pode ser a vantagem da elaboração da forma divergente em uma situação em que a possibilidade de um reembaralhamento dos alinhamentos sociais esteja sempre presente. Poderíamos ver, na busca pela individualidade conspícua em um lugar como Minas Velhas, um desejo de reivindicar a atenção dos demais, para conseguir uma seleção satisfatória de relacionamentos sociais e não ser abandonado quando parceiros mudam[38]. O lançamento de um novo estilo de comportamento, vestimenta ou outra forma observável poderia levar a essa vantagem competitiva (e aqui nos aproximamos da perspectiva darwiniana de Wirth com relação à diferenciação); só se formos muito bem-sucedidos e a novidade for adotada por muitos o objetivo se perde e alguma outra coisa precisa ser tentada. A diversidade da vida urbana, dessa perspectiva, não é estável. Como disse Kroeber em seu *Anthropology* (1948: 283), ela é caracterizada por "flutuações da moda, não apenas de vestimentas, mas também de caprichos, novidades, diversões e a popularidade fugaz de pessoas e também de coisas".

---

38. Cf. sobre esse ponto também a interpretação de Rainwater (1966) do cultivo de um *self* dramático sob as circunstâncias instáveis da vida social entre os afro-americanos de classes mais baixas.

Dessas formas, é possível que a maior acessibilidade das pessoas umas às outras na cidade possa ser importante por si mesma. Com relação a ambos, modos de comportamento e indivíduos específicos, a cidade pode ser um sistema de rastreamento e conhecimentos casuais e passageiros. Afirmando isso, é necessário também declarar algumas das qualificações.

A acessibilidade, como dissemos, nem sempre é concretizada; ela depende especialmente das formas de organização social. Quando há conexões determinadas entre relacionamentos e atividades em setores diferentes, como exemplificamos acima, isso irá restringir as escolhas que, se não fosse por isso, seriam possibilitadas pela acessibilidade. Os investimentos materiais e o desenvolvimento da competência em certos relacionamentos e linhas de ação podem ser tais, mesmo em outras condições, que o custo da mudança seria muito alto. Aquilo que um indivíduo pode fazer, e com quem ele pode se envolver em várias atividades, pode ser tão regulamentado culturalmente em outros termos também que as alternativas que podem estar disponíveis no habitat imediato são simplesmente excluídas por definição. É bastante possível que o recrutamento para certos relacionamentos seja atribuível em alguma população menor (ou, aliás, obtível somente naquela população), mesmo que o recrutamento por meio de uma realização totalmente aberta possa parecer fazer mais uso da situação urbana). A eficácia de restrições como essas merece ser levada em consideração, assim como sejam quais forem as tensões que possam ser detectadas entre elas e as tentações de um ambiente mais abundante.

Existe também a possibilidade de que as pessoas simplesmente transformem seus relacionamentos sociais em rotinas e façam o mesmo com seus repertórios intelectuais e comportamentais, não vendo qualquer razão para mudar apenas porque alternativas se apresentam. A cidade pode oferecer tal riqueza de impressões e contatos que o indivíduo fica incapaz de administrar ativamente tudo aquilo e, portanto, torne-se menos receptivo a cada novo impulso; a atenção diminui. Esse ponto foi discutido por Milgram (1970) que, ao trazer o conceito de sobrecarga da teoria de sistemas parece ser a pessoa que se aproximou mais de uma atualização das ideias de Simmel e Wirth sobre o tédio urbano.

Apenas porque indivíduos estão convenientemente ao alcance, além disso, não significa que eles sempre estão ou querem estar visíveis ou disponíveis para interações. Nos casos em que muita acessibilidade é um problema, a privacidade passa a ser um valor. Para quais atividades ou relacionamentos busca-se proteção, no entanto, ou contra quem, também é uma questão de organização social. O ambiente urbano construído serve como um componente nessa regulamentação de acesso. Sjoberg, lembramos bem, observou como as casas da elite na cidade pré-industrial se voltam para dentro. A alguns tipos de atividades é atribuído espaço para o qual o acesso é fortemente limitado, outros ambientes podem ser usados para indicar pelo menos uma abertura condicional para novos contatos. O urbanita pode também estar desconfiado de abordagens diretas por estranhos, enquanto os últimos podem ter mais chance de serem aceitos se o contato é feito por meio de intermediários conhecidos. Um ponto ligeiramente paradoxal é que essa modificação de acessibilidade, em uma situação na qual uma grande parte, se não todos, os relacionamentos de uma pessoa podem ser conseguidos em vez de atribuídos, pode ser administrada de tal forma a fazer com que o indivíduo fique inacessível para contatos significativos à maior parte da comunidade. Isso é útil especialmente para os grupos que desejam cultivar uma vida própria sem ter outras pessoas interferindo. O fato de membros serem capazes de ganhar seu sustento lá por meio de relacionamentos impessoais contribui para fazer com que a cidade seja um santuário para eles.

Uma última complicação parece ser a mais séria, para o urbanismo propriamente dito e também para um sentido de lugar como uma moldura para o pensamento. A acessibilidade depende não só do fator espacial, mas também da tecnologia de comunicação. Nos lugares em que carros e telefones são geralmente disponíveis, a distância tem menos importância do que naqueles casos em que a interação precisa ser face a face e onde as pessoas se deslocam a pé. No caso extremo, a concentração física de pessoas já não teria um objetivo. De algumas formas (tal como para defesa) ela poderia até ser disfuncional. Boulding (1963: 143-144) assinala isso em um ensaio sobre "a morte da cidade" que o futuro pode trazer:

> Podemos até visualizar uma sociedade em que a população esteja espalhada de uma maneira muito uniforme pelo mundo em domicílios quase autossuficientes, cada um circulando e processando eternamente seu próprio estoque da água por meio de suas próprias algas, cada um obtendo toda a energia de que necessita de suas próprias baterias solares, cada um em comunicação com qualquer outro com quem queira se comunicar por meio de sua televisão personalizada, cada um com acesso imediato a todos os recursos culturais do mundo por meio dos canais de comunicação com bibliotecas e outros repositórios culturais, cada um se deleitando na segurança de um estado mundial invisível e cibernético em que cada homem irá viver sob seu vinhedo e sua própria figueira e ninguém fará com que ele tenha medo.

Com isso as condições que subjazem a equação do uso do espaço pelo homem teriam mudado. Embora já não muito restringido por um relacionamento com a terra, sua interdependência com relação a outros seres humanos poderia continuar sem muita atenção a distância. A cidade morreria, ao mesmo tempo em que poderia parecer que a urbanização do campo iria continuar. Realmente, podemos estar indo nessa direção, mas não com a mesma velocidade em todas as partes do mundo, ou em todos os segmentos de qualquer uma sociedade. A tecnologia não está distribuída uniformemente. Além disso, no entanto, poderemos querer comentar que a tentativa de ter acessibilidade sem densidade, seja por carros, telefones ou televisão personalizada, não pode exatamente recrear a experiência urbana em sua plenitude. Ela tende a ser apenas acessibilidade planejada; você atinge aquela pessoa específica que você tinha em mente. A acessibilidade urbana contemporânea e histórica pode ser parcialmente planejada, mas também, até certo ponto, não intencional. Deparando-nos com pessoas que não estávamos procurando, ou testemunhando cenas para as quais não estávamos preparados, pode não ser nem eficiente e nem sempre prazeroso, mas pode ter suas consequências pessoais, sociais e culturais próprias. Com essa reflexão podemos talvez terminar essa investigação preliminar sobre a natureza do urbanismo: a serendipidade, descobrir alguma coisa por acaso quando estávamos procurando outra coisa, pode estar imbuída na vida urbana até um grau peculiar.

4
A vista do Copperbelt

Além do trabalho da primeira Escola de Chicago, é possível que nenhum outro complexo localizado de etnografia urbana possa se comparar aos estudos que, durante alguns anos, vieram da África Central. Esse grupo de pesquisas foi produto do Instituto Rhodes-Livingstone, estabelecido em 1937 e transformado, em conexão com a conquista da independência da Zâmbia em 1964, no Institute for Social Research da nova Universidade da Zâmbia[1]. Em conjunto, ele continua a ser até hoje a excursão mais significativa da antropologia social britânica no ambiente urbano. Embora os estudos não ofereçam a riqueza de detalhes descritivos relacionados com uma variedade de grupos e ambientes que encontramos em seus congêneres da Chicago, eles são importantes também por sua percepção dos problemas de método, conceituação e análise.

Há uma variação considerável no urbanismo africano, e os antropólogos do Rhodes-Livingstone não cobriram todo o espectro. No capítulo 3 observamos que as cidades iorubas da África Ocidental foram recentemente identificadas como expoentes de um tipo urbano primordial, o centro cerimonial. Um pouco antes, nas décadas de 1950 e 1960, elas funcionaram como casos teste para con-

---

1. Não há qualquer conjunto considerável de comentários sobre o Instituto Rhodes-Livingstone ou sobre a Escola de Manchester na antropologia social, como existe sobre a Escola de Chicago. A não ser pelos escritos a que nos referimos em outras partes deste capítulo, devemos chamar a atenção para a coleção um tanto ambígua de memórias de antigos diretores do instituto inclusive Richards (1977), Wilson (1977), Colson 1977a, b), Mitchell (1977), Fosbrooke (1977) e White (1977) em um número de aniversário da publicação *African Social Research*, para o estudo de Brown (1973) dos primeiros anos do instituto, para o breve texto retrospectivo de Frankenberg (1968) e para a crítica do trabalho da "Escola de Manchester" na África Central e em Israel por Van Teeffelen (1978). Beneficiei-me também de uma palestra seminal sobre o assunto por Clyde Mitchell no Departamento de Antropologia Social da Universidade de Estocolmo em 1971. Estou grato a John Comaroff por me convidar a discutir os estudos urbanos da Escola de Manchester em duas sessões de seu curso sobre a África Central quando eu era pesquisador na Universidade de Manchester em 1976, já que isso me ajudou a formular minha visão geral desse corpo de trabalho.

cepções de urbanismo nos moldes de Wirth[2]. Mesmo então, em Ibadan, que se transformava em uma metrópole com uma população de quase meio milhão de pessoas (e consideravelmente mais atualmente), um de cada dois homens estava envolvido com a agricultura. E em outras grandes comunidades iorubas, os números do censo indicavam que entre 70% e 80% dos homens estavam nessa categoria ocupacional. Seria possível chamar um lugar de cidade, mesmo que tenha dezenas de milhares de habitantes, se a maior parte de sua população trabalha na terra? Aliás, isso tampouco indica a presença de muita heterogeneidade urbana. E quanto à diversidade étnica, quase não havia nenhuma nas agrocidades iorubas. Além disso, o parentesco era o princípio mais importante subjacente à ordem social, algo que, uma vez mais, está em conflito com as ideias aceitas sobre urbanismo. As comunidades tradicionais consistiam em grande parte de complexos de grupos de linhagem, cujos membros, nos assentamentos maiores, poderiam chegar a centenas ou até mesmo milhares de pessoas. As noções dos ioruba sobre os limites da comunidade urbana também pareciam estranhas. Eles certamente distinguiam entre cidade e campo, e respeitavam muito a primeira. Mas um cultivador estabelecido em uma área remota e que passa a maior parte de sua vida ali, ainda "pertence" à cidade (ou, ao contrário, a cidade pertence a ele) se ele é membro de um dos grupos de parentesco com um complexo naquela cidade. Para objetivos rituais, políticos e outros ele é tão urbanita quanto o homem que não trabalha na agricultura, ou quanto aquele que, todos os dias, ao voltar de sua fazenda, retorna para dentro dos muros da cidade.

De algumas outras maneiras, as cidades iorubas se enquadravam mais com as expectativas do teórico urbano ocidental. Havia, afinal, uma quantidade bastante considerável de diferenciação social. Tinham, também, a monarquia sagrada que simbolizava não só a unidade da comunidade e exercia outras funções políticas e rituais. Embora a sociedade ioruba tradicional praticamente não tivesse um sistema de classes em nenhum sentido estrito, ela tampouco era uma sociedade igualitária e tinha ideias sofisticadas de precedência e deferência. Um número de especialidades artesanais estava a mão, assim como uma vida associativa muito rica, na forma de grupos de culto, grupos etários e guildas ocupacionais. Em algumas áreas da vida, poderíamos até encontrar a abordagem instrumental e manipuladora para com outras pessoas que foi considerada caracteristicamente urbana. Os mercados, localizados no centro da maioria das comunidades perto do palácio real, eram enormes; Bascom (1955) oferece exemplos de práticas sutis entre comerciantes e golpistas. É possível que Wirth e Simmel ficassem particularmente satisfeitos com uma característica do simbolismo urbano ioruba: em

---

2. Além da interpretação de Wheatley (1970) da cidade ioruba como um centro cerimonial a que nos referimos antes, escritos sobre o urbanismo ioruba incluem Bascom (1955, 1958 1959, 1962), Krapf-Askari (1969), Lloyd (1973), Mabogunje (1962) e Schwab (1965).

cada grande mercado, um templo seria dedicado ao trapaceiro Esu, divindade de cruzamentos, comércio, brigas e, de um modo geral, da incerteza.

O modelo do centro cerimonial evita as anomalias mais conspícuas do urbanismo ioruba. O aparato institucional da monarquia sagrada realmente constitui um ponto de centricidade social e espacial que não devemos permitir que seja ocultado pela presença que o rodeia imediatamente de uma camada compacta da população camponesa que ele organizou. E o fato de as pessoas poderem ser contadas como cidadãos da comunidade urbana independentemente se moram dentro ou fora dela faz da cidade ioruba uma forma intermediária entre o assentamento compacto e a cidade de limites extensos, ambos os tipos representados entre os centros cerimoniais no passado.

O urbanismo ioruba já existia quando os primeiros visitantes europeus surgiram no litoral da África Ocidental e muitas das cidades continuaram até o presente com um formato mais ou menos semelhante. A África teve seus centros urbanos tradicionais. Outro deles, Timbuktu, tinha sido o local de um dos primeiros estudos antropológicos urbanos, quando Horace Miner (1953) foi lá para testar as ideias de Redfield sobre o contínuo sociedade primitiva – sociedade urbana. Mas havia também as cidades mais fortemente influenciadas pela expansão europeia. A classificação mais conhecida das pequenas e grandes cidades africanas continua sendo a de Southall (1961: 6ss.), em um simpósio do International African Institute que resumiu uma primeira fase dos estudos urbanos nessa parte do mundo. Ele dividiu as comunidades em tipo A, cidades há muito estabelecidas e de crescimento lento e tipo B, cidades novas com rápida expansão[3]. As primeiras eram de origem local ou, pelo menos, tinham se integrado de tal forma à sociedade local que havia uma continuidade considerável de cultura e de estrutura social entre a cidade e o campo. (Embora esse não fosse parte do vocabulário de Southall, poderíamos dizer que elas eram os lugares centrais de sistemas locais.) Alguns habitantes podiam ser cultivadores; a não ser por esses, as ocupações comerciais e administrativas eram dominantes. Um grupo étnico africano poderia ser dominante, normalmente aquele em cujo território a cidade estava localizada, com outros grupos menos representados, ou sequer presentes. Provavelmente moradores europeus seriam comparativamente poucos. A cidade do tipo A era característica da África Ocidental e de partes da África Oriental. O urbanismo ioruba seria um caso extremo e Timbuktu também estaria nessa categoria.

As cidades do tipo B ocorriam particularmente no sul e no centro da África. Intimamente associadas com o poder europeu, elas eram também os principais centros industriais no continente. Muitas tinham como base a mineração. Havia também uma descontinuidade bastante aguda entre elas e a sociedade africana a

---

3. A classificação incluiu apenas as comunidades urbanas da África e do sul do Saara.

seu redor, com as cidades voltadas para um sistema econômico internacional com relação as suas principais funções. A vida nelas tendia a ser regulamentada um tanto rigorosamente por colonos brancos dos quais havia números consideráveis. Os habitantes africanos dessas comunidades urbanas muitas vezes representavam uma variedade de grupos étnicos alguns dos quais tinham sua base rural bem distante.

Qualquer classificação tão simples como essa de cidades do tipo A e do tipo B deve estar aberta ao debate de alguma forma. Algumas das primeiras e todas entre as últimas eram exemplos de um padrão mais ou menos elaborado do urbanismo colonial que se estendia também para fora da África. King (1976: 71ss.), em um livro fascinante sobre a cidade colonial indiana, observa que, dentro dos impérios, havia alguma difusão intercontinental de instituições, formas arquitetônicas, e ideias de planejamento[4]. É claro, sempre que os europeus e os nativos compartilhavam uma cidade, os fatos da dominação europeia tendiam a estar inscritos tanto na estrutura social quanto no ambiente físico. A segregação racial era quase universal. Na Índia, os europeus estavam nas "*civil lines*" e "acantonamentos" na Nigéria em "áreas residenciais do governo". Certamente esses bairros e suas instituições sempre estavam sob o controle estrito do grupo dominante, embora nas cidades do tipo A fosse possível adotar uma atitude mais tranquila com relação ao que ocorria na "cidade nativa" na qual esse grupo dominante estava enxertado.

De outras maneiras, os tipos A e B podiam ao mesmo tempo ser muito amplos. É provável que, especialmente no caso do tipo A, a variedade classificada como pertencente a essa categoria era por demais extensa[5]. Alguns anos após a formulação de Southall, a cidade moderna pequena, administrativa e comercial que ele tinha colocado no tipo A apenas como uma reflexão posterior, foi defini-

---

4. Para outros comentários sobre o urbanismo colonial em geral cf., p. ex., Horwath (1969) e McGee (1971: 50ss.).

5. Rayfield (1974), ao limitar seu campo de estudo ao urbanismo na África Ocidental e ao fazer apenas uma referência breve à classificação de Southall, delineia três tipos nessa área, em grande medida em termos históricos – as cidades do Sudão Ocidental, fundadas em um período tão antigo quanto o século IX, os centros do comércio transaariano tais como Gao e Timbuktu; as cidades do litoral da Guiné, que começaram mais ou menos em 1600 e se envolveram no comércio transatlântico de escravos (e algum outro tipo de comércio) e as cidades coloniais modernas, que datam do fim do século XIX e começo do século XX. Algumas cidades dos dois primeiros tipos ganharam nova vida na era colonial, mas Rayfield vê outras em um ciclo de surgimento, florescência e declínio. Esse conjunto de tipos (podemos chamá-los de A_1, A_2, A_3?) atrai a atenção para o desenvolvimento considerável da pesquisa histórica e antropológica relacionada, por exemplo, com as cidades-estados do Delta do Níger nos últimos anos, comunidades que floresceram durante os anos em que a expansão europeia era principalmente comercial, mas que, na metade do século XX eram pouco mais do que cidades fantasmas (cf. DIKE, 1956; JONES, 1963; NAIR, 1972; PLOTNICOV, 1964 e outros). No entanto a tipologia de Rayfield pode não ser exaustiva; não há nenhum lugar óbvio nela para o urbanismo ioruba.

da como um tipo C separado que, mais tarde, foi desenvolvido mais cuidadosamente por Joan Vincent (1974)[6]. Essa cidade combinava uma ampla variedade de serviços para a área a seu redor, concentrando as instituições por meio das quais ela era, política e economicamente, integrada à sociedade mais ampla em mutação. Embora a discussão de Vincent estivesse baseada no contexto africano oriental, o padrão podia ser encontrado mais ou menos da mesma forma também em outras partes do continente[7].

Como esse tipo C foi um ramo do tipo A, no entanto, o último passaria a ser pouco mais do que uma categoria residual, isso é, não B e não C. E isso seria ainda mais conspícuo à medida que a África se aproximava da independência. A tipologia tinha, de alguma maneira, sido ultrapassada pelos eventos, quando novos desenvolvimentos foram ocorrendo em alguns locais antigos e os mecanismos coloniais para regulamentar o crescimento perderam sua força[8]. Das comunidades do tipo A, algumas seriam agora lugares estagnados como Timbuktu e algumas das cidades iorubas menos movimentadas. Outras eram agora capitais de novas nações, envolvidas em uma expansão que se acelerava cada vez mais, com base no crescimento do comércio, da indústria, da burocracia estatal e especialmente, das grandes esperanças por parte de migrantes. Esses lugares – Dacar, Abidjan, Lagos – se juntariam a outros que tinham evidentemente sido classificados antes como tipo B – Nairobi, Leopoldville se transformando em Kinshasa – no sentido de corresponderem agora a outro tipo recorrente de urbanismo terceiro mundista, a cidade primaz, que atraía para si uma parte exageradamente grande dos recursos de seus respectivos países e deixava outros centros bem para trás[9].

---

6. A sugestão de que um tipo C deve ser distinguido parece ter sido feita pela primeira vez por Middleton (1966: 33).

7. Em minha própria pesquisa em Kafanchan, uma cidade nigeriana relativamente nova, pude identificar muitas das características mencionadas por Vincent.

8. O crescimento recente de assentamentos de invasores em Lusaka, a capital da Zâmbia, foi, por exemplo, descrito recentemente por Van Velsen (1975).

9. Para uma visão geral recente desses desenvolvimentos na África Ocidental, cf. Gugler e Flanagan (1977). O conceito de "cidade primaz" foi cunhado em 1939 por Mark Jefferson, um geógrafo, que declarou como "a lei da cidade primaz" que "a cidade principal de um país é sempre desproporcionalmente grande e excepcionalmente expressiva da capacidade e do sentimento nacional". Jefferson rapidamente continuou para mencionar exceções para essa lei, e seu artigo continha outras proposições duvidosas. Portanto, o que sobreviveu disso foi o conceito de cidade primaz e não a respectiva teoria. No entanto o fato conspícuo de em muitas áreas uma cidade crescer muito mais e de ser de outras maneiras mais importantes do que outras requer uma explicação, e tem consequências que por sua vez merecem interpretação. Linsky (1965) em uma tentativa de explicá-las, descobre que não há nenhum modelo único de emergência de cidades primazes que não seja ambíguo. Quando em um país um centro urbano tem uma população muito maior do que qualquer outra, no entanto, é na maior parte das vezes em um país pequeno, ou pelo menos em que a área densamente povoada é pequena. Além disso, é particularmente provável que as cidades primazes ocorram em países com

Mas não precisamos nos preocupar mais aqui com os problemas da classificação das cidades africanas, contanto que possamos colocar os locais da pesquisa urbana dos antropólogos do Rhodes-Livingstone no padrão histórico geral. Seu trabalho constituía uma antropologia característica das cidades do tipo B, uma espécie de Coketowns coloniais africanas. Embora várias comunidades estivessem envolvidas, dois centros de mineração passaram a ser o tema da mais intensa documentação: Broken Hill (mais tarde renomeada Kabwe) e Luanshya[10]. A primeira, baseada na mineração do zinco e do cobre, era mais antiga, considerada como uma comunidade mais estável e mais diversificada já que era também um entroncamento ferroviário importante. Luanshya ficava mais ao norte, no Copperbelt, e tinha surgido apenas na década de 1920. Mas ela já tinha vivenciado períodos de crescimento súbito e de quase falência, assim como um sério conflito entre o gerenciamento das minas e os mineiros africanos.

---

um passado colonial, uma renda per capita baixa, uma economia agrícola orientada para a exportação e um crescimento rápido da população. A interpretação de Linsky desses relacionamentos é que apenas quando a área a ser servida é bastante pequena é que um único centro pode fornecer todos os serviços de cidade grande. Uma população mais pobre irá gerar menos demanda para tais serviços do que uma população mais rica, de tal forma que haverá pouca necessidade para muitos centros de funções paralelas. A economia orientada para a exportação tenderia a concentrar essa população na cidade, minimizando o problema da distribuição de serviços. Países com essas características tendem a ser ou foram coloniais; mas o colonialismo contribui para o modelo de primazia por sua centralização de funções políticas e administrativas. Um modelo mais multicêntrico poderia surgir se houver maior industrialização, e nesse caso centros menores podem surgir próximos às fontes de matérias-primas (como exemplificado, é claro, pelas cidades do Copperbelt discutidas neste capítulo); se a economia é agrícola isso é menos provável. O rápido crescimento populacional, finalmente pode ter como resultado uma migração urbana em grande escala vinda de uma área rural que não pode sustentar sua população – ou não está mais disposta a fazê-lo, nos casos de mudanças que se afastam das formas intensivas de mão de obra da agricultura. Podemos observar que as ideias de Linsky relacionadas com as funções de serviço da cidade primaz poderiam ser facilmente formuladas na terminologia de "limiar" e "alcance" da teoria de lugar central, embora a premissa de homogeneidade populacional nos modelos originais de Christaller obviamente não se aplicam aqui; há uma forte concentração do tipo de pessoas que consomem serviços específicos na própria cidade primaz. Quanto à formulação original da cidade primaz feita por Jefferson, a prevalência de tais cidades no Terceiro Mundo claramente falsifica a noção que ele parecia ter em sua "lei" de que cidades primazes são ortogenéticas e não heterogenéticas em suas características culturais. Mas esse erro talvez tenha ficado óbvio já por um de seus próprios exemplos – Nova York. Ela pode ter atraído algumas das pessoas melhores e mais inteligentes de todos os Estados Unidos que acham que ultrapassaram suas circunstâncias locais. É, ou pelo menos foi, a "Big Apple". Mas será que os americanos acham que é um concentrado do caráter americano? Claro que não.

10. Após o estudo de Broken Hill de Wilson (1941, 1942), a cidade foi mais tarde o local dos estudos de Kapferer (1966, 1969, 1972, 1976) em antropologia urbana e industrial. As publicações sobre Luanshya incluem três monografias antropológicas completas – de Epstein (1958), Powdermaker (1962) e Harries-Jones (1975) – assim como o estudo da dança Kalela de Mitchell, um artigo de Harries-Jones (1977) e um relato anterior por um administrador das minas (SPEARPOINT, 1937).

Destribalização em Broken Hill

A iniciativa para estabelecer um instituto de pesquisas para estudos sociais e culturais naquilo que era, na década de 1930, a África Central Britânica, veio de um governador da Rodésia do Norte, que conseguiu lançar o projeto após vários anos de luta com o Escritório Colonial em Londres. Tanto na Inglaterra quanto na Rodésia do Norte, havia aqueles que, por um lado, consideravam a pesquisa pura mais ou menos como um luxo e, por outro, suspeitavam que quaisquer sugestões de políticas que pudessem vir de antropólogos (que com certeza iriam desempenhar um papel dominante em um instituto daquele tipo), seriam impraticáveis ou inoportunas. No entanto, no final o governador conseguiu impor sua vontade. O instituto foi colocado sob uma diretoria que teve como presidente o próprio governador e que, além disso, era composta de funcionários públicos coloniais e representantes dos interesses dos colonos brancos. Como primeiro diretor foi nomeado Godfrey Wilson, que vinha do trabalho de campo, em uma equipe com sua esposa Monica Wilson, entre os nyakyusa da África Oriental.

Foi considerado um fato dado por muitos observadores da sociedade rodesiana do norte, e considerado desejável por outros que, pelo menos em parte, o novo instituto deveria concentrar seu interesse na vida africana rural mais ou menos tradicional, a fim de fornecer informações úteis aos administradores. Wilson logo deixou claro, no entanto, que dava grande importância ao estudo do urbanismo e da urbanização e à sua influência sobre a vida rural. Originalmente sua esperança tinha sido a fazer seu primeiro estudo de campo urbano no Copperbelt, mas isso fora vetado pelo comissário da província que temia que um antropólogo pudesse fazer comentários contrários aos arranjos administrativos. Consequentemente, Wilson, em vez disso, foi para Broken Hill. A principal publicação resultante foi *An Essay on the Economics of Detribalization in Northern Rodhesia*, publicado em duas partes (WILSON, 1941, 1942).

Na primeira parte do estudo, à guisa de introdução, Wilson delineou as mudanças que tinham atingido a África Central nas décadas precedentes e as premissas teóricas que orientavam sua análise. Um modo de vida quase que totalmente controlado pelo parentesco tinha sido transformado pela incorporação em uma comunidade global:

> uma comunidade em que as relações impessoais são as mais importantes; onde o comércio, a lei e a religião fazem os homens dependentes de milhões de outros homens que eles nunca conheceram; uma comunidade composta de raças, nações e classes; na qual as tribos, já não mais quase mundos em si mesmas, agora ocupam seu lugar como pequenas unidades administrativas; um mundo da escrita, de conhecimento especializado e de habilidades técnicas sofisticadas (WILSON, 1941: 13).

A essa situação Wilson trouxe a noção de equilíbrio que foi fundamental para o funcionalismo antropológico de sua época. O equilíbrio, ele propôs, é o estado natural da sociedade. Seus relacionamentos, grupos e instituições compõem um sistema equilibrado e coerente. Eles são todos inextricavelmente conectados e determinam uns aos outros. Mas a sociedade da África Central ao redor de 1940 não estava, claramente, nessa situação. Mudanças tinham sido introduzidas em partes do sistema, criando contradições, oposições e um estado de desequilíbrio. Com o passar do tempo, segundo a perspectiva de Wilson, o sistema iria uma vez mais deslocar-se para o equilíbrio e as tensões seriam solucionadas. Exatamente que tipo de equilíbrio seria alcançado, no entanto, era uma questão em aberto[11].

Uma força importante para o desequilíbrio foi obviamente a introdução de uma economia industrial com base urbana em uma sociedade rural de simples agricultura e esse era o foco substantivo do ensaio. Sua primeira parte lidava com as inter-relações urbano-rurais criadas em particular pela imigração de mão de obra; a segunda parte estava voltada para a vida na própria cidade.

À época do estudo, Broken Hill tinha uma população de cerca de 17 mil pessoas, e aproximadamente um décimo delas era europeu. Como no Copperbelt, o padrão de assentamento estava diretamente relacionado com a organização da economia dominada pelos europeus e isso regulamentava a habitação africana. A mina e a ferrovia tinham, cada uma delas, acomodações destinadas a seus empregados. Outros europeus – empresas ou pessoas físicas – que empregavam africanos em uma escala menor podiam alugar acomodações na parte da cidade controlada pelo município, onde os próprios africanos podiam também alugar quartos. A acomodação urbana para africanos era limitada, no entanto, e, portanto, abarrotada. A premissa básica da política urbana na África Central colonial era que a população da cidade africana era composta apenas de residentes temporários, trabalhadores do sexo masculino em boa forma física que deixavam todos ou a maioria de seus dependentes na aldeia quando partiam para os centros urbanos onde eles próprios só passariam períodos curtos de suas vidas. Assim a habitação normalmente não era planejada para mais do que, quando muito, um marido e uma esposa com uma ou duas crianças pequenas, em um único quarto. Os salários, e as rações de comida que a maior parte das corporações emitia para seus trabalhadores tampouco eram suficientes para um domicílio completo. Broken Hill na verdade permitia à parte de sua população africana uma vida doméstica um pouco mais normal do que faziam as cidades do Copperbelt, já que um número de lotes de terreno tinha sido distribuído para africanos que podiam construir sua própria casa neles e complementar suas rações com algum cultivo.

---

11. Na segunda parte, Wilson (1942: 81) citou a reação do funcionário distrital a essa premissa: "'Gostei de seu texto (Parte I)' disse ele, 'porque era tão incrivelmente otimista; tudo o que temos de fazer e sentar e esperar pelo equilíbrio!'"

Essa política tinha evidentemente sido introduzida para competir com as comunidades do Copperbelt em que os salários eram mais altos.

As pessoas não permaneciam nas aldeias exatamente de acordo com a intenção do governo e das empresas, no entanto. Nos primeiros anos da industrialização o padrão de residência temporária incluído nas vidas rurais pode ter sido dominante; mas já à época do estudo de Wilson uma grande parte da população urbana passava a maior parte de sua vida na cidade e não no campo e, embora praticamente a metade da população africana de Broken Hill fosse composta de homens adultos, muitos deles tinham famílias maiores do que aquelas para as quais a acomodação, os salários ou as rações tinham sido planejados. Se a mão de obra africana ainda parecia instável, isso era parcialmente devido às mudanças de empregos nas cidades e aos movimentos entre centros urbanos diferentes.

Essa situação também tinha efeitos conspícuos na vida do campo. Grandes áreas perdiam grande parte de sua população, especialmente homens em seus anos melhores, e não podiam manter sua agricultura em um nível satisfatório. Audrey Richards (1939) outro pioneiro na antropologia da África Central já tinha assinalado a prevalência de fome entre os bemba, cujos migrantes compunham grandes números da população nas novas comunidades urbanas. Como os migrantes só enviavam relativamente pequenas porções de seus ganhos urbanos para seus lares rurais – a maior parte na forma de bens de consumo – a perda da força de trabalho não era compensada adequadamente. A situação era menos favorável para as áreas mais distantes para as quais os migrantes tinham menor oportunidade de retornar com qualquer regularidade. Essas áreas tampouco se beneficiavam dos mercados para produtos oferecidos pelos centros urbanos. Mas de qualquer forma, esses eram de importância limitada, já que as fazendas que pertenciam aos europeus tinham quase o monopólio total do abastecimento de alimentos em grande escala para as cidades.

Um equilíbrio de relações urbano-rurais, propôs Wilson, poderia ser alcançado permitindo-se a estabilização da população urbana africana tanto da força de trabalho quanto de seus dependentes. Isso envolveria não só fazer com que as condições de vida nas áreas urbanas fossem mais seguras, mas, criando assim uma grande população urbana, seria possível esperar que como consequência ocorreria uma revolução agrícola nas áreas rurais para alimentar as cidades. No entanto, o que se vê é que a lacuna entre a tecnologia agrícola e a industrial foi um ingrediente de grande importância para o desequilíbrio na África Central.

Na segunda parte de seu ensaio, dedicado mais estritamente à própria vida na cidade, Wilson estabeleceu uma distinção entre relacionamentos impessoais, ou de uma maneira um tanto imprecisa, relacionamentos "comerciais" e "os círculos pessoalmente organizados de vida doméstica, de parentesco e de amizades". Ele não levou muito à frente a conceituação do primeiro em termos interacionais, no entanto, de tal forma que é em grande parte só indiretamente, por meio de uma explicação dos gastos dos africanos, que percebemos algumas facetas da ordem social mais ampla. Uma ênfase importante foi à importância da vestimenta – "os africanos em Broken Hill não são pessoas de gado, pessoas de bodes, pessoas de peixes, nem pessoas de cortar árvores, eles são pessoas vestidas" (WILSON, 1942: 18). Uns 60% dos ganhos em dinheiro dos africanos, avaliou Wilson, são gastos com roupa. Era verdade que os usos instrumentais de tais possessões não devem ser ignorados. Quando as pessoas vão visitar suas áreas rurais de origem, elas levam roupas como presentes para seus parentes e com isso mantêm sua posição nas comunidades das quais, em último caso, dependiam para sua segurança. Roupas também podem ser usadas em intercâmbios com outros moradores da cidade, para obter necessidades como comida e acomodação se a pessoa ficou desempregada. Alguns tipos de roupa adquiridos pelos urbanitas de Broken Hill não eram usados e sim guardados, às vezes até mesmo na loja onde tinham sido comprados. No entanto, o ponto principal continua a ser que roupas na moda assinalavam um lugar no sistema de *status* "civilizado" urbano. Wilson considerou a maneira de se vestir como a maneira mais óbvia pela qual os africanos na cidade podiam emular um estilo de vida europeu cheio de prestígio. Não havia possibilidade de adquirir uma casa europeia. Móveis eram difíceis de deslocar para um povo nômade. Um paletó novo ou um vestido, por outro lado, poderia ser exibido em um passeio pela cidade, em uma visita, ou em um clube de dança que era frequentado particularmente por aqueles com uma exposição maior do que a comum às maneiras europeias. Esses clubes mereceram menção especial como uma arena em que os moradores da cidade mediam a sofisticação um do outro. Clubes de cidades diferentes competiam entre si. Preferivelmente as pessoas teriam visitantes europeus nas danças, para dar um reconhecimento implícito das conquistas dos participantes. Mas os europeus geralmente pareciam não ligar muito para os africanos que reivindicavam *status* nos dialetos da cultura europeia. A descortesia dos brancos para com os africanos parecia aumentar quanto mais "civilizado" esses últimos parecessem ser.

Quanto aos outros padrões de consumo em Broken Hill, Wilson uma vez mais observou com que rapidez a economia de um domicílio iria deteriorar com a adição de outros membros sem nenhuma fonte de renda, já que os salários e as rações não eram calculados para cobri-los. No caso da comida também, havia alguma tendência a atribuir prestígio a itens de estilo europeu, tais como o pão branco. A cerveja africana, por outro lado, continuava a ser popular. E embora oficialmente o salão municipal de cerveja supostamente desfrutasse de um monopólio, a fabricação de cerveja domiciliar era muito generalizada, principalmente para consumo privado. As pessoas estavam acostumadas a beber em casa, com amigos e parentes já que o salão de cerveja estava localizado em uma área que não era conveniente para muitos deles e seu produto era um tanto fraco. Além disso, as mulheres na cidade, privadas de muitas de suas tarefas rurais (ou libertadas delas) tinham tempo bastante para fabricar cerveja.

Praticamente a maior parte da discussão de relacionamentos pessoais foi dedicada a uma consideração do casamento africano urbano. Para os africanos da cidade ainda não havia uma forma de casamento civil "moderno" oficialmente reconhecida; as autoridades coloniais afirmavam que o "costume nativo" também regulamentava o casamento nas áreas urbanas. Wilson mostrou, no entanto, que relacionamentos conjugais dos tipos rurais tradicionais não se encaixavam muito bem na matriz urbana de relacionamentos. O processo extenso pelo qual um casamento era estabelecido na aldeia, envolvendo laços econômicos contínuos com parentes, tendia a ser substituído por uma união estabelecida de forma mais rápida e consideravelmente mais autônoma. Os parentes poderiam estar a centenas de quilômetros de distância, e mesmo que estivem representados na própria cidade tinham importância limitada como parceiros no negócio de obter um meio de vida, uma vez que a pessoa tivesse entrado na esfera urbana de comércio e indústria.

Em parte em virtude da desproporção de números com relação aos gêneros na cidade, Wilson concluiu que o casamento também era menos estável do que nas áreas rurais. Havia alguma tendência para que relativamente poucas mulheres circulassem entre os homens e assim, muitas das pessoas da cidade estavam em suas segundas ou terceiras uniões. Uma proporção bastante grande dessas últimas uniões era interétnicas. Era também de se esperar que a prostituição fosse prosperar nessas condições, embora nem toda a mulher africana solteira em Broken Hill fosse prostituta, como os europeus na cidade tendiam a acreditar, e algumas uniões passavam da prostituição pela concubinagem até um casamento estável.

Wilson teve relativamente pouco a dizer sobre outros vínculos pessoais. Mencionou que várias famílias tinha o costume de se reunir para as refeições, normalmente na base da proximidade. Nesses grupos que comiam juntos eram normalmente os homens que tinham vínculos mais próximos uns com os outros, e suas esposas apenas os acompanhavam. A maior parte das pessoas da mesma tribo compartilhavam refeições dessa maneira. A afiliação étnica e de vizinhança muitas vezes coincidia, já que algumas casas eram atribuídas com base nessa última e em outros casos as pessoas buscavam acomodações perto de seus compatriotas étnicos. Como outro componente econômico em relacionamentos pessoais, Wilson mencionou uma forma simples de arranjo normalmente encontrado em sociedades em que facilidades mais formais de economizar estavam ausentes: amigos se revezavam em obter uma porção maior de seus ganhos combinados, de tal forma que, em vez de desperdiçar seu dinheiro em compras pequenas, eles teriam uma chance, ocasionalmente, de obter alguma coisa mais substancial. O que ocorria em Broken Hill era aparentemente em uma escala menor do que as "associações de crédito rotativo" de muitas partes do mundo, descritas com tanta frequência, mas o princípio era o mesmo.

Max Gluckman e a Escola de Manchester

Em um pequeno livro publicado alguns anos após a pesquisa de Broken Hill, Godfrey e Monica Wilson (1945) desenvolveram ainda mais o modo de análise de mudança social esboçado no trabalho anterior com base em uma quantidade maior de dados antropológicos da África Central. A ideia do equilíbrio continuou no centro de sua atenção; ao expressar grande parte de sua discussão em termos de um conceito de escala e contrastando sociedades em pequena escala com aquelas em grande escala, os Wilson sugeriram algumas formulações bastante paralelas à distinção sociedade primitiva-sociedade urbana de Wirth e Redfield. Mas é possível que não tenhamos muitos motivos para nos aprofundarmos nisso aqui.

O estudo de Broken Hill acabou sendo o primeiro e o último estudo urbano que Godfrey Wilson iria conduzir sob a égide do Instituto Rhodes-Livingstone. O império agora estava em guerra e lhe foi deixado bem claro que não era desejável que ele, um objetor de consciência, estivesse envolvido muito de perto com os súditos coloniais. Com isso, Wilson pediu demissão do instituto (e morreu alguns anos mais tarde). O posto de diretor foi então ocupado, a princípio apenas interinamente, pelo segundo antropólogo do instituto, Max Gluckman.

Gluckman, um sul-africano que tinha vindo para a antropologia após alguma formação em direito, teve sua antropologia diretamente de Oxford, uma antropologia fundamentalmente estrutural-funcionalista com ênfases durkheimianas. Foi também uma espécie de teórico do equilíbrio[12]. No entanto, tinha mais simpatia pelos pontos de vista históricos do que alguns de seus contemporâneos e, ao criticar o funcionalismo antropológico anterior, enfatizou a significância do conflito na vida social. Nisso ele afirmou que Marx era sua fonte de inspiração. Como muitas vezes lidava com a maneira pela qual os alinhamentos situacionais em conflitos diferentes se cruzam e, com isso, restringem a ação em cada conflito separado, é possível argumentar que sua visão de conflito tinha também bastante em comum com Simmel.

O amplo alcance da visão de Godfrey Wilson da sociedade da África Central e seu lugar no mundo foi, de maneiras importantes, compartilhada por Gluckman. Em uma de suas publicações enquanto diretor do Instituto Rhodes-Livingstone, uma resenha crítica da análise institucional um tanto simplista de "contato cultu-

---

12. Para uma apresentação de suas ideias desenvolvidas sobre o assunto, cf. Gluckman (1968a).

ral" feita por Malinowski, ele insistiu que a sociedade colonial africana tinha de ser vista como um "único campo social" incluindo tudo, desde a vida da aldeia aparentemente tradicional passando pela chefatura e oficiais distritais europeus e as condições da vida nos centros de mineração de ouro da África do Sul, e ele continuou a insistir sobre este ponto em outros escritos. Gluckman também chamou a atenção para similaridades no processo de industrialização e migração da mão de obra na Europa do século XIX e na África Central e do Sul do século XX (GLUCKMAN, 1963a: 207ss.).

Como o mundo estava saindo da guerra e era de se esperar que voltasse a um estado de normalidade, Gluckman (1945) propôs um plano de pesquisa de sete anos para o instituto baseado nessa perspectiva. Era, observou ele, "o primeiro plano desse tipo no Império Britânico"; e também citou um colega que tinha sugerido que o projeto proposto era "o maior evento na história da antropologia social desde a expedição de Torres Straits de Rivers". A intenção era cobrir os principais desenvolvimentos sociais na região, apresentar a maior quantidade possível de materiais comparativos sobre a organização social tanto nativa quanto moderna e lidar com os problemas sociais mais importantes que confrontavam o governo do território. Isso significava a inclusão da sociedade urbana e também da sociedade rural; de grupos africanos de várias culturas tradicionais; de áreas rurais influenciadas de formas diferentes pela migração da mão de obra e pela expansão de vários tipos de economias fiduciárias locais; e de cidades de bases econômicas diferentes. Havia, também na África Central, comunidades urbanas menos envolvidas com a indústria como Broken Hill e as comunidades do Copperbelt. Deveríamos tentar cobrir família e parentesco, economia, política, direito e religião e (de uma maneira um pouco vaga) europeus, indianos e outros grupos deveriam ser "considerados" na pesquisa.

Esse programa extremamente ambicioso nunca foi completado totalmente, e na verdade mal estava começando quando Gluckman deixou a diretoria do Instituto Rhodes-Livingstone. Mas enquanto a associação de Godfrey Wilson com o instituto foi comparativamente curta, a de Gluckman acabou se estendendo para mais além dos anos em que ele era diretor. Tendo voltado para Oxford em 1947, uns dois anos mais tarde assumiu um novo professorado na Universidade de Manchester e dali em diante existiu um relacionamento especial entre o instituto e o departamento de antropologia daquela universidade. Dois dos sucessores de Gluckman como diretores do instituto – Elizabeth Colson e Clyde Mitchell – e um número considerável daqueles que durante vários períodos conduziram pesquisas sob o patrocínio do instituto também estiveram, em um momento ou outro, conectados com o departamento na Universidade de Manchester. Esses incluíram John Barnes, Ian Cunnison, Victor Turner, A.L. Epstein, William Watson, M.G. Marwick, Jaap van Velsen, Norman Long e Bruce Kapferer, todos contribuindo com monografias e também outras publicações para o mapeamento da vida na África Central. Embora os membros do grupo certamente tivessem suas ênfases individuais e tivessem ido em uma variedade de direções em suas carreiras intelectuais posteriores, seus anos de interação tiveram como resultado um corpo coerente de método e análises que evoluiu continuamente e que uniu estudos rurais e estudos urbanos. Se, em seu alcance, o plano de sete anos de Gluckman pode nos remeter ao texto de Robert Park de 1915 sobre a cidade, apresentando um programa de pesquisa da Chicago, os prefácios de Gluckman para várias das monografias sobre a África Central, sublinhando a maneira como elas contribuíram para o trabalho do grupo como um todo, poderiam também ser um paralelo para a função semelhante desempenhada pelos prefácios de Park para muitos dos estudos da Chicago. Para alguns dos volumes posteriores Clyde Mitchell assumiu uma tarefa semelhante. Saindo da diretoria do instituto para a presidência dos Estudos Africanos na University College of Rhodesia e Nyasaland, Mitchell por um certo período vinculou ainda outro instituto àquela rede, antes de ir, ele próprio, para Manchester. Tanto organizacional quanto intelectualmente, os pesquisadores da África Central formaram o núcleo daquilo que ficou conhecido na comunidade mundial de antropólogos como a "Escola de Manchester".

Iremos em grande parte ignorar os estudos rurais do Rhodes-Livingstone aqui, mesmo que a cidade possa ser vista no horizonte em vários deles. Como o plano de sete anos indicou, por exemplo, os efeitos nas economias rurais da migração, discutida por Wilson no estudo de Broken Hill, seriam investigados mais à frente. Pelo que parece, em comunidades com tecnologia agrícola e organização familiar diferentes, as consequências podiam ser menos prejudiciais do que foram no caso dos bemba que ele tinha descrito (cf. WATSON,1958; VAN VELSEN, 1961). Ao lidar com o relato e a conceituação da vida urbana propriamente dita, também deixaremos de lado tanto quanto possível a preocupação com o processo migratório e com a noção de estabilização urbana, em que, especialmente Mitchell, retomou alguns dos problemas observados por Godfrey Wilson[13].

Os estudos rurais do período pós-guerra começaram um pouco antes, mas a partir do começo da década de 1950, um esforço considerável foi, uma vez mais, dedicado ao estudo das cidades modernas da Rodésia do Norte, com resultados que cobriram aproximadamente o período de dez anos que se seguiu e que serão analisados aqui. No próximo capítulo, a contribuição um tanto tardia da Escola de Manchester para o desenvolvimento da análise de rede será mencionada. E devemos estar conscientes de que novas publicações baseadas na pesquisa do grupo na África Central continuam a surgir, embora hoje em um fluxo relativa-

---

13. Cf., p. ex., Mitchell (1956c, 1969a).

mente lento, à medida que membros individuais continuam a trabalhar com os materiais coletados em anos anteriores.

Estudos de caso mais estendidos, análise situacional e a dança kalela

Wilson não foi muito claro com relação aos métodos de coleta de dados no estudo de Broken Hill. Além de algum trabalho do tipo de levantamento, suas interpretações parecem baseadas em uma observação relativamente neutra e não em um envolvimento intenso na vida dos habitantes das cidades africanas. Seus sucessores na pesquisa urbana do Rhodes-Livingstone tiveram um interesse mais consciente em questões de método e tanto seu repertório metodológico quanto o alcance de seus interesses substantivos foram bem amplos. Como eles realizaram levantamentos sociais de grande escala, os dados quantitativos que deles resultaram possibilitaram, por exemplo, ampliar o trabalho do grupo sobre o casamento e o divórcio na África Central no contexto urbano (cf. MITCHELL, 1957, 1961). Aliás, isso lançou alguma dúvida sobre a noção de Wilson de que o divórcio era mais frequente na cidade, já que ele era bastante comum nas comunidades rurais matrilineares. Os pesquisadores do instituto também se conectaram com o interesse crescente, na sociologia comparativa, pela classificação segundo o prestígio de ocupações em várias sociedades (MITCHELL & EPSTEIN, 1959; MITCHELL, 1966a). Mas havia também uma disposição para a análise qualitativa de manifestações culturais específicas. Epstein (1959) descreveu a gíria urbana emergente no Copperbelt de uma maneira que demonstrava que um novo meio de vida estava nascendo (e, poderíamos dizer, produziu evidência dos processos culturais de um urbanismo heterogenético). Mitchell (1956a) desenvolveu uma ideia da estrutura social urbana do Copperbelt através do estudo de uma dança popular, a Kalela.

Esse último estudo pode ser considerado no contexto do trabalho geral inovador da Escola de Manchester no formato de apresentação de análises[14]. O tipo predominante de relato da estrutura social na antropologia social britânica tinha por algum tempo sido estático, morfológico, e extremamente abstraído da vida real. Gluckman e as pessoas que com ele trabalhavam começaram a usar materiais de casos mais extensos como parte integral de suas análises, não apenas como ilustrações, mas para fornecer ao leitor uma oportunidade maior de analisar cuidadosamente suas interpretações e talvez sugerir alternativas. Usando "casos" de uma forma ou de outra pode ter sido natural para alguns deles por razões pessoais – Gluckman e Epstein tinham tido uma formação em direito, Mitchell tinha

---

14. A bibliografia relevante aqui inclui Gluckman (1940, 1961a), Mitchell (1956a, 1964: xi), Van Velsen (1964, 1967, Garbett (1970) e Johnsen (1970).

experiência em assistência social[15]. Mas eles também tinham motivos intelectuais e situacionais para seu uso mais explícito de materiais de casos. Embora tendessem a ser reformistas e não revolucionários em suas ideias de como a estrutura social deveria ser analisada, esses autores achavam que dentro de um arcabouço estrutural duradouro, outras características da vida social emergiam por meio de sequências mais ou menos complexas de interação em que os indivíduos, até certo ponto, podiam exercer alguma escolha. Em seus estudos das sociedades um tanto mais tradicionais da África Central, Mitchell (1956b) fez uso extensivamente de materiais de casos em sua monografia sobre os yao, Turner (1957) na sua sobre os ndembu e Van Velsen (1964) na sua sobre os Lakeside Tonga. Em estudos lidando mais diretamente com a situação colonial ou com a vida nas cidades industriais, a dificuldade de dar a importância devida a sua natureza múltipla e contraditória com os modos de descrição e de análise convencionais tendia a ser ainda mais óbvia.

Há, no entanto, duas tendências relativamente distintas a serem encontradas no uso de materiais de caso no trabalho do grupo. Uma delas envolve um foco bastante restrito em um único evento, claramente demarcado no tempo e no espaço. O primeiro exemplo desse uso foi a *Analysis of a Social Situation in Modern Zululand* (1940) de Gluckman, que teve como base o trabalho de campo realizado na África do Sul antes de ele entrar para o Instituto Rhodes-Livingstone. Aqui Gluckman começa descrevendo a cerimônia da inauguração de uma ponte em Zululand, desempenhada por um funcionário branco de primeiro escalão. Discutindo as pessoas que assistiam à cerimônia e seus vários elementos, ele pôde usar a descrição dessa situação como um ponto de partida para uma análise social e histórica mais ampla da sociedade da Zululand. A ideia, então, é encontrar um caso que pudesse servir como um dispositivo didático, iluminando de uma maneira peculiarmente eficaz os traços discrepantes que fazem parte da construção de uma ordem social complexa e normalmente bastante opaca. A técnica parece bastante similar ao uso feito por Clifford Geertz em *The Social History of an Indonesian Town* (1965: 154), de uma eleição em uma aldeia como um documento "uma realização única, individual, peculiarmente eloquente – um epítome", de um padrão abrangente da vida social.

A outra tendência é talvez mais radical em sua implicação teórica, já que ela envolve, mais ou menos claramente, uma visão processual em vez de uma visão morfológica das relações sociais. Esse é um estudo de caso *estendido*, envolvendo algumas séries de eventos, estendendo-se por algum tempo e talvez nem todos

---

15. A contribuição do grupo do Rhodes-Livingstone para o desenvolvimento da antropologia jurídica, incluindo a obra de Gluckman (1955, 1965) sobre a lei barotse e a de Epstein (1953) sobre tribunais urbanos, precisa ser mencionada aqui apenas *en passant*, mas obviamente foi relacionada com esse contexto pessoal.

ocorrendo no mesmo espaço físico. É o analista que, vendo que, juntos, eles constituem uma história, os extrai como uma unidade do fluxo infinito da vida. Aqui podemos discernir como um conjunto de relações é formado por meio do impacto cumulativo de vários incidentes, à medida que os participantes navegam por uma sociedade em que os princípios de conduta podem ser, em parte conflitivos e ambíguos.

Seguindo duas discussões de Van Velsen (1964: xxiii; 1967), particularmente a última forma de uso de materiais de casos,o "estudo de caso estendido" e a "análise situacional" foram igualmente usados como termos para essa forma. Isso parece um pouco infeliz, pois, tendo em vista o título do estudo da Zululand de Gluckman, seria razoável reservar o termo "análise situacional" para o tipo de interpretação da qual aquele estudo é um paradigma – de um único evento de significância social resumida e um tanto naturalmente demarcado. Seja lá como for, é nesse modelo que *The Kalela Dance* foi baseado. Como Mitchell (1956a: 1) descreveu seu próprio procedimento,

> Comecei com uma descrição da dança kalela e depois relacionei as características predominantes da dança com o sistema de relacionamentos entre os africanos do Copperbelt. A fim de fazer isso tive de levar em conta, até certo ponto, o sistema geral de relacionamentos entre negros e brancos na Rodésia do Norte. Trabalhando de dentro para fora a partir de uma situação social específica no Copperbelt todo o tecido social do território foi captado. Só quando esse processo foi seguido até uma conclusão é que podemos retornar para a dança e apreciar plenamente sua significância.

Mitchell viu a Kalela apresentada várias vezes por um grupo do povo bisa em Luanshya. A equipe tinha cerca de vinte membros, principalmente homens com vinte e poucos anos, operários ou trabalhadores em outras ocupações relativamente não qualificadas, e se apresentava em um local público na cidade nas tardes de domingo, diante de um público etnicamente heterogêneo, mas normalmente só de africanos. A maioria dos homens usava camisetas bem-cuidadas, calças cinza bem-passadas e sapatos bem-engraxados. Um membro estava vestido como "médico" com um jaleco branco que tinha uma cruz vermelha na frente: sua presença tinha como objetivo encorajar os dançarinos. Uma "enfermeira", a única mulher no grupo e também vestida de branco, carregava um espelho e um lenço que levava até os dançarinos para permitir que se mantivessem limpos. Além dos tambores, a dança era acompanhada por canções compostas pelo líder da equipe. Algumas das canções chamavam a atenção do público (e particularmente das mulheres nele) para as personalidades atraentes dos dançarinos. Outras tratavam de várias características da vida na cidade. A maioria, no entanto, era relacionada com a diversidade étnica, elogiando as virtudes da própria tribo dos dançarinos e a beleza de sua terra natal, mas também ridicularizando outros grupos e seus costumes.

Na visão de Mitchell, o grupo da Kalela e sua apresentação lançavam luz sobre a natureza do "tribalismo" como este ocorria sob circunstâncias urbanas. Aqui estava um grupo de pessoas recrutadas com base em sua etnia – à exceção de um único membro ngoni – e no entanto sua dança não poderia exatamente ser chamada de "tribal", no sentido de ter se originado do modo de vida antigo dos bisa. A inclusão de tais funções como médico e enfermeira caracterizavam a Kalela como um tipo de dança inspirada pelo contato com os europeus generalizado na África oriental e Central na primeira metade do século XX[16]. Em sua preocupação geral com uma aparência elegante, os participantes mostravam sua adesão às ideias de prestígio de orientação europeia que tinham os urbanitas da África Central e que Godfrey Wilson já tinha encontrado nos padrões de vestimentas em Broken Hill. Portanto, isso poderia ser um tema na análise de Mitchell; ele poderia tecer aqui a descoberta paralela dos estudos de classificação ocupacional, mostrando que maior prestígio estava relacionado com empregos que envolviam um grau maior de técnicas de um tipo "europeu". Os operários na equipe pareciam estar fazendo uma declaração simbólica de identificação com o modo de vida mais "civilizado" dos trabalhadores de colarinho branco. A dança não era usada, observou ele, para expressar antagonismo para com os europeus ou para ridicularizá-los imitando seu comportamento.

A cultura tribal e a estrutura social tradicionais estavam dando lugar aos valores e exigências organizacionais da comunidade mineira. Mas a ideia da tribo, ou talvez mais exatamente, das tribos no plural, ainda estava muito envolvida na dança Kalela. A experiência urbana de migrantes para as cidades do Copperbelt envolvia misturar-se com estranhos de muitas origens étnicas e descobrir maneiras de lidar com eles. Isso podia ser uma percepção mais imediata do que aquela do sistema de prestígio urbano ao qual os recém-chegados começavam a reagir mais gradativamente. A categorização de estrangeiros e conhecidos por tribo era uma maneira de tornar seu comportamento mais compreensível e previsível e de regulamentar o tipo de interação que a pessoa teria com eles. Alguns grupos, é claro, já tinham estado em contato. Nos casos em que povos tinham previamente estado em conflito uns com os outros, mas agora estavam obrigados a lidar uns com os outros na vida urbana cotidiana, eles tendiam a desenvolver relacionamentos interétnicos de brincadeira. À medida que Mitchell desenvolveu uma escala de distância social de acordo com a vida africana, ele descobriu que as pessoas estavam mais dispostas a permitir relacionamentos relativamente íntimos com membros de grupos cujos modos de vida fossem culturalmente semelhantes aos seus próprios, ou que pelo menos lhes eram relativamente familiares. No

---

16. O estudo mais recente dessas danças e sua parte na vida social colonial africana por Ranger (1975) merece ser lido junto com *The Kalela Dance*.

caso de povos mais distantes eles poderiam ser incapazes de fazer discriminações mais sutis entre grupos semelhantes. Para um chewa do leste, os bisa ou aushi ou outros povos do norte poderiam ser todos bemba. Alguns povos também mostraram ter um maior grau absoluto de aceitabilidade do que outros, e alguns, um grau menor. Os primeiros eram particularmente os grupos que na confusão da história da África Central tinham ganhado a reputação de valentia militar, como os ngoni, os ndebele e os bemba. Alguns dos grupos ocidentais, das áreas que se limitam com Angola, tais como os luvale, tinham um baixo nível de aceitabilidade. O motivo aparente era que nas áreas urbanas eles tinham tido a tendência de se aglomerar em ocupações inferiores e desprezadas, tais como a remoção noturna de detritos dos esgotos[17].

Assim, Mitchell pôde voltar para os dançarinos Kalela. As tribos nas cidades novas não funcionavam como grupos coesos com objetivos compartilhados e uma organização formal abrangente. Equipes tais como os jovens bisa que dançavam a Kalela, que tinham paralelos em outros grupos eram, na verdade, as expressões mais organizadas de etnia no Copperbelt. Mas essas danças eram significativas como afirmações sobre o encontro interétnico nas cidades, sobre a necessidade de saber, avaliar e lidar com as pessoas em termos de sua identidade étnica. A ridicularização de outras tribos nas canções da Kalela podia ser considerada como um tipo de declaração unilateral de um relacionamento de brincadeira por parte dos bisa e parecia ser compreendida como tal pelos espectadores. A necessidade urbana de categorizar as pessoas, concluiu Mitchell, citando Wirth, era o que "tribalismo" significava na cidade do Copperbelt.

Vinte e cinco anos de política luanshya

O livro *Politics in an Urban African Community* (1958) de Epstein também foi baseado nos luanshya e adotou linhas de análise que Mitchell tinha mencionado em seu estudo da Kalela.

Aqui os luanshya como comunidade foram apresentados mais detalhadamente. Na verdade, eram duas cidades em uma – a cidadezinha mineira, desenvolvida ao redor da mina de cobre Roan Antelope que era a *raison d'être* da cidade como um todo, e o município menor que tinha crescido a seu lado[18]. A cidadezinha mineira era uma cidade empresarial do tipo mais puro, onde a administração da mina oferecia não só empregos, mas também habitação e instalações para a saú-

---

17. Mitchell desenvolveu sua análise das ideias de distância social e suas bases no Copperbelt em uma publicação posterior (1974a).

18. Harries-Jones (1975: 231-232) expressa algum desacordo aqui. Apesar da fenda administrativa com suas implicações para a vida política, diz ele, os *townships* de Luanshya funcionavam como uma comunidade na maior parte das coisas.

de, a recreação e o bem-estar de seus empregados. Durante muito tempo, como no caso de Broken Hill, ela tinha também emitido rações para seus operários africanos. Os africanos nessa cidade mineira estavam, em todos os aspectos de suas vidas, sob o controle do gerente dos funcionários africanos que, é claro, era um europeu. Como disse Epstein, a cidade mineira tinha uma estrutura unitária. O município, por outro lado, era atomístico, com uma variedade de escritórios e empresas, embora empreendimentos africanos continuassem a ser muito restritos até os primeiros anos da década de 1950. Tanto a cidade mineira quanto o município também estavam divididos por uma segmentação racial, com os componentes brancos – dos quais Epstein não tratou – sendo muito menores, mas consideravelmente mais ricos. O aparato administrativo do governo colonial da Rodésia do Norte estava em controle do município, embora o gerenciamento da mina não estimulasse qualquer envolvimento dele como os negócios da cidade mineira.

Epstein descreveu o desenvolvimento em geral e a diferenciação da vida africana em Luanshya concentrando-se nas mudanças em sua administração e na política durante os quase vinte e cinco anos de sua existência que já tinham passado na época em ele fazia seu trabalho de campo lá nos primeiros anos da década de 1950. A política do governo com relação à administração das novas áreas urbanas nunca parecia estar baseada em alguma estratégia abrangente ou direcionada para uma meta claramente definida; ao contrário, parecia surgir como reações assistemáticas às circunstâncias à medida que essas evoluíam. Tampouco a divisão incerta de responsabilidade entre o governo e as mineradoras contribuía para deixar a situação mais clara. Para começo, nos primeiros anos da existência de Luanshya como uma comunidade de fronteira um tanto rude e violenta, a mina mantinha a ordem que porventura existia em seu campo de trabalhadores migrantes com a ajuda de sua própria polícia africana da mina. No entanto, essa polícia era muito impopular, evidentemente em virtude da corrupção e outros abusos de sua autoridade. Com isso a administração instituiu um sistema de anciões tribais, eleitos como representantes dos vários grupos tribais entre os trabalhadores, e esses eram usados como elos de comunicação entre esses últimos e a mineradora. Normalmente eles eram homens relativamente sêniores que tinham alguma medida de prestígio no sistema social tradicional, por exemplo, por meio de laços de parentesco com os chefes. Esses anciões também solucionavam conflitos menores em seus grupos e aconselhavam os recém-chegados à mina. O sistema era considerado um sucesso e foi adotado no município e também em outras comunidades mineiras do Copperbelt.

Em 1935, no entanto, depois de os anciões terem estado em seus cargos por alguns anos, ocorreu um evento que deu indícios de como o sistema era frágil. Mineiros africanos entraram em greve em duas outras cidades do Copperbelt. Os anciões em Luanshya garantiram à administração da mina que nada iria acontecer ali. No entanto, a greve se espalhou para Luanshya, o escritório administrativo dos alojamentos dos mineiros foi invadido e os anciões tribais fugiram após não terem sido capazes de exercer qualquer influência sobre os grevistas. Como a polícia aparentemente teve uma reação exagerada, seis africanos foram mortos no tumulto[19].

Nenhuma forma nova de representação da força de trabalho africana surgiu como resultado da greve. Aparentemente ela ainda não tinha desenvolvido uma organização própria suficientemente coesa. (Havia sugestões de que grupos de dança tais como a Kalela tinham desempenhado algum papel na mobilização para a greve.) Os anciões tribais voltaram a cuidar de seus deveres normais. Mas o que a greve tinha mostrado é que em um conflito trabalhista, eles não poderiam ser o tipo de figuras de autoridade que a administração da mina tinha desejado. No vocabulário de Epstein e de outros antropólogos do Rhodes-Livingstone que tinha encontrado fenômenos semelhantes em outros lugares, eles estavam num papel intercalado. Para a administração, representavam os trabalhadores, mas para os trabalhadores, representavam a administração. E para os primeiros, portanto, em uma situação de greve, eles eram traidores da causa.

Havia algumas diferenças de opinião na estrutura europeia de poder na Rodésia do Norte com respeito as possíveis implicações dessa inquietação para a administração urbana. Alguns achavam que a autoridade da chefatura tribal deveria ser estendida para as cidades, mas essa ideia não foi posta em prática, pelo menos com relação ao governo local. Por outro lado foi estabelecido um tribunal urbano para administrar a justiça de acordo com a lei costumeira com membros que os chefes principais nas áreas rurais enviavam para a cidade para representá-los. Embora ninguém pudesse esperar realmente que a lei tribal cobrisse todas as situações que poderiam surgir na comunidade urbana, o tribunal funcionava relativamente bem, parcialmente porque baseava seu trabalho em princípios morais que eram flexíveis o bastante para serem aplicados em novas circunstâncias. A tendência era também que os membros do tribunal fossem geralmente respeitados em virtude do apoio que tinham dos chefes. Um problema era que havia alguma superposição entre as funções do tribunal e as dos anciões tribais de tal forma que esses últimos às vezes expressavam ressentimento pela maior autoridade do tribunal.

Enquanto isso, novas formas de articulação política começaram a emergir espontaneamente, e essas estavam ancoradas em alinhamentos urbanos e não nos tribais. "Comitês dos *boss boys* [algo assim como rapazes patrões] compostos

---

19. Para dois estudos mais recentes dos primeiros casos de conflito industrial no Copperbelt, cf. Henderson (1975) e Perrings (1977).

pelos chefes das gangues da mão de obra africana na mina, começaram a ocorrer como um canal de contato entre trabalhadores e a administração que era paralelo aos anciões tribais. Na cidade como um todo, uma sociedade de bem-estar atraiu membros vindos dos africanos mais cultos – escreventes, professores e outros. Desenvolvimentos semelhantes ocorreram em outras cidades do Copperbelt. Isso também levou a uma certa superposição de funções. Conselhos Consultivos Urbanos tinham sido introduzidos nos primeiros anos da década de 1940, com membros africanos que deveriam fazer com que a opinião africana sobre as questões envolvendo a cidade chegasse à administração. Seus membros eram, na sua maioria, anciões tribais da cidade mineira e do município. Mas os membros da sociedade de bem-estar, normalmente malrepresentados no Conselho Consultivo Urbano, eram muitas vezes mais contundentes na expressão de um interesse nas questões civis. Em seus períodos mais ativos a sociedade de bem-estar parecia assumir um *status* quase oficial.

Essa foi uma fase intermediária. Ainda mais tarde, mais ou menos à época em que Epstein estava em Luanshya, as mudanças tinham progredido na direção de uma organização social com base urbana. Então estímulos externos desempenharam um papel. O governo trabalhista do pós-guerra na Grã-Bretanha tinha enviado um organizador de sindicatos para a Rodésia do Norte e como resultado, os africanos começaram a se sindicalizar, os mineiros um pouco mais tarde que os demais, embora, quando finalmente surgiu, seu sindicato teve bastante sucesso. Os mineiros europeus já estavam organizados em seu próprio sindicato. O sindicato dos mineiros africanos tendeu, gradativamente, a se tornar a contrapartida da administração, na estrutura unitária da cidade empresarial, também em questões fora da área de trabalho. Durante seu crescimento ele logo ofuscou o sistema de anciões tribais, e, como parecia que os anciões poderiam funcionar como rivais do sindicato, este último insistiu para que o sistema de anciões fosse abolido na organização da mina. A administração da mina, após ter, por algum tempo, tentado definir os anciões tribais de uma maneira menos ambígua como verdadeiros representantes dos mineiros, finalmente concordou. No começo, a liderança do sindicato tinha dependido de escriturários e outros membros mais instruídos entre os trabalhadores africanos. À medida que o tempo foi passando, no entanto, os trabalhadores subterrâneos começaram a se afirmar. Suspeitavam dos escriturários que se associavam muito com os europeus e que poderiam apaziguá-los a fim de obter favores para eles próprios. Um dos eventos que Epstein descreveu com algum detalhe foi a eleição de um trabalhador subterrâneo militante para a presidência da seção de Luanshya do sindicato, substituindo um capataz. Por sua vez, os escriturários mais tarde se afastaram do sindicato dos mineiros, e começaram uma nova associação de pessoal assalariado, e a comunidade africana em Luanshya deu outro passo na direção da diferenciação em termos de categorias industriais.

Fora da mina, o movimento rumo à sindicalização teve menos sucesso, pois, em outros tipos de negócios em Luanshya, havia menos africanos e esses estavam divididos entre muitos empregadores. Essa estrutura atomística do resto da cidade também era um problema que teve de ser confrontado pela primeira organização política importante dos africanos na Rodésia do Norte. O Congresso Nacional Africano teve suas origens em uma associação de sociedades de bem-estar locais. A associação tinha se agitado intensivamente, mas sem sucesso contra a imposição de uma Federação Central Africana dominada pelos brancos e depois tinha caído mais ou menos em declínio. Quando uma filial da associação foi formada em Luanshya, essa procurou uma questão que pudesse cristalizar o interesse do público, mas se deparou com vários obstáculos. Defendendo a causa dos vendedores ambulantes que queriam ter permissão para vender na cidade mineira, a associação nada conseguiu; ao tentar organizar um boicote de açougues europeus para obter um tratamento melhor para clientes africanos, ela ficou dividida porque o Conselho Consultivo Urbano tinha acabado de levar a cabo uma negociação aparentemente bem-sucedida dessa questão com os açougueiros. O Conselho Consultivo Urbano a essa altura incluía muitos membros do tipo que costumava pertencer à antiga sociedade de bem-estar, agora moribunda. Essas sociedades, como acabamos de ver, também tiveram um papel nas origens do Congresso Nacional Africano. Agora os dois se viram em oposição, para o desconforto de ambos. O Conselho Consultivo Urbano arriscou-se a ficar em uma posição intercalada como os anciões tribais tinham feito uma vez sobre a mina, ficando presos entre a administração e a população. O Congresso poderia então assumir uma importância maior como a voz do povo se exatamente isso acontecesse. Na cidade mineira, havia pouco espaço para a atividade do Congresso, na medida em que o sindicato dos mineiros tinha, monoliticamente, ocupado o espaço para organização. E o sindicato e o Congresso não estavam se entendendo por motivos que tinham menos a ver com os negócios locais de Luanshya.

Tais eram as condições quando Epstein concluiu sua análise. Uma tendência importante em suas conclusões, para citar um comentarista posterior, era que "os sindicatos transcendem as tribos" (MAYER, 1962: 581). Isto é, foram os europeus que tinham tentado impor uma estrutura tribal dominante sobre a administração e a política das cidades, mas tinham, em grande parte, fracassado. À medida que os africanos começaram a encontrar seu rumo no ambiente urbano-industrial, eles tinham compreendido que suas divisões tribais internas eram irrelevantes em seu confronto com mineiros e administradores europeus, e, com isso, tinham organizado com base na classe, com linhas claramente delineadas em vez de confundidas pelas ambiguidades dos anciões tribais. Uma inteligência africana de pessoas jovens e cultas tomou a dianteira nos negócios comunitários; idosos cujo mérito principal poderia ser laços de sangue com um chefe rural não o fizeram. No entanto, a vida urbana era composta de muitas situações diferentes, interdependentes, mas não necessariamente com a mesma lógica inerente. Em uma greve, as diferenças tribais podiam ser submersas. Em uma batalha pela liderança sindical, um bemba poderia apoiar outro bemba contra um lozi ou um nyasalandês. Às vezes, além disso, a estrutura ocupacional urbana dava forma aos conflitos étnicos. Como as missões cristãs tinham ido antes à Nyasaland do que a maior parte da Rodésia do Norte, um número maior de nyasalandeses eram escriturários. Portanto, o que um bemba achava de um nyasalandês poderia concebivelmente depender em parte daquilo que ele pensava sobre escriturários. Mas também havia casos em que as extensões da tribo na cidade eram mais autênticas. Mesmo um líder sindical, em forte oposição aos anciões tribais que desempenhavam um papel em questões trabalhistas, poderia reconhecer a autoridade de um representante dos chefes no tribunal urbano, já que o último estaria interessado primordialmente no tipo de moralidade interpessoal em que a sabedoria tradicional deve merecer reconhecimento. No município com sua estrutura variada, até mesmo os anciões tribais ainda podiam encontrar nichos de prestígio em que poderiam continuar lentamente solucionando pequenas brigas.

"Um citadino africano é um citadino..."

Max Gluckman não se envolveu pessoalmente em trabalho de campo urbano na África Central, mas se interessou muito pelos estudos realizados por outros pesquisadores do Rhodes-Livingstone e usando como base publicações tais como a de Mitchell sobre a Kalela e a de Epstein sobre a política em Luanshya, fez algumas afirmações teóricas importantes (GLUCKMAN, 1961b).

O interesse predominante do grupo, sugeriu ele, era sobre o "problema de por que o tribalismo persiste". Talvez isso não fosse realmente verdade no caso de Godfrey Wilson que, embora usando a noção de "destribalização" no título de seu estudo sobre Broken Hill não conceituou muito nem essa noção nem a de "tribalismo" no texto. Para os pesquisadores posteriores, no entanto, esse foi realmente o foco principal. No entanto, como Gluckman enfatizou fortemente a análise que esses pesquisadores fizeram do assunto, contradizia o saber convencional entre os administradores coloniais e uma geração anterior de antropólogos na África. Esses últimos tinham presumido – implícita ou explicitamente, consciente ou inconscientemente – que a destribalização era um processo lento e demorado, embora fosse consistentemente na mesma direção. Gradativamente, as relações sociais dos migrantes urbanos mudariam e seu compromisso com costumes tradicionais se atenuariam. Gluckman não se surpreendeu muito pelo fato de os administradores, como "homens práticos", adotarem essa ideia como dada: eles naturalmente viam as pessoas afluindo às cidades contra o pano de fundo da vida na aldeia da qual eles tinham acabado de sair. Para um antropólogo, por outro lado, não deveria ser óbvio que a cidade precisa ser considerada como um sistema social por si mesma. Assim, o comportamento dos citadinos tinha de ser entendido em termos dos papéis do urbano aqui e agora, independentemente de fatores tais como suas origens e personalidades. Em uma frase que a partir de então tornou-se um clássico na antropologia: "Um citadino africano é um citadino, um mineiro africano é um mineiro".

Esse ponto de partida iria mudar radicalmente a visão daquilo que ocorria realmente na migração africana rural-urbana. Em vez de destribalização como um processo de uma só via, longe de estar completo quando o migrante chegava à cidade, ela era um fenômeno intermitente. (Essa foi uma ideia que Gluckman já tinha sugerido na declaração de seu plano de pesquisa de sete anos.) O migrante seria considerado destribalizado, em certo sentido, no momento em que ele assumisse uma posição na estrutura urbana de relações sociais, e desurbanizado no momento em que saísse da cidade e entrasse novamente no sistema social rural com seu conjunto de regras. Na cidade, o sistema industrial era a realidade dominante, e os pontos principais de orientação para o citadino eram as comunidades de interesse e o sistema de prestígio que vinha com ele. Certamente os africanos não carregavam uma bagagem de cultura tribal para a vida urbana, mas isso agora era analiticamente secundário. Deveria ser claramente entendido que essa cultura tribal operava naquele ponto em um ambiente urbano e que, portanto, poderia ter novas formas e assumir outra significância. Assim, "tribo" como tanto Mitchell e Epstein mostraram, no contexto urbano se referia tanto a uma unidade política operativa quanto a uma maneira de classificar as pessoas que o morador da cidade encontrava no trabalho, na vizinhança ou na cervejaria, e de lidar com elas. Na área rural, por outro lado, o sistema político tribal ainda funcionava, firmemente baseado no sistema de propriedade da terra e a maior parte dos citadinos, deparando-se com as inseguranças do trabalho assalariado, manteriam um ponto de apoio lá também.

Portanto, afirmou Gluckman, com respeito aos estudos urbanos africanos, seu pano de fundo comparativo deve estar nos estudos urbanos, em geral, e eles devem ter seu ponto de partida em uma teoria de sistemas sociais urbanos. Mas esses sistemas, ele também observou, são complexos, compostos de subsistemas soltos, semi-independentes e até certo ponto até isolados. O antropólogo urbano não deve necessariamente lidar com todos eles. A existência de alguns deles pode ser meramente presumida, enquanto o antropólogo se concentra na contribuição principal que ele poderia dar ao estudo do urbanismo – a interpretação de registros detalhados de situações sociais restritas, mas intricadamente estruturadas das quais a dança Kalela ou o boicote dos açougues poderiam ser exemplos.

Conceituando relacionamentos e situações

O texto de Gluckman de 1961 foi acompanhado, na metade da década de 1960, por outros em que membros do grupo Rhodes-Livingstone aprofundaram o arcabouço analítico que tinha sido resultado de sua pesquisa urbana. Nessa fase, seu trabalho de campo nas cidades da África Central estava praticamente terminado. Eles tinham se espalhado por muitas instituições acadêmicas e alguns deles estavam se voltando para outras regiões etnográficas. Essas afirmações, portanto, podem ser consideradas como marcadores de uma fase em que eles podiam dar alguns passos para trás e, examinando suas experiências uma vez mais, considerá-las como parte de um contexto antropológico ligeiramente mais amplo. Três publicações, juntamente com o texto de Gluckman e com alguma superposição entre elas, podem ser especialmente úteis para delinear a posição do grupo Rhodes-Livingstone na teoria urbana. Duas delas foram escritas por Epstein (1964, 1967) e uma por Mitchell (1966b).

O texto desse último foi um resumo de *Theoretical Orientations in African Urban Studies*. Uma seção importante foi dedicada à conceituação de formas características de relações sociais urbanas. Godfrey Wilson já tinha distinguido entre relacionamentos de "negócios" e relacionamentos pessoais. Vinte e cinco anos mais tarde, havia agora uma divisão tripartida, em relacionamentos estruturais, pessoais e categóricos. Relacionamentos estruturais tinha padrões duradouros de interação, mais ou menos claramente ordenados por expectativas de papéis. Relacionamentos pessoais não tiveram uma definição clara no artigo, na medida em que a discussão sobre eles se desviou rapidamente para um esboço dos usos da análise de redes. É evidente, no entanto, que a intenção era que o termo cobrisse relacionamentos em que as partes tivessem uma familiaridade relativamente ampla uma com a outra, e em que as interações não fossem definidas tão estritamente em termos de tarefas específicas. Os relacionamentos categóricos eram aqueles em que contatos eram proforma e superficiais. Neles, como a situação não estava definida de uma maneira relativamente rígida em termos de papéis, os participantes não tinham uma ideia clara daquilo que era esperado um do outro, e, consequentemente, captavam alguma característica facilmente acessível aos sentidos e se categorizavam mutuamente de acordo com ela. Relacionamentos categóricos e estruturais obviamente estavam de acordo, cada um à sua maneira, com uma noção wirthiana da impersonalidade urbana; no entanto, os antropólogos do grupo Rhodes-Livingstone certamente também reconheciam a presença na vida urbana de laços mais íntimos, que constituíam o tipo restante.

Essa divisão em três tipos também permitia outro exame da cobertura dos estudos urbanos africanos até aqui. O tema óbvio de estudo no campo de relacionamentos estruturais, observou Mitchell, era a organização do trabalho; mas enquanto a sociologia industrial tinha se firmado na Europa e na América, ela teve um começo lento na África. (Desde então a situação melhorou um pouco.) Associações voluntárias, por outro lado, tinham sido estudadas um tanto extensivamente em algumas partes do continente e poderiam ser colocadas sob este rótulo. Um foco frequente na pesquisa sobre relacionamentos pessoais tinham sido os grupos de amigos e colegas que se uniam no lazer, às vezes pessoas da mesma área de origem. O campo de relacionamentos categóricos, previsivelmente, envolvia particularmente categorizações étnicas. A interpretação feita pelo grupo Rhodes-Livingstone de tribalismo urbano estava incluída neste caso. Foi no contexto do fluxo social e da diversidade conspícua de comportamento, tal como nos relacionamentos no tráfico e outros contatos entre estranhos, que essas designações puderam ajudar a mapear uma trilha pela vida urbana.

Mitchell também voltou ao argumento de Gluckman sobre a noção de "destribalização" como um processo – precisamos distinguir entre o tipo de mudança que é uma sequência lenta e unidirecional e que envolve uma transformação do próprio sistema social e o tipo de mudança em que indivíduos adequam rapidamente suas ideias e comportamento à medida que passam de uma situação para a outra e vice e versa. Essas mudanças podem ser chamadas de "históricas" ou "processuais" ao contrário de mudança "situacional", ou, na terminologia usada por Mayer (1962: 579) "mudança de uma via" *versus* "alternação". Como Mitchell pôde mostrar, os dois tipos tinham sido confundidos com frequência. Mitchell reafirmou que era necessário ver o sistema urbano como se tivesse uma existência própria, lado a lado com o sistema rural, de tal forma que o tipo de mudança em que as pessoas estão envolvidas quando circulam entre os dois sistemas era primordialmente "situacional" ou "alternado". Essa ideia agora foi desenvolvida um pouco mais, no entanto, já que Mitchell deu mais ênfase do que Gluckman tinha dado às mudanças normativas e comportamentais entre contextos diferentes também no próprio sistema urbano. O princípio era "seleção situacional" – uma fonte de inspiração aqui foi o estudo de Evans-Pritchard sobre a bruxaria entre os azande, onde foi mostrado como as pessoas podiam aplicar ideias diferentes em momentos diferentes sem muita preocupação com a coerência geral. Em um sistema social tão complexo quanto o de uma comunidade urbana tal coerência não seria nem um pouco mais provável. O estudo de Luanshya de Epstein realmente mostrou como a autoridade dos anciões tribais, inspirada na tradição, podia ser muito útil, por exemplo, para solucionar brigas domésticas e, no entanto, foi imobilizada nos conflitos trabalhistas. Algumas situações eram evidentemente menos influenciadas que outras pela estrutura geral especificamente urbana, e um morador da cidade talvez pudesse – pelo menos às vezes – escolher a linha de ação mais tradicional naquelas situações.

De um modo geral, Mitchell, como seus colegas, tinha a tendência a enfatizar a mudança situacional em vez da mudança processional como uma questão de interesse analítico. Mas pelo menos parenteticamente podemos observar que eles tampouco desconsideravam a mudança processional de uma via, sobretudo quando ela ocorria em um nível individual. Alguns citadinos poderiam assim ser entendidos como mais urbanos do que outros em um sentido. O estudo de Epstein (1959) do desenvolvimento de um novo vocabulário urbano mostra sinais disso. Havia um abismo profundo entre os tipos de sabedoria mundana possuídos pelos babuyasulo, o caipira que tinha acabado de chegar (literalmente "chegou ontem") e o *"sugar boy"* [o menino de açúcar] – criado na cidade ou a *"town lady"* [senhora da cidade]. Ocupando-se com essas diferenças em outro nível, Mitchell (1956c, 1969a, 1973a) acrescentou um método para medir o envolvimento urbano ao repertório metodológico do grupo, baseado na proporção de seu tempo que um indivíduo passava na cidade, na extensão de sua permanência contínua lá, sua atitude com relação a morar na cidade, sua ocupação e a residência urbana ou rural de sua esposa. (A medida obviamente se aplicava apenas a homens.) O método podia ser usado, por exemplo, para confirmar uma hipótese de que migrantes que podiam facilmente chegar as áreas rurais de origem e assumir uma parte ativa e gratificante em sua vida social também participavam mais plenamente da vida urbana – a ideia pode parecer paradoxal, mas evidentemente sob essas circunstâncias o migrante tinha mais condições de se tornar mais intimamente envolvido com a cidade também[20].

Determinantes externos e os limites da ingenuidade

Assim como Mitchell adotou o conceito de Gluckman de mudança situacional, assim também Epstein, em seu texto de 1964, aprofundou outra ideia da declaração de Gluckman alguns anos antes, sobre a necessidade de isolar uma unidade de análise manipulável. Esse foi um aspecto do interesse que Gluckman tinha desenvolvido sobre a maneira como os antropólogos geralmente delimitam seus campos de estudo e constroem premissas sobre questões relacionadas com suas análises, mas fora de sua competência profissional. *Closed Systems and Open Minds* (1964) foi uma coleção de textos voltados para essas questões por antropólogos com conexões em Manchester, sob a redação de Gluckman. Epstein fez uma revisão de seu estudo sobre Luanshya neste contexto, e à luz da crítica crescente dos "estudos comunitários" do tipo que em grande parte ignora o impacto de fatores externos na vida comunitária. Os antropólogos do Rhodes-Livingstone, a partir de Godfrey Wilson, tinham consistentemente afirmado sua consciência da inserção de seu campo de estudo na África Central em uma economia e

---

20. Mitchell descreve a hipótese como tendo se originado no estudo de Philip Mayer (1962, 1964) dos xhosa urbanos na África do Sul. Gulick (1969: 150) parece mostrar um relacionamento semelhante entre envolvimentos urbanos e rurais no Líbano, mas seus poucos dados mostram alguma ambiguidade.

estrutura social globais. Mas como poderiam lidar com uma realidade assim tão complexa de uma maneira prática? A solução sugerida por Gluckman e adotada por Epstein, foi concentrar sua análise intensiva em um campo local de relações sociais acessível à observação. Fatores externos, por exemplo, de uma natureza política ou econômica, poderiam ser tratados como dados – isto é, sua presença e sua forma geral tinham de ser reconhecidas na medida em que eles preparavam o cenário para a vida social local, mas não haveria qualquer investigação mais profunda ou sofisticada sobre eles. Dentro desse campo local, além disso, certos fatos cuja derivação estivesse fora da competência do antropólogo poderiam ser incluídos em sua análise de uma forma simplificada. Um exemplo foi a "polaridade grosseira" presumida entre a estrutura unitária econômica e administrativa da cidade mineira e a estrutura atomística da cidade do governo, que mostrou ter implicações tão importantes para a forma de vida política que se desenvolvia em Luanshya.

Portanto, seria justificável, sugeriu Epstein de acordo com o argumento geral de *Closed Systems and Open Minds*, que os antropólogos adotassem uma visão deliberada e mensuravelmente ingênua de fatores que se encontravam pelo menos em parte mais além de seus horizontes de observação ou fora de seu campo de habilidade profissional. Só desta maneira é que eles poderiam ser capazes de desenvolver em toda sua extensão sua própria contribuição para a divisão de trabalho científico, na companhia de economistas, cientistas políticos e outros. É bem verdade que isso faria com que fosse mais difícil para ele generalizar sobre a sociedade em geral, como alguns autores de estudos comunitários estiveram inclinados a fazer, na crença errônea de que o sistema local era um microcosmo do todo mais amplo. No entanto a análise do antropólogo do sistema local poderia mostrar que o impacto de forças externas poderia depender da forma da estrutura comunitária interna.

Uma posição geral sobre como delimitar uma área de estudo e como lidar com fatores externos que impingem sobre ela foi, assim, estabelecida. Outra faceta do problema foi identificar quais eram os fatores que recorrentemente deveriam ser levados em conta. Isso era importante especialmente para objetivos de pesquisa comparativa, já que fatores que poderiam ser considerados como constantes no estudo de uma única comunidade deveriam ser reconhecidos como variáveis independentes quando esse estudo fosse comparado com outros. Várias formulações de "fatores extrínsecos", "determinantes externos", "imperativos externos" ou "parâmetros contextuais" foram assim oferecidos, nem todos pelos pesquisadores do grupo Rhodes-Livingstone. Southall tinha uma na afirmação em que os tipos urbanos A e B foram delineados. Mitchell, em seu texto de 1996, listou esses determinantes sob seis rótulos: (1) *densidade de assentamento*, afetando em particular a quantidade de contatos da população citadina; (2)

mobilidade, incluindo movimentos inter e intraurbanos, assim como, migração e circulação rural-urbanas que levassem a um grau de impermanência nas relações sociais; (3) *heterogeneidade étnica*; (4) *desproporção demográfica* na composição etária e de gênero das populações urbanas, resultante do recrutamento seletivo de homens jovens para a força de trabalho; (5) *diferenciação econômica*, incluindo diferenciação ocupacional, níveis de vida diferenciais e estratificação social; e (6) *limitações administrativas e políticas*, em particular restrições governamentais aos movimentos e atividades da população urbana (especialmente seu componente africano, na parte sul do continente). O próprio estudo desses determinantes, propôs Mitchell, poderia ser a tarefa de outras disciplinas. A função do antropólogo social urbano era examinar o comportamento de indivíduos dentro da matriz criada por esses fatores que, uma vez estabelecidos, poderiam ser considerados como dados.

Epstein levantou essa questão uma vez mais em seu artigo de pesquisa de 1967 sobre estudos urbanos africanos, mais voltado para questões de comparações substantivas entre formas urbanas e menos com problemas de conceituação. Suas categorias de determinantes eram um tanto diferentes daquelas de Mitchell, sobretudo porque ele juntou alguns fatores, apresentando apenas três categorias principais – a estrutura industrial, a estrutura cívica e o "imperativo demográfico", esta última aparentemente cobrindo os quatro primeiros fatores de Mitchell. Sem considerar essas diferenças, as ideias dos dois aparentemente coincidiam.

Em princípio, fatores tais como esses poderiam concebivelmente ser manipulados como variáveis analíticas a fim de criar uma tipologia abrangente das formas de urbanismo africano. Na verdade isso nunca foi feito de qualquer maneira disciplinada e possivelmente os resultados não estariam em uma proporção razoável à quantidade de trabalho que isso iria exigir. Para Epstein, em seu ensaio sobre comparação, as três categorias de determinantes forneciam mais um vocabulário para o discurso sobre a variação urbana. Ele podia assinalar que os determinantes não precisam covariar. As cidades da Rodésia, por exemplo, tinham tido uma estrutura cívica semelhante àquelas do Copperbelt colonial, com regulamentação europeia estrita, mas sua estrutura industrial (i.e., econômica) tinha permitido ligeiramente mais espaço para o empreendedorismo africano, criando uma classe mais significativa de empresários africanos – um fato que talvez pudesse explicar por que o primeiro movimento nacionalista lá tenha sido um tanto mais conciliador com relação ao regime branco. Naquilo que costumava ser o Congo Belga, a administração colonial tinha mantido um tipo de controle sobre a migração urbana não tão diferente daquele do Copperbelt, mas tinha encorajado uma estabilização da população urbana e permitido mais liberdade para pequenos negócios e nas formas de alojamentos, fazendo com que surgisse um tipo de vida urbana que parecia de alguma maneira estar a meio caminho entre aqueles característicos respectivamente do sul da África e da África Ocidental. Como outra variação daquilo que Epstein descrevia um tanto vagamente como fatores demográficos, havia algumas cidades novas tais como East London na África do Sul que podiam atrair uma parte imensa da população das áreas rurais vizinhas, permitindo uma comunidade africana mais etnicamente homogênea. Tais possibilidades de realizar "experimentos naturais" com as variáveis, sugeriu Epstein, poderiam ser mais exploradas. Havia novas cidades mineiras na África Ocidental, por exemplo, em que a estrutura industrial poderia ser semelhante à do Copperbelt, enquanto a estrutura cívica seria obviamente diferente. De qualquer forma, essas variações também deixaram claro que uma simples distinção tais como aquela entre tipos A e B de urbanismo africano, com centros de gravidade regionais diferentes no continente, só poderiam ser úteis como uma primeira abordagem, mesmo no passado colonial.

O vínculo entre cidade e campo

Esse artigo de Epstein pode ser considerado como a fonte da definição dos limites da visão de urbanismo do grupo Rhodes-Livingstone. O esforço para integrar aquilo que foi em grande parte uma experiência do Copperbelt em um arcabouço comparativo explícito para estudos urbanos acabou sendo um fenômeno um tanto isolado, no entanto, de tal forma, que qual parte de sua conceituação um tanto muscular se refere às peculiaridades da África Central e qual ao urbanismo africano em geral talvez nem sempre tenha sido bem-compreendida.

As controvérsias que podem ter surgido com base nisso não precisam nos interessar por si mesmas. Veremos, em vez disso, como a perspectiva do grupo Rhodes-Livingstone pode estar alinhada com a visão de urbanismo desenvolvida no capítulo 3 e usá-la para ir um pouco mais adiante. Estamos uma vez mais interessados, em outras palavras, com a parte que uma comunidade urbana desempenha na sociedade e com as conexões entre classes diferentes de relacionamentos.

Dois temas do Copperbelt são de particular interesse aqui – a autonomia do sistema urbano e a persistência do tribalismo. Com base naquilo que vimos anteriormente, podemos perceber que a primeira é uma questão de certa ambiguidade; um centro urbano sempre tem uma função a cumprir em um sistema mais amplo da sociedade – a menos, como no caso da antiga cidade com limites estendidos, ele assimile suas redondezas – e embora os urbanitas possam ter papéis específicos para desempenhar, estes papéis podem emergir de uma lógica cultural subjacente compartilhada pela sociedade inteira, como Pocock observou com relação ao urbanismo indiano. Podemos nos perguntar, então, se as cidades do Copperbelt estavam em tais aspectos mais separadas da sociedade a seu redor do que o normal.

De certa forma, obviamente, isso era verdade. Elas existiam, sobretudo, para desempenhar papéis especiais em um sistema econômico internacional, conectando-as não com a área rural africana a seu redor e sim, como no jogo infantil de pular carniça, com centros financeiros e industriais no exterior. No mesmo contexto social local, pelo menos no começo, elas eram enclaves em vez de pontos nodais. Se presumirmos que a maneira normal pela qual a cidade e o campo formam um todo coeso é por meio de relacionamentos de aprovisionamento em que populações urbanas e rurais distintas confrontam-se em complementaridade, então essa coesão local era, neste caso, relativamente frágil. Mesmo se um lugar como Luanshya pudesse com o passar do tempo desenvolver funções de lugar central de um tipo mais geral, essas funções ainda assim poderiam desempenhar um papel um tanto modesto no quadro geral.

Também era um fato que pelo menos aquelas atividades urbanas, no setor de aprovisionamento, que estavam mais imediatamente envolvidas no setor de formação urbana da economia, tinham uma base culturalmente distinta àquela da sociedade rural. A tecnologia e a organização do trabalho da mineração eram essencialmente importadas. Foi esse fato que levou Mitchell (1966b: 38) a assinalar que cidades desse tipo não eram exatamente um campo de testes útil para a aplicabilidade transcultural das ideias ocidentais de urbanismo já que elas próprias estavam sob uma forte influência europeia.

No entanto, se comunidades urbanas tais como as do Copperbelt de alguma forma mantinham uma separação com relação às suas redondezas, obviamente havia uma espécie de integração pela porta dos fundos com a sociedade rural africana de outra maneira, por meio do compartilhamento parcial de mão de obra. Os migrantes viajavam entre os meios de vida urbanos e rurais, com um envolvimento completo que variava nos vários setores de atividades de ambos. Talvez esse fato fosse menos importante naqueles setores urbanos com estruturas próprias mais rigidamente predeterminadas. O mesmo fato poderia ser mais significativo nos casos em que as circunstâncias urbanas ainda ofereciam maior espaço para manobra para adaptações emergentes baseadas na fusão do saber herdado e de novas experiências. As ideias que os migrantes traziam para a cidade, e os desdobramentos dessas ideias, poderiam ter algum efeito sobre aquilo que eles faziam lá, e com quem o faziam. Esse é o problema do tribalismo urbano – ou para usar um termo menos preconceituoso daqui em diante, a etnicidade urbana. Iremos abordá-la aqui, no entanto, de uma forma ligeiramente indireta, já que ela é apenas um de uma classe de problemas relacionados na análise da estrutura social urbana.

Informação pessoal e normas públicas; repensando relacionamentos
Para começar, pode ser útil ampliar o quadro de referência para retornarmos ao esboço de Mitchell (1966b: 51ss.) dos três tipos de relacionamentos sociais

urbanos, i.e., estrutural, pessoal e categórico. Eles são descritos como "três tipos diferentes" e podemos estar inclinados a ter a impressão de que eles são mutuamente exclusivos – cada relacionamento existente, isto é, deveria se encaixar em um ou outro desses tipos. Mas haveria dificuldades com uma ideia semelhante. Será que um relacionamento entre colegas de trabalho é apenas estrutural e nem um pouco pessoal? Uma parte importante da sociologia industrial na verdade tratou da modificação de relacionamentos estruturais por laços pessoais. Ou será que amigos que se conhecem muito bem não podem momentaneamente lidar uns com os outros na base categórica de etnicidade, como um dos fatores que eles incluem entre conhecimento relevante? Vários estudos pelos antropólogos do Rhodes-Livingstone realmente mostram uma consciência de tais complicações e Mitchell, mais tarde (1969b: 9-10), deixou claro que interações em termos de estrutura, categoria e conhecimento pessoal devem ser consideradas como *aspectos* de relacionamentos.

Possivelmente, poderíamos encontrar ainda outra maneira de mapear os relacionamentos sociais que pudesse ser mais explícita sobre as interconexões lógicas entre as várias formas de interação (cf. figura 2)[21]. Isso poderia servir nosso objetivo geral que vai mais além de uma análise dos estudos urbanos do grupo Rhodes-Livingstone. Relacionamentos pessoais e categóricos, então, parecem estar conceituados ao longo da mesma dimensão. É importante para a condução desses relacionamentos quem é recrutado para essas interconexões, e a diferença entre elas consiste na quantidade de *informação pessoal* que ego e *alter* têm um sobre o outro, para estabelecer as bases para suas linhas de ação. Essa dimensão, em princípio, vai desde o anonimato absoluto, em que nenhuma informação socialmente relevante está disponível, até a intimidade total, em que tudo sobre o outro é conhecido. Um relacionamento categórico já se afastou um pouco do polo de anonimato completo, já que pelo menos um item de informação forneceu uma base para colocar *alter* em uma categoria específica (por mais superficial que seja essa concepção). Relacionamentos pessoais ocupam um trecho ao longo do contínuo, incluindo aqueles em que a informação é complexa, embora imperfeita, assim como aqueles de maior intimidade. Relacionamentos estruturais implicam outra dimensão, o grau de *controle normativo*. Isso se refere à influência de mais ou menos normas públicas mantidas com relação ao relacionamento – ou pelo menos quando se crê que são mantidas – por terceiros ou até pela sociedade como um todo, e que não estejam sujeitas a muita renegociação entre participantes particulares. Para serem chamadas de estruturais, relacionamentos teriam

---

21. Agradeço a John L. Comaroff por me direcionar para essa reformulação. Os leitores podem detectar alguma semelhança com as ideias sociolinguísticas de Bernstein (1971) e de forma um pouco mais distante com o esquema de "grupo" e "rede" de Mary Douglas (1970, 1978) com inspiração de Bernstein.

de estar em um nível bastante alto nessa escala, firmemente regulamentados por normas. Em tais casos, a informação pessoal tende a ser neutralizada, considerada irrelevante, com relação ao grau de influência que ela tem sobre a condução do relacionamento. Um estranho e uma pessoa íntima seriam tratados da mesma forma; os *alters* são substituíveis[22].

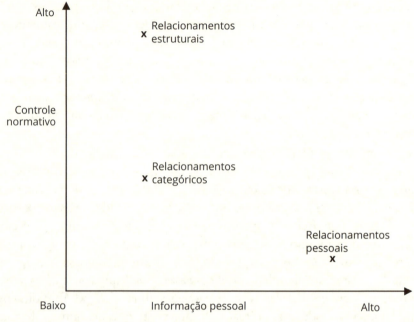

Figura 2 Informação pessoal e controle normativo em relacionamentos sociais

Uma vez mais, no entanto, o controle normativo e a informação pessoal são apenas dimensões dos relacionamentos – de todos os relacionamentos, ainda que, em algum caso específico, uma dimensão possa ser mais conspicuamente importante do que outra. Como observamos no capítulo 3, o conceito de papel na antropologia foi definido convencionalmente em termos normativos. Se examinarmos o papel em vez disso como um envolvimento situacional dotado de propósito, poderá ser mais fácil aceitar que os papéis diferem em sua depen-

---

22. Deve ser observado que a distinção entre as dimensões de controle normativo e informação pessoal sugeridas aqui é uma distinção rudimentar que pode ser progressivamente complicada. Um problema é o do *locus* do controle normativo. Às vezes o consenso sobre normas pode ser de toda a sociedade, mas nem sempre. Não é uma visão geral que um ladrão tem direitos e deveres; mas pode haver honra entre ladrões, e no relacionamento entre um ladrão e um vendedor de produtos roubados, ambos podem talvez estar bem cientes das expectativas convencionais em seus círculos. Outro conjunto de problemas analíticos maiores envolve as várias maneiras pelas quais a informação pessoal pode estar facilmente disponível em um relacionamento. Voltaremos a isso no capítulo 6.

dência relativa de controle normativo e informação pessoal. O papel de amigo é, nesse ponto, obviamente bastante diferente daquele do trocador do ônibus. Quem uma pessoa é, no entanto, por comparação a quem ela poderia em outras circunstâncias ter sido ou a quem outras pessoas são, pode não apenas influenciar o curso de certos tipos de relacionamentos existentes, até o ponto em que as restrições normativas o permitam. A interação entre as duas dimensões pode ser ainda mais sutil. À medida que as pessoas vêm a saber uma ou mais coisas sobre um indivíduo, elas podem reagir a essa informação pessoal de uma maneira que é, ela própria, mais ou menos padronizada normativamente. Essas reações, além disso podem estar em vários níveis:

(1) *Acesso ao papel* – os outros podem ou não deixar que o indivíduo em questão sequer inicie uma certa forma de envolvimento situacional.

(2) *Acesso relacional* – alguns, mas nem todos, podem ser considerados como seus *alters* apropriados quando ele desempenha um certo papel.

(3) *Conduta relacional* – se as pessoas iniciam os relacionamentos com ele, a informação pessoal envolvida pode, como sugerimos acima, influenciar a maneira pela qual o relacionamento é conduzido.

Esses são obviamente princípios de grande poder na organização da vida social. Mas quais são os tipos de informação no qual eles estão baseados? Para nossos objetivos, parece conveniente dividi-la em dois tipos. Uma é a informação sobre quais são os outros envolvimentos situacionais propositais de uma pessoa; em outras palavras a informação mais ou menos completa sobre seu repertório de papéis. Nos casos em que esse é o tipo de conhecimento em jogo, temos uma abordagem direta ao tópico analítico bem-estabelecido da combinabilidade do papel. A outra categoria de informação pessoal é residual. Ela simplesmente inclui atributos de um indivíduo além de seus envolvimentos situacionais pro-positais, mas que no entanto são relevantes, de várias maneiras, para esses envol-vimentos. Por mais deselegante que o termo possa ser, podemos chamá-los de atributos discriminadores de papéis. Esses podem claramente ter várias formas. Alguns deles, no entanto, são mais poderosos socialmente que outros, e é nestes que estaremos particularmente interessados aqui.

Etnicidade, atributos discriminadores de papéis e a vida urbana

A etnicidade é um exemplo importante de um atributo discriminador de papéis, mas não devemos exagerar sua peculiaridade. De algumas maneiras, o gê-nero e a idade funcionam de maneira semelhante. A etnicidade, é claro, não está igualmente presente em todas as unidades sociais e categorizações étnicas tendem a ser mais manipuláveis. Mas todos os três – o gênero, a idade e a etnicidade – estão um tanto abertos às definições culturais de limites de categorias e das quali-dades humanas associadas com as várias categorias. E em nenhum dos dois casos o próprio atributo será suficiente como uma definição de nosso envolvimento intencional em uma situação (com a exceção da atividade sexual, em que o masculino e o feminino podem, nesse sentido, ser considerados como papéis). Esses atributos são, por outro lado, importantes na canalização de envolvimentos[23].

Tomando nossa conceituação de setores como arcabouço, podemos ver, por exemplo, que mulheres só podem ter certos papéis no domicílio e no setor familiar; elas são muitas vezes restritas a papéis específicos de aprovisionamento e recreação; e podemos dizer que uma instituição tal como o *purdah* muçulmano também é extremamente restritivo em termos dos setores vizinhança e tráfego. As mulheres podem ter alguns papéis, mas só se elas os representam em relação a outras mulheres e não a outros homens – isso é o que ocorre em alguns tipos de prática médica. E se qualquer um dos gêneros pode desempenhar um certo papel com relação a qualquer outra pessoa, o relacionamento pode tomar uma forma um tanto diferente se quem está nele é uma mulher e não um homem. Existem restrições paralelas, mas não exatamente iguais na aquisição e desempenho do papel masculino, e com relação à idade, aos muito jovens e aos muito velhos muitos papéis estão proibidos, mas eles monopolizam alguns outros.

Mas voltemos à etnicidade e suas expressões na África urbana. Na cidade do Copperbelt onde estavam os pesquisadores do grupo Rhodes-Livingstone, houve exemplos de etnicidade funcionando como um atributo discriminatório de papéis em todos os três níveis observados acima. Talvez não fosse possível encontrar casos óbvios de papéis dos quais um grupo étnico africano fosse excluído ao mesmo tempo em que estivesse aberto para outros (embora em alguns casos algo semelhante a uma situação desse tipo pode ter ocorrido). Um pouco fora do campo de estudo normal dos antropólogos do Rhodes-Livingstone, no entanto, havia um exemplo claro de tal exclusão. A "tribo branca da África", os colonos europeus realmente reservavam um número de papéis para eles próprios durante todo o tempo que o colonialismo permaneceu em pleno vigor. Claramente os europeus e também os membros de grupos africanos diferentes tinham pessoas da mesma etnia como parceiros preferidos em vários relacionamentos. Os africanos

---

23. Ao definir gênero como um atributo discriminador de papéis, não aceitamos a noção pouco precisa de "papéis de gênero" para uso analítico. Aqui diferimos de Banton (1965: 33ss.; 1973: 50ss.), que descreve "papéis de gênero" como "papéis básicos" embora ele mostre estar ciente da visão adotada aqui. Southall (1973b: 76-77), por outro lado, parece compartilhar nossa opinião. Poderia ser argumentado que "classe" é um atributo com uma natureza quase tão difusa quanto etnicidade para a ordenação de envolvimentos e que ele deveria ser tratado como um atributo discriminador de papéis. É bem verdade que esse é um caso limítrofe. Aqui, no entanto, preferimos vê-lo como se estivesse ancorado em papéis específicos no setor de aprovisionamento: quando a pessoa está em um papel assim, ou indiretamente conectada a ele por meio de outro membro de seu domicílio, isso pode exercer uma influência determinante sobre o recrutamento para outros papéis também. "Classe" assim passa a ser um termo sumário para um aglomerado de papéis, com papéis de aprovisionamento em seu núcleo. Há mais discussão sobre isso no contexto de culturas de classe no capítulo 7.

eram frequentemente impedidos de atuar com base nesse impulso em relacionamentos de trabalho, já que eles não decidiam quem estaria empregado a seu lado, ou em relacionamentos de vizinhança em casos em que eles tivessem pouco controle sobre a distribuição de moradia. Mas o impulso poderia direcionar sua escolha de *alters* particularmente em relacionamentos domésticos e de recreação. Com relação às modificações de conduta que ocorriam com base na etnicidade, um caso óbvio seriam os relacionamentos de brincadeiras, por exemplo, entre colegas de trabalho de origem étnica diferente[24].

O poder da etnicidade na vida urbana da África Central naturalmente está relacionado com a consciência dos migrantes de que eles tinham trazido uma bagagem cultural diferente para a cidade. É possível ver a preferência por pessoas da mesma etnia em situações em que havia uma escolha, em grande parte como uma questão de confiança. Nos casos em que a origem cultural era semelhante ou idêntica, as pessoas podiam presumir, como Barth (1969: 15) colocou em sua análise de etnicidade, que eles estavam jogando jogos interacionais de acordo com as mesmas regras. Isso poderia importar em relacionamentos que estavam parcial ou totalmente sob um controle normativo relativamente firme, com normas originárias da cultura tradicional. Algumas obrigações conjugais poderiam ser exemplos desses casos. Essa origem semelhante também poderia ser importante em elos que fossem relativamente mais ordenados por informação pessoal, já que tal informação deve necessariamente incluir uma ideia da atitude mental geral das pessoas envolvidas. Na atividade recreativa, por exemplo, uma ampla variedade de entendimentos compartilhados poderia desempenhar um papel[25]. Para escolher os parceiros corretos, então, havia a necessidade de categorização étnica para a qual Mitchell, particularmente entre os antropólogos do Rhodes-Livingstone, chamou a atenção. Poderia ser uma simples dicotomia "dentro ou fora"; ou a pessoa era da mesma etnia ou não era. Mas poderia também ser uma questão de grau, como foi mostrado pelo trabalho de Mitchell sobre escalas de distância social.

Se, no Copperbelt, era particularmente nos relacionamentos domésticos, familiares e recreativos que o acesso relacional era ordenado pela etnicidade, essa última podia desempenhar uma parte mais proeminente em outros setores também em comunidades urbanas africanas de outros locais. Quando um grupo étnico controlava algum setor da economia, ele poderia monopolizar certos papéis no setor de aprovisionamento como os europeus fizeram na África Central. Aqui o grupo étnico podia ser um grupo de interesse. O exemplo mais famoso pode

---

24. Para uma discussão mais extensa, cf. Handelman e Kapferer (1972: 497ss.)

25. Tampouco, é claro, devemos ignorar a importância de uma primeira língua compartilhada nesses relacionamentos.

ser o comércio de gado e noz de cola controlado pelos hausa em Ibadã, como descrito por Abner Cohen (1969). Em outros lugares, pessoas da mesma etnia poderiam tentar recrutar umas às outras preferencialmente em relacionamentos de aprovisionamento e de trabalho favoráveis, sem necessariamente serem capazes de obter hegemonia étnica[26]. Essa é a situação a que normalmente a palavra "tribalismo" se refere, como um epíteto pejorativo, na linguagem da África urbana atual. Algo como isso poderia também ser visto no Copperbelt, por exemplo, no favoritismo étnico nas eleições sindicais ao qual Epstein se referiu em sua monografia. Ainda outro tipo de acesso relacional étnico, descrito com mais frequência com relação à África Ocidental do que em outras partes do continente, é a associação voluntária na qual os migrantes vindos da mesma área se unem[27]. Essas são organizações com objetivos múltiplos: embora engastadas principalmente em atividades recreativas há uma espécie de relacionamento de aprovisionamento suplementar. A origem compartilhada dos membros oferece uma sensação não só de confiança, mas também de solidariedade. Até certo ponto eles compartilham uma honra coletiva e uma responsabilidade moral pelo bem-estar mútuo. Assim, membros em necessidade podem contar com o apoio dos outros por meio de uma redistribuição interna de recursos.

O motivo pelo qual essas associações parecem estar distribuídas de uma forma desigual na África urbana foi tema de alguma discussão. Epstein (1967: 281-282) em sua análise do campo, sugeriu que elas podem ser frágeis nos casos em que existem equivalentes funcionais. Nas cidades do Copperbelt, a instituição de anciões tribais pode ter servido objetivos semelhantes durante algum tempo, sem uma forma associacionista. Talvez o paternalismo das companhias mineradoras pudesse também até certo ponto, remover a necessidade de arranjos de segurança baseados na etnia, pelo menos para uma parte das populações urbanas naquela região.

Não é necessário analisar o funcionamento da etnicidade urbana africana aqui, apenas observar seu impacto amplo e variável na organização dos relacionamentos sociais. Em um nível analítico mais abstrato, podemos nos perguntar quais são as implicações desses atributos discriminatórios de papéis para a perspectiva antropológica urbana esboçada na parte final do capítulo 3. Conexões entre atividades e relacionamentos em setores diferentes foram consideradas ali como conexões mais ou menos imediatas entre vários envolvimentos situacionais intencionais. Vimo-las também como uma possível estratégia na conceituação da

---

26. Discuti tais variações nas combinações étnicas com relação aos recursos em outro lugar, com base em materiais americanos (HANNERZ, 1974b).

27. Em um livro que Epstein (1978) publicou tarde demais para ser totalmente considerado aqui, há alguma informação sobre as associações étnicas e regionais no Copperbelt, assim como sobre outros temas da etnicidade naquele local. Com respeito à África Ocidental, cf., p. ex., Little (1965).

ordem social da cidade para delinear as conexões que a partir do setor de aprovisionamento são estabelecidas com outros setores.

Há muita coisa na perspectiva Rhodes-Livingstone para nos lembrar disso. Os esboços de Epstein e de Mitchell sobre determinantes externos, os fatores que, em sua opinião, um antropólogo urbano deveria tratar como dados, obviamente sugere um arcabouço para análise em que se presume uma informação anterior mais variada; nos termos de Epstein, fatos sobre a estrutura demográfica e cívica, bem como a estrutura industrial. Voltaremos para este tema no capítulo final. A tendência da declaração de Gluckman "um citadino africano é um citadino, um mineiro africano é um mineiro", no entanto, é identificar o sistema urbano especialmente com o setor de aprovisionamento. Considera-se que esse último contém as realidades principais da vida urbana, influenciando também os envolvimentos em outros setores. Gluckman provavelmente estava mais correto do que errado nisso. Se ele enfatizou demais seu argumento, foi obviamente porque a visão contrária tinha sido aceita como verdadeira com tanta frequência. É claro, suas ideias deveriam também ser especialmente congruentes com os fatos da vida em uma cidade mineira do Copperbelt, uma empresa transformada em uma comunidade, em que era de se esperar que a estrutura do setor de aprovisionamento tivesse uma influência generalizada.

No entanto, deve ser percebido que até aqui os papéis nos vários setores urbanos não estavam todos constituídos da mesma maneira. No setor de aprovisionamento, certamente, havia papéis sob um controle normativo relativamente estrito e de proveniência claramente urbana. Em outros setores, os novos urbanitas estavam na sua maior parte entregues a sua própria sorte, elaborando um sistema social urbano no qual eles pudessem mudar seus estilos de vida à medida que o tempo fosse passando, mas que, pelo menos inicialmente, continuaria, culturalmente, a sociedade de onde eles tinham vindo.

Os atributos discriminadores de papéis desempenhavam, caracteristicamente, seu papel na organização da vida urbana como elementos dessa continuidade cultural. É apenas contra o pano de fundo de uma tradição cultural particular, ou da combinação de tradições culturais, que podemos ter uma boa ideia da maneira pela qual uma ordem social urbana pode ser influenciada por conceitos de gênero, idade e etnicidade; pelas noções daquilo que homens ou mulheres ou pessoas idosas podem e não podem fazer, ou pela forma como os membros de um grupo étnico, com objetivos diferentes, estendem sua solidariedade uns aos outros e recusam a confiança em outros. Talvez possamos dizer, sem nos tornarmos culpados de uma mistificação analítica exagerada, que os atributos discriminadores de papéis podem, assim, ser uma distração à medida que as atividades dos urbanitas se esforçam para obter um padrão geral próprio, de acordo com aquilo que pode, em outras circunstâncias, parecer ser a natureza inerente a um tipo específico de cidade. Eles criam confusões no modelo. Papéis e relacionamentos podem, através deles, estar indiretamente conectados e não simplesmente desvinculados ou diretamente relacionados. Um indivíduo pode interagir com os mesmos parceiros no trabalho e na recreação, por exemplo, não porque isso seja de alguma maneira determinado pela situação do trabalho e, sim, porque eles são da mesma etnia. Mesmo na cidade empresarial africana, os sindicatos não transcendem as tribos de todas as maneiras, se pudermos usar a expressão em um sentido metafórico. Na administração da justiça, na escolha de um cônjuge, e no recrutamento para uma equipe de dança, o espectro do tribalismo continua a assombrar a cidade. E tanto quanto o "ciclo de relações raciais" de Robert Park e dos chicagoenses expressava uma crença de que o tribalismo das cidades americanas não iria persistir, o modelo de uma via da destribalização tampouco teve muito sucesso.

Embora os atributos discriminadores de papéis possam injetar inclinações novas e discrepantes na organização da vida urbana, no entanto, eles não a dirigem inteiramente a sua maneira. No final, o resultado pode ser alguma forma de acordo, estável ou instável. A essa altura, discussões sobre a etnicidade urbana africana tiveram como resultado uma compreensão de que aquilo que a etnicidade representa na cidade também depende parcialmente do tipo de cidade em que ela está. O mesmo pode ser dito sobre outros atributos discriminadores de papéis. Ser jovem pode não significar a mesma coisa em Detroit e em São Francisco, ser mulher pode não ser a mesma coisa em São Paulo e no Rio de Janeiro.

Como se constatou mais tarde, os antropólogos do grupo Rhodes-Livingstone certamente dedicaram grande parte de sua atenção a essas inter-relações entre urbanismo e tribalismo. Pode até ser discutível se, apesar das afirmações enfáticas de Gluckman, eles não negligenciaram um pouco certos fenômenos no sistema urbano propriamente dito. A etnografia está lá com frequência; o que parece faltar ocasionalmente é um interesse analítico mais intenso, por exemplo, sobre as maneiras como as pessoas podem perceber seus cocitadinos em termos que não sejam étnicos. Pode não ter sido totalmente necessário ter apenas esse último foco no desenvolvimento do conceito de relacionamentos categóricos – o texto de Epstein (1959) sobre inovação linguística mostrou descritivamente que os fatos emergentes da vida em Luanshya também oferecia categorizações, de *sugar boys*, bakapenta (jovens mulheres maquiadas, que eram encontradas perto das cervejarias) e outros. E embora Epstein, Mitchell e Gluckman corretamente reconheceram que os mineiros africanos se uniam ignorando os limites étnicos, sobre a base alternativa de posições comuns no setor de aprovisionamento e de seus contatos no trabalho, eles podem ter demorado a reconhecer o crescimento das divisões entre africanos segundo o mesmo tipo de linhas. À época em que Peter Harries-Jones (1975: 154ss.), o último dos pesquisadores de campo do grupo Rhodes-Livingstone esteve em Luanshya, de 1963 a 1965, a discórdia entre as várias camadas africanas era óbvia e havia desenvolvimentos claros com relação a término de relacionamentos sociais por razões de classe. Os citadinos agora eram os *abapamulu* "aqueles no alto" ou *abapanshi* "os de baixo". Harries-Jones achou que seus predecessores, apesar dos primeiros sinais de conflito que, por exemplo, Epstein já tinha observado, tinham se inclinado exageradamente para uma visão da protoelite como um elemento integral e dominante em um bloco de interesse unitário africano.

Os antropólogos do grupo Rhodes-Livingstone e a situação colonial

Foi natural concentrar-nos aqui nos antropólogos do Instituto Rhodes-Livingstone como etnógrafos e teóricos do urbanismo. À guisa de conclusão, talvez possamos acrescentar algumas palavras, no entanto, sobre outra perspectiva com relação ao trabalho desses pesquisadores (em que um componente foi outras críticas, expressas de uma maneira mais hostil, de seu interesse no tribalismo na cidade). Nos anos da independência africana, à medida que os papéis desempenhados por intelectuais e acadêmicos sob o colonialismo passaram a ser examinados cada vez mais cuidadosamente, um instituto que tinha funcionado por décadas sob um nome tão obviamente imperialista não poderia exatamente permanecer acima de qualquer suspeita.

Uma interpretação do papel mutante do antropólogo no contexto do fim dos impérios foi apresentada por James R. Hooker (1963), um historiador norte-americano. Embora formulada em termos mais gerais, dizia-se baseada em experiências nas Rodésias. O Instituto Rhodes-Livingstone foi mencionado só brevemente por nome, mas obviamente a declaração deve ter aludido em grande parte a seus pesquisadores.

Na opinião de Hooker, tinha havido quatro fases na exploração antropológica da África. Na primeira, que começara após a Primeira Guerra Mundial, os antropólogos tinham sido os felizes criados do colonialismo, na esperança de contribuir para uma administração europeia eficiente e para uma mudança econômica. Na segunda fase, eles lutaram por mais autonomia, talvez funcionando – pelo menos em seus próprios olhos – como mediadores entre interesses africanos e interesses colonialistas. À época da terceira fase, à medida que começava a luta nacionalista, o antropólogo tinha começado a se ver se não como um aliado ativo dessa luta, pelo menos como um simpatizante do lado africano. Ele agora tinha se alienado da maior parte da comunidade europeia e tinha uma visão muito adversa dela. No entanto, ele não poderia escapar facilmente da situação colonial ou do uniforme de uma pele branca. O Instituto Rhodes-Livingstone, sugere Hooker, durante esse período lembrava uma sociedade utópica desconfortavelmente rodeada por forças hostis, ou um coquetel determinadamente multirracial. Mas o tempo do antropólogo tinha acabado. Na fase quatro, à medida que os africanos se aproximavam de sua meta de independência, eles tinham pouco uso para antropólogos como parceiros de um diálogo. Talvez fosse melhor para eles se transformarem em sociólogos ou em historiadores como o próprio Hooker.

Um ataque mais maciço à antropologia do Rhodes-Livingstone se seguiu alguns anos mais tarde. Bernard Magubane, um antropólogo sul-africano no exílio, envolveu-se em uma série de reexames da pesquisa social europeia nas sociedades africanas colonizadas, repetidamente provocando debates acalorados (cf. MAGUBANE, 1969, 1973; VAN DEN BERGHE, 1970). Em um primeiro artigo (1968) ele lidou parcialmente com o texto de Gluckman "um citadino africano é um citadino". Mais tarde dedicou uma crítica ao trabalho de Epstein e Mitchell, mas na realidade apenas a algumas de suas publicações (MAGUBANE, 1971).

Antropólogos coloniais, escreveu Magubane (1968: 23) produziram monografias que eram "próximas o bastante da realidade para serem críveis, mas não próximas o suficiente dela para serem arriscadas". Geralmente eles tinham evitado prestar seriamente atenção à anatomia do colonialismo. No caso dos antropólogos do Rhodes-Livingstone, eles deveriam ter-se concentrado na regulamentação colonial da vida urbana e rural africana e do processo migratório e não na questão de tribalismo. Magubane também condenou o que a seu ver era uma tendência nos estudos de prestígio ocupacional, em *The Kalela Dance* e em alguns outros trabalhos, a lidar com a aceitação por parte dos africanos das noções europeias de *status* e sua preocupação com a vestimenta e outros símbolos externos do *status* e da modernidade europeia. Esse foco em descrição e análise, achava Magubane (1971: 420), implicava uma crença por parte dos antropólogos "não só na inevitabilidade, mas também na justiça da conquista branca do africano". Sob a inspiração de Frantz Fanon, ele achou que deveríamos buscar uma compreensão do processo de colonização sobre a personalidade africana, do qual, a aparente aspiração a "um modo de vida europeu" era apenas um resultado lógico. E em oposição a isso, sugeriu ele, os africanos tinham também mostrado uma disposição e uma capacidade para se organizarem em resistência à dominação europeia que os pesquisadores tinham seriamente subestimado. Para lidar com coisas triviais tão fugidias tais como danças e modas era ao mesmo tempo ignorar processos históricos mais abrangentes e mais significativos.

Como era costume na *Current Anthropology* onde o texto de 1971 foi publicado, comentaristas eram convidados e vários deles (inclusive Epstein e Mitchell) foram extremamente críticos da forma de análise de Magubane. O quadro da antropologia do Rhodes-Livingstone que ele tinha apresentado era muito seletivo. Ele citara afirmações que pareciam piores fora de contexto e alguns trabalhos em vez de outros em que argumentos complementares tinham sido feitos, argumentos que ele próprio fazia em seguida. Os autores submetidos a esse tratamento tinham algum direito de expressarem consternação.

Provavelmente era particularmente difícil sair do impasse no debate intelectual em virtude dos matizes do argumento *ad hominem*. Nos termos que Hooker tinha usado, Magubane tendia a retratar os antropólogos do Rhodes-Livingstone como antropólogos coloniais da primeira fase, o que não era exatamente um estereótipo com que muitos deles iriam concordar em 1971. E realmente, não parece totalmente certo que eles na verdade tinham estado naquela fase. Embora Gluckman no seu plano de sete anos referia-se às várias possibilidades de cooperação com as agências governamentais (que, em uma ocasião assim, talvez fossem quase que ritualmente aceitas) havia também sinais de preocupação com a autonomia do instituto. Godfrey Wilson tinha então colocado no prefácio da primeira parte de seu estudo sobre Broken Hill uma declaração de que ele tinha meramente tentado dar os fatos e suas conexões inevitáveis, e não oferecer opiniões políticas próprias ou fazer "propaganda velada para alguma causa, ou raça ou partido". No entanto, quando ele esboçava as formas alternativas de uma situação de equilíbrio que, presumia ele, tinha de vir, não poderíamos exatamente deixar de perceber que suas próprias simpatias estavam com a forma que estava mais de acordo com os interesses africanos. Isso parecia um tanto com a antropologia colonial da segunda fase. Mais tarde, as inclinações políticas dos pesquisadores do Rhodes-Livingstone podem não ter sido totalmente homogêneas, mas Hooker deixou claro que pelo menos alguns deles continuaram enfaticamente e passaram para uma terceira fase. Adam Kuper (1973: 148), ao escrever a história da antropologia britânica, observa, da mesma forma que com poucas exceções, "os colegas do Rhodes-Livingstone estavam politicamente à esquerda, e não relutavam em mostrá-lo". O próprio Gluckman (1974), respondendo a outra discussão sobre antropologia e colonialismo em uma carta para o *New York Review of Books* pouco antes de sua morte, assinalou que em virtude de sua reputação política ele tinha sido proibido de entrar na Rodésia do Norte nos últimos anos do período colonial. Quanto a influenciar a política colonial por meio de sua pesquisa, ele tinha certeza de que poucos funcionários do governo estavam familiarizados com qualquer parte dela.

A conexão Manchester, como um elo com o mundo acadêmico metropolitano, provavelmente contribuiu para manter alguma distância intelectual entre os antropólogos do Rhodes-Livingstone e as ideias vigentes sobre seu ambiente local. Nos termos que um deles (WATSON, 1960, 1964) cunhou em outro contexto, eles eram "espiralistas" e não "representantes do governo" (burgesses)[28].

---

28. Ou "cosmopolitas" em vez de "locais" nos termos um pouco mais conhecidos, mas mais ou menos paralelos de Merton (1957: 387ss.). Brown (1973: 196-197) também enfatiza a significância dessa conexão externa e relata que, quando o governo colonial em um determinado momento expressou um desejo por informação de um tipo mais prático do Instituto Rhodes-Livingstone, foi aconselhado a sair e encontrar seu próprio antropólogo governamental.

No entanto, eles não podiam exatamente deixar de ser influenciados de alguma maneira pela situação colonial. Como observou Hooker, não podiam sair de sua pele branca. Wilson (1941: 28-29) mencionou antropólogos e funcionários do governo como pessoas que, embora menos preconceituosos que outros europeus coloniais, ainda se encontravam "obrigados no final a observar as convenções da distância social" entre as raças. É possível que com o passar do tempo o fizessem menos. Mas por outras razões também, com tensões correndo soltas entre africanos e europeus de um modo geral, um envolvimento intensivo por parte de um antropólogo branco nas atividades africanas era difícil. Assistentes de pesquisa contratados localmente podiam operar de uma maneira menos intrusiva como observadores participantes e desempenhavam um papel significativo na acumulação da etnografia urbana da África Central. Possivelmente havia outras maneiras pelas quais uma situação de campo problemática podia ser um estímulo para a engenhosidade metodológica.

Parte do problema, naturalmente, era com outros europeus, que poderiam aplicar sanções contra antropólogos que a seu ver se comportassem como renegados e criadores de caso. A Epstein (1958: xviii), por exemplo, foi negado acesso à cidade mineira em Luanshya durante a maior parte de sua permanência na cidade, aparentemente em virtude de seus vínculos com o sindicato dos mineiros[29]. Geralmente o relacionamento entre o antropólogo e o colono era muitas vezes um relacionamento tenso de antagonismo e rejeição[30]. Powdermaker (1966:

---

29. Cf. Powdermaker (1966: 250-251). "Conselho sobre como fazer contato inicial com os africanos diferiam. Na Inglaterra, um antropólogo me disse que a única maneira era por meio do sindicato africano de mineiros. Mas em Lusaka eu tinha ouvido rumores suficientes para deixar claro que a gerência suspeitava de antropólogos que trabalhassem muito próximos ao sindicato e eu sabia que a gerência e não o sindicato é que tinha a autoridade final para decidir quem poderia fazer pesquisa em sua propriedade privada."

30. Para um exemplo de uma visão da antropologia do tipo "estabelecimento branco" cf. o editorial do *Central Africa Post* de 1935 reimpresso como um apêndice de Mitchell (1977). No *Northern Rhodesia Journal* um autor anônimo publicou um "Hino de batalha dos especialistas em pesquisa" que pode merecer ser citado em toda sua extensão (Anônimo 1956-1959: 472). Agradeço a Elinor Kelly por localizar esse item para mim. (Para ser cantado com a música de British Grenadiers, acompanhado por tubo de palheta da Melanésia.) *Com brio americano, prejudíssimo, Unescíssimo* // Alguns falam de relações raciais, outros de política / De trabalho e migrações, de história, piolhos e carrapatos / Investimentos, tendências de amizade / E padrões de comportamento. / Não deixemos que ninguém nos trate com frivolidade / Pois estamos dispostos a salvá-los. // Quando sentados em nossas cadeiras de biblioteca / Ficamos cheios de pensamentos justos / Carregamos em nossos ombros cuidados continentais / Dizemos aos colonos o que eles devem fazer / Transformamos em jargão e analisamos / Frustrações e fixações / Neuroses, angústia e estereótipos / Em integração estruturada. // Estranhas culturas surgem de notas e gráficos / Por meio da percepção de Freud e de Jung. / Apesar dos risos sinistros de seus Egos / Mudaremos vocês até a perfeição. Lemos Bukharin, Kant e Marx E até as histórias de Toynbee / E nossas faíscas dialéticas / Vão explodir os conservadores. // Os rodesianos ouvem nosso conselho sábio / Sobre transculturação / Sobre laços de parentesco inter-raciais. / E a elongação popular / Sobre uma nova moldura conceitual funciona alto Assaremos seus bolos de cos-

250) ao descrever sua própria pesquisa de campo sobre o impacto dos meios de comunicação em Luanshya, encontrou outros antropólogos que trabalhavam na Rodésia do Norte no começo da década de 1950 que estavam obviamente do lado dos africanos; um deles mencionou ter tido uma briga em um bar com outro europeu porque esse último tinha expressado uma calúnia racista. Marginal ao círculo de pesquisadores locais, Powdermaker se sentia um tanto sozinha ao tentar manter bons relacionamentos com os europeus na cidade mineira, tanto para "não se arriscar" e porque ela achava que eles deveriam ser incluídos em sua pesquisa. Sob tais circunstâncias pode não ter sido tão surpreendente que, segundo Hooker (1963: 457), "as generalizações mais extravagantes sobre os costumes, ética e motivações dos colonos brancos eram lançadas pelos antropólogos que teriam ficado enfurecidos se coisas assim fossem ditas sobre os africanos".

E talvez com isso possamos começar um resumo de quais foram as conquistas e as limitações dos pesquisadores do Rhodes-Livingstone, tanto como antropólogos coloniais quanto como antropólogos urbanos. Aquilo que eles realmente fizeram pode não ter sido assim tão diferente daquilo que um crítico como Magubane exigia ou como o próprio Magubane afirmava ser. Tampouco, por outro lado, poderia ser dito que eles tinham feito tudo que ele demandava. Na maior parte dos casos, fossem quais fossem suas posições individuais com relação ao colonialismo, em seu trabalho profissional eles não questionavam uma premissa que hoje, umas duas décadas mais tarde, é geralmente considerada como parte da herança colonial da disciplina; antropólogos estudam "outras culturas". Portanto, ironicamente, apesar da ênfase sobre os citadinos africanos como citadinos e sobre o mineiro africano como um mineiro, continuava a ser fundamentalmente importante o fato de o africano ser um africano. A sugestão no plano de sete anos de Gluckman de que os europeus também deveriam ser "considerados" recebeu, no final, uma interpretação minimalista. Não há qualquer etnografia sobre mineiros europeus, ou europeus na África Central de um modo geral, nos estudos do Rhodes-Livingstone e a estrutura de poder dominada pelos europeus passou a ser um "determinante externo" e não um foco de investigação[31]. O estilo dos escritos, também, parecia demonstrar que um público não africano era presumido geralmente – muitas vezes um círculo internacional de pares acadêmicos, às vezes europeus na África Central. À época, nenhuma alternativa pode ter sido

---

tume / E com um suspiro socializante / Continuaremos para rebaixá-los. // As ferramentas de nossa pesquisa são afiadas e brilham / Com estatísticas verificadas. / Nossa equipe de combate intelectual / Praticou suas heurísticas / E estamos livres de juízos de valor. / Só trabalhamos cientificamente / Para a liberdade global total / E o pontifício dos Ph Ds.

31. Voltando-nos para outras fontes, no entanto, podemos vislumbrar o que o grupo Rhodes-Livingstone não cobriu. Sobre mineiros brancos, cf. Holleman e Biesheuvel (1973); sobre a indústria mineira no sul da África como um sistema supranacional, cf. Wolfe (1963).

percebida. Atualmente, por outro lado, esse estilo pode dar um tom estranho a uma frase ocasional.

A escolha de "tribalismo" como tema principal pode provavelmente ser compreendido – mas não de um modo geral – no contexto desse relacionamento antropólogo-público. Era para os colegas e administradores que era mais importante explicar qual era o significado urbano da afiliação étnica. Parece provável, no entanto, que fraquezas relativas em outras áreas poderiam também estar relacionadas com o tipo de antropologia que os pesquisadores do Rhodes-Livingstone levaram com eles para a África Central. Essa antropologia era forte na análise de relações sociais propriamente ditas, embora eles tivessem de trabalhá-la para torná-la mais flexível e dinâmica. Ela não dava muita atenção às bases materiais da vida social. Os estudos mais tardios principais dedicados à vida urbana na verdade ofereciam menos sobre essas questões do que o estudo de Wilson sobre Broken Hill. E ela também não tentava investigar muito profundamente aquilo que acontecia na mente das pessoas. Gluckman (1971) poderia argumentar bastante convincentemente que, embora obviamente houvesse conflito na sociedade urbana do Copperbelt, a rebelião aberta contra a dominação europeia tendia a ser obscurecida pelos interesses convergentes na economia mineira; assim havia muito pouco ou nada sobre a sabotagem industrial dos luditas. Mas ele também repetidamente afirmava que a antropologia era uma "ciência do costume" e isso talvez não fosse o melhor ponto de partida para uma análise das complexidades das ideias e emoções que surgiam em uma situação fluida. Para uma compreensão maior da visão africana da situação colonial de um modo geral e na vida urbana do Copperbelt especificamente, poderia ter sido possível aprofundar-se mais nas convicções ou ambivalências por trás das manifestações superficiais de um novo estilo de vida.

De sua própria maneira, no entanto, e de uma maneira que foi, é claro, influenciada pelo tipo específico de situação urbana em que eles trabalhavam, os antropólogos do Rhodes-Livingstone lidaram, nas cidades do Copperbelt, com várias das questões conceituais importantes da antropologia urbana – com as conexões e desconexões entre vários setores de atividade, com continuidades e contrastes culturais rurais-urbanos e com o relacionamento entre a ordem social mais ampla e um modo de vida particular. No último caso, talvez a cumulatividade de seu empreendimento em conjunto fosse tal que o contexto geral foi cada vez mais considerado como certo. Como Godfrey Wilson e particularmente Max Gluckman em seus primeiros escritos colocaram a África Central e sua industrialização e urbanização no cenário da história mundial, escritores posteriores puderam se preocupar com o que os bemba achavam dos luvale ou com a busca cotidiana por questões na política das cidades. As diretrizes sugeridas em *Closed Systems and Open Minds* e a noção de determinantes externos poderia ser compreendida como um paradigma dentro do qual uma "ciência normal" da pesquisa urbana da África Central poderia continuar e gradativamente completar o quadro[32]. Foi essa crescente atenção aos processos sociais em pequena escala e aos problemas metodológicos e analíticos a eles relacionados, que mais tarde levaram alguns dos antropólogos do Rhodes-Livingstone a ter um interesse na análise de redes, o tema de nosso próximo capítulo.

---

32. Não há qualquer referência aos conceitos de Kuhn (1962) de paradigmas científicos e ciência normal em *Closed Systems and Open Minds*, mas ideias semelhantes estão sugeridas especialmente no capítulo de conclusão por Devons e Gluckman (1964: 259-260): "Durante a introdução e a conclusão enfatizamos a necessidade de simplificar, de circunscrever, de ser ingênuo, e assim por diante na análise nas ciências sociais. Argumentamos que esses procedimentos são necessários, mas que dessa necessidade vem a limitação aos problemas e às questões que podem ser respondidas. Isso implica cautela e modéstia na pesquisa... Para o grande inovador revolucionário nas ciências sociais não existem quaisquer regras... Mas aquilo que escrevemos é para mortais comuns, não para gênios revolucionários".

5
Pensando com redes

Provavelmente todos nós estamos familiarizados com as chamadas cartas-corrente. Recebemos uma carta de alguém que nos solicita enviar alguma coisa – dinheiro, um cartão postal ou seja lá o que for – para a pessoa cujo nome está no topo de uma lista dada, e a seguir remover aquele nome e acrescentar nosso próprio nome no fim da lista; e finalmente passar a nova lista com as mesmas instruções para um número de pessoas que nós mesmos escolhermos. Se tudo funcionar de acordo com o plano, as correntes rapidamente se espalhariam de tal forma que, graças ao trabalho que tivemos, receberemos, no tempo devido, um número considerável de respostas de outras pessoas, talvez pessoas que desconhecemos pessoalmente. Mas com frequência, mesmo se decidirmos obedecer às instruções, é possível que não ganhemos nada, porque em algum lugar do caminho havia pessoas que não queriam participar. Por outro lado, pode ocorrer de recebermos a mesma carta-corrente mais de uma vez, por exemplo, se a pessoa que nos enviou a carta envia a mesma carta para alguém que, uma vez mais, nos escolhe.

Os problemas com que lidam os antropólogos sob o rótulo de análise de redes envolve os mesmos tipos de princípios e realidades que influenciam o envio de cartas-corrente. De que maneiras os relacionamentos sociais estão conectados uns com os outros? Como é que a situação em que duas pessoas em contato direto conhecem os mesmos outros se compara com aquela em que elas conhecem outros diferentes? Quantas pessoas você conhece e que tipos de pessoas? Essas, formuladas de uma maneira muito geral, são algumas das perguntas feitas.

O desenvolvimento da análise de redes a partir da metade da década de 1950 já foi tema de vários exames extensos – por exemplo, por Barnes (1972), Whitten e Wolfe (1973), Mitchell (1974b) e Wolfe (1978) – e não há necessidade de assumir essa tarefa completa aqui novamente; tampouco iremos fazer uma crítica daqueles exames[1]. Para nossos objetivos, será suficiente lembrar-nos a

---

1. Outras obras essenciais na literatura sobre redes até aqui incluem Mitchell (1969b), Aronson (1970), Boissevain e Mitchell (1973) e Boissevain (1974).

nós mesmos de um punhado de estudos mais conhecidos, para ver que tipos de conceitos emergiram deles, e fazer algumas considerações breves sobre seus usos no pensamento antropológico sobre urbanismo.

Começo em Bremnes

A análise de redes não é apenas uma ferramenta da pesquisa urbana, embora, como veremos, a tendência tenha sido de seu crescimento em importância em virtude do interesse antropológico em sociedades complexas. A primeira pessoa a usar o termo em um sentido mais específico foi John Barnes (1954) em seu estudo de Bremnes, uma pequena comunidade norueguesa de pescadores e cultivadores. A preocupação de Barnes era descrever o sistema social de Bremnes. A seu ver, seria útil considerar a comunidade como sendo composta de três campos sociais analiticamente separados. (Aqui não precisamos nos preocupar com o grau exato de separação analítica desses três campos.) Um deles era o sistema territorial. Bremnes podia ser considerada como uma hierarquia de unidades em que cada nível mais alto incorporava níveis mais baixos, indo do nível domiciliar, passando pelo distrito e pelo vilarejo até o nível paroquial, sendo que a própria paróquia de Bremnes era uma parte de unidades ainda mais amplas. Esse campo tinha uma estrutura bastante estável. As pessoas na verdade não se mudavam muito e a vizinhança podia se tornar um quadro de referência para a organização de relacionamentos que duravam por longos períodos de tempo. Ela era usada para associações administrativas e também para associações voluntárias. O segundo campo tinha como base a indústria pesqueira. Suas unidades eram as embarcações pesqueiras e sua tripulação, cooperativas de *marketing*, fábricas de óleo de arenque e assim por diante, organizados em interdependência e não hierarquicamente. A estrutura interna dessas unidades tendia a ser um tanto fixa, embora os funcionários e às vezes as próprias unidades, pudessem mudar. O terceiro campo era, para nossos objetivos, aquele de maior interesse. Era composto de parentes, amigos e conhecidos, com elos que mudavam continuamente e sem grupos estáveis ou uma coordenação geral. Cada pessoa tinha contato com um número de outras pessoas, algumas das quais estavam diretamente em contato umas com as outras e outras em que isso não ocorria. Esse foi o tipo de campo que Barnes sugeriu chamar de uma rede:

> A imagem que tenho é de um conjunto de pontos alguns dos quais estão conectados por linhas. Os pontos da imagem são pessoas, ou às vezes grupos, e as linhas indicam que pessoas interagem umas com as outras. Podemos, é claro, achar que a vida social inteira gera uma rede desse tipo. Para nossos objetivos atuais, no entanto, eu gostaria de considerar, a grosso modo, aquela parte da rede total que fica para trás quando removemos os agrupamentos e cadeias de interação que

pertencem estritamente aos sistemas territorial e industrial (BARNES, 1954: 43).

Desenvolvendo essa ideia Barnes continuou sugerindo que entre a sociedade tradicional em pequena escala e a sociedade moderna haveria uma diferença na trama da rede. A distância ao redor do buraco na rede moderna seria maior, na medida em que as pessoas nela não têm tantos amigos e conhecidos em comum como na sociedade em pequena escala. Se elas fossem traçar qualquer conexão umas com os outras que não fosse seu relacionamento direto talvez essa conexão tivesse de ser por meio de muitos outros – o que provavelmente significaria que elas não estariam conscientes dessa possibilidade.

Barnes usou o conceito de rede em seu trabalho de 1954 primordialmente para analisar os conceitos de classe de Bremnes. Na maior parte das vezes, observou ele, as pessoas na comunidade interagiam com parentes iguais – a diferenciação social era um tanto limitada. Fossem quais fossem as diferenças de *status* que pudessem existir entre duas pessoas em contato direto essas tenderiam a ser atenuadas no idioma igualitário que governava a interação. Mas como as pessoas estariam conectadas em uma cadeia de relacionamentos, essas diferenças sutis podiam ser acrescentadas umas às outras cumulativamente, de tal forma que a diferença total entre duas pessoas relacionadas apenas indiretamente ao longo de vários elos podia ser mais visível. Assim, as pessoas de Bremnes podiam viver em uma rede interconectada, na maioria das vezes com uma concepção de três classes (aqueles acima, aqueles abaixo, e aqueles no mesmo nível) e ainda assim interagir de uma maneira geralmente igualitária.

Bott sobre rede e matrimônio

O texto sobre Bremnes realmente não trabalhou muito o conceito de rede e a afirmação de ideias que iriam mais tarde acabar tendo uma grande influência, foi pouco mais do que um aparte. Um dos leitores que as considerou inspiradoras, no entanto, fez delas o foco de um livro que foi publicado poucos anos mais tarde. Foi o livro de Elizabeth Bott, *Family and Social Network* (1957) e com ele a análise de redes veio para a cidade. O trabalho de Bott foi parte de um estudo interdisciplinar de "famílias comuns" em Londres; mais exatamente, era um estudo de relacionamentos maritais, já que as crianças só estavam envolvidas perifericamente. Vinte famílias tomaram parte. Os dados foram coletados primordialmente por meio de entrevistas intensivas com os cônjuges, já que as oportunidades para observação eram limitadas.

A "hipótese Bott" resultante do estudo foi que "o grau de segregação no relacionamento de papéis de marido e mulher varia diretamente com a conectividade da rede social da família". Talvez seja necessária alguma explicação de seus termos.

Bott distinguiu três tipos de organização de atividades familiares – organização complementar, em que as atividades dos cônjuges são diferentes e separadas, mas se encaixam em um todo; a organização independente em que o marido e a esposa realizam suas atividades em grande parte de uma maneira independente um do outro; e organização conjunta em que os cônjuges se envolvem em atividades juntos, ou em que as atividades são intercambiáveis entre eles. As duas primeiras dessas formas de organização predominam em relacionamentos conjugais segregados, enquanto que a terceira é característica do relacionamento conjugal comum. A variável de conectividade de Bott foi inspirada naquilo que Barnes teve a dizer sobre "trama". Quanto maior fosse o contato que os aliados do casal tivessem entre si, mais conectada seria a rede do casal. Sem medidas precisas de conectividade, no entanto, Bott formulou seu argumento, sobretudo, nos termos relativos de redes coesas e pouco coesas. Segundo a perspectiva desse estudo, cada casal tinha uma rede própria, que consistia das pessoas com quem os cônjuges interagiam diretamente. Nenhuma conexão indireta foi considerada exceto na medida em que possamos dizer que os contatos entre os aliados são indiretos do ponto de vista do casal.

Apenas uma das vinte famílias realmente tinha uma rede coesa, mas essa era também aquela com os papéis maritais mais segregados. Havia redes mais intermediárias e pouco coesas, com algumas aparentemente em uma fase de transição, e ao centro delas havia um grau crescente de conjunção no relacionamento conjugal. Qual é a base dessa correlação aparente? A interpretação de Bott foi que as redes coesas se desenvolvem nos casos em que as partes no casamento cresceram na mesma área local e continuam a morar lá, com seus vizinhos, amigos e parentes como membros estáveis da rede. Cada cônjuge então continua em seus relacionamentos anteriores, e como esses aliados externos estão em contato uns com os outros, eles podem se unir em uma pressão normativa permanente sobre o cônjuge na questão de conformação com as regras já estabelecida para seus relacionamentos respectivos. Nessa situação, os cônjuges têm menos oportunidade de se tornarem tão completamente envolvidos um com o outro como ocorreria em um relacionamento conjugal conjunto. Expressando a mesma coisa mais positivamente, eles não precisam se tornar tão totalmente dependentes um do outro como ficariam se lhes faltassem conexões externas estáveis.

A rede pouco coesa típica, por outro lado, emerge porque os cônjuges são, em um sentido ou em outro, móveis, fazendo novos contatos que não conhecem seus parceiros da rede antiga. Aqui as exigências externas contínuas são mais frágeis, e os cônjuges precisam depender mais um do outro para ajuda, segurança e outras satisfações. Mas a mobilidade não é a única influência sobre a conectividade da rede. A natureza de vizinhanças, as formas de recrutamento para as oportunidades de trabalho, as características da personalidade e uma variedade de outros fatores também está envolvida. Geralmente, no entanto, a visão de Bott é que um alto grau de conectividade na rede é particularmente provável de ser encontrado entre pessoas da classe trabalhadora. Aqui com maior frequência encontraremos a vizinhança estabelecida, com famílias que permanecem no mesmo local por gerações, em que vizinhos e parentes muitas vezes trabalham juntos em uma indústria predominante ali por perto e se ajudam mutuamente a obter empregos e casas. Talvez devêssemos inserir aqui, que a generalização é mais aplicável à classe trabalhadora urbana inglesa em um momento particular da história; essas condições de vida obviamente podem ou não se aplicar à classe trabalhadora em outros locais. O complexo de circunstâncias contrário, em que uma rede pouco coesa gera um relacionamento de papel conjugal conjunto, pode envolver pessoas social e geograficamente móveis, bastante provavelmente de classe média, que têm um grupo mais variado de vizinhos e que com menor frequência usam contatos da rede para encontrar empregos.

O estudo de Bott atraiu muitos comentários e inspirou uma grande quantidade de novas pesquisas[2]. Ela estabeleceu firmemente a ideia de um relacionamento entre a estrutura interna da família e o padrão de seus contatos externos e parece haver bastante acordo quanto ao fato de redes pouco coesas estarem associadas a relacionamentos maritais segregados. A evidência é um tanto inconclusiva sobre a relação entre redes pouco coesas e laços conjugais conjuntos, no entanto, e quanto à conceituação e interpretação, comentaristas posteriores assinalaram um número de pendências na apresentação de Bott. Um ponto importante é que seria melhor considerar os cônjuges como duas unidades distintas na análise de rede, em vez de fundi-los em uma única unidade como nesse estudo – poderia muito bem ser uma questão crucial saber se as partes em um relacionamento conjugal têm redes separadas ou uma rede compartilhada ou até que ponto há uma superposição parcial entre as duas redes. Dentro dessas redes, também poderíamos dar mais atenção à diferenciação interna. A conectividade geral será uma medida suficiente, ou deveríamos também dar atenção ao agrupamento que cria setores diferentes de conectividade variável e talvez com intervalos perceptíveis entre eles? As diferentes categorias de contatos estão mais ou menos coesas? Por exemplo, os parentes todos se conhecem uns aos outros enquanto que os amigos não? E até que ponto são os parentes e amigos respectivamente parte da superposição entre as redes dos cônjuges, ou das partes das redes que não são compartilhadas? Sob que condições uma rede coesa realmente desenvolve o consenso normativo que Bott parece meramente presumir, e sob que condições são os laços existentes realmente utilizados para fazer cumprir as normas? Esses são exemplos de perguntas que mostram a maior intensidade de descrição e análise das redes

---

2. Bott revisou grande parte dessa pesquisa ela própria em um novo capítulo adicionado à segunda edição de *Family and Social Network* (1971) que também inclui uma bibliografia extensa. Além disso, podemos apontar os textos por Cubitt (1973) e Kapferer(1973).

que se desenvolveu após o estudo de Bott. Uma maior diferenciação semelhante poderia ser observada na conceituação do próprio relacionamento conjugal. Será suficiente falar de conjunção e segregação no relacionamento como um todo, ou será necessário considerar como alguns casais se juntam em algumas atividades e se separam em outras? A conjunção ou segregação em algumas atividades é de maior valor diagnóstico que outras para caracterizar o relacionamento como um todo? Não precisamos exatamente examinar essas questões aqui; basta concluir que *Family and Social Network* foi um estudo de influência pouco comum.

Red e school

Na década que se seguiu ao livro de Bott, vários tipos de conceituações das redes passaram a ser cada vez mais frequentes na antropologia. Com isso, escolher outro par de exemplos da primeira geração de escritos sobre redes torna-se um pouco mais difícil. Dois estudos por Philip Mayer e Adrian Mayer estão entre os mais conhecidos, no entanto, e também assinalam maneiras importantes de examinar a vida social em termos de redes.

A pesquisa de Philip Mayer (1961, 1962, 1964) como a do grupo do Rhodes-Livingstone, baseia-se naquilo que reconhecemos como uma comunidade urbana africana do tipo B, uma cidade nova sob controle europeu, mas com uma grande população africana. De alguma maneira, no entanto, a cidade de East London na África do Sul era um tanto diferente daquelas no Copperbelt. A regulamentação da vida dos negros pelos brancos era, e continuou a ser, muito mais estrita. Por exemplo, sindicatos não eram permitidos. East London também era menos variada etnicamente do que as cidades da África Central. A esmagadora maioria de sua população africana era composta de xhosa, em cuja nação ficava East London e é desse povo que o estudo de Mayer trata[3].

Poderíamos dizer que, à época da pesquisa, os xhosa urbanos estavam divididos em vários agrupamentos principais[4]. Por um lado, poderíamos distinguir entre os citadinos, nascidos em East London e com todos seus laços sociais naquela cidade e os migrantes das áreas rurais. Por outro lado, entre os migrantes havia um claro contraste entre duas orientações culturais chamadas de *red* e *school*. Este contraste já estava visível na vida rural. Os xhosa *red* [vermelhos] eram os tradicionalistas conscientes, que tinham essa designação por que pintavam seus

---

3. Bernard Magubana, cujas críticas da antropologia do Rhodes-Livingstone foram mencionadas no capítulo anterior, também deu um tratamento polêmico à pesquisa sobre os xhosa de Mayer (MAGUBANE, 1973).

4. Ignoramos aqui as subdivisões étnicas tradicionais. A partir do estudo de Mayer, podemos também observar, a política do *apartheid* na África do Sul alterou a posição dos africanos nas cidades, tentando tanto quanto possível negar que há uma população com fortes raízes urbanas.

rostos e corpos e os cobertores que usavam com ocre. Rejeitavam a maior parte das ideias e práticas trazidas pelos europeus, inclusive a religião cristã e a educação missionária que a acompanhava. Os xhosa *school* tinham se convertido ao cristianismo e já há muitas gerações tinham adotado muitos dos valores, conceitos e símbolos externos que se difundiam a partir da cultura dos colonizadores brancos. As proporções de *red* e *school* variavam nas várias partes da terra dos xhosa, mas nas áreas maiores os dois estilos de vida coexistiam, com contatos um tanto contidos entre eles e com apenas um fluxo mínimo de novos recrutas de um grupo para o outro com o passar dos anos.

No campo, tanto os *red* quanto os *school* eram camponeses e tampouco havia qualquer diferença considerável em termos de ocupação entre aqueles que migravam para East London. Se o africano urbano típico do Copperbelt era um mineiro, o xhosa comum na cidade era um operário de fábrica. Particularmente no setor de recreação, no entanto, as vidas urbanas dos xhosa *red* e dos xhosa *school* acabaram sendo bastante diferentes. Os primeiros faziam pouco uso daquilo que a cidade propriamente dita tinha a oferecer. Eles tentavam ficar o mais próximo possível dos arranjos a que estavam acostumados no campo. Assim, bebiam cerveja, envolviam-se nas danças tradicionais e no culto dos antepassados e se juntavam para lembrar da vida rural e das pessoas do campo ou para bisbilhotar sobre elas. Os migrantes que se envolviam nessas interações eram também aqueles que já se conheciam no campo, em relações mais ou menos conectadas com parentesco, companheiros da mesma faixa etária ou vizinhos. Em termos de rede, isso significava que a rede migrante característica dos xhosa *red* era um conjunto unitário de relacionamentos, vindos tanto do campo quanto da cidade e, de um modo geral, coeso. O migrante *school*, enquanto isso, estava preparado por sua orientação cultural a participar de uma variedade maior de atividades urbanas em seu lazer – educação, esportes, diversões e o pouco que houvesse de atividade política. Em algumas dessas atividades, seus parceiros poderiam ser citadinos há muito enraizados na cidade e em muitas outras, outros migrantes *school*. Mas não era necessário que esses parceiros fossem pessoas de sua própria área rural natal. Os xhosa *school* podiam assim na verdade ter duas redes, ligadas uma à outra por meio deles próprios; uma no campo, tendendo a ser extremamente engastada na natureza da sociedade rural; outra na cidade que poderia ser pouco coesa no sentido de que o migrante podia se associar com pessoas diferentes em atividades diferentes.

O estudo de East London, observou Mayer, teve uma influência nas conceituações do grupo do Rhodes-Livingstone. O que estava envolvido na "alternação" entre sistemas rurais e urbanos era obviamente diferente para os xhosa *red* e para os xhosa *school*, e os dois sistemas pareciam mais distinguíveis, pelo menos em algumas áreas da vida, para os últimos do que para os primeiros. O migrante *school* como um indivíduo tinha também mais probabilidade de estar envolvido em um processo de mudança de uma via e não de alternação. Em seu ambiente urbano havia menos pressões pessoais que o faziam se voltar para sua área rural de origem. Em contraste, o migrante *red* incorporava, em seu ambiente urbano, o compromisso permanente que tinha com seu pedaço de terra no campo.

Mayer pôde basear-se no raciocínio de Bott com relação à conexão entre forma de rede e pressão normativa. O xhosa *red* na cidade em certo sentido escolhia manter uma rede coesa porque seus valores eram tais que o direcionavam para um conjunto de parceiros que se conheciam uns aos outros e que eram homogêneos em seu modo de vida. No momento em que ele estava nessa rede, no entanto, as avaliações orquestradas efetivamente limitavam suas oportunidades de mudança futura. Os xhosa *school*, consciente ou inconscientemente, optavam por uma maior liberdade de ação permanente (dentro dos limites que existiam para qualquer migrante africano em East London) envolvendo-se com pessoas cuja influência sobre ele era menos generalizada.

Conquistando o voto

O estudo de Adrian Mayer (1966) de uma campanha eleitoral na cidade de Dewas, no estado indiano de Madhya Pradesh empurrou a análise de rede para frente em outra direção. Mayer estava interessado nas maneiras pelas quais os candidatos para uma cadeira departamental no Conselho Municipal usavam seus relacionamentos sociais para conquistar o voto. Os dois candidatos principais nessa eleição eram aqueles do Congress Party e do Jan Sangh. Mayer se concentrou no candidato do Congress Party. O departamento era heterogêneo em termos de castas e ocupações e nenhum candidato poderia ganhar apelando apenas para um grupo específico; ele teria de atrair um conjunto mais diversificado de seguidores. Nenhum dos dois candidatos estava ocupando o posto, embora o candidato do Jan Sangh já tivesse sido candidato anteriormente, mas sem conseguir ganhar. Ele tinha também passado um período maior de exposição ao eleitorado e construído uma ampla variedade de contatos com ele. O candidato do Congress Party, por outro lado, começou a mobilizar seus seguidores um tanto tardiamente. Sua campanha adotou a forma de criar aquilo que Mayer chama de um conjunto de ações de uma forma particular. Poderíamos considerar o conjunto de ações como uma espécie de rede, embora isso não esteja de acordo com o uso feito pelo próprio Mayer. Ele consiste de um conjunto de cadeias finitas de relacionamentos sociais que se propagam a partir de um ego e que foram criadas por algum propósito específico desse ego, embora cada um dos relacionamentos específicos incluídos possam ter sua própria existência separada desse propósito. Nesse último aspecto, eles podem ser de um caráter bastante variado. Alguns podem estar baseados no parentesco, outros podem ser de caráter comercial, outros ainda construídos sobre a base da participação compartilhada como membros de uma associação, e assim por diante. Esse conjunto de ações não tem qualquer unidade exceto na medida em que somos introduzidos por meio de um relacionamento direto ou indireto com o ego.

O candidato do Congress Party nesse departamento usou um conjunto de ações de cadeias bastante longas para buscar alcançar vários grupos. Isso significou que a influência exercida em cada elo poderia ser de uma natureza muito diferente, muitas vezes mais intrínseca a ele do que relacionada com a influência ou programa do próprio candidato. Alguém interessado em luta livre, por exemplo, podia aceitar a opinião de um colega no ginásio, que tinha, ele próprio, talvez sido influenciado por um funcionário do partido ou pelo dono da loja que frequentava. Mas fosse qual fosse a natureza do relacionamento como tal, se eles pudessem ser manipulados com sucesso, o resultado seria um fluxo de apoio político para ego, o candidato.

Isso parece muito semelhante à técnica da carta-corrente. No melhor dos casos, um efeito de bola de neve, se todos que forem recrutados puderem eles próprios recrutar vários outros; mais modestamente, talvez na base de "cada um ensina um" mesmo assim seria uma influência bastante extensa. Mayer sugere que as longas cadeias de relacionamentos são mais úteis em uma campanha rápida *"soft"* destinada a atingir o auge no próprio momento da eleição. É um esforço maciço de recrutamento em que a solidez do apoio é menos importante. O candidato do Jan Sangh, ao contrário, tinha realizado uma campanha *"hard"*. Ele próprio estava em contato direto com muitos seguidores, como observamos, mas pode ter feito menos uso de suas conexões diretas e indiretas com outras pessoas. Com o passar do tempo seu apoio pode ter sido mais seguro do que aquele dado pelos seguidores do Congress Party para seu candidato. Mas no dia da eleição, isso não foi suficiente; o candidato do Congress Party ganhou.

Mayer também assinala outra diferença entre relacionamentos diretos e indiretos. Isso envolve uma diferença entre patrocinadores e corretores. Em um relacionamento transacional, um patrocinador pode obter o que quiser de alguma outra pessoa apenas usando seus próprios recursos, e há limites para esses. Um corretor pode lidar com promessas de usar sua influência com um patrocinador, mas geralmente fica subentendido que ele nem sempre vai conseguir isso. Em um sentido, então, seus recursos são ilimitados, já que é menos provável que ele seja considerado responsável por promessas não cumpridas. Isso poderia fazer com que um patrocinador inserisse corretores entre ele próprio e outros no conjunto de ações, e, consequentemente, fizesse com que as cadeias nos conjuntos de ações daqueles com patrocínio disponível fossem mais longas que aqueles em que nenhum patrocínio significativo estava envolvido. Na Índia, à época em que Adrian Mayer escrevia, esse tipo de patrocínio estava com frequência sob o controle do Congress Party.

Análise de rede, estruturas complexas e novas perspectivas

Por que razão os antropólogos se voltaram para a análise de rede? A resposta não pode ser simples, mas se olharmos para trás, poderemos ver que um motivo importante foi a preocupação em fazer a análise relacional mais adaptável no estudo de um conjunto cada vez mais variado de estruturas sociais. E o maior interesse na vida urbana e nas sociedades complexas de um modo geral foi especialmente importante aqui. Tornou-se necessário ter uma mente mais aberta com relação à delimitação das unidades de estudo, já que com frequência não podíamos depender dos limites sociais "naturais". De um lado, até a comunidade local podia ser uma unidade complexa e muito grande para ser analisada, e não necessariamente relevante de um modo geral para o tipo de análise que tínhamos em mente. Por outro lado, não podíamos deixar de considerar as conexões que estavam fora dela, com a região, com a nação, com o resto do mundo. Com isso voltamo-nos para conceitos tais como campo social, que representava a ideia de extrair de uma teia praticamente infinita de relacionamentos aquele âmbito particular em que os fatores que davam forma a alguma atividade específica, ou a suas consequências, podiam ser delineados. Um campo desse tipo, já vimos, poderia abranger tantos os relacionamentos rurais e urbanos de migrantes, assim se estendendo além das fronteiras daquilo que poderia alternadamente ser visto como sistemas sociais separados; ou poderia ser uma unidade circunscrita em um sistema assim, tais como os amigos, vizinhos e parentes que influenciam a forma de um relacionamento marital. Conceitos de rede foram um passo adicional na direção de um entendimento dessas unidades, na medida em que eles possibilitam uma especificação mais exata da natureza de conexões naquele campo[5].

A ideia de redes na antropologia significa abstrair de algum sistema mais amplo, para objetivos analíticos, conjuntos de relacionamentos mais ou menos elaborados. Talvez isso deva ser qualificado: às vezes assinalamos que, em princípio, qualquer sistema assim, até o mundo, pode ser considerado como uma "rede total". Uma ideia deste tipo tem suas utilidades. Mas, na verdade, o que normalmente fazemos é traçar limites ao redor de alguma unidade que consideramos ser prática para um exame mais detalhado. O motivo pelo qual essas unidades podem ser tão variáveis especialmente no estudo de estruturas sociais mais complexas e o motivo pelo qual a análise de rede transforma-se assim, em um exercício em flexibilidade, podemos talvez entender baseando-nos em alguma de nossas conceituações anteriores da ordem social urbana. Em uma estrutura assim diferenciada, o indivíduo tem muitos tipos de envolvimentos situacionais, isto é, papéis, e as oportunidades para fazermos combinações variadas de papéis

---

5. Nos últimos anos, pareceria que esse conceito específico de campo vinha desempenhando um papel menor nos escritos antropológicos. A terminologia de rede parece tê-lo tornado supérfluo.

em nosso repertório pode ser considerável. Mas a cada papel corresponde um ou mais relacionamento com outras pessoas, e com isso as redes são montadas com uma variabilidade que, grosso modo, é comparável àquela das constelações de papéis. Se eles vão ou não ser de posterior interesse analítico irá depender, naturalmente, de até que ponto papéis também, de alguma maneira, colidem uns com os outros, de tal forma que possamos discernir relacionamentos entre os relacionamentos.

A esta altura, talvez nos seja possível ver por que a análise de rede tende a ser considerada como parte de um complexo de inovações que foram introduzidas na visão antropológica da sociedade nos últimos anos. Segundo o funcionalismo estrutural de estilo antigo, a sociedade pode ser considerada como se fosse composta de grupos e instituições duradouros; o corpo de funcionários que flui por eles desempenha seus papéis de acordo com a prescrição de tal forma que uma delineação de normas pode ser um relato adequado para a conduta social. Nós nos tornamos bastante insatisfeitos com essa perspectiva. Começamos a trazer para nossas análises o comportamento não institucional, estratégico e adaptativo, dos tipos que podem ocorrer no arcabouço institucional ou paralelo a ele ou que podem gerar mudanças nele. Firth (1954: 10) foi um crítico prematuro e delicado do saber estabelecido com sua distinção entre estrutura social e organização social, a última implicando "os processos de ordenação da ação e das relações em referência a fins sociais determinados, em termos de ajustes que resultam do exercício das escolhas por membros da sociedade". Mais tarde, vimos a emergência de um vocabulário antropológico de teorias de ação e intercâmbio, modelos generativos, processos decisórios, transação, maximização e manipulação.

Em parte os novos pontos de vista se desenvolveram à medida que os antropólogos se deslocaram para áreas da vida social que estavam menos certamente sob o controle normativo da sociedade. Vimos que o grupo do Rhodes-Livingstone começou a distinguir relacionamentos estruturais dos relacionamentos pessoais e categóricos em seus estudos do urbanismo africano. O interesse crescente nas sociedades mediterrâneas e latino-americanas, com suas características especiais, também os afastaram de uma preocupação com estruturas grupais duradouras. Alguns relacionamentos foram cada vez mais considerados fundamentalmente como negócios privados de intercâmbio cumulativo e informação pessoal – por exemplo, os relacionamentos de amizade, e entre patrono e cliente. Houve também uma nova consciência, no entanto, da latitude para escolha e variação, assim como tensões, dentro das estruturas persistentes. Essa consciência se comparava à atenção à organização informal na sociologia da indústria e da burocracia.

As novas perspectivas analíticas não se limitaram ao estudo das estruturas sociais mais complexas, mas pareceria haver uma conexão entre as duas. Quando repertórios de papéis e consequentemente também as redes são variadas, combinações mais ou menos originais de experiências e recursos oferecem escopo para adaptações e estratégias inovadoras. Ao mesmo tempo, uma sociedade sem qualquer arcabouço firmemente integrativo não garante que haja um encaixe entre os vários papéis nos quais um indivíduo se envolve, e, portanto, há riscos envolvidos aqui também. Um dos problemas na organização social, como Firth (1955: 2) disse, é "resolver conflitos entre princípios estruturais". Esse tipo de *insight* sobre a prevalência de contradições, lembramo-nos bem, também levou os antropólogos do Rhodes-Livingstone a juntar seus dados de novas maneiras. Geralmente, pareceria que onde as constelações de papéis são variadas, os indivíduos também têm mais probabilidade de enfrentar novas tensões e conflitos sem preparação prévia, enquanto nos casos em que as constelações são recorrentes, podem haver mais provavelmente soluções institucionalizadas para esses problemas.

O motivo pelo qual há muitas maneiras de abstrair redes é, então, que existem muitas maneiras de combinar papéis e criar algo interessante a partir das combinações. Examinando as redes desta maneira, as entendemos parcialmente para transcender os grupos e instituições duradouros e parcialmente para cobrir outras áreas da paisagem social. Nas últimas há laços que são menos regulamentados, restringidos apenas pelas diretrizes privadas com as quais os participantes concordaram explicitamente ou implicitamente admitem como certo, relacionamentos talvez criados em reação à despersonalização e insensibilidade das instituições da sociedade. Na primeira, a conduta do indivíduo pode até certo ponto ser formada pelo controle normativo, mas dentro desses limites ele pode também ser capaz de fazer uso de experiências e interesses que emergem da totalidade integrada de seus relacionamentos. E com isso as estruturas persistentes podem ser vistas em uma luz diferente, à medida que os participantes tornam-se não apenas um conjunto um tanto anônimo de funcionários, mas indivíduos completos por meio dos quais as influências externas podem penetrar na vida grupal ou institucional. Não tendo muito respeito por limites convencionais, a análise de rede pode contribuir para dar uma visão coerente de uma estrutura social diferenciada.

O estudo que Mayer fez do processo eleitoral indiano pode nos servir como um exemplo aqui. Em muitos dos relacionamentos que compunham os elos na cadeia do candidato, havia uma base institucional que nada tinha a ver com a política. Mas na representação desses relacionamentos – entre um lutador e um outro, por exemplo –, um participante poderia também transmitir uma mensagem política que ele mais provavelmente aprendeu em um contexto muito diferente. Nesse caso a longa cadeia de contatos indiretos entre candidato e seguidores potenciais realmente foi construída sob a premissa de que as pessoas em sociedades complexas têm constelações de papéis diferentes, já que, com cada elo na cadeia novos contextos passam a ser acessíveis à campanha. É um pouco irônico usar um exemplo indiano aqui, é claro, já que a sociedade indiana em sua forma tradicional pode ser tomada como exemplo de constelações de papéis bastante padronizadas, em virtude do sistema de castas.

Deveríamos talvez observar neste estágio que a visão de redes como transcendendo grupos e instituições que adotamos aqui não é universal na análise de rede. Barnes, já vimos, foi levado a adotar um conceito de rede em seu estudo sobre Bremnes para cobrir um resíduo de relacionamentos que permaneciam depois de um arcabouço estrutural mais convencional ter sido aplicado. Essa tendência a fazer apenas conjuntos de relacionamentos sociais mais pessoais e menos persistentes o domínio da análise de rede é bastante generalizada, e é aqui que a necessidade dela é maior, considerando a falta de alternativas analíticas. Em um estágio anterior, as conceituações do Rhodes-Livingstone sobre o urbanismo da África Central da mesma maneira conectavam ideias de rede especialmente a relacionamentos pessoais. Mais tarde, no entanto, Mitchell (1973b) expressou o ponto de vista adotado aqui: a análise de rede envolve um tipo específico de abstração e não um tipo específico de relacionamento.

Os usos desta abstração, então, podem variar. Como muitos observaram, não há qualquer "teoria de rede" no sentido de um conjunto de proposições testáveis logicamente inter-relacionadas – um formato que parece raramente atrair os pensadores antropológicos de qualquer forma. Para nós, a fim de resumir os últimos parágrafos, as noções de rede parecem particularmente úteis quando nos preocupamos com indivíduos usando papéis e não com papéis usando indivíduos, e com a transcendência e manipulação dos limites institucionais em vez de sua aceitação. É sob essa luz que vemos a conexão da análise de rede tanto como aquilo que pode ser chamado de teoria da ação antropológica e com o estudo de sociedades urbanas ou de outras sociedades complexas.

Parenteticamente, podemos especular que essa conexão também envolveu uma mudança no relacionamento entre o antropólogo e a sociedade que ele/ela estuda. A sociedade urbana – ou a que é complexa por outros motivos – em que ele faz pesquisa, é com mais frequência culturalmente semelhante à sociedade de onde ele vem (se, na verdade, não for a mesma sociedade) do que uma sociedade tradicional, de pequena escala tende a ser. O arcabouço institucional pode parecer menos intelectualmente problemático: aconteça o que acontecer, talvez ele seja até "aceito como verdadeiro", considerado como um dado em sua análise. Com essa ampla afinidade cultural, por outro lado, os membros individuais da sociedade talvez tornem-se mais acessíveis à empatia. Sua luta para fazer com que o sistema funcione a seu favor pode ser mais facilmente acompanhada e compreendida em todas suas sutilezas pessoais, sociais e culturais, e com cada vez maior frequência, os antropólogos podem se encontrar incorporados como parte da solução, ou parte do problema, nas estratégias mais ou menos sofisticadas de alguns indivíduos[6]. Dessa maneira, o antropólogo como instrumento de pesquisa pode ter se tornado mais sensível a alguns fenômenos no novo ambiente.

Variáveis na análise de rede

Sínteses de estudos de rede muitas vezes fazem questão de contrastar os usos metafóricos e analíticos da ideia de rede. Na maior parte de suas primeiras ocorrências, particularmente na era antes dos estudos de Barnes e de Bott, o uso era distintivamente metafórico: o termo se referia meramente ao fato de relacionamentos sociais estarem conectados uns aos outros. Com o desenvolvimento de uma análise de rede mais intensiva, aqueles autores que estão simplesmente em busca de uma metáfora desse tipo podem ter preferido com mais frequência se voltarem para alternativas como "teia" ou "tecido" a fim de não sugerir perspectivas muito específicas. Por outro lado, "rede" passou a ser um termo de moda, aplicado com bastante generosidade em contextos em que pode não ser realmente necessário. "Parece inteligente por alguns anos, mas como muitos outros termos na moda significa todas as coisas para todos os homens e deixará de ser usado quando a moda mudar", escreve Barnes (1972: 1) em sua resenha. Mas talvez essa avaliação seja um pouco injusta. Mesmo referências mais incidentais a "redes" algumas vezes indicam uma consciência das possibilidades de uma análise mais profunda, embora possa não ser plenamente realizada.

O que nos interessa aqui, no entanto, são os estudos em que conceitos de rede foram levados mais além da metáfora, em um desenvolvimento do pensamento antropológico que não irá exatamente desaparecer outra vez sem deixar vestígios. As análises de Barnes, Bott e os dois Mayers já oferecem alguma evidência de um aparato conceitual mais desenvolvido e podemos proveitosamente dar alguma consideração a seus componentes principais. Infelizmente, esse é um campo em que a complexidade e a confusão terminológica foram frequentemente confirmadas. As dificuldades começaram a se desenvolver cedo. Cada autor criou seus próprios conceitos para se adequar a seus próprios objetivos particulares enquanto progredia, e até o final da década de 1960 não havia nenhuma rede

---

6. Isso certamente não é dizer que os membros de outros tipos de sociedades não tentaram tirar vantagem de sua associação com um antropólogo, mas talvez porque em uma sociedade complexa ele é com mais frequência considerado como um "contato" útil, um canal para empregos, educação e outros recursos socialmente mediados, ele cada vez mais e com mais frequência tem de se considerar um componente manipulável em um sistema social. Provavelmente um grande número de pesquisadores de campo tem experiências desse tipo. Entre os exemplos que chegaram a ser impressos, estão a discussão de Whitten (1970) sobre as várias maneiras em que ele foi incorporado em redes em duas situações de campo, o relato de Goldkind (1970) do acúmulo de poder por um homem de Chan Kom que era o contato local predominante para acadêmicos visitantes de Redfield em diante, e as notas de Gutkind (1969) sobre o encontro com nigerianos desempregados do lado de fora de um sindicato trabalhista em Lagos.

extensa entre os próprios pesquisadores sobre rede que pudesse ter evitado alguma proliferação desnecessária da terminologia para mais ou menos ideias semelhantes. Mas as coisas não melhoraram nada quando eles começaram a entrar em contato com as ideias dos outros apenas para distorcê-las ou renomeá-las. Rede, campo, conjunto e retículo; densidade, malha e conectividade; *cluster*, setor, segmento, e compartimento; conjunto de ações, quase grupo e coalizão; todos são grupos de conceitos com significados semelhantes ou superpostos. A sugestão de Firth (1951: 29) de que "qualquer ciência deve ter um orçamento de termos de aplicação geral, definidos não muito estritamente" é, de uma maneira peculiar, bastante apropriada aqui – no vocabulário de redes, já não há quase nenhum termo sobrando, já que quase todos os termos concebíveis foram cooptados em um momento ou outro para um uso técnico específico. E tentativas de colocá-los novamente em um uso convenientemente vago, embora algumas vezes praticamente inevitável, pode então causar outras dificuldades.

Embora uma séria atenção a conceitos obviamente relacionados e aos intercâmbios entre eles entre os estudiosos envolvidos, pode às vezes revelar distinções analíticas significativas, aqui não é exatamente o lugar para oferecer um dicionário de terminologia sobre rede. Tentaremos, em vez disso, ver em que tipos de atributos gerais das redes é que as discussões se concentraram. O tratamento sistemático mais importante desse campo é provavelmente a introdução de Mitchell (1969b) à *Social Networks in Urban Situations*, o volume de um simpósio principalmente sobre os estudos centro-africanos da Escola de Manchester durante a era do Rhodes-Livingstone ou pouco depois dela[7]. A Escola de Manchester estava intimamente conectada com o desenvolvimento da análise de rede desde o começo. Barnes, após ter estado com o Instituto Rhodes-Livingstone fez seu trabalho de campo na Noruega como um membro pesquisador da Universidade de Manchester, e Bott (1971: 316) reconheceu a influência do seminário de Max Gluckman sobre seu próprio pensamento. Em outra de suas primeiras formulações sobre redes, Epstein (1961) tinha usado um diário dos movimentos e contatos de um assistente para retratar a complexidade da vida urbana na África Central. Para os acadêmicos de Manchester, a análise de rede era evidentemente um desenvolvimento natural dentro daquela tradição de uma leitura atenta dos materiais relacionados com casos específicos que já tinha resultado em estudos de caso prolongados e análises situacionais; um desenvolvimento que lhes permitiu ainda maior rigor descritivo.

Mitchell, em sua introdução, estabelece uma distinção, também adotada por outros, entre atributos interacionais, que se referem a elos específicos (tais como

---

7. Embora eu dependa principalmente de Mitchell (1969b) para o relato de conceitos de rede que se seguem, é possível também observar que há uma visão geral semelhante em Boissevain (1974).

intensidade, durabilidade, frequência, ou conteúdo) e atributos morfológicos, referindo-se às maneiras pelas quais os elos se encaixam. Embora o primeiro certamente não possa ser negligenciado em qualquer análise particular, nos concentraremos aqui nos atributos morfológicos, já que o esclarecimento desses é a contribuição mais específica da análise de rede.

Uma primeira área de variação, como nossos exemplos já nos mostraram, envolve os princípios para abstrair a rede de uma unidade social mais ampla. Isso, já dissemos antes, não é uma questão de descrever os atributos intrínsecos dos padrões de rede e sim uma questão de decidir o que é apropriado para os nossos objetivos analíticos. As alternativas parecem ser de dois tipos principais, com uma combinação deles como uma terceira possibilidade. Podemos definir uma rede ancorando-a em um ponto particular na estrutura dos relacionamentos sociais, tal como em um indivíduo ou em ambas as partes de uma díade específica, e se deslocar para fora a partir dali até o ponto em que isso pareça necessário ou útil. Isso é o que é chamado uma rede pessoal ou egocentrada ("egocêntrica"); o termo foi usado para cobrir tanto a ancoragem individual quanto a dupla, embora pareça mais exato restringi-la à primeira. Outra alternativa é construir a rede ao redor de algum tipo particular de conteúdo nos relacionamentos e assim, por exemplo, abstrair a rede política da rede total – esse princípio de abstração leva àquilo que é normalmente chamado de uma rede parcial. Terceiro, podemos delimitar uma rede parcial do ponto de partida de algum ego particular. Esse último é mais obviamente o que está envolvido na rede do político em campanha de Adrian Mayer. Um tanto menos claramente, essa é também a natureza das redes conjugais de Bott, à medida que ela leva em consideração apenas elos com relativos, amigos e vizinhos. É claro, Bott ao mesmo tempo nos dá um exemplo de redes consideradas como baseando-se em díades, com o problema analítico específico que tal ancoragem exige.

Se uma rede é definida do ponto de vista de um centro como esse, a próxima questão pode ser onde seus limites externos devem ser desenhados. No caso da campanha política, estamos obviamente interessados em descobrir até que ponto a cadeia de relacionamentos pode ser usada para mobilizar apoio político. Em muitos estudos, por outro lado, os limites da rede são pragmaticamente colocados muito mais perto do centro. No caso de Bott, a rede inclui apenas a pessoa com quem o casal está em contato direto. Embora os elos laterais entre essas pessoas supostamente devessem estar incluídos, podemos observar que poderiam ter havido outros mais além daqueles que Bott conhecia. Ela teve de descobrir sobre eles apenas pelas entrevistas com o casal no centro, cujo próprio conhecimento sobre isso pode não ter sido perfeito. Se supusermos que uma rede contém apenas os elos diretos de ego para outras pessoas, temos aquilo que é chamado de uma estrela de primeira ordem (cf. BARNES, 1969). Se incluirmos os relacionamentos laterais entre esses outros também, o conjunto de relacionamentos é chamado de uma zona de primeira ordem. Quando é dado mais um passo para fora a partir desses outros, temos uma estrela de segunda ordem; se relacionamentos laterais são, uma vez mais, incluídos, temos uma zona de segunda ordem; e assim por diante (cf. figura 3). Mas o exemplo do estudo de Bott mostra que essas unidades de rede tendem logo a se tornarem ingovernáveis. Examinando a rede a partir do centro, podemos simplesmente não ser capazes de ver muito longe. Voltando-nos uma vez mais para a carta-corrente, depois de ela passar além de nossa estrela de primeira ordem, é provável que a percamos de vista.

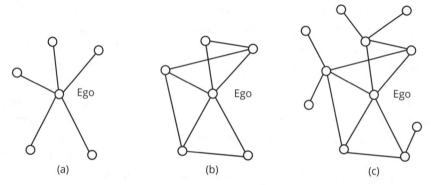

Figura 3 Redes de relacionamentos: (a) estrela de primeira ordem; (b) zona de primeira ordem (c) estrela de segunda ordem.

Dentro da rede, por mais delimitada que seja, a característica morfológica que atraiu mais comentários é aquilo que Bott chamou de conectividade, mas que é hoje com mais frequência chamada de densidade. Ela é normalmente definida como a proporção dos relacionamentos que realmente existem com relação ao número que iria existir entre um número determinado de pessoas se elas fossem todas diretamente conectadas umas às outras (cf. figura 4). Já observamos que Bott, e Philip Mayer em seu estudo dos xhosa, conectam densidade a controle social. Uma pessoa em uma rede densa provavelmente será exposta à influência de qualquer outro participante por meio de elos diretos e também indiretos. Mas embora haja, mais provavelmente, uma medida de verdade nisso, como vários comentaristas observaram, há necessidade de uma maior especificação das condições. Todos os relacionamentos podem talvez ser usados para canalizar influências, por exemplo, se a comunicação dentro deles flui principalmente em uma direção e dentro da rede as pessoas podem estar colocadas de uma maneira muito diferente, tanto para exercer influência quanto para estar na extremidade receptiva. Conceitos de centralidade ou de alcançabilidade pertencentes a posições particulares na rede podem ser usados para iluminar essa questão. Esforços relacionados foram feitos para mostrar que a densidade pode não ser de forma alguma uniforme dentro das redes. Em algumas áreas de uma rede as pessoas podem estar conectadas mais intimamente, com mais ou menos todos os membros diretamente conectados com todos os outros. Entre um tipo de *cluster* como esse e outras partes da rede, poderia haver poucas conexões. É provável que uma situação assim tenha mais possibilidade de ser identificada em variedades egocentradas de abstrações de rede, já que em outras circunstâncias o aluno pode estar menos inclinado a considerar esses *clusters* como se sequer pertencessem à mesma rede. Nesse caso, no entanto, a aglomeração pode ser altamente significativa. Um indivíduo envolvido em dois *clusters* distintos, e exposto ao fogo cruzado de influências diferentes entre eles, está em uma posição inteiramente diferente da pessoa em uma rede de densidade mais uniforme.

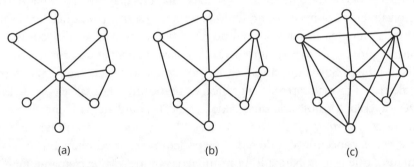

Figura 4 Redes de densidade variável: (a) 10 conexões verdadeiras em 28 conexões possíveis entre 8 pessoas – densidade 0,36; (b) 13 conexões verdadeiras em 28 – densidade 0,46; (c) 17 conexões verdadeiras em 28 – densidade 0,61

Em muitas redes, é claro, há apenas um *cluster* de grande densidade e maior escassez no resto da rede, ou um declínio gradativo em densidade de um setor para os outros. Parcialmente com base nesse critério, alguns autores dividiram redes egocentradas em partes diferentes, tais como redes íntimas, efetivas e estendidas – o número de partes diferenciadas varia. Como indicam os rótulos, no entanto, a forma da rede não é o único critério para essas distinções; critérios interacionais tais como a intensidade e o conteúdo também contam e não há nenhum relacionamento um a um certo entre esses e a densidade.

Uma característica morfológica final das redes egocentradas que podemos observar é a de abrangência (*"range"*). Às vezes, e às vezes não, essa característica é idêntica à amplitude (*"span"*). Essa é uma medida do número de pessoas que uma pessoa pode alcançar por meio de sua rede. Pode ser limitada às pessoas que estão em contato direto com ego, embora possamos também defini-la para incluir relacionamentos de segunda e de terceira ordem e assim por diante. Expressa dessa maneira, a abrangência é um conceito claramente quantitativo. Também é possível, no entanto, acrescentar mais um critério, o de heterogeneidade. Sobre uma pessoa cujos contatos incluam pessoas dos tipos mais diversos – em termos de idade, classe, etnicidade e outras coisas mais – poderíamos dizer que ela tem uma rede de maior abrangência do que aquela que tem o mesmo número de contatos, mas com um conjunto mais homogêneo de pessoas.

Usos e limitações

Falamos novamente, de uma maneira bastante simples, sobre algumas variáveis importantes das redes. Por que motivo, então, elas são importantes? Uma resposta geral é que elas – as variáveis morfológicas e interacionais juntas – provavelmente constituem o arcabouço mais extenso e mais amplamente aplicável que temos para o estudo das relações sociais. Elas nos dão uma ideia daquilo que é potencialmente conhecível e aquilo que seria necessário para que algo se aproximasse da compleição na descrição de relacionamentos. O arcabouço pode até permitir algumas medidas quantitativas de relacionamentos e as formas que eles assumem juntos. Sob a inspiração de corpos de ideias relacionados, tais como a sociometria e a teoria matemática gráfica, os praticantes da análise de rede foram capazes de criar fórmulas de densidade, de alcançabilidade, de centralidade, de aglomeração (*clustering*) e outras variáveis. Repetindo, então, pode haver um rigor sobre as conceituações de rede que podemos achar admirável. É um rigor, no entanto, que é acompanhado por limitações práticas. É extremamente difícil e demorado perceber esse potencial de exatidão a não ser no caso de unidades de rede bastante pequenas. Dois estudos famosos podem exemplificar isso.

O primeiro deles é a exploração de duas redes pessoais feita por Jeremy Boissevain (1974: 97-146)[8]. Essa exploração foi concebida como um estudo piloto do relacionamento entre certas variáveis cuja natureza não precisa nos preocupar aqui. O que podemos observar, em vez disso, é o procedimento e a abundância de dados envolvidos. As redes eram as de dois professores primários em Malta, um na área urbana, outro na área rural e a cobertura foi primordialmente a de suas zonas de primeira ordem. Para o professor rural isso incluía 1.751 pessoas, para o professor urbano 638 – a diferença parece parcialmente relacionada com a diferença de seus ambientes[9]. Essas eram pessoas com quem os dois tinham ou

---

8. Uma versão mais curta do estudo foi publicada anteriormente em Boissevain e Mitchell (1973).

9. A interpretação de Boissevain é que o aldeão, que se encontra com as mesmas pessoas continuamente e está ciente disso, use simples copresenças para se familiarizar com um número maior de pessoas do que o urbanita, que não se depara com as mesmas pessoas repetidamente, ou, se o faz, não o percebe. Os analistas de redes, como observaremos uma vez mais a seguir, praticamente nunca incluem estranhos em redes. Os relacionamentos de tráfego, portanto, são excluídos, como o são, por exemplo, muitos tipos de relacionamentos de aprovisionamento.

mantinham contato. Foram incluídas algumas pessoas que os professores não tinham conhecido pessoalmente, mas que sentiam como se conhecessem, tais como cônjuges de parentes próximos que viviam no exterior. (Existe esse tipo de migração de Malta.) Por outro lado, foram excluídas crianças com menos de 14 anos de idade. Certamente, como não havia meio de chegar a esses números a não ser obtendo identificações dos dois informantes, suas redes verdadeiras provavelmente eram um tanto maiores, já que eles não podiam exatamente se lembrar de todas as pessoas que passaram por suas vidas. Para cada pessoa – 1.751 mais 638 – foi preenchida uma folha de informações que fornecia dados sobre a origem social da pessoa, o número de papéis relacionais compartilhados com o informante, a frequência de contato, o último contato, conteúdo do relacionamento, e conhecidos que essa pessoa e o informante principal tinham em comum. Essas folhas foram também categorizadas de acordo com a importância emocional dos vários contatos para o informante. Os dois informantes também deram uma informação biográfica extensa, inclusive material de casos sobre várias situações que envolviam segmentos diferentes de suas redes. Originalmente Boissevain tinha tido a intenção de desenvolver uma amostra maior de informantes desse tipo. Mas, de maneira nada surpreendente, quando decidiu considerar o experimento como completo, ele só tinha conseguido coletar os dados para esses dois.

Sentimo-nos menos do que generosos ao expressar uma palavra de crítica a um esforço assim tão grande. De acordo com o que foi dito acima, no entanto, podemos observar que paradoxalmente, a tarefa ainda foi, de umas duas formas, um tanto limitada. Como Bott em suas entrevistas, Boissevain obteve a história de cada elo da rede de um lado apenas. A informação sobre contatos laterais entre os outros na rede poderia ser pouco confiável se o próprio informante não estivesse bem-informado. Para checar a informação com os outros também, no entanto, seriam necessárias outras 2.389 entrevistas, algumas delas com pessoas espalhadas pelo mundo. Essa íntegra busca de defeitos é algo que podemos nos permitir quando não temos de fazer o trabalho nós mesmos. Da mesma forma, podermos observar que as redes que Boissevain abstraiu são pouco profundas, na medida em que só relacionamentos de primeira ordem foram incluídos. Mas mesmo se a busca de elos mais distantes pudessem frequentemente levar de volta a muitas das pessoas já incluídas, já que as pessoas em uma sociedade relativamente pequena como Malta provavelmente têm bastante superposição entre suas redes, uma extensão para incluir zonas de segunda e terceira ordens iria claramente produzir uma quantidade de dados ainda menos manejável.

Boissevain fez a tentativa corajosa de incluir todas as pessoas em uma zona de primeira ordem, em vez de selecionar algum grupo menor em termos de importância geral ou relevância para algum problema específico. Ele até considerou a rede como cumulativa, no sentido de que relacionamentos em que nenhuma interação estava naquele momento ocorrendo foram evidentemente considerados como se ainda continuassem, embora de forma latente. Com tais ambições de extensão, é praticamente impossível obter dados de uma qualidade ideal. O outro estudo que examinaremos se deslocou em uma direção diferente. Trata-se da análise feita por Burce Kapferer (1969) de uma disputa em uma pequena rede de trabalhadores industriais em Kabwe – a cidade da África Central anteriormente chamada de Broken Hill, o local da pesquisa de Godfrey Wilson algumas décadas antes.

O cenário do estudo de Kapferer foi o recinto de células em um estabelecimento minerador em que o último estágio na preparação do zinco ocorre. Havia três seções no recinto, e o estudo estava voltado para as pessoas em um deles. Quinze operários passavam todo seu tempo de trabalho ali, enquanto outros oito dividiam seu tempo entre as seções. A maior parte deles estava empregada por tarefa realizada e suas funções normalmente eram interdependentes. O processo de trabalho normalmente caminhava em um ritmo estável, embora de vez em quando um dos operários pudesse se sentir tentado a acelerar. Normalmente eram os operários mais jovens que se sentiam capazes de trabalhar com mais rapidez; isso era ameaçador para os mais velhos que temiam perder seus empregos se não pudessem manter o ritmo. Nesse caso a disputa começou quando um operário mais velho, Abraham, acusou um rapaz mais jovem, Donald, de reduzir o preço por peça. Donald, por sua vez, respondeu com uma acusação velada de bruxaria. Presume-se que os homens mais velhos sabem mais sobre bruxaria e é um recurso que uma pessoa poderia usar se sentisse que sua posição estava ameaçada. Seria de se esperar que esse intercâmbio faria com que os outros homens se posicionassem em cada um dos lados de acordo com sua idade, mas isso não ocorreu. Em vez disso os outros operários pareceram concentrar sua atenção em várias questões colaterais e, no final, Abraham se viu com um forte apoio tanto dos jovens quanto dos mais velhos, enquanto Donald ficou um tanto isolado. A pergunta, então é a seguinte: Por que alguns homens tomaram partido de uma maneira que parecia oposta a seus reais interesses nas questões normativas de velocidade no trabalho e bruxaria?

Kapferer argumentou que o princípio mais importante subjacente à conduta dos participantes neste e em muitos outros tipos de situação, era se alinhar de uma forma que prejudicasse o menos possível seus investimentos no conjunto total de relacionamentos envolvidos. Para começar, isso iria afetar os homens que estivessem conectados com apenas um dos disputantes, ou que tivessem investido mais em seu relacionamento com um deles e não com o outro. Kapferer assim comparou as qualidades dos relacionamentos diretos conectando vários homens a Abraham e a Donald, em termos das três variáveis interacionais de intercâmbio, conteúdo, multiplexidade, e fluidez direcional. O conteúdo do intercâmbio poderia ser de cinco tipos: conversação, brincadeiras, ajuda no trabalho, ajuda financeira, e serviço pessoal. A multiplexidade se refere ao número de conteúdos do intercâmbio em um relacionamento. Se mais de um tipo, o relacionamento era considerado como multiplex. A variável de fluidez direcional referia-se ao fato de que além da conversa, os conteúdos do intercâmbio poderiam fluir em qualquer das duas direções ou em ambas.

Embora não seja estritamente uma parte integral da conceituação de rede, a noção de multiplexidade pode merecer umas poucas palavras adicionais aqui, já que continuaremos a nos basear nela. O uso de Kapferer foi um tanto especializado; quando Gluckman (1955: 19ss., 1962: 26ss.) introduziu o conceito, ele definiu o relacionamento multiplex apenas como um relacionamento que servia a muitos objetivos. Na sociedade tribal com a qual ele estava lidando, seria possível dizer que a grande diversidade interna de conteúdo em um relacionamento assim ainda estava envolvida nele apenas por meio de um único papel. Relacionamentos como esses ocorrem também na vida urbana, é claro, por exemplo, no setor doméstico. Mas especialmente na estrutura social mais diferenciada, a multiplexidade também surge quando ego e *alter* começam a interagir um com o outro por meio de dois (ou mais) conjuntos de papéis mais ou menos distintos. Iremos tratar disso mais tarde. O uso de Kapferer, enquanto isso, parece estar entre os dois tipos de multiplexidade.

Quando ele mapeou o conteúdo do intercâmbio, a multiplexidade e o fluxo direcional nas conexões entre os homens, Kapferer descobriu que certamente havia uma tendência a se alinhar com o disputante com quem a pessoa tinha laços mais fortes. Mas isso não explicava muita coisa, pois vários homens que tinham se alinhado a Abraham tinham o mesmo tipo de relacionamento com ele e com Donald e um homem, o chefe da tripulação, que parecia ter um laço muito forte com Donald, mesmo assim ficou do lado de Abraham. É por isso que Kapferer, como um próximo passo em sua análise, decidiu examinar toda a rede de homens a partir da perspectiva de cada homem sucessivamente. É aqui que as variáveis morfológicas (estruturais no vocabulário de Kapferer) entram na análise. Ele empregou quatro delas, todas mensuráveis quantitativamente. Duas delas se relacionavam com a proporção de relacionamentos multiplex, entre os relacionamentos diretos de um homem com outros homens e entre as conexões laterais entre esses respectivamente. A terceira medida foi a densidade dos relacionamentos laterais entre os homens a quem ego estava diretamente conectado. A medida final foi uma de amplitude (*span*) neste caso definida como a proporção de todos os relacionamentos existentes entre os homens que é composta de conexões diretas entre ego e outros juntos com as conexões laterais entre esses outros. Para cada variável, as medidas eram dicotomizadas, de tal forma que metade dos homens são classificados como "altos" e a outra metade como "baixos". As quatro classificações para cada homem foram consideradas como uma medida das diferenças de grau da conexão que o prendia à rede total de relacionamentos. Quando neste estágio os relacionamentos diretos e os indiretos entre os participantes na disputa foram mapeados, chegou-se à conclusão que Abraham podia captar o apoio de muitos que, pela natureza de seus relacionamentos diretos com os disputantes pareceriam não estar comprometidos, em virtude de seus fortes relacionamentos com terceiros influentes.

Uma explicação sumária como essa não poderia exatamente fazer justiça à rica etnografia e análise de Kapferer. Tampouco foi possível resumir sua discussão dos relacionamentos entre os critérios morfológicos. Poderíamos observar a esse respeito que Barnes (1972: 13), embora favorável ao estudo como um todo, está um tanto hesitante quanto à formulação das medidas. O que nos interessa mais aqui, no entanto, são as exigências para o trabalho de campo para uma análise de rede assim tão precisa. Kapferer realizou observações no recinto de células por vários meses. Com seu campo contido em um espaço incomumente pequeno, e envolvendo um número muito limitado de pessoas, ele pôde obter dados observacionais sobre todos os relacionamentos. Tendo nada mais do que uma ou duas dúzias de pessoas com quem lidar, foi-lhe possível examinar a rede a partir da posição de cada indivíduo, e sentir-se seguro de que todos os relacionamentos dentro desse universo lhe eram conhecidos em algum detalhe. Situações de campo como essas são raras: e sejam quais forem suas vantagens metodológicas é pouco provável que todos os antropólogos gostassem de chegar até elas.

A questão, então é onde a busca por rigor leva a análise de rede e como os antropólogos irão reagir a isso. Uma reação humanista pode ser exemplificada por Simon Ottenberg (1971: 948) em sua resenha de *Social Networks in Urban Situations*:

> Parece provável que a visão de redes irá se deslocar mais e mais na direção da teoria gráfica e da manipulação estatística de conexões de rede. Na medida em que isso ocorrer, ela irá levar a uma precisão científica maior, mas também na direção de uma ciência fria. Uma abordagem que começou em parte como uma tentativa de compreender como os indivíduos operam no meio social urbano, e como eles chegam a decisões e invocam conexões sociais, provavelmente se tornará um sistema extremamente formal de análise no qual o indivíduo como ser humano desaparece nos cálculos de rede.

Há também o comentário de Anthony Leeds, de uma posição geralmente crítica de microestudos antropológicos urbanos, que é hora de nos afastarmos das "trivialidades da metodologia de rede, estudos nas esquinas das ruas, analisando as regras para uma luta justa etc.", e mais especificamente que "a maior parte da literatura africana sobre rede parece completamente atolada em metodologia porque ela não conseguiu atacar questões importantes de teoria substantiva mais ampla".

A hesitação humanista é uma questão de preferência pessoal. Há vários estilos de se fazer antropologia. A crítica de Leeds parece apontar para dificuldades práticas mais sérias com a disciplina no desenvolvimento de estudos de rede. Por mais admirável que a intensidade de sua análise possa ser, todo o aparato de variáveis e medidas interacionais e morfológicas não é fácil de ser deslocado na estrutura social[10]. Pode haver um risco de que à medida que continuemos a lutar para obter uma precisão máxima, a análise de rede fique cada vez menos adaptada à vida humana – ela passa a ser um caso de involução – e não evolução – teórica e metodológica.

Não parece exatamente necessário, no entanto, continuar com estudos de rede apenas nessa direção. Tanta coisa foi atribuída à análise de rede durante seus anos como uma indústria de desenvolvimento antropológico (e também um desenvolvimento interdisciplinar hoje com uma publicação e uma sociedade internacional próprias) que o conceito de rede compara-se aos de "papel" e de "classe" na luta para entender a sociedade em geral, e ela é, para a antropologia da sociedade complexa, aquilo que a genealogia foi para o estudo da sociedade tradicional com base no parentesco. Talvez haja algo de verdade nessas afirmações. Mas possivelmente elas podem ser confirmadas com mais sucesso por uma normalização do pensamento sobre rede, e neste caso o conjunto de conceitos envolvidos passaria a fazer parte do vocabulário geral de todos os antropólogos, para serem usados com exatamente aquela intensidade e compleição que a ocasião exige, como os outros conceitos importantes que acabamos de mencionar. Para nossos objetivos, preferimos assim enfatizar a flexibilidade em vez do rigor e da profundidade. À medida que tentamos descobrir mais sobre como as ideias sobre rede podem nos ajudar a clarificar a vida urbana, as exigências metodológicas podem, pelo menos temporariamente, adotar um perfil mais discreto. Podemos contar conexões até o ponto em que acharmos que isso seja útil e interessante; as variáveis morfológicas (que parecem ser a contribuição mais importante da análise de rede para a conceituação antropológica) será aplicada de uma maneira fragmentada na medida em que acharmos que elas sejam iluminadoras para lidar com o problema em mãos, e não como um conjunto indivisível. Esse é o tipo de pensamento sobre redes que podem merecer alguns exemplos mais.

---

10. Em sua posterior contribuição importante para a antropologia industrial africana, *Strategy and Transaction in an African Factory* (1972), Kapferer nos oferece dados contextuais bastante extensos sobre as pessoas envolvidas nos eventos que ocorrem no chão de uma pequena fábrica de vestimentas e sobre o contexto da sociedade mais ampla para esses eventos. No entanto, a análise de rede que forma uma parte desse estudo também é uma vez mais limitada à fábrica, de tal forma que a situação de campo parece com aquela do recinto de células.

A comunicação boca a boca: fofocas e redes

Embora vários autores antropológicos tenham tido algo a dizer sobre a fofoca como parte da vida comunitária, eles o fizeram na maior parte das vezes *en passant* até 1963, quando o ensaio de Max Gluckman sobre fofoca e escândalos estimulou uma série de estudos com um interesse concentrado mais fortemente nesse tópico. Apesar da posição de Gluckman em meio ao ambiente de Manchester onde a análise de rede florescia, esse ensaio não fez uso de conceitos de rede e geralmente permaneceu no arcabouço do funcionalismo estrutural. A fofoca, nessa visão, serve primordialmente para manter a união dos grupos, especialmente aqueles relativamente exclusivos e muito ligados como as elites, as profissões ou as minorias. Em um sentido óbvio, é claro, a fofoca é falar sobre pessoas, mas mais fundamentalmente, segundo Gluckman, é um meio de expressar e afirmar normas. Por meio da fofoca podemos causar dano aos inimigos e sanções contra os dissidentes no grupo. Podemos também manter os intrusos fora do grupo, na medida em que eles não têm o conhecimento acumulado sobre as pessoas e sua conduta passada que é a base da fofoca como uma arte nobre.

Basicamente a mesma mensagem é reafirmada em termos de rede em um texto curto escrito por Epstein (1969) no estilo de estudos de caso de Manchester. Lidando com uma rede um tanto densa que incluía principalmente trabalhadores de colarinho branco em Ndola, outra das cidades do Copperbelt, ele obteve a história do caso entre Charles e Monica de várias fontes. Ambos eram membros de um círculo um tanto sofisticado e prestigioso; o marido de Monica, Kaswende, não. Epstein ficou impressionado pelo fato de as notícias sobre o caso e a reação violenta de Kaswende a ele terem se espalhado de maneira tão eficiente por meio da rede e também o fato de não haver praticamente qualquer comentário negativo sobre o adultério envolvido. A maioria dos comentaristas pareciam, ao contrário, estar a favor de Monica e Charles, na opinião de que, de qualquer forma, Monica era uma moça muito atraente para estar com Kaswende. Em conclusão, Epstein sugere que a rede fechada de sofisticados usou essa fofoca para definir suas próprias normas e sua separação da massa de urbanitas sem qualificações e incultos. Se os novos centros urbanos da África ainda não formaram classes que agem corporativamente como grupos estáveis, o fluxo da fofoca por meio de redes densas pelo menos permite que seus membros comecem a definir uma identidade separada. (Esse, então, foi um caso em que a estrutura de classe emergente tornou-se um foco de atenção em um estudo do Copperbelt.)

Epstein ainda faz relativamente pouco uso de conceitos de rede em sua interpretação. Ele observa que teria sido interessante buscar a trilha da fofoca a partir da densa aglomeração no centro (i.e., a "rede efetiva") na direção da periferia, para ver como ela muda de caráter e eventualmente definha, mas seus dados não eram suficientes para isso. Ele tampouco discute explicitamente o relacionamento entre a intensidade da fofoca e a forma da rede. Tais questões eram um pouco preocupantes na medida em que eu próprio explorei as possibilidades de uma análise de rede da fofoca com base nas experiências de campo em um bairro negro em Washington D.C. (HANNERZ, 1967). A questão se a fofoca serve para manter coesão foi nesse caso vista como uma questão de controle social – será que as pessoas, ao manterem um fluxo constante de informação sobre terceiros, garantem sua conformidade com as normas?

Nesse caso, a resposta foi parcialmente negativa. Quando mais não fosse, nas condições confusas do gueto, poucas pessoas estavam dispostas a se entregar a fofocas. As pessoas preferiam não se envolver muito com as outras, particularmente porque elas poderiam ressentir as intromissões em suas vidas pessoais. Isso, é claro, tem pouco a ver com a forma de rede. Além disso, no entanto, essas tentativas de fazer cumprir normas como resultado de fofocas poderia fracassar se o setor de rede envolvido não pudesse estar absolutamente seguro da lealdade de seus membros. A comunidade do gueto poderia ser considerada como uma rede interconectada de densidade variada. Em uma existência cheia de problemas, as pessoas viveriam de acordo com normas operacionais um tanto variáveis (ao contrário de normas ideais) e os indivíduos estariam inclinados a estar rodeados de pessoas com alinhamentos normativos semelhantes. No entanto, muitas redes pessoais iriam revelar alguma diversidade interna nesse aspecto, e para outros indivíduos uma vez mais existiria a possibilidade de reconstruir a rede para encontrar apoio para outras normas. Nessa situação, a fofoca algumas vezes levaria ao cumprimento de normas; mas poderia também ser um catalisador para romper ou atenuar os relacionamentos com pessoas que insistiam a respeito de normas às quais tinha se tornado indesejável, inconveniente ou simplesmente impossível obedecer.

Mas as fofocas no gueto negro, também observei, não eram sempre do tipo informativo (e na maior parte das vezes odioso) sobre o qual Gluckman baseou seu argumento. Grande parte daquilo que passava pela comunicação boca a boca do gueto era simplesmente da natureza de notícias, e uma vez mais isso poderia ser visto contra o pano de fundo da forma de rede. Muitos dos moradores do gueto, particularmente jovens adultos, acumulavam redes bastante amplas. Essas não são necessariamente muito densas e isso poderia tender a limitar a fofoca, na medida em que as pessoas provavelmente preferem fofocar sobre conhecidos mútuos. O que é mais importante aqui, no entanto, é que há muitas vezes apenas uma baixa frequência de interação em conexões mesmo em setores de rede bastante densos. Em outras palavras, muitos relacionamentos podem ser considerados latentes. Assim longos períodos podem passar sem que dois conhecidos (ou até mesmo "amigos") se encontrem. Mas por meio da fofoca, eles podem se manter informados um sobre o outro pelo menos com um pouco mais de regularidade, sabendo talvez sobre mudanças de emprego, de endereço, de estado civil, ou de estilo de vida em geral. Juízos normativos, que podem ou não ser parte de tal informação, podem então não ser muito importantes. O que é significativo é que as pessoas obtêm um mapa de seu ambiente social mutante que as ajuda a direcionar seu curso. Aqui, então, a fofoca é primordialmente sobre as pessoas, e só secundariamente – ou de forma alguma – sobre normas.

A essa altura, minha interpretação aproximou-se da segunda corrente principal em análises de fofocas, que foi primeiramente proposta em termos mais gerais por Robert Paine (1967). Paine descreve sua visão como uma alternativa a de Gluckman, embora possa ser mais exato considerar as duas perspectivas como complementares[11]. Essa é a visão transacionalista da fofoca, que enfatiza como os indivíduos manipulam a fofoca para promover seus próprios interesses. A administração da informação passa a ser o conceito-chave. Os participantes na fofoca querem obter informação; também podem querer fazer com que a informação com a qual contribuem flua em direções específicas e de uma forma específica. Se em seu primeiro artigo sobre esse tema Paine menciona redes apenas *en passant*, em um texto posterior (1970) baseia-se mais diretamente nessa ideia, ao mesmo tempo em que coloca a fofoca em um contexto mais amplo de análise de comunicação informal. Com esse texto voltamos à sociedade litorânea norueguesa; no entanto, dessa vez não é a Bremnes de Barnes e, sim, a uma aldeia mais para o norte, chamada Nordbotn. É uma pequena comunidade, com uma rede geralmente densa, onde as pessoas de um modo geral têm uma boa visão dos relacionamentos de uns com os outros. Nessa situação, são particularmente os empreendedores da aldeia que têm interesse em manipular informação, embora eles não sejam igualmente hábeis nesse jogo. Paine discute as vantagens e desvantagens de mensagens diretas e em cadeia em termos de certeza e velocidade (o que pode nos fazer lembrar da distinção que Mayer fez entre campanhas eleitorais *"hard"* e *"soft"*), as vantagens ocasionais de mensagens "não assinadas" (rumores) sobre mensagens "assinadas" (fofoca) e as dificuldades em uma pequena comunidade de transmitir uma mensagem "não assinada" mantendo sua origem desconhecida. O alto nível de consciência da rede, naturalmente, muitas vezes faz com que seja possível descobrir a partir de onde uma informação começou seu percurso. No entanto, se existem problemas envolvidos para fazer com que a informação seja transmitida, podem haver também dificuldades se tentarmos não passá-la adiante. Se fazemos confidências a uma outra pessoa, outros podem ter percebido o suficiente da interação para se perguntarem o que está ocorrendo. E se fazemos confidências a mais de uma pessoa, é difícil em uma rede densa saber como descobrir quem abusou de nossa confiança. Tais são os problemas de gerenciamento de informação.

---

11. Para mais esclarecimento do relacionamento entre eles, cf. Gluckman (1968b) e Paine (1968).

Mau-mauing and Flak Catching*

Beneficiando-se da análise de rede ou não, a fofoca passou a ser um tópico bastante respeitável de pesquisa entre os antropólogos nos últimos tempos. Nosso próximo exemplo dos usos possíveis do pensamento de rede, por outro lado, não se baseia no trabalho antropológico e sim em um ensaio por Tom Wolfe, um importante expoente do Jornalismo Novo. Sendo acoplado em forma de livro com o conhecido "Radical Chic", o ensaio em que estamos interessados aqui, "Mau-Mauing the Flak Catchers" talvez tenha sido um pouco negligenciado. Como um estudo em organização social, no entanto, é bastante esclarecedor, seja ou não descrito, exageradamente, como etnografia.

O livro é uma sátira do programa para eliminar a pobreza em São Francisco na década de 1960. Esperava-se que a burocracia apoiasse a organização da comunidade, mas não conhecia a comunidade (e, podemos supor, não tinha pensado muito em que sentido sequer existia uma comunidade). Supostamente, ela deveria trabalhar com a liderança das bases comunitárias, mas não sabia onde encontrá-la. Portanto, na interpretação de Wolfe havia um enorme campo para o empreendedorismo.

> Going downtown to mau-mau the bureaucrats got to be the routine practice in San Francisco. The poverty program encouraged you to go in for mau-mauing. They wouldn't have known what to do without it. The bureaucrats at City Hall and in the Office of Economic Opportunity talked "ghetto" all the time, but they didn't know any more about what was going on in the Western Addition, Hunters Point, Potrero Hill, the Mission, Chinatown or south of Market Street than they did about Zanzibar. They didn't know where to look. They didn't even know who to ask. So what could they do? Well... they used the Ethnic Catering Service... right... They sat back and waited for you to come rolling in with your certified angry militants, your guaranteed frustrated ghetto youth, looking like a bunch of wild men. Then you had your test confrontation. If you were outrageous enough, if you could shake up the bureaucrats so bad that their eyes froze into iceballs and their mouths twisted up into smiles of sheer physical panic, into shit-eating grins, so to speak, then they knew you were the real goods. They knew you were the right studs to give the poverty grants and community organizing jobs to. Otherwise they wouldn't know (WOLFE, 1970: 97-98)**.

---

* No original *Radical chic and Mau-mauing and flak catching* – título de dois ensaios por Tom Wolfe, conhecido representante do Jornalismo Novo [N.T.].

** Ir para o centro para ameaçar os burocratas passou a ser a prática rotineira em São Francisco. O programa da pobreza *encorajava* a pessoa a ir ameaçar. Eles não saberiam o que fazer sem isso. Os burocratas na prefeitura e no Escritório de Oportunidades Econômicas falavam sobre "o gueto" o tempo todo, mas não sabiam o que se passava em Western Addition, Hunters Point, Potrero Hill,

Mau-mauing, então, é uma arte de manipulação de rede. Quando pessoas em um aglomerado de relacionamentos desejam contatar pessoas em outro aglomerado, mas não têm conexões estabelecidas e testadas pelo tempo que atravessem o abismo, eles terão de aceitar as exigências de um corretor. (O corretor, é claro, é uma pessoa com um tipo específico de amplitude de rede, incluindo pelo menos dois tipos bastante diferentes de pessoas em sua rede e mais ou menos monopolizando os contatos entre eles – contatos diretos que o eliminem são insignificantes ou não existentes.) Mas *mau-mauing* é um tipo específico de corretagem, pois é realmente apenas uma corretagem alegada. Na ausência de quaisquer meios de verificar a eficácia de canais, pelo menos no curto prazo, a parte buscando contato é suscetível a essas alegações.

Até aqui a interpretação de Wolfe da parte *mau-mauing* da equação, reafirmada em termos mais gerais de rede (que certamente são menos interessantes, mas provavelmente mais úteis para objetivos de análise e comparação). Há alguma manipulação de rede partindo do lado dos burocratas também, no entanto, pois os burocratas que precisam tomar decisões não querem se fazer muito acessíveis ao *mau-mauing*. Portanto, aqui entra o *flak catcher*. A função do *flak catcher* na burocracia é receber as pessoas que fazem as exigências, sofrer hostilidade e humilhação e não se comprometer – ao contrário, deixar bem claro aos visitantes, que ele não está em uma posição que possa comprometer seus superiores ou a burocracia como um todo com qualquer linha de ação. Em outras palavras para diminuir a alcançabilidade.

O *flak catcher*, também, é um tipo de corretor, já que ele se encontra no ponto de conexão entre o público e os verdadeiros donos do poder e canaliza os contatos entre eles. Há provavelmente uma tendência, no entanto, a considerar um corretor como alguém que facilita contatos entre as pessoas, grupos ou instituições que, sem ele, não estariam facilmente acessíveis umas às outras. O *flak catcher*, se pudermos falar de uma forma grosseira, é um anticorretor; seu objetivo na vida é *limitar* contatos. Talvez a metáfora de um "porteiro" tenha as conotações mais apropriadas, embora tampouco seja muito precisa.

---

a Mission, Chinatown ou o sul da Market Streetmais do que sabiam o que se passava em Zanzibar. Não sabiam onde procurar. Não sabiam sequer a quem perguntar. Portanto, o que é que podiam fazer? Bem... eles usaram o Serviço Étnico de Catering... muito bem... Sentaram-se novamente e esperaram até que você viesse com seus militantes zangados oficiais, seu jovem do gueto com frustração garantida, parecendo um bando de homens selvagens. Então dava-se a confrontação de seu teste. Se você fosse suficientemente ultrajante, se você pudesse sacudir os burocratas com tanta força que seus olhos se congelassem em bolas de gelo e suas bocas se retorcessem em sorrisos de puro pânico físico, um sorriso de quem está comendo merda, por assim dizer – então você era a mercadoria desejada. Eles sabiam que vocês eram os machões a quem dar as bolsas família e os empregos para organizar a comunidade. Se não fosse por isso, eles não saberiam.

Encontramos algo assim antes, na análise de Adrian Mayer da diferença entre clientelismo e corretagem. Como um patrono dispensa seus próprios recursos limitados enquanto o corretor lida com promessas um tanto incertas, o último pode, de certa forma, ser mais generoso em suas transações do que o primeiro. Consequentemente, Mayer observa, um patrono pode achar útil inserir um corretor como um parachoque entre ele próprio e seus clientes, algo que permitiria uma rede de amplitude maior e alguma proteção das repercussões de transações fracassadas.

O *flak catcher*, que pode apanhar bastante antes de abrir o portão totalmente, e o corretor bondoso que está sempre pronto para estabelecer contatos a uma tarifa tão baixa que praticamente qualquer um pode contratá-lo, são, é claro, apenas dois polos de um contínuo (ou talvez algum artifício heurístico mais complexo). Para chegar a uma compreensão mais completa de como a separação é vencida em uma rede, ou obtida nos casos em que não é automaticamente produzida em processos sociais, podemos construir um conjunto sofisticado de formas de corretagem. As lealdades do corretor, a capacidade de entregar o pedido, e os objetivos que o verdadeiro dono dos recursos tem para liberá-los, podem ser algumas das variáveis incluídas nessas conceituações.

A estrutura de *mau-mauing e flak catching*, enquanto isso, nos oferece um exemplo de como uma interpretação de rede pode envolver tanto os setores institucionais quanto os não institucionais – os últimos servindo, primordialmente, como o contexto para o *mau-mauing*, o primeiro sendo o habitat do *flak catcher*. Poderia ser utilizado para mostrar, também, a interação entre controle normativo e informação pessoal em relacionamentos já que a atuação do papel mais suave do *flak catcher* pode implicar uma exibição mais sutil de conflito entre simpatias pessoais e exigências institucionais.

Alcançabilidade, pequenos mundos e consciência das redes

Há casos em que podemos nos apresentar como um estranho a um outro que escolhemos e exigir uma atenção especial. Essa, por exemplo, é a abordagem do especialista *mau-mau*, embora seu sucesso possa ser modificado por meio da inserção de um *flak catcher*. Mas com frequência, isso não é exatamente possível. A acessibilidade física, como observamos rapidamente no capítulo 3, por si só não garante acessibilidade social. A informação sobre onde encontrar o tipo de pessoa que estamos procurando pode simplesmente estar faltando. Ou precisamos saber se a outra pessoa é confiável ou, por outras características um parceiro adequado antes de nos envolvermos. Ou (como um caso especial da última situação) queremos ter certeza por meio de uma conexão com uma outra pessoa de que aquela outra pessoa estará disposta a desconsiderar normas públicas de alguma maneira antes de entrarmos em contato direto com ela.

A cidade ocidental contemporânea tem um número de instituições que se especializam em administrar a falta de informação, mas que, a não ser por isso, raramente formam relacionamentos significativos entre aqueles a quem elas põem em contato – instituições como a publicidade com letra miúda, corretores de imóveis, ou agências de emprego. Sob outras circunstâncias, no entanto, o estabelecimento de contato pode ser mais personalizado e mais difundido por toda a sociedade. De um modo bastante geral, pode não haver qualquer norma universalista que garanta audiência a um estranho – ou se isso existe em princípio, pode ser transgredido na prática. Portanto, torna-se necessário operar por meio de conexões; ser enviado, junto com recomendações pessoais, entre pessoas que já se conhecem, até que alcancemos nosso destino. Em certas sociedades, há um acordo generalizado que muito pouco pode ser realizado se não houver essas conexões particularistas. Uma expressão gráfica latino-americana é que você precisa de *uma palanca*, uma alavanca para deslocar alguém. Em outras sociedades a prática pode existir sem que seja reconhecida tão abertamente.

Boissevain (1974: 150-152) descreveu um caso de tal navegação por rede oriundo de sua pesquisa na Sicília. Um estudante de Siracusa, Salvatore, precisava obter permissão de um professor na Universidade de Palermo para apresentar uma tese embora o período de registro já tivesse passado há muito tempo. Ele, portanto, foi de Siracusa para Leone, uma cidade em que tinha trabalhado anteriormente e onde tinha contatos úteis – um deles era o secretário local do partido político predominante. Este secretário recomendou Salvatore para seu primo que era secretário pessoal de um alto funcionário em Palermo. O primo por sua vez o apresentou a um irmão que tinha amigos na universidade, e o irmão no final também conhecia o assistente do professor-titular. O assistente então pôs Salvatore em contato com o professor. Como se constatou mais tarde, o professor era candidato para eleição em um distrito que incluía Leone, que ele acreditou ser a cidade natal de Salvatore. Com isso ele teve uma opinião generosa com relação ao problema da tese desse último, na expectativa de ter adquirido um seguidor político precioso em troca. Assim Salvatore pôde voltar para Siracusa e mais tarde apresentou sua tese para preencher as exigências e obter seu doutorado. O professor, por outro lado, não conseguiu ser eleito.

Uma história semelhante de funcionamento de redes para obter um diploma foi contada por Satish Saberwal (1972: 178-179) de uma cidade industrial punjab. Seth, um bancário de padrão médio, tinha um filho que estava a ponto de prestar seus exames finais no curso superior. Os examinadores eram todos de colégios de outras cidades. Quando Seth descobriu quem eles eram e de onde, começou a estabelecer contatos com eles. Um foi alcançado por meio de um parente de Seth que era contador em um banco perto da universidade do examinador; outro por outro parente que era vizinho do sobrinho de Seth; um terceiro por meio de um vendedor que visitava o circuito universitário em busca de encomendas, e assim por diante. Então, pouco antes do exame ocorrer, todos os examinadores foram mudados. Incansavelmente, Seth recomeçou seu trabalho e conseguiu contatar todo o novo grupo de examinadores. Não ficou muito claro que parte esses contatos finalmente desempenharam. Mas o filho de Seth conseguiu passar no exame.

Podemos ter questões éticas sobre o uso de tais contatos; para nossos objetivos específicos aqui, no entanto, as questões práticas são mais importantes. Salvatore passou por quatro intermediários para atingir o professor. Os elos da cadeia de Seth eram mais curtos, mas havia um número maior deles. Seus esforços podem também nos fazer lembrar o estudo de Nancy Howell Lee sobre mulheres americanas procurando abortos (à época, normalmente ilegais). Cada uma dessas mulheres fez entre um e nove tentativas pedindo outras pessoas para ajudá-la a localizar um médico que realizasse abortos e fosse aceitável. O comprimento da cadeia bem-sucedida variou entre um elo – quando as mulheres fizeram contato diretamente com um médico – e sete elos. Como, em casos como esses, decidimos em que direção atacar a fim de alcançar a pessoa alvo, pessoalmente conhecida ou desconhecida? Qual é a probabilidade de que o indivíduo envolvido possa sequer ser alcançado dessa maneira?

Essas questões estão relacionadas com uma série de experimentos fascinantes realizados pelo psicólogo social Stanley Milgram e seus colegas (ex.: MILGRAM, 1969; TRAVERS & MILGRAM, 1969). Seu tema é o "o problema do mundo pequeno" assim chamado em virtude da experiência amplamente compartilhada de pessoas que se encontram como estranhos, mas descobrem que têm inesperados conhecidos em comum. Milgram foi mais além dessa conexão específica de apenas um intermediário, para se perguntar quantos elos seriam necessários para conectar quaisquer dois indivíduos escolhidos aleatoriamente. É claro, é geralmente reconhecido que seja grande ou pequeno, o mundo é um só: se investigássemos cadeias suficientemente longas, descobriríamos que cada indivíduo se conecta com cada outro indivíduo. Mas o que seria suficientemente longa em um arcabouço de, por exemplo, a sociedade americana?

Poderíamos examinar isso em termos de probabilidade, com base em alguma rede calculada de tamanho padrão e de conexões de primeira ordem e uma cobertura que aumentasse geometricamente com cada ordem de conexões adicional incluída. Isso não seria exatamente uma aproximação muito perto da realidade, no entanto, pois fatores sociais, geográficos e de outros tipos irão criar clusters de relacionamentos que estão longe de serem aleatórios. Milgram em vez disso estudou a questão empiricamente. Ele selecionou pessoas-alvo na área de Boston (onde ele próprio se encontrava) e depois pediu a pessoas participantes da pesquisa em outras partes do país para tentarem estabelecer contato com uma pessoa alvo específica, usando apenas uma cadeia de pessoas na qual cada dois indivíduos diretamente conectados se conheceriam pessoalmente. As pessoas iniciantes recebiam o nome e o endereço da pessoa alvo e alguma informação limitada sobre ela e recebiam também instruções para transmitir – pessoalmente ou por correio – um documento diretamente para a pessoa alvo se eles próprios a conheciam, ou se não a conhecessem para um conhecido que mais provavelmente conheceria aquela pessoa alvo. As instruções também diziam que cada intermediário deveria seguir o mesmo procedimento até que a pessoa alvo fosse alcançada. O documento incluía uma lista de pessoas que já o tinham transmitido (cada participante acrescentava seu próprio nome), para evitar labirintos que levassem o documento de volta para participantes anteriores. Cada participante também informava o pesquisador que a cadeia o tinha alcançado, para que Milgram pudesse acompanhar o progresso (ou alternativamente, a interrupção) de cada cadeia.

Esse foi realmente um estudo em cartas-corrente, embora as cadeias tivessem uma direção e não fossem crescendo como uma bola de neve como as cartas-corrente supostamente devem fazer. O primeiro grupo de cadeias começou a partir de Kansas, com a esposa de um estudante de teologia em Cambridge, Massachusetts como pessoa alvo. A pessoa iniciante, um fazendeiro que cultivava trigo, tinha enviado o documento para um pastor em sua cidade natal, que o tinha enviado para outro pastor que ensinava em Cambridge, que o entregou à pessoa alvo – um total de três elos ou dois intermediários. Certamente essa foi uma cadeia excepcionalmente curta, mas o número mediano de intermediários em cadeias completas foi apenas 5,5, e na maior parte das vezes as cadeias variavam entre três e dez intermediários. Resultados semelhantes foram alcançados em um segundo estudo, com pessoas iniciantes em Nebraska e um corretor como pessoa alvo. É preciso observar que um número considerável de cadeias não foi completado, provavelmente porque aqueles que receberam o documento não tiveram interesse em cooperar.

Sendo capaz de acompanhar cada elo nas cadeias, Milgram pôde fazer uma série de observações sobre sua especificação. Ele descobriu que havia uma forte tendência para que homens usassem conexões com outros homens e mulheres com outras mulheres. Cerca de cinco sextos dos elos nas cadeias que começaram em Kansas foram entre amigos e conhecidos, apenas um sexto entre parentes. Possivelmente, experimentos transculturais desse tipo poderiam revelar variações em pontos como esses. Outro resultado interessante no estudo com o corretor como pessoa alvo foi que das 62 cadeias que o alcançaram, dezesseis tinham um comerciante que vendia roupa em sua pequena cidade natal nas imediações de Boston como último intermediário. Obviamente esse comerciante tinha uma rede de amplitude um tanto ampla. Esse estudo na verdade tinha três grupos de pessoas iniciantes: um grupo escolhido aleatoriamente em Nebraska, um grupo de corretores de Nebraska que poderiam ter canais específicos para alcançar o corretor e um grupo de pessoas de Boston escolhidas aleatoriamente. O último grupo atingiu a pessoa alvo com um número médio de 4,4 intermediários, o grupo aleatório de Nebraska com um número médio de 5,7 e os corretores de Nebraska com 5,4. A diferença entre os dois grupos de Nebraska não foi estatisticamente significativa. Evidentemente a distância geográfica não parece aumentar as cadeias muito – no começo da cadeia havia muitas vezes uma tendência a fechar intervalos rapidamente por meio de uma ou duas conexões de longa distância.

Sejam quais forem as questões interessantes que possamos levantar sobre os padrões e variações internas, talvez a descoberta mais digna de nota seja o fato de as cadeias serem frequentemente bastante curtas. Poderíamos objetar dizendo que essas são as cadeias bem-sucedidas; as cadeias não completadas provavelmente acabariam sendo mais longas. Travers e Milgram citam uma fórmula pela qual o problema de interrupção pode ser levado em consideração, no entanto, e ela indica que o comprimento mediano de cadeias se todas tivessem sido completadas iria aumentar de cerca de cinco a sete apenas. E o que também deveria ser observado é que cadeias realmente bem-sucedidas teoricamente poderiam ser mais curtas, pois nenhum participante, especialmente nas primeiras conexões, tem a probabilidade de saber qual é realmente a rota mais curta entre ele próprio e a pessoa alvo. Eles podem apenas supor com base na informação limitada que lhes é repassada sobre a última. Se todos os atalhos fossem realmente encontrados, talvez as cadeias uma vez mais fossem menores, com um par de conexões a menos. Mas, uma vez mais, não devemos subestimar o número potencial de pessoas envolvidas nessas cadeias extraordinariamente curtas. Em cada conexão, várias centenas de pessoas podem ser rastreadas como possíveis próximos contatos. Como diz Milgram, a distância entre a pessoa iniciante e a pessoa alvo não deve ser considerada apenas como cinco ou seis pessoas e sim como cinco ou seis mundos pequenos.

Qual é o significado disso? Talvez quase nenhum. Bem poderia ser uma dessas coisas sem existência real fora da sala de jogos dos acadêmicos. Se pudermos "virar W.I. Thomas de cabeça para baixo" com seu conhecido teorema: se as pessoas não conseguem definir uma situação como verdadeira, ela não tem quaisquer consequências verdadeiras. (Isso certamente não seria sempre verdade.) Se existem pessoas, por outro lado, que têm algo assim como esse grau de consciência de redes, que tentam examinar vários elos em suas correntes em suas redes e fazem uso daquilo que veem, suas estratégias e conquistas poderiam ser muito interessantes.

Redes de poder

Como um último exemplo de um campo de estudo em que as ideias de redes devem ser úteis, parece razoável mencionar o campo de estruturas de poder – embora muito pouca coisa na área de análise de rede em qualquer sentido estrito parece realmente ter sido realizada sobre temas desse tipo. Um livro como o clássico *Community Power Structure* (1953) de Floyd Hunter presta-se em alguns aspectos ao novo pensamento sobre rede, no entanto, como o fazem também, por exemplo, as tentativas mais recentes de Domhoff para conceituar a coesão da classe dominante nacional norte-americana. No entanto, Domhoff está primordialmente interessado nas instituições da classe e não nas conexões pessoais entre seus membros.

Durante muito tempo, o debate mais importante sobre as estruturas de poder na América foi entre os pluralistas, que veem o poder como organizado de uma maneira relativamente fragmentada e difusa sem nenhum grupo dominante em termos de influência e poder decisório, e os elitistas (um termo um tanto mal-escolhido, já que a maior parte deles não gosta do que encontram) que veem uma única, muito bem-integrada "elite de poder" ou "classe dominante" de definição ligeiramente diversa[12]. Não parece muito aconselhável tentar lançar a luz sobre os cantos recônditos desse debate aqui. Poderíamos observar, no entanto, que as duas alternativas podem ser parcialmente formuladas em termos de redes. A visão da elite parece implicar uma pequena rede de alta densidade – todos conhecem todos os demais – e provavelmente relacionamentos multiplex, construídos na medida em que os membros frequentaram as mesmas escolas, participaram das mesmas diretorias, pertenceram aos mesmos clubes e passaram suas férias nos mesmos *resorts*. Podemos presumir que esses relacionamentos também são bastante duradouros. Na perspectiva pluralista há necessariamente uma rede mais ampla, na medida em que as pessoas são participantes ocasionais de processos de poder. A densidade geral é mais baixa pois pessoas com interesses diferentes podem estar envolvidas em situações diferentes e, com isso, não entram em contato. Em outras palavras, pode haver uma superposição mais parcial de pessoas entre situações. Já que as pessoas são de origem bastante variada, há mais probabilidade de que os relacionamentos sejam de uma única cadeia. Isso não é negar, é claro, que nessa rede mais ampla podem haver grupamentos de maior densidade, com ou sem mais conexões multiplex.

O conflito entre essas perspectivas é, de algumas maneiras, mais aparente do que real, já que elas podem se aplicar a situações diferentes. Na medida em que o tema é as estruturas de poder da comunidade local, já sugerimos, mais realisti-

---

12. Praticamente nem é necessário assinalar que o que está envolvido aqui é o conceito de pluralismo da ciência política, e não o da antropologia. Para um comentário sobre as diferenças cf. Kuper (1969).

camente a questão talvez seja quais são monolíticas, quais pluralistas, e quais são as razões para tais diferenças entre as comunidades. Em nível nacional – quem governa a América? – há uma escolha mais evidente entre as perspectivas, embora possivelmente possa haver uma resolução em uma teoria mais complexa. Uma das dificuldades em chegar a conclusões com bases sólidas, no entanto, é obviamente a de descobrir algo sobre as manobras reais do poder. Uma coisa é saber que pessoas frequentaram as mesmas escolas, pertencem aos mesmos clubes ou até realmente se conhecem – outra coisa é saber o que realmente ocorre em suas interações. Os cientistas sociais com muita frequência não têm muito sucesso quando tentam se aproximar da ação dessa maneira. Nos últimos anos, as representações mais vívidas das redes de poder com mais frequência tiveram como fonte o jornalismo investigativo. As coalizões de candidatos, financistas, advogados, agentes secretos e outros provavelmente irão interessar à imaginação de um analista de redes, que poderia considerar, por exemplo, as maneiras pelas quais as conexões são manipuladas de tal forma que elas não possam ser investigadas de fora, ou de tal forma que afirmações de ignorância relativamente críveis possam ser feitas sobre aquilo que ocorre em uma ou duas conexões mais afastadas na rede.

Deslocando-nos para a etnografia do poder em outra região, encontramos uma afirmação em termos mais explícitos de rede em uma interpretação da estrutura social mediterrânea por Schneider, Schneider e Hansen (1972). Na opinião desses autores, "grupos não corporativos" surgirão como importantes detentores de poder nos casos em que sua distribuição não foi transformada em rotina e regulamentada por instituições corporativas mais estáveis. Na sociedade americana, isso pode estar nos níveis superiores do sistema – e segundo uma pequena nota de rodapé, no seu nível mais baixo, presumivelmente dentro dos limites reais (embora não necessariamente formais) impostos de cima. Nos níveis médios, por outro lado, acredita-se que o poder esteja estruturado mais plenamente, principalmente por meio de burocracias.

Na área mediterrânea europeia, observam os Schneiders e Hansen, há regiões em que as estruturas de poder nacionais não penetraram eficientemente – sobretudo por razões históricas. Nessas regiões, sociedades inteiras continuam extraordinariamente abertas ao uso estratégico de grupos não corporativos tais como facções e coalizões mais ou menos temporárias para objetivos comerciais, políticos ou ambos. Na coalizão, cada participante permanece em controle de seus próprios recursos e pode se retirar a qualquer momento, com a mesma facilidade com que um novo membro pode ser adicionado. Isso contribui para a adaptabilidade, mas também para a instabilidade. Para tornar os relacionamentos um pouco mais sólidos, participantes podem depender de expressões tais como festas e parentescos fictícios. Apesar disso, eles estão sempre abertos para novas oportunidades e ansiosamente buscando informação sobre eles. A imagem que obtemos é de uma rede com grupamentos que se aglomeram em um momento para se destroçar em um momento próximo, com os elementos se reordenando em novos padrões.

Em outro artigo, Hansen (1974) analisou a vida nos bares em uma cidade espanhola – mais precisamente, catalã – como parte de processos de rede como esses. No passado, seus ambientes típicos eram os salões de várias associações voluntárias, mas durante a era de Franco esses salões eram politicamente suspeitos como refúgios para o radicalismo ou o nacionalismo catalão, e os bares mais neutros ocuparam seu lugar. Aqui há uma sociabilidade intensa e aberta. As pessoas vêm e vão incessantemente, todas procurando outras pessoas. O *barman* é considerado uma fonte de informação sobre a localização de seus fregueses. Quando encontrarmos seja quem for que estávamos procurando, haverá bebidas e conversas – números são mencionados, pessoas e atividades são discutidas e planos são feitos e refeitos. Certamente, nem todos os intercâmbios verbais são sobre negócios, mas temas assim são parte de um fluxo mais geral de notícias e opiniões sobre filmes, o tempo, ou seja lá o que for que está ocupando a mente das pessoas.

O bar, portanto, serve como um catalisador para a formação e transformação de redes. Ele permite que as pessoas examinem continuamente que novas conexões podem ser feitas ou que antigos contatos podem ser renovados ou intensificados a fim de fazer com que novos recursos sejam acessíveis. Uma lição mais geral que podemos extrair é que existem algumas instituições cuja função principal parece ser facilitar a administração individual de redes. Tais instituições talvez devam ser procuradas sempre que a concretização e a manutenção de conexões desejáveis sejam problemáticas. Claramente instituições que servem outros objetivos são muitas vezes utilizadas também para a formação de redes – no capítulo 2, observamos uma senhora emergente que fez doações para uma instituição de caridade para animais de uma senhora da sociedade, a fim de ser aceita nos melhores círculos. Mas a classe alta americana também tem suas próprias instituições que parecem servir primordialmente às necessidades das redes. Refúgios como o Bohemian Grove ao norte de São Francisco, por exemplo, tema de um dos estudos de William Domhoff, por meio de sua sociabilidade organizada, oferece a seus membros um acervo de parceiros potenciais de rede aos quais acesso direto pode estar mais ou menos garantido. Se é uma característica do *status* da elite do poder que seus membros quase nunca precisam usar um corretor ou outras conexões indiretas para contatar alguém no poder, tais instituições fazem sua parte para maximizar a densidade e a alcançabilidade dentro da própria elite.

Ambas as visões elitista e pluralista das estruturas de poder tendem a presumir uma situação de "tudo continua como de costume". No entanto, mais ou menos na última década isso não foi exatamente uma descrição muito apropriada da vida política no mundo ocidental, ou pelo menos não de algumas de suas manifestações mais visíveis. Houve uma política de movimentos – pacifista, ecologia, o poder negro, a libertação das mulheres – que transformou em militantes pessoas em categorias cuja participação na política, em outras circunstâncias, tem sido muitas vezes passiva. Há um motivo especial para mencionar essa corrente de mobilização aqui porque um estudo antropológico, por Gerlach e Hine (GERLACH, 1970; GERLACH & HINE, 1970a, 1970b), tentou interpretá-la parcialmente em termos de redes. Não é exatamente uma questão de uma análise de rede particularmente sofisticada, e não se conecta muito explicitamente com os estudos antropológicos de rede de um modo geral. Se nos familiarizarmos com as linhas de pensamento nesses estudos, no entanto, não é difícil identificar paralelos nessa interpretação de movimentos.

Gerlach e Hine enfatizam a natureza descentralizada e instável dos novos movimentos. Eles tendem a ser constituídos por grupamentos relativamente pequenos, interconectados, mas bastante autônomos – "células" ou seja lá como for que possamos decidir chamá-los. As pessoas que os observam de fora podem formar uma impressão negativa da eficiência desse modelo de organização que às vezes parece assolado por discórdias internas. Gerlach e Hine argumentam (talvez de uma maneira um tanto parcial) que, pelo contrário, ele pode estar excepcionalmente bem-adaptado para seus objetivos. Não devemos nos esquecer de que esses são *movimentos* – eles supostamente deverão crescer, captar a lealdade de mais e mais pessoas de origens extremamente variadas. Como a campanha política indiana descrita por Adrian Mayer, eles usam todas as variedades concebíveis de relacionamentos preexistentes para recrutar novos seguidores. O resultado, se esses esforços conseguem ter algum sucesso, é uma multidão de pessoas que podem ter pouco em comum entre elas, que poderiam não se encaixar muito bem em uma organização mais rigidamente coordenada, e que abordam seus ambientes respectivos de maneiras diferentes – embora talvez cada uma delas bem-sucedida à sua maneira. O melhor uso que essa multidão pode fazer de si mesma, então, em termos de seu único objetivo compartilhado, seria deixar que as pessoas se relacionem entre elas como desejarem, e deixar que os grupamentos resultantes trabalhem em união enquanto isso dure – e depois permitir mais segmentação com base em sejam quais forem os novos alinhamentos que surjam com o passar do tempo. A imagem é, uma vez mais, como aquela das coalizões de poder mediterrâneas, de grupamentos se formando, rompendo-se e se reformando. A diferença é que, dessa feita, eles o fazem dentro do arcabouço de compromissos contínuos compartilhados (que muitas vezes permitem que algumas interconexões úteis continuem existindo) e dentro de uma rede de movimento que passa por um desenvolvimento geral.

A cidade grande: rede de redes

Desde a fofoca e os encontros burocráticos passando pela busca de um médico que faça abortos e por movimentos de protesto – o pensamento de rede parece ter uma variedade de utilidades. Seu potencial para mostrar como, em uma grande população, as pessoas podem se combinar e se recombinar em uma multiplicidade de maneiras para objetivos diferentes e com consequências também diferentes pode bem ser particularmente vantajoso na antropologia urbana. Como é um desenvolvimento bastante recente vemos pouco desse tipo de pensamento nas afirmações clássicas sobre a natureza da vida urbana, mas ele está longe de parecer distante do pensamento relacional, por exemplo, de Simmel e Wirth. Quando o último propõe que os urbanitas são "dependentes de mais pessoas para as satisfações de suas necessidades vitais do que as pessoas do campo" podemos interpretar isso como uma forma de dizer que relacionamentos multiplex se dissolveram em redes de conexões de objetivos únicos.

Reconhecendo que a análise de rede pode ter algumas possibilidades especiais na antropologia urbana, no entanto, devemos talvez ter cuidado para não chegar a alguma conclusão precipitada sobre a forma das redes urbanas. Pode ser lembrado que Barnes, em seu estudo de Bremnes, sugeriu que as redes da sociedade moderna teriam "trama maior" – ou, na terminologia atualizada, uma densidade menor. Frankenberg (1966: 290) também incluiu essa noção em uma das últimas versões de um contínuo rural-urbano. Pode haver algo nisso e, em um certo sentido, definitivamente há algo nisso, mas é melhor para nós estarmos conscientes das premissas. Vamos, então, observá-las preliminarmente.

Barnes e Frankenberg, como a maioria dos analistas de rede, tendem a ver como conexões apenas os relacionamentos relativamente duradouros entre indivíduos que "se conhecem". Assim, eles desconsideram os quase não relacionamentos tais como relacionamentos de tráfego e provavelmente também os relacionamentos de curto prazo, mais estreitamente definidos que são encontrados, por exemplo, no setor de aprovisionamento. E, portanto, se pensarmos sobre a cidade grande como uma "rede total", eles estão apenas dizendo em um vocabulário novo aquilo que, entre outros, Max Weber também disse: a população urbana é grande demais para que todos conheçam a todos os demais.

No entanto, pode haver algum risco de partirmos disso para um mau entendimento. Não podemos exatamente presumir qualquer coisa com relação à densidade, ou a qualquer outra característica, de alguma rede menor que abstraímos dessa totalidade urbana. Se, digamos, cada urbanita tirasse as pessoas em sua rede pessoal aleatoriamente, uma por uma, da população toda da cidade, então é provável que poucas entre elas estariam em contato umas com as outras, e uma rede esparsa seria o resultado. Mas as redes não são realmente construídas dessa forma. Poderia haver alguns grupamentos na rede urbana total em que praticamente todos estão em contato direto com todos os demais. A aldeia urbana a que nos referimos repetidamente é um exemplo; os *red* xhosa parecem também se aproximar desse padrão, embora suas densas redes incluam também suas comunidades rurais natais. Outras pessoas da cidade grande podem ter alguns grupamentos densos, mas em grande medida separados em suas redes, assim como certos relacionamentos que parecem estar sozinhos. Voltaremos a essas variantes em nosso capítulo final. A essa altura, é possível que seja o próprio fato da diversidade que deva sobretudo ser compreendido. Embora possamos pensar sobre a cidade grande como uma rede total (esquecendo-nos por um momento de suas conexões externas), muitas vezes pode ser mais prático pensar sobre ela nos termos sugeridos por Craven e Wellman (1974: 80) como uma rede de redes. Uma delas, ou algumas delas, podem constituir um meio de vida urbano. Juntas, elas constituem a cidade como uma ordem social.

6
A cidade como um teatro
Os contos de Goffman

A obra de um indivíduo ocupa o centro do palco neste capítulo. Antes de chegar as nossas conclusões finais, no próximo capítulo, também voltamos aqui à influência chicagoense na antropologia urbana. Como seus predecessores na antiga Escola de Chicago, Erving Goffman foi normalmente identificado como sociólogo e durante a maior parte de sua carreira sua filiação acadêmica foi com a sociologia. Mas intelectualmente, isso pode não fazer muita diferença. Seu estilo de trabalho poderia igualmente ser descrito como o de um etnógrafo-antropólogo (por mais idiossincrático que isso pareça) e ele teve conexões bastante contínuas com a disciplina da antropologia[1]. Mais que tudo, no entanto, Goffman foi ele mesmo.

Tão especial foi sua posição desde que seus escritos começaram a surgir na década de 1950 que, como um comentador assinalou, "hoje temos a tendência a pensar sobre um espaço sociológico específico como sendo território Goffman" (DAWE, 1973: 246). Novos adjetivos foram cunhados para rotular perspectivas da vida social semelhantes as suas: goffmaniano, goffmânico, goffmanesco. Uma abundância de artigos interpretativos, e pelo menos um livro (em dinamarquês) foram dedicados à análise de suas realizações, assim como de suas deficiências[2]. Quando comentaristas buscam por alguém que possam comparar a Goffman, poderão igualmente buscar no mundo das *belles lettres*, por Kafka ou Proust, ou

---

1. Na Universidade de Edimburgo, no começo da década de 1950, ele estava no Departamento de Antropologia Social e Professor Benjamin Franklin de Antropologia e Sociologia na Universidade da Pensilvânia.

2. O livro é uma coleção de ensaios organizados por Gregersen (1975). Uma lista de outros textos sobre aspectos da obra de Goffman incluiriam, por exemplo, Messinger et al. (1962), Taylor (1968), Gouldner (1970: 378ss.) Lofland (1970a), Young (1971), Berman (1972), Blumer (1972), Aronoff (1973), Bennett Berger (1973), Boltanski (1973), Collins (1973, 1975: 161ss.), Dawe (1973), Lyman (1973), Manning (1973, 1976), Perinbanayagam (1974), Davis (1975), Gamson (1975), Jameson (1976), Bogart (1977), Hall (1977) e Gonos (1977).

mencionar um nome das ciências sociais[3]. E seus pares acadêmicos parecem ter muito mais interesse em suas visões e costumes pessoais do que tiveram naqueles de, digamos, Talcott Parsons[4].

A preocupação principal de Erving Goffman sempre foi a análise da interação face a face e o comportamento público – o que significa, pelo menos por implicação, que ele também lança luz sobre as noções de privacidade. Embora em suas obras publicadas ele não tenha feito grandes esforços para tentar identificar explicitamente sua localização específica em um mapa da teoria social, podemos perceber várias conexões com os clássicos que podem, pelo menos em parte, estar relacionadas com sua própria carreira. Nascido no Canadá, Goffman formou-se e fez um doutorado na Universidade de Chicago; passou um período na Universidade de Edimburgo e outro no Instituto Nacional de Saúde Mental, Bethesda, Maryland, ambos em conexão com seu trabalho de campo; e desde então esteve na Universidade da Califórnia, Berkeley e na Universidade da Pensilvânia. O legado de Chicago incluiu, desde os dias de Robert Park e seus alunos, um compromisso com a observação naturalista, até uma séria atenção às "pessoas comuns fazendo coisas comuns". Em um nível mais abstrato, houve o interacionismo simbólico com sua preocupação com as concepções do *self* e a construção do sentido na vida social, uma corrente nativa americana do pensamento social que, sobre este ou outros nomes, tinha tido uma base em Chicago desde os tempos de George Herbert Mead. Mas os membros da faculdade de Chicago que Goffman conheceu também incluem Lloyd Warner, meio sociólogo, meio antropólogo, que tinha sido influenciado especialmente durante sua pesquisa na sociedade aborígene australiana pela sociologia de Durkheim[5]. Talvez possamos atribuir à mediação original de Warner alguns dos toques durkheimianos na visão da sociedade de Goffman, sobretudo sua preocupação com algo como a santidade nas relações entre seres humanos. Concepções semelhantes, é claro, tiveram muita importância na antropologia social britânica a qual Goffman foi exposto em Edimburgo e pela qual ele parece ter tido um respeito permanente[6]. Finalmente, embora canais diretos de influência possam não ser tão óbvios, não podemos dei-

---

3. Cf., para tais comparações, Berman (1972), Birenbaum e Sagarin (1973: 3-4) e Hall (1977.

4. Um exemplo conspícuo é o brilhante *Fan Letter on Erving Goffman*! (1973), de Bennett Berger.

5. Collins (1973: 139) sugere que "Goffman é o principal herdeiro da tradição durkheimiana em sua pura forma" e enfatiza a mediação de Warner, como outros também o fizeram. Possivelmente outro chicagoense, Edward Shils, também deve ser considerado como uma fonte de ideias relacionadas aproximadamente na mesma época; cf. um dos volumes de seus ensaios completos (SHILS, 1975).

6. *Relations in Public* é de uma maneira um tanto interessante, "dedicado à memória de A.R. Radcliffe-Brown que, em sua visita à Universidade de Edimburgo em 1950, quase conheci". A opinião de Manning (1973: 137) é que Goffman "surge de uma tradição britânica de antropologia social com sua preocupação originária da África com ritual, símbolos e deferência".

xar de perceber a afinidade entre a obra de Goffman e a de Simmel, um estudante da intimidade, da sociabilidade, da discrição, da reserva e do estranho[7].

A perspectiva dramatúrgica

Goffman realizou trabalho de campo três vezes naquilo que podemos considerar como uma maneira antropológica relativamente normal, por um período particular em algum lugar particular: em uma pequena comunidade agrícola nas Ilhas Shetland, e em um hospital para doentes mentais em Washington, D.C. (e, em conexão com isso, também nas repartições laboratoriais do centro clínico do Instituto Nacional de Saúde Mental) e nos cassinos de Las Vegas. Poderia parecer que apenas a última dessas pesquisas se qualifica como antropologia urbana, e ela até hoje foi a menos visível em sua obra publicada. Os cultivadores de subsistência das Ilhas Shetland talvez sejam aquilo que existe de mais distante da vida da cidade grande na Europa contemporânea e o estudo do Hospital St. Elizabeth levou ao conceito da "instituição total", um mundo fechado com características quase que diametricamente opostas àquilo que podemos considerar como as possibilidades peculiares da vida urbana. Mas a relevância de até mesmo esses dois estudos para a compreensão da vida urbana não deve ser negada por motivos tão superficiais e, de outra maneira, Goffman parece estar sempre fazendo trabalho de campo, observando os seres humanos onde quer que os encontre, e arquivando seus fatos e interpretações para uso futuro. Ele também lê extensamente e nem sempre das prateleiras normalmente visitadas por seus colegas acadêmicos.

Talvez parcialmente por esses motivos, a maior parte de seus escritos não lida com algum ambiente social específico e, portanto, corre o risco de ser considerada como se estivesse se referindo à vida social em geral. A conexão um tanto vaga com estruturas sociais diferentes e duradouras pode ser percebida a partir da introdução a uma coleção de seus ensaios, em que ele resume sua concepção do estudo da interação face a face:

> Além disso, as fronteiras analíticas do campo continuam imprecisas. De alguma forma, mas apenas de alguma forma, estão envolvidos um breve período de tempo, uma extensão limitada no espaço, e os eventos são restritos àqueles que devem ser completados depois de iniciados. Há um emaranhado complexo com as propriedades rituais das pessoas e com as formas egocêntricas da territorialidade. Entretanto, podemos identificar o assunto em questão. Ele é a classe de eventos que ocorre durante a copresença e por causa da copresença. Os materiais comportamentais definitivos são as olhadelas, gestos, posicionamentos e enunciados verbais que as pessoas continuamente in-

---

7. Mas como sabemos, a influência de Simmel foi trazida para Chicago por Robert Park. Na época de Goffman, ela foi aparentemente propagada lá por Everett Hughes.

serem na situação, intencionalmente ou não. Eles são os sinais externos de orientação e envolvimento – estados mentais e corporais que não costumam ser examinados em relação à sua organização social (GOFFMAN, E. *Ritual de Interação*. Petrópolis: Vozes, 2011 [Coleção Sociologia] [Trad. de Fábio Rodrigues Ribeiro da Silva].

Goffman é assim quase sempre muito microssociológico, interessado em ocasiões e aquilo que nelas ocorre entre indivíduos[8]. (Caracteristicamente, em seus escritos mais recentes ele vai mais além da herança etnográfica para reconhecer a etologia animal como uma fonte de inspiração para a observação detalhada da conduta comunicativa humana.) Como as pequenas sequências de interação em que ele está interessado parecem virtualmente onipresentes, no entanto, os contos de Goffman levam seus leitores a aventuras em que passeiam livremente, mas nunca sem objetivos, na percepção da sociedade. E dessas aventuras alguns deles talvez nunca realmente retornam.

Aquilo que é entendido como o ponto de vista típico de Goffman é provavelmente melhor exemplificado por seu primeiro livro, *The Presentation of Self in Everyday Life*, 1959 [*A representação do eu na vida cotidiana*. Petrópolis: Vozes, 2002]. Ele começa aqui a partir daquela metáfora bastante desgastada da sociedade como um palco; mas ele a leva adiante sistematicamente até uma perspectiva dramatúrgica da vida social. O livro passa a ser um tratado da maneira como o indivíduo direciona e controla as ideias que outros formam dele. "Gerenciamento de impressão" é o termo-chave para essa atividade.

Quando as pessoas se põem na presença uma da outra, elas podem já ter algumas ideias mais ou menos justificadas de quem o outro é e como ele é. Em outros casos, elas podem ter de depender de sejam quais forem os fluxos de comunicação na situação em que se encontram. De uma forma um tanto baseada no senso comum, podemos dividir a informação que um indivíduo disponibiliza sobre si mesmo em informação intencional e informação não intencional – nos termos de Goffman, a expressão que ele ou ela "dá" e a expressão que ele ou ela "deixa escapar". Mas essa distinção é simples demais, pois uma pessoa pode intencionalmente oferecer informação de uma maneira que a faça parecer não intencional. A vantagem de fazer as coisas dessa maneira resulta do fato de as pessoas muitas vezes terem mais confiança em informação que aparentemente não está plenamente controlada pelo outro. Para o gerenciamento da impressão, ela é, portanto, muitas vezes um recurso mais estratégico. O interesse de Goffman está em detalhar as maneiras pelas quais as pessoas, estejam ou não plenamente

---

8. Seu argumento para o estudo de situações propriamente ditas é também afirmado sucintamente em Goffman (1964).

cientes disso, lutam para apresentar um quadro de si mesmas que lhes é vantajoso e ao mesmo tempo crível para os outros que, presumivelmente, sentem que eles foram capazes de formar sua própria opinião da evidência.

As atividades totais de um indivíduo durante um período de presença contínua diante de algum grupo de outros e com algum tipo de efeito sobre eles são descritas como uma *"performance"* e o equipamento padrão expressivo que ele usa nelas constituem sua "fachada". Essa última incluí tanto "o ambiente" quanto "a fachada pessoal". O ambiente é mais ou menos imutável. Mas ao aparecer contra um pano de fundo, por exemplo, de um quarto cheio de móveis específicos, o indivíduo pode estar dando indicações sobre suas próprias qualidades. Fotografias pessoais em uma parede podem contar histórias sobre a genealogia ou redes, uma estante de livros sobre a posição intelectual. Mas o ambiente mais útil nem sempre é o lar. Goffman usa o exemplo de um clube britânico, um arranjo em que o ambiente é alugado, pelo qual uma pessoa pode obter uma participação em acessórios do cenário que ele normalmente não teria dinheiro suficiente para comprar em uma base exclusivamente individual.

A fachada pessoal, por outro lado, pode ser facilmente levada conosco – às vezes é algo que somos obrigados a levar aonde quer que formos. Ela inclui características relativamente permanentes tais como gênero, tamanho e aparência, assim como veículos mais efêmeros de significado tais como vestimenta e adornos, gestos ou expressões faciais. Tanto a fachada pessoal quanto o ambiente podem, dentro de certos limites, ser manipulados com o objetivo de gerenciamento de impressão. Os objetos em uma sala de estar que parecem mostrar um rico patrimônio familiar podem ter sido obtidos em leilões e lojas de antiguidades. Podemos tentar trazer uma *performance* para o ambiente em que possamos aparecer em uma situação que seja mais vantajosa para nós mesmos, e podemos selecionar cuidadosamente itens da fachada pessoal para a ocasião. Há coisas, é claro, que poderíamos preferir não apresentar aos observadores e, no entanto, a respeito de algumas delas não há nada que possamos fazer, como é o caso, por exemplo, dos defeitos de aparência pessoal. Goffman dedicou outro livro *Stigma* (1963a) especificamente para lidar com os aspectos indesejáveis do eu. A melhor coisa que um indivíduo pode ser capaz de fazer em muitas situações é atenuá-los, ou não comunicá-los muito bem. Outros itens da fachada a pessoa pode tentar dramatizar, para garantir que são percebidos mesmo quando há um aglomerado de detalhes competindo pela atenção do observador. O garçom (esse exemplo Goffman obtém de Sartre) não só traz a comida para sua mesa, mas enquanto o faz, pode transformar cada um de seus movimentos em um gesto que exibe sua técnica e conscienciosidade. O juiz no jogo de beisebol não só garante que o jogo é jogado de acordo com as regras, mas, ao nunca se permitir sequer uma fração de segundo de hesitação óbvia sobre como ou quando as regras devem ser aplicadas, também garante que todos os outros sintam que ele está em pleno controle.

O comportamento do garçom pode ter mudado, no entanto, no mesmo momento em que ele abre a porta vai e vem da cozinha e entra em seu campo de visão. Imediatamente antes, ele pode ter estado confortavelmente relaxado e um pouco inseguro sobre aquilo que deveria ser colocado em seu prato. O habitat físico da conduta humana, observa Goffman, tende a ser dividido entre as regiões frontais e traseiras ou entre a frente do palco e os bastidores. Na região frontal, a verdadeira *performance* é representada. Nos bastidores, aos quais o público não tem acesso, o executor pode relaxar e se envolver em ações que poderiam destruir seu gerenciamento de impressão ou pelo menos fazer com que ele se distraísse. Lá ele pode guardar os acessórios para seus vários atos e desenvolver sua *performance*, fazer experimentos com ela, e cometer erros sem constrangimento. O que é bastidores e parte frontal do palco depende, naturalmente no tipo de apresentação envolvida. Mas no lar de uma pessoa é uma prática generalizada usar a sala de estar como uma região frontal, mantida em ordem para não transmitir informação discrepante. Quartos e armários, por outro lado, geralmente são bastidores. O telefone (ou pelo menos *um* telefone) é mantido, se praticável, no local onde nossas chamadas não precisam se tornar parte do espetáculo. A cozinha certamente foi uma parte da região traseira, mas isso está mudando. Ela pode ser usada, certamente, para um efeito dramático. Ao transformar uma área convencionalmente definida como traseira em uma frente de palco, mostramos que não temos nada a esconder.

Em parte, o gerenciamento da impressão é uma questão individual. Às vezes, no entanto, equipes de pessoas cooperam em uma *performance* que tem outros como objetivo. A *performance* de equipe bem-sucedida envolve parceiros que tendem a ter acesso compartilhado a uma quantidade maior de informação uns sobre os outros ou uma combinação de seus eus, mas entram em acordo sobre aquilo que deve ser dissimulado ou pouco enfatizado; ou envolve quem, em qualquer caso, tenha um acordo pelo menos tácito sobre qual informação deve ser ativamente apresentada. Muitas vezes a informação ocultada pode pertencer a relacionamentos dentro da própria equipe. Goffman usa o exemplo de um hotel de turistas nas Ilhas Shetland em que as jovens funcionárias estavam um grau acima do casal a quem pertencia o estabelecimento em termos da estrutura social local, mas colaboravam para projetar um relacionamento convencional de empregador e empregado diante dos hóspedes. Outro exemplo é aquele tipo de conselho político observado também por antropólogos (ex.: BAILEY, 1965) que, após lutar para chegar a uma decisão, insiste em apresentar o resultado para os outros como um produto de um consenso tranquilo.

Há obviamente um relacionamento geral, embora não necessariamente preciso, entre a distinção frente do palco e bastidores, e a distinção equipe de *performance* e público. Os membros da equipe tendem a compartilhar uma região traseira onde eles podem planejar a *performance*, discutir sobre ela, e analisar a qualidade do público.

Nos casos como o de um casal recebendo convidados, um empregador e seus funcionários atendendo seus clientes, ou políticos propagando a linha do partido, não é muito difícil para os membros do público perceberem que pessoas compõem a equipe. São mais as coisas específicas sobre as quais elas cooperam que podem permanecer misteriosas para os não membros. De várias maneiras, no entanto, os relacionamentos entre o executor e seu público não são sempre o que parecem ser. Goffman descreve vários exemplos daquilo que ele chama de "papéis discrepantes". O informante finge para os executores que ele é um membro de sua equipe. Assim ele obtém acesso aos bastidores e adquire informação que leva para o público, com isso solapando a credibilidade do ato. O chamariz está secretamente aliado aos executores, embora ele se apresente como membro do público que ele influencia para que manifeste o tipo de reação que a equipe da *performance* deseja. Há também um tipo de membro do público que desempenha papel semelhante, ou até maior. Nos casos em que outros membros do público tendem a ser amadores, ele é um profissional, disponível de uma maneira muitas vezes discreta para verificar o padrão da *performance*. Críticos de teatro ou de restaurantes podem servir como exemplo. Um intermediário ou mediador está em duas equipes que são mutuamente o público uma da outra. Por meio de um ato de malabarismo em que ele adquire informação dos bastidores de ambas, ele pode ser capaz de aproximá-las. Um último exemplo de um "papel discrepante" é aquele de uma não pessoa. Em algumas situações uma não pessoa pode se tornar um executor ativo em uma equipe, tal como um criado pessoal que ajuda a organizar a casa à medida que ele se desloca entre as regiões traseiras e frontais. No entanto, às vezes para os que realmente contam aqui, sua presença parece simplesmente ser ignorada. Ele não é considerado nem como parte da equipe da *performance* nem como público. O motorista de táxi é um tipo de pessoa que está frequentemente nessa posição: um estranho total que pode se transformar em uma testemunha do comportamento de bastidores dos personagens mais bem-definidos.

Ver a vida social em termos de impressões "dadas" e "deixadas escapar", *performance*s, ambientes, fachadas pessoais, bastidores e frente do palco e equipes e públicos, é também ter uma ideia específica daquilo que explica o sucesso. Quase no final de *The Presentation of Self in Everyday Life* Goffman menciona três tipos principais de atributos e práticas necessárias para garantir um gerenciamento de impressão satisfatório. É preciso haver lealdade dramatúrgica: os membros da equipe não devem trair a linha estabelecida pela ação conjunta, durante ou entre *performance*s. Aqueles a quem não podemos confiar plenamente um segredo, como criancinhas inocentes em uma equipe familiar, devem ser tratados com precaução. Tampouco a equipe pode ter membros que, durante a *performance*, decidam dar seu próprio espetáculo em detrimento da produção conjunta. Ainda mais importante, é preciso evitar que membros desenvolvam uma simpatia tão grande pelo público que revelem os segredos do ato.

Além disso, é preciso que haja disciplina dramatúrgica. Um executor deve saber sua parte e manter-se nela. Sempre que possível ele deve evitar interrupções, mas quando elas ocorrem, deve ser capaz de voltar para a *performance* planejada o mais rapidamente possível. E tampouco deve se permitir um envolvimento tão grande com o ato que está apresentando a ponto de esquecer que é um ato. Uma vez mais, o garçom não só deve ser um bom garçom, mas também precisa ter certeza de que é considerado bom.

Terceiro, há necessidade de circunspecção dramatúrgica. O executor deve saber quando o espetáculo está sendo apresentado e quando ele pode relaxar. Ele deve exercer seu julgamento sobre que *performance* apresentar – ela irá cumprir seus objetivos se for bem-sucedida e tem uma chance razoável de dar certo? Ele tem a equipe certa e o público correto? Para estar razoavelmente seguro, pode ser melhor que a apresentação não seja demasiado complicada e difícil de controlar.

Sociologias da sinceridade e do engano

Reações ao primeiro livro de Goffman e àqueles que se seguiram foram muitas e variadas. Houve admiração por seu estilo literário e por sua maneira de coletar etnografia; e pela precisão em suas miniaturas, por exemplo, de como as pessoas conseguem fazer um uso inventivo de seu ambiente material para servir uma linha de ação dramatúrgica específica. Mas comentaristas reclamaram que suas habilidades são de um tipo que não podem ser ensinadas, e alguém que já não as tenha naturalmente não pode aprendê-las. O resultado, em vez disso, já tivemos oportunidade de concluir, pode ser um goffmanismo vulgar, uma visão mais grosseira e trivializada do gerenciamento da impressão na arena social[9]. Goffman é também um criador de conceitos, embora ele prefira palavras antigas usadas de maneiras novas ou em novas combinações interessantes do que neologismos toscos[10]. Parte do vocabulário analítico assim criado já faz parte do uso comum entre sociólogos antropólogos. No entanto, ocasionalmente, um novo termo parece superpor consideravelmente outro proposto em algumas publicações anteriores e outros podem parecer simplesmente desnecessários. A metodo-

---

9. Cf. o comentário sobre isso por Bennett Berger (1973: 359-60).

10. Lofland (1970b: 38) sugeriu que Goffman tornou-se "o principal inventor do miniconceito" em reação à paisagem conceitual árida da sociologia interacionista como ele a encontrou em Chicago. Ele também cita o comentário irônico que "Goffman tem mais conceitos do que o número de referentes existentes".

logia, também parece ser peculiarmente própria de Goffman e não totalmente incontestável. De uma maneira um tanto surpreendente, Glaser e Strauss (1967: 136-139) em sua análise de como a teoria é criada na sociologia, sugerem que Goffman usa dados em grande medida para ilustrar a teoria que parece se desenvolver principalmente por uma espécie de lógica interna. Junto com um aparato acadêmico, tal como um sistema complexo de notas de rodapé, os dados servem como espécies de artifícios persuasivos dando apoio a ideias que poderiam viver uma vida própria de qualquer forma. Eles nunca chegam a estar em um grau de conflito uns com os outros que exija mais trabalho teórico para solucionar anomalias. Glaser e Strauss não estão seguros se o próprio Goffman sabe exatamente como sua metodologia funciona[11].

Mais que tudo, no entanto, o interesse se concentrou em que tipo de visão do mundo está expressa nos escritos de Goffman. Para alguns, eles parecem ser uma celebração do fingimento e do engano, uma receita para manter segredos e espalhar mentiras. Um certo tipo de leitura de *The Presentation of Self in Everyday Life* pode realmente dar apoio a essa interpretação, e, em um estudo posterior, *Strategic Interaction* (1969), Goffman torna-se mais claramente envolvido nos jogos de informações incorretas, extraindo muitos de seus exemplos do mundo de espionagem e contraespionagem.

Mas as coisas não são assim tão simples. *The Presentation of Self* está salpicado com qualificações variadas com relação a essa visão de dramaturgia na vida cotidiana. Há coisas na vida, Goffman afirma no prefácio, que são reais e não bem-ensaiadas. E mesmo que o indivíduo esteja consciente de estar fazendo uma apresentação, é possível que a esteja fazendo com toda a sinceridade. Isto é, nem todas as apresentações são deturpações. Além disso, para o bem ou para o mal, as interações muitas vezes não são entre um executor ativo e um público passivo e inocente, e sim entre executores individuais ou em equipe que mantêm um relacionamento dando apoio abertamente aos atos uns dos outros – mesmo que, veladamente, eles estejam cientes, ou pelo menos suspeitem, de suas fraquezas. Essa cooperação, presumiríamos, pode ser menos prontamente disponível se as interações forem nada mais que jogos de soma zero.

Uma parte muito grande da obra de Goffman tem como base aquela passagem em *The Elementary Forms of the Religious Life* em que Durkheim (1961: 297ss.) discute a ideia da alma. A alma de um ser humano específico é *mana* individualizada, uma porção da santidade do grupo. Como tal, ela merece um certo temor respeitoso, a ser expresso em atenção ritual. E se em um mundo se-

---

11. Isso pode ou não ser assim: de qualquer forma, talvez a posição metodológica fundamental de Goffman parece bem expressa no comentário introdutório em *Behaviour in Public Places* que diz "uma abordagem especulativa imprecisa a uma área de conduta fundamental é melhor do que uma cegueira rigorosa a ela" (GOFFMAN 1963b: 4).

cularizado o conceito de alma tornou-se um conceito do eu (*self*) essa interpretação particular da santidade continuou. As pessoas se cultuam umas às outras como pequenos deuses, de inúmeras maneiras quase imperceptíveis; elas só são percebidas em sua ausência, quando os rituais adequados não são desempenhados e quando o tratamento dado em vez disso é considerado como violência simbólica. A expressão de aceitação dos eus apresentados, pelo menos dentro de certos limites, assim passa a ser parte de uma liturgia. Além disso, os outros são obrigados a ajudar o ser sagrado no ritual, mesmo quando ele ameaça sua própria profanação.

A visão da vida social, declarada de formas alternativas, já é aparente em dois dos primeiros textos de Goffman, *On Face-Work* (1955) e *The Nature of Deference and Demeanor* (1956a)[12]. No primeiro, "face" é definida como o valor social positivo reivindicado por uma pessoa por meio da posição que outros a veem adotar durante um contato. (O uso aqui, é claro, é inspirado na ideia chinesa de face.) Ter face (*to have face*), ou estar em face (*to be in face*), ou manter face (*to maintain face*), significa que as reivindicações não são problemáticas na interação, mas se não conseguimos mantê-las de uma maneira crível, ou se as reivindicações são disputadas por outros, é possível que considerem que estamos na face errada (*in wrong face*). Ou podemos estar fora de face (*out of face*), não tendo qualquer linha consistente como alvo. "Trabalho da face" (*face-work*), portanto, é aquilo que precisa ser desempenhado para permanecermos em face ou retornarmos para face. Podemos realizar uma política de face um tanto agressiva, reivindicando tanto quanto esperamos que o outro esteja preparado para oferecer. Mas muitas vezes os intercâmbios são mais relaxados. Intencionalmente demandamos pouco, presumindo confiantemente que nossa modéstia será bem-recompensada já que os outros oferecem avaliações mais lisonjeiras de nosso valor. Se estivermos a ponto de reivindicar demais, o outro pode delicadamente insinuar sobre o perigo antes de nos tornamos irrevogavelmente comprometidos com uma face que não possamos defender. E se não intencionalmente chegamos a escorregar para "fora da face" outros podem fingir não percebê-lo até que tenhamos tempo de reorganizar nossa linha[13].

The Nature of Deference and Demeanor [A natureza da deferência e do comportamento] tem como base o trabalho de campo de Goffman no Instituto Nacional de Saúde Mental. A ideia de deferência aqui é um tanto mais ampla do que aquela normalmente coberta por aquela palavra; ela inclui a atividade simbólica pela qual a apreciação é transmitida a uma pessoa, seja o relacionamento desigual

---

12. Ambos foram reimpressos em *Interaction Ritual* (1967).

13. Goffman volta a esse tema ao discutir "intercâmbios remediais" em *Relations in Public* (1971: 95ss.).

ou não[14]. O comportamento, de forma complementar, é a conduta simbólica pela qual um indivíduo expressa para outros em sua presença quais são suas qualidades pessoais. Há dois tipos de ritual envolvidos em deferência, rituais de evitação e rituais de apresentação[15]. Os primeiros são uma questão de não se intrometer na reserva particular de outro indivíduo, tal como não o tocando, não usando termos de tratamento desrespeitosos, não entrando em seu quarto a menos que seja convidado a fazê-lo. Nos rituais de apresentação, os modos de comportamento são prescritos e não proscritos. As pessoas devem prestar atenção umas às outras, expressar seu reconhecimento, cumprimentar umas às outras, e fazer comentários de forma elogiosa sobre mudanças na aparência, no *status* ou na avaliação alheia. No hospital mental, Goffman observa, pacientes de competência social limitada normalmente não eram muito bons nos rituais de evitação. Por outro lado, como veremos, eles tampouco recebiam necessariamente muita deferência desse tipo. Da mesma forma, sua conduta com frequência não era o tipo de conduta que seria aceitável na vida social comum. Eles podiam se arranhar de maneira violenta, masturbar-se em público, ou deixar que seu nariz escorresse sem limpá-lo.

A distinção entre deferência e conduta é muitas vezes apenas analítica. O mesmo ato que expressa as próprias qualidades de uma pessoa pode, ao mesmo tempo, assinalar sua consideração por outra pessoa. Mas o relacionamento não é simples. Às vezes, um ato de deferência que seria, de alguma forma, apropriado, poderia ser inaceitável para uma pessoa como parte de sua conduta. Há ideias do eu que só podem se tornar uma parte de uma interação por meio da conduta e outras que devem ser apresentadas por meio da deferência. E finalmente, mas não menos importante, há uma tendência para que a conduta expresse as qualidades de um indivíduo como tal, enquanto o comportamento de deferência muitas vezes tem como objetivo sua posição social.

Por meio de sua visão de interação como trabalho ritual, Goffman foi um dos primeiros contribuintes para o crescente movimento teórico que busca problematizar a produção da vida social e da realidade social; um movimento fragmentado sob muitos nomes, etnometodologia, sociologia existencial ou fenomenológica, e assim por diante; algumas delas claramente inclinadas para a filosofia de uma maneira mais explícita e com maior precisão metodológica que a de Goffman. Relações entre pessoas e definições daquilo que ocorre nelas são consideradas como coisas frágeis, não dadas pela natureza. No entanto, pelo menos na versão de Goffman, isso não significa que as pessoas podem fazer qualquer coisa imaginável em seus contatos sociais:

---

14. Para ser exato, devemos observar que Goffman assinala que o recipiente da deferência não precisa ser uma pessoa. Um exemplo é o encontro de dois navios, saudando um ao outro com seus apitos. Essa qualificação não precisa nos preocupar aqui.

15. A distinção é durkheimiana. Goffman volta a ela in *Relations in Public* (1971: 62ss.).

[...] while his social face can be his most personal possession and the center of his security and pleasure, it is only on loan to him from society; it will be withdrawn unless he conducts himself in a way that is worthy of it. Approved attributes and their relation to face make of every man his own jailer: this is a fundamental social constraint even though each man may like his cell (GOFFMAN 1955: 215)*.

Duas sociologias substantivas parecem com efeito resultar da perspectiva de Goffman, uma sociologia da sinceridade e uma sociologia do engano. A sociologia da sinceridade implica um vocabulário de equilíbrio, tato, *savoir faire*, delicadeza, cortesia, orgulho, honra e respeito; e para as situações que não dão certo, de constrangimento e vergonha[16]. A sociologia do engano é a sociologia de trapaças. Mas Goffman também indica que a linha divisória analítica entre as duas não deve ser traçada muito estritamente. Se as pessoas se conduzem pensando no interesse umas das outras, elas se relacionam montando um artefato social, deixando de lado uma grande proporção dos fatos – diferentes e muitas vezes contraditórios – de suas vidas e com isso criando uma ordem administrável a partir de um caos relativo.

Nessa atividade cada homem pode realmente ser seu próprio carcereiro. Ao mesmo tempo, no entanto, as pessoas tendem a emprisionar umas às outras, pois direta ou indiretamente por meio do eu reivindicado, também sinalizamos algo sobre aquilo que o outro deve ser. Na sociologia do engano, isso é de extrema importância. Por meio de manipulações conscientes, mas inconspícuas com nossa própria linha de ação, tentamos coagir o outro a assumir uma parte complementar: uma reação que pode ser apenas superficialmente voluntária quando a alternativa é criar "uma cena". O gerenciamento da impressão como esboçado em *The Presentation of Self* pode ter essas implicações para o público. Há outro exemplo em um dos primeiros ensaios de Goffman *On Cooling the Mark Out* (1952). O arquétipo do alvo é uma das partes em um jogo de confiança, a vítima que é atraída para um jogo de risco que, segundo o que o fazem acreditar, está marcado a seu favor por seus amigos, os operadores. Tendo ganhado uma ou duas vezes, ele investe mais dinheiro no jogo – e depois perde. Os operadores fogem com seu dinheiro. Mas um perdedor zangado e desapontado poderia ser perigoso para eles, portanto, um deles fica para trás para *cool the mark out*, ou seja, acalmar a vítima. Essa certamente não receberá seu dinheiro de volta. Mas o que o *cooler* irá

---

* [...] embora sua face social possa ser sua propriedade mais pessoal e o centro de sua segurança e prazer, ela é apenas um empréstimo que lhe é feito pela sociedade; e será retirada se ele não se comportar de uma maneira que o faça merecê-la. Atributos aprovados e seu relacionamento com a face faz de todos os homens seus próprios carcereiros; isso é uma restrição social fundamental embora cada homem possa gostar de sua cela.

16. Há um tratamento especial do constrangimento em outro texto (Goffman 1956b).

fazer é tentar fazer com que o alvo aceite a situação como ela é. E como a vítima perdeu não só dinheiro, mas também prestígio, o *cooler* pode ter sucesso se ele puder ajudá-lo a redefinir a situação e seu próprio eu de tal forma que a perda ritual seja minimizada. Ele deve evitar que a vítima vá à polícia ou persiga os próprios trapaceiros, ou de alguma outra maneira crie algum problema.

"Acalmar a vítima", observa Goffman, é um processo social que ocorre o tempo todo, nos mais variados contextos em toda a sociedade. Sempre que um indivíduo investiu uma parte importante de seu eu em algum papel ou relação e depois a perde, as pessoas que estiveram envolvidas em provocar esse fracasso ou em fazer um juízo da situação que resulte em sua retirada podem preferir aplacá-lo para que ele saia da maneira mais suave possível. Portanto, mecanismos institucionalizados são criados. Um gerente ineficiente é "chutado para cima"; um padre ajuda o paciente moribundo a reconstruir seu eu em uma alma para a vida depois desta.

É significativo que uma trapaça sirva como modelo de Goffman para o ritual da retirada gerenciada. Sua sociologia da sinceridade parece ter sua sede natural entre a antiga burguesia que pode pelo menos às vezes ter maneiras refinadas sem motivos ulteriores; um mundo governado, como parece, pelos manuais de etiqueta, como no livro de Zorbaugh: *The Gold Coast and the Slum*. A sociologia do engano, por outro lado, teve a tendência de atrair tanto Goffman quanto outros estudantes para a etnografia do submundo. Não tanto, provavelmente, porque ela não seja praticada também em outros lugares, mas porque pode ser no submundo que encontramos alguns dos exemplos mais puros das estratégias baseadas em nenhum outro recurso que não seja uma habilidade para gerenciar impressões. É lá, em outras palavras, que as pessoas muitas vezes começam no mundo de negócios com mãos vazias e um sorriso cativante[17].

No entanto, também há a analogia entre o trapaceiro e o padre para nos lembrar que a diferença entre as sociologias de sinceridade e de engano não deve ser exagerada. Essa última parece invadir a primeira; quando tentamos estabelecer a distinção entre elas, isso pode ser aquilo que nos parece censurável na perspectiva de Goffman. Práticas rituais de trapaça parecem estar em todas as partes nas interações. É possível considerar isso como uma visão muito cínica da sociedade, com *The Presentation of Self* como manual de instruções[18]. Mas é uma visão que pode ser virada de cabeça para baixo. O cínico então passa a ser um moralista escandalizado avisando-nos que os meios rituais que temos para cuidar uns dos outros ao mesmo tempo em que mantemos as rodas da sociedade girando também se prestam a serem usados para o mal; um mau uso dos recursos públicos de

---

17. A referência no capítulo 3, n. 39, também é relevante aqui.

18. Essa é aproximadamente a visão adotada por Gouldner (1970: 378ss.).

simbolismo pessoal. O mesmo livro então passa a ser um guia para desmascarar os vilões[19]. As duas interpretações têm seus defensores – e é assim que elas devem permanecer, pois Goffman parece não se importar em deixar seus leitores se sentirem muito confortáveis.

Instituições totais

Em grande parte da obra de Goffman, o intercâmbio de mensagens sobre o eu e o outro parece ocorrer em uma espécie de isolamento. Como ele se ocupa com as regras básicas da ordem ritual na vida cotidiana, é possível que seus livros não nos falem muito sobre aquilo que as pessoas esperam obter por meio de suas interações a não ser pela deferência, ou sobre quem ganha se o consenso do ritual se rompe. Pode ser em sua abstração de situações de estruturas e sua separação de atividades comunicativas da vida material que Goffman aproxima-se especialmente da "sociologia formal" de Simmel[20]. Não pode haver muita dúvida de que isso produziu novos *insights* em características recorrentes da interação social. Mesmo um comentarista em grande medida favorável (COLLINS, 1973: 142), no entanto, pode expressar sua preocupação sobre uma concentração nas micropropriedades do comportamento face a face, fazendo com que o "território de Goffman" seja menor do que poderia ter sido – "de um teórico revolucionário da tradição grandiosa, ele se tornou o barão de uma província próspera, mas remota".

Para alguns propósitos, podemos claramente desejar saber quais são as influências mútuas entre as posições específicas das pessoas e os movimentos na estrutura social e sua participação na ordem ritual. É em uma das primeiras obras publicadas de Goffman que uma análise desse tipo foi mais evidente até o momento, no sentido de que a distribuição de poder em um ambiente institucional específico aparece muito obviamente nela[21]. A obra é *Asylums* (1961a) uma coleção de ensaios baseada em sua pesquisa no St Elizabeth's Hospital. O hospital mental, Goffman propõe, pertence a uma classe mais ampla que pode ser cha-

---

19. Young (1971) prefere essa interpretação, embora Bennett Berger (1973: 355) nos avise que Goffman simplesmente não se presta a uma rotulação política fácil.

20. Observem aqui a interpretação de Tenbruck (1965: 93) sobre Simmel: "As formas de associação têm sua própria autonomia e devem ser estudadas em seu próprio direito; elas têm força e significado independentes em si mesmas e de si mesmas, embora seu efeito observável possa ser obscurecido por limitações inerentes no caráter composto da sociedade".

21. Cf. Bogart (1977: 520): "Em nenhum lugar no corpo de toda a obra de Goffman, por exemplo, é possível encontrar uma discussão sustentável do poder como um fenômeno de uma estrutura social, como um resultado do controle de recursos econômicos vitais, ou como o resultado de processos socioculturais que conferem autoridade àqueles que são percebidos como estando simbolicamente envolvidos na ordenação ou controle do cosmos social."

mada de instituições totais. Outros exemplos são presídios, internatos, quartéis militares e mosteiros. (Mais recentemente, foi comentado que a plantação com escravos é um outro exemplo[22].) Obviamente, essas instituições não são parecidas em tudo, mas como um tipo a instituição total é caracterizada em particular pelas suas barreiras aos contatos entre seus moradores e o mundo externo. Ela contrasta com a tendência predominante na sociedade urbana moderna em que o indivíduo dorme, se diverte e trabalha em ambientes diferentes, com pessoas diferentes, sob nenhum plano geral óbvio. Na instituição total os membros fazem todas essas coisas mais ou menos juntos, de uma maneira regimental estrita em que, de um modo geral, eles são tratados da mesma maneira. Mas aqueles a quem acabamos de chamar de membros, e poderíamos da mesma maneira chamar de reclusos, são apenas uma das duas categorias principais envolvidas. Há uma dicotomia básica entre os reclusos e os funcionários. Para os últimos, o controle da vida dos reclusos é apenas trabalho, oito horas por dia. Dormir e se divertir para eles pertence à sociedade externa. O relacionamento entre funcionários e reclusos é de extrema desigualdade e grande distância social. Há uma estereotipagem recíproca e um regime de vigilância burocrática de um só lado. Como Goffman (1961a: 9) diz, "dois mundos sociais e culturais diferentes se desenvolvem que correm um ao lado do outro com pontos de contato oficial, mas muito pouca penetração mútua".

Instituições totais, ele continua, são experimentos naturais sobre aquilo que pode ser feito com o *self*. O recluso pode chegar com uma ideia de quem ele é que, até aquele ponto, tinha suas bases relativamente estáveis em sua ronda cotidiana de atividades. No caso dos pacientes do hospital mental, essa sensação do *self* pode já ter se tornado problemática, de tal forma que às vezes eles próprios procuraram hospitalização. Subculturas na sociedade americana aparentemente diferem na quantidade de imagens e encorajamento que elas oferecem para essa autoanálise. Goffman observa que isso parece ser um dos duvidosos privilégios culturais das classes superiores. De qualquer forma, com a entrada do recluso na instituição total, algumas mudanças radicais começam a ocorrer em sua "carreira moral": a sequência de mudanças em suas crenças relacionadas com ele próprio e com os outros significativos. Não só o contexto de sua vida antiga se perde para ele, mas ele está sob o poder quase total dos funcionários que tendem a ignorar quaisquer diferenças entre ele e os outros reclusos, particularmente aquelas que são resultado de sua existência prévia no mundo externo, agora definidas como irrelevantes. Há um procedimento de admissão, que inclui registrar uma história de vida, fotografar, pesar, tirar impressões digitais, atribuir números, fazer uma

---

22. As primeiras inspirações para essa visão vêm da comparação controversa de Elkins (1959) da plantação com um campo de concentração moderno. Para comentários posteriores cf., p. ex., Raymond Smith (1967: 229ss.), Bryce-Laporte (1971) e Beckford (1972: 61ss.).

busca, listar os pertences pessoais para que sejam armazenados, despir-se, banhar-se, ser desinfetado, ter o cabelo cortado, receber o uniforme da instituição, ser instruído com relação às regras, e ser enviado para alojamentos; tudo isso parece ser tanto um adeus para uma identidade antiga e um tratamento de choque quando comparado com a interação ritual normal. Na linguagem de *The Presentation of Self* o recluso parece já não ter direito a sua própria fachada pessoal, a um ambiente ou a bastidores. No interesse da eficiência do procedimento administrativo, os reclusos devem ser tratados como unidades modulares idênticas. Eles devem deferência aos funcionários; em princípio os funcionários não lhes devem deferência. No hospital mental, observamos antes, há alguns pacientes que são incapazes de manter a civilidade normal interpessoal. Outros perdem essas capacidades enquanto estão lá e porque estão lá. Mas ofensas contra as regras normais do ritual da interação são cometidas rotineiramente e em grande escala pelos funcionários que podem sair impunes disso em virtude da distribuição totalmente desigual de poder de aplicar sanções.

Em geral, enquanto na instituição total, o recluso tem pouco controle sobre suas próprias atividades. Há uma falta de privacidade contínua. Podem lhe atribuir tarefas que parecem absolutamente sem sentido, e com isso ele percebe que seu tempo e seus esforços, e consequentemente ele próprio, não têm qualquer valor. Relações entre reclusos são ignoradas ou desencorajadas pelos funcionários já que elas poderiam interferir com o processo. À medida que o recluso se adapta ao sistema, ele aprende que se se comportar bem, de acordo com as regras do regime, poderá ser recompensado com certos privilégios e até certo ponto ser capaz de montar novamente um *self* distinto que está em linha com essas regras. Ofensas contra as regras, por outro lado, receberão punições.

Mesmo reclusos de instituições totais às vezes conseguem escapar, no entanto, mesmo dentro da instituição, mas fora do controle dos funcionários. Goffman chama isso de "a subvida" que não é um fenômeno peculiar à instituição total, mas um fenômeno mais geral de pessoas em uma organização contornando suas regras e premissas. Caracteristicamente, são os membros de mais baixa categoria da organização que se envolvem mais na subvida, já que eles obtêm menos recompensas por cumprir as regras oficiais. Isso é obviamente verdadeiro com relação aos reclusos de instituições totais, embora alguns funcionários também estejam envolvidos em atividades de subvida próprias. Há uma grande variedade de pequenas maneiras com as quais vencer o sistema; maneiras de obter porções extras de comida desejável, maneiras de alterar o uniforme institucional para que se torne um pouquinho mais estiloso, maneiras de conseguir um soninho extra. A subvida também tem sua microgeografia de lugares em que é possível desconsiderar as regras do regime, ou sozinho ou com outros reclusos, ou até mesmo com funcionários que nesses ambientes podem permitir certas liberdades. Há lugares de armazenamento (que Goffman chama de "estoques" [*stashes*]) onde reclusos guardam pertences que não podem reivindicar oficialmente. Sistemas informais de comunicação são inventados, para levar mensagens dos reclusos para o mundo lá fora ou de lá para eles. Uma economia da subvida também funciona, por mais modesta que seja, ao longo das linhas institucionais de aprovisionamento. E os reclusos se relacionam uns com os outros pessoalmente de outras maneiras também. Talvez devamos ter cuidado para não ter uma visão muito romântica desses relacionamentos, pois alguns deles são simplesmente coercivos. Mas em outros, as pessoas conseguem avançar um pouco para criar algum equilíbrio na profanação de seus eus nos relacionamentos institucionais intercambiando sinais simbólicos de estima e de autorrespeito.

Tratando das diferenças de poder da instituição total, Goffman adota a perspectiva do pobre-coitado da mesma maneira que o faz, sem sentimentalismos, ao lidar com as identidades deterioradas em *Stigma*. Seu interesse na subvida da instituição é ao mesmo tempo uma parte de sua visão geralmente cética da vida social. As coisas não são necessariamente aquilo que parecem ser, ou o que deveriam ser de acordo com as regras proclamadas. Em toda a sociedade, organizações estão tentando determinar o que as pessoas devem fazer e o que deveriam ser a fim de servir seus objetivos, e em quase toda a sociedade as pessoas reagem em parte, coletiva ou individualmente, criando uma subvida. Isso é para a organização, sugere Goffman, o que o submundo é para uma cidade. Portanto, retornamos, como vemos, para o local da sociologia de engano.

Misturando: normalidade e alarme

Reiterando, no entanto, a maior parte da obra de Goffman não se concentra em relacionamentos em que uma das partes está sob o controle de longo prazo mais ou menos estrito da outra. Sobretudo ela lida com as maneiras pelas quais pessoas que são estranhas ou, quando muito, conhecidas, tratam das questões de integridade pessoal durante a copresença pelo intercâmbio de sinais umas com as outras. Na maior parte dos casos, trata-se de uma questão de integridade simbólica. Às vezes, a integridade física também está envolvida, e Goffman está intensamente consciente da conexão entre as duas.

Isso é particularmente evidente em um de seus livros mais recentes, *Relations in Public* (1971), onde ele elabora algumas preocupações anteriores ao mesmo tempo em que caminha em certas direções novas. Podemos talvez achar que seu campo analítico da "vida pública" continua a ser demarcado de uma maneira pouco clara, mas a capacidade do indivíduo para interpretar seu ambiente é obviamente uma preocupação importante. Há aqui uma discussão prolongada sobre as maneiras pelas quais nos é possível dizer quem está com quem. Por meio de "sinais de conexão" as pessoas reivindicam a ancoragem umas nas outras e intencional ou involuntariamente informam os demais sobre isso. Alguns dos sinais são simples e conspícuos, como dar-se as mãos. Outros talvez não sejam tão óbvios. Pessoas fazendo fila podem estar aglomerados de uma maneira compacta estejam ou não na companhia uma da outra, mas se uma pessoa desocupa suas mãos temporariamente passando um pacote para outra, quase ou totalmente sem comentários, os espectadores podem presumir que essas duas pessoas estão juntas. Às vezes um laço pode ser reconhecido sem que as pessoas envolvidas pareçam sequer estar juntas. Em uma de suas notas de rodapé características, Goffman oferece o exemplo de pessoas que saem da piscina em momentos diferentes para usar o mesmo frasco de loção para a pele. Da mesma forma que as pessoas podem desejar proclamar suas conexões ou possam fazê-lo mais ou menos acidentalmente, elas podem também desejar ocultar relacionamentos existentes – uma vez mais a interação enganosa, com espiões sendo um bom exemplo. Em outra variação, elas podem fingir uma conexão quando não existe nenhuma, como as crianças às vezes fazem nos locais em que podem entrar apenas na companhia de um adulto e o adulto, na verdade, não está consciente de ser essa companhia.

Sinais de conexão são muitas vezes de maior interesse para outras pessoas quando os indivíduos que parecem estar conectados não lhes são totalmente estranhos. Podemos dar atenção a dicas de familiaridade ou até de intimidade entre um amigo nosso e alguma outra pessoa que nunca vimos antes, ou entre duas pessoas que conhecemos bem individualmente embora não estejamos seguros do relacionamento entre elas. Mas mesmo na presença de pessoas que são apenas estranhos pode ser útil saber se duas ou mais delas juntas constituem um "com". Pois, em contatos com "cons", regras específicas podem se aplicar. Um "com" pode ter direito a um espaço contínuo, de tal forma que alguém que não é membro daquele "com" não se posiciona entre seus membros a não ser que existam provisões especiais para isso. Ou se desejarmos começar uma conversa com um estranho, ou meramente fazer uma pergunta, pode ser mais aceitável fazê-lo com uma pessoa única do que com um "com", já que os membros desse "com" têm um direito prioritário à atenção uns dos outros. Por outro lado, é possível considerar que uma interação com um "com" é mais segura do que com um único indivíduo. Pelo menos os membros aceitam estar na companhia uns dos outros, portanto, é provável que eles não sejam totalmente imprevisíveis.

Aqui, como ocorre ocasionalmente em outras partes de sua obra, Goffman começa a se interessar por aquilo que chamamos anteriormente de relacionamentos de tráfego, em que o envolvimento proposital na maior parte dos casos implica dar uma forma aceitável à proximidade física. Grande parte de *Relations in Public* está dedicada a esse tema. No tráfego físico, observa Goffman, as "unidades veiculares" são às vezes conchas sólidas, controladas de seu interior, como no caso de carros, e, outras vezes são conchas um tanto mais macias, constituídas pelos próprios seres humanos. No primeiro caso, há um risco de dano considerável se ocorrer uma colisão, e parcialmente por razões de velocidade, o controle que as pessoas têm sobre seus veículos pode ser menos do que total. Se eles colidem, elas não podem ser capazes de se desenredar uma das outras muito facilmente, e podem atrapalhar outros passantes também. Ao mesmo tempo, há pouca necessidade de sutileza. Esse tipo de relacionamento de tráfego, só raramente precisa ser transformado, sem nem um minuto de aviso prévio, em alguma outra coisa. Na verdade, para o controle desse tipo de tráfego é melhor que existam leis formais. Nos casos em que os seres humanos sejam seus próprios veículos, por outro lado, eles podem se sentir confiantes de sua capacidade de lidar até mesmo com as manobras corporais mais microscópicas e mesmo se, às vezes, eles involuntariamente erram, as consequências de, digamos, dar um encontrão em uma outra pessoa geralmente não são sérias. Há, no entanto, uma chance de que possamos desejar transformar a copresença em algo mais do que simplesmente isso. Relacionamentos de tráfego com qualidades assim exigem uma amplitude maior de técnicas informais.

No entanto, muitas vezes as pessoas não estão muito conscientes de usá-las. Estudar relacionamentos de tráfego é muitas vezes estudar como as pessoas lidam umas com as outras quando estão fazendo alguma outra coisa – olhando as vitrines das lojas, conversando com alguém que faz parte de seu "com", ou simplesmente pensando. Sob a maioria das condições, não esperamos que tudo que aconteça esteja dentro de nosso campo de visão, sejam coisas ou outras pessoas, ou que esteja coordenado com nossos próprios negócios ou até relevante para eles. Portanto, contanto que eles pareçam estar em um estado normal – algo que pode cobrir um grande número de variações – nós em grande medida os ignoramos. Indivíduos desconhecidos dentro desse campo de visão, com quem não nos envolvamos em uma interação focalizada, praticamente passam a ser não pessoas. É quando o indivíduo observa algo fora do comum em seu ambiente que ele conscientemente presta atenção. Os estranhos ao nosso redor não devem romper certas regras. Percebemos quando uma pessoa se intromete em nosso espaço pessoal, aproximando-se mais do que a situação permite. O ambiente físico pode conter "baias", espaços bem limitados que ocupamos em uma base de todos ou nenhum, tais como cabines telefônicas ou cadeiras em salas de espera; aqui esperamos que reivindicações assinaladas para seu uso devem ser respeitadas, mesmo em alguns casos em que não estejamos continuamente presentes na "baia". Há expectativa de "espaço de uso" como, por exemplo, quando um visitante a uma galeria de arte se irrita quando outra pessoa se insere entre ele e um quadro. E há outras infrações das regras para se misturar que podem da mesma maneira causar alguma preocupação: pessoas que não querem esperar sua vez, pessoas que nos encaram sem qualquer inibição ou pessoas que inesperadamente começam a falar conosco.

Portanto, a fina linha entre um estado de normalidade e um estado de alarme pode ser atravessada. Uma espécie de preparação para essa travessia, no entanto, pode estar sempre conosco. Sabemos que não pessoas que vemos ou não vemos podem subitamente se tornar pessoas, e, como tais, interferir em nossos negócios e em nossas vidas. Elas são uma possível ameaça, e portanto nosso monitoramento do ambiente, seja ele consciente ou inconsciente, é um componente importante na nossa administração do perigo. Estamos mais profundamente envolvidos neste monitoramento em algumas situações do que em outras, e há algumas pessoas que habitualmente estão mais envolvidas do que outras. Uma situação de estar sozinho em uma rua escura e não com um grupo em plena luz do dia, por exemplo, no primeiro caso; no último caso, as pessoas que têm bons motivos para acreditar que outros podem se opor às coisas que estão fazendo se essas forem descobertas, tais como batedores de carteira roubando em uma multidão. Se realizamos nossos negócios em um grupo, a divisão de trabalho pode até incluir uma pessoa que se especialize em ficar de olho para garantir a normalidade, como por exemplo, um segurança. E até certo ponto, podemos estruturar nossa percepção do ambiente em termos de possíveis fontes de alarme. Goffman chama a nossa atenção para "pontos de acesso" como portas, janelas ou variedades mais extravagantes tais como túneis ocultos, dos quais pessoas novas podem mais ou menos subitamente entrar em nosso campo de visão e "linhas de emboscada" em que os perigos podem estar se ocultando por trás de um arbusto ou de uma esquina.

Podemos tentar, então, estar preparados. Mas se outros, já em nosso campo de visão ou esperando a pouca distância dele, têm a intenção de entrar em nossas vidas subitamente e sem convite, eles certamente irão preferir que estejamos tão despreparados quanto possível. Eles permanecem escondidos até que chegue o momento da verdade, ou que, por sua parte, eles apelem para nosso sentido de normalidade. Assim o ladrão parece uma pessoa normal comportando-se como qualquer outra pessoa, o assaltante investigando perspectivas futuras finge ser um entregador. "Personagens armazenadas" os tipos de pessoas que, ao servirem um ambiente particular tem um direito particular de uma presença normal ali, são muitas vezes utilizadas como identidades falsas por pessoas que em outras circunstâncias seriam motivo para alarme. Eletricistas, bombeiros, mata-mosquitos, e leitores de medidores têm acesso a territórios dos quais estranhos não identificados estão normalmente excluídos.

A questão de preparação, então, como tanta coisa na obra de Goffman, passa a ser uma batalha de inteligências – mas apenas como um estágio inicial. Pois nesse tratamento de alarme nos relacionamentos de tráfego, há também o terrível elemento do terror físico. A violência é o estágio dois, quando se constata que o outro desconhecido é um agressor, um estuprador, ou um franco-atirador.

Podemos não só perder prestígio, mas até perder a vida. Em *Relations in Public*, como concluíram os críticos, Goffman percorreu um longo caminho, partindo das delicadezas da deferência e da conduta em salas de visita para a dramaturgia do "crime nas ruas".

Goffman, urbanismo e o *self*

Podemos reagir à perspectiva de Goffman em vários níveis. Em termos mais gerais, ela poderia ser vista como uma ontologia da existência humana. Ou podemos preferir considerá-la principalmente como apenas uma análise detalhada das trivialidades da interação. Mas não precisamos nos envolver em argumentos como esses aqui. Mesmo que nossa inclinação seja vê-lo como um teórico de significância mais ampla, a questão aqui é onde Goffman se encaixa na antropologia urbana. Pois se existe qualquer conexão especial entre sua perspectiva e o urbanismo, ela não é exatamente explicitada em seus escritos. Há uma breve discussão sobre que tipo de sociedade ele presume em *Relations in Public* (GOFFMAN, 1971: xiv-xv). De um modo geral, ele tem em mente sua própria sociedade – mas qual é ela? A classe média norte-americana, o mundo de língua inglesa, os países protestantes, o Ocidente? Goffman deixa claro que ele está consciente desse problema, mas não tem nenhuma solução simples para oferecer. Uma unidade referencial como "sociedade americana", observa ele, é "algo como um escândalo conceitual". E as coisas não se tornam mais simples se quisermos assinalar unidades menores dentro desse todo imprecisamente demarcado como os carregadores de modos de conduta específicos. Classes, regiões, faixas etárias e grupos étnicos podem já ser bastante complicados, mas entidades como "épocas" nos deixam ainda mais desconfiados. Além disso, ainda que Goffman realmente dependa principalmente da cultura euro-americana para seus materiais, há também um uso ocasional e não sistemático de etnografia mais exótica para sugerir que seus conceitos de cerimônias cotidianas de pequena escala podem se aplicar mais amplamente.

Se o próprio Goffman parece relutante para assumir qualquer posição muito definida, modesta ou imodesta, nas fronteiras do território goffmaniano temos de construir um argumento que seja de nossa própria criação. Mas estamos menos interessados em questões de região geográfica do que nos arranjos relacionais, ainda que as primeiras mereçam também ser discutidas. Tentaremos assinalar alguns motivos, em outras palavras, pelos quais uma perspectiva desse tipo pode ter uma relevância específica quando tentamos entender a vida urbana e a experiência urbana, embora ela não precise estar limitada a esses interesses. Nosso raciocínio tem duas partes principais, mas elas são mais como os lados de uma mesma moeda.

Há, para começar, a sensação do *self* como um construto da consciência humana – o construto que Goffman com uma disposição durkheimiana transforma em uma pequena divindade. Sob que condições é mais provável que as pessoas se preocupem com tais entidades – elas são variáveis, ou são constantes? Uma afirmação por uma das figuras ancestrais de Goffman, George Herbert Mead (1967: 140) talvez possa nos servir de guia aqui: "O *self*, como aquilo que pode ser um objeto para si próprio é essencialmente uma estrutura social e surge na experiência social". Este é o dogma central do interacionismo simbólico, e embora a visão da formação do *self* de Goffman talvez seja um pouco elusiva, estamos confiantes de que é suficientemente parecido para que se enquadre bem em nosso argumento. A concepção que um indivíduo tem de quem ele é ou de como ele é, embora não exatamente determinada de uma forma total por seus contatos com outros nasce, assim, em interações e continua a se nutrir delas. Até certo grau, é bastante concebível, uma consciência do *self* está sempre lá, mas com frequência ela existe tranquilamente, sem causar quaisquer problemas. Sua criação e manutenção pode ser um processo rotineiro. Então, sob circunstâncias particulares, essa consciência pode ser aumentada, o *self* pedindo mais atenção consciente e reflexão.

Parece que podemos tentar identificar essas circunstâncias em termos de um "modelo de contraste" e de um "modelo de privação". Ambos são relevantes para nosso pensamento sobre o urbanismo. O modelo de contraste está relacionado com a experiência da diversidade na vida urbana. Os moradores das cidades podem ser aglomerados de maneiras muito diferentes a partir de uma multidão de atividades, alinhamentos e perspectivas que servem como materiais de construção. Eles moldam suas concepções do *self* a partir dessas coisas; mas em seus encontros com outros compostos de uma maneira diferente, sua autoconsciência pode ser intensificada pela observação da diferença entre *self* e o outro. Não que a variedade total de diferenças seja necessariamente exibida – muitas vezes há, ao contrário, uma tendência a atenuá-las – mas, intencional ou involuntariamente, algumas delas são por necessidade reveladas. Há o outro fato de que os envolvimentos sociais do indivíduo na estrutura urbana altamente diferenciada pode variar de uma forma um tanto imprevisível com o passar do tempo, de tal forma que ele pode também mais provavelmente considerar a diferença entre o *self* passado e o *self* presente. O modelo de contraste, isto é, pode operar tanto interna quanto externamente, resultando em uma sensação de individualidade muito semelhante àquela que Simmel (1955) descreveu quando escreveu sobre cada indivíduo posicionado em sua própria e única "interseção de círculos sociais" (em *The Web of Group-Affiliations*).

O argumento como um todo é um tanto especulativo. Se queremos colocar o modelo de contraste em uma base comparativa, no entanto, encontraremos fragmentos e peças de evidência para isso nos relatos dos antropólogos sobre seus encontros com sociedades de uma estrutura menos complexa. Barth (1975:

255), escrevendo sobre os povos baktaman da Nova Guiné, pequenos, isolados e organizados de uma maneira simples (talvez o mais próximo que possamos chegar de uma sociedade primitiva redfieldiana) sugere que já que há poucos contatos externos e assim nenhuma alternativa sistemática conhecida para seu próprio modo de vida, eles não têm qualquer necessidade de questionar seus próprios costumes e premissas e têm uma autoimagem coletiva incompleta e desfocada como povo. Além disso, envolvimentos situacionais na sociedade baktaman não são muito diferentes. As pessoas participam como "pessoas totais" na maior parte das interações, e não há muitas maneiras de ser uma pessoa total. Portanto, em uma base individual, o caminho análogo para um sentido fortemente delineado do *self* tampouco é muito aceitável.

Na comunidade constituída de uma maneira um tanto mais complexa dos índios Fox descrita por Gearing (1970: 133ss.), as pessoas podem realmente diferenciar situações e tendem a pensar sobre si mesmos e uns sobre os outros em alguma coisa semelhante a termos de papéis. Mas esses papéis não são juntados de forma a compor qualquer grande variedade de indivíduos e à medida que suas vidas vão passando, as pessoas se deslocam de um papel para outro mais ou menos da mesma maneira. Portanto, os Fox, segundo Gearing, não tendem à introspecção com relação a suas histórias de vida. Eles presumem que uma vida é igual a outra e que as experiências são compartilhadas. Isso também é enfatizado por Paul Riesman (1977: 148ss.) em sua etnografia pessoal dos fulani, pastores e agricultores da savana da África Ocidental. Os fulani podiam entender uns aos outros plenamente e quase no final de sua estadia também entendiam Riesman até o ponto que eles compartilhavam exposição às mesmas condições. No começo daquela estadia, por outro lado, eles pareciam achar que por definição ele era incompreensível e imprevisível, um estranho total de cujas experiências eles não tinham a menor ideia.

Nos casos em que o *self* e o outro não estão habitualmente em um contraste claro, pareceria que a empatia surge naturalmente. Nos casos em que repetidamente eles são vistos como diferentes, no entanto, outro tipo de empatia pode resultar, uma preparação não apenas para ver o que é único sobre nossa própria situação, mas também assumir a experiência de uma pessoa diferente indiretamente e talvez sob algumas condições até estar ativamente curioso sobre ela. Com o *self* contrastante, em outras palavras, existe uma consciência do outro contrastante. Isso, evidentemente, é a "sensibilidade móvel" com a qual Lerner estava preocupado em sua conhecida versão da teoria de modernização em *The Passing of Traditional Society* (1958). Se sua significância para a própria "modernização" é tão grande quanto ele sugeriu é uma outra questão.

O desenvolvimento de um sentido definido do *self*, por sua parte, foi registrado em vários ambientes mais complexos. Alguns o observaram como uma conquista das clássicas cidade-estados, outros acham que ele é característico do Renascimento. O historiador Colin Morris (1973) o encontra florescendo na Europa Medieval e, de acordo com nosso modelo de contraste, sugere que uma consciência de alternativas estava entre suas bases crucialmente importantes; ele se desenvolveu especialmente nos centros urbanos emergentes, as cidades às quais Pirenne e Weber dedicaram sua atenção. Mas a forma europeia de organização social característica, baseada em conexões pessoais e lealdades, pode também ter desempenhado um papel na "descoberta do indivíduo" do século XII. Seja lá como for, o sentido de *self* nesse período encontrou suas próprias formas sociais e culturais associadas – na confissão, na autobiografia, no retrato pintado, no amor romântico e na sátira.

Os vocabulários de escritores tais como aqueles citados há pouco se diferenciam, mas a noção de que o *self* é menos preocupante nos casos em que ele é semelhante ao de outras pessoas e ainda mais quando ele implica sua própria história diferente, parece ser recorrente. De nosso ponto de vista, é natural pensar a cidade como uma espécie de lugar em que tal diversidade de *selves* pode ocorrer; é bem verdade que mais provavelmente em algumas cidades e não outras e é bastante provável que com variações ordenadas socialmente na consciência individual do *self* em uma cidade também[23]. Talvez algo sobre a cultura europeia possa realmente ter desempenhado um papel quando conceitos do *self* evolveram sucessivamente na Antiguidade, na Idade Média e no Renascimento. No entanto, expressões um tanto semelhantes àquelas identificadas por Colin Morris para a Europa Medieval também surgem na vida contemporânea não ocidental, parcialmente por meio da difusão, parcialmente sendo inventadas pela primeira vez, e é muito provável que satisfaçam objetivos semelhantes, à medida que as pessoas, moldadas em novas estruturas complexas, encontram-se com *selves* novos e originais. Álbuns de fotografia personalizados, solicitações por correspondentes, apelidos vindos dos filmes e uma mentalidade Horatio Alger de autoajuda parecem ingredientes familiares da vida urbana no Terceiro Mundo no século XX.

Se uma interpretação como a de Morris sugere que o modelo de contraste de autoconsciência funciona pelo menos a partir de Commercetown e talvez a partir das cidades-tribunais do passado antigo também, o modelo de privação parece mais intimamente conectado com o urbanismo Coketown. Talvez seja o modelo mais amplamente citado, aquele que propõe em essência que alguns tipos de atividades e relacionamentos, embora seu propósito primordial possa bem ser bastante diferente, são também mais intrinsecamente satisfatórios para o sentido do *self*, que pode assim permanecer irrefletidamente em paz. É quando as pessoas se encontram envolvidas por grande parte de seu tempo em atividades

---

23. Um ensaio fascinante de Wright (1971) também é relevante aqui.

"sem alma" e contatos que não dão qualquer conforto ao *self* que um sentimento de privação se estabelece e as pessoas começam a lutar mais intensamente para que outras experiências compensem a perda.

Isso é obviamente uma espécie da perspectiva de alienação que retorna repetidamente nas discussões do urbanismo moderno e da sociedade de massa. A monotonia do trabalho industrial e burocrático e a impessoalidade e substitutabilidade nas relações sociais, são referentes conspícuos. Simmel aludiu a essa interpretação também em seus comentários sobre a falta de reconhecimento da individualidade na metrópole. Quando Robert Park discutiu a fragilidade da ordem moral sob o urbanismo ele também estava levantando essas questões. Na antropologia, Sapir (1924) afirmou esse ponto de vista em seu ensaio sobre culturas genuínas e espúrias. Uma variedade mais recente e a de Peter Berger (LUCKMANN & BERGER 1964; BERGER, 1965, 1970, 1973; BERGER; BERGER & KELLNER, 1973). Há um toque do modelo de contraste na visão de Berger, especialmente em sua análise da mobilidade social, mas sobretudo ele está preocupado com aquilo que o industrialismo e a burocracia fazem com o *self*. Sob sistemas sociais mais tradicionais, Berger sugere, poderia haver uma congruência satisfatória entre papéis, definidos por meio do controle normativo público, e o *self* subjetivamente vivenciado. O indivíduo poderia se identificar primordialmente por meio dos papéis que o colocaram na ordem social. Papéis burocráticos e industriais, no entanto, são muitas vezes limitados demais em sua abrangência para conter o *self*, e consequentemente há uma disjunção entre *self* e papel (ou pelo menos alguns papéis). Em outras palavras uma vez mais, há uma sensação de uma divisão entre o *self* público e o *self* privado, em que o último é o único "verdadeiro" *self*.

Para constituir e validar esse "verdadeiro" *self*, o indivíduo na sociedade moderna precisa se envolver em uma variedade de atividades nas quais a autodefinição passa a ser um objetivo primordial. A vida familiar certamente desempenha um papel importante aqui. Mas uma nova indústria também surgiu, apoiada pela mídia de massa, para fornecer os acessórios para "a busca pela identidade" nas atividades recreativas. Uma instituição como a psicanálise também se encaixa peculiarmente bem nas necessidades de indivíduos cujos *selves* sofrem o risco de serem subdefinidos[24].

De um modo geral, há uma nova ideologia do *self*. Berger argumenta que o antigo conceito de honra, por meio do qual o indivíduo reivindicava respeito em

---

24. Aqui podemos argumentar que não é entre as categorias com as vidas de trabalho mais monótonas que os psicanalistas encontram a maior parte de seus pacientes. O comentário de Goffman em *Asylums* sobre a análise do *self* como um privilégio cultural da classe alta parece, uma vez mais, relevante. Para uma outra interpretação contemporânea da preocupação com o *self*, cf. o ensaio de Tom Wolfe (1976): *The Me Decade and the Third Great Awakening*.

termos de seus papéis e do seu desempenho nesses papéis, tornou-se obsoleto. Seu substituto é uma noção de dignidade humana, o valor pessoal de qualquer indivíduo independentemente do papel em que se encontra e como o desempenha[25]. Paralelamente a isso há o declínio daquilo que pode ser considerado como a sinceridade do passado, e a celebração de um novo entendimento de autenticidade[26]. A sinceridade, uma vez mais, é a marca do indivíduo que se identifica com seus papéis. A autenticidade é caracterizada pela recusa a ser coagido. Ela está presente no culto da informalidade e do comportamento desinibido. O pleno envolvimento irrestrito das pessoas umas com as outras como personalidade totais é idealizado.

Berger identifica a sociedade americana como aquela em que as novas tendências progrediram mais, embora ele esteja interessado em um tipo de sociedade e não em uma tradição cultural específica.

Mesmo na América, no entanto, o processo ainda não se completou. Podemos ver honra e dignidade, sinceridade e autenticidade presentes simultaneamente, às vezes em arenas diferentes, ocasionalmente em um conflito que não está necessariamente definido de uma forma nítida.

Não é preciso que exista qualquer conflito entre o modelo de contraste e o modelo de privação. Os conjuntos de circunstâncias que eles identificam como mais importantes, para uma autoconsciência elevada podem estar presentes simultaneamente e em parte eles se superpõem. Mas devemos observar que a ideia do *self* autêntico, sem ser mediado por definições de papéis, que Berger e outros veem surgir a partir da sensação de privação, está em um relacionamento um tanto desconfortável com a perspectiva de Goffman com relação ao ritual de interação. Sua aplicação específica em *Asylums*, mostrando a supressão do *self* recluso e sua nova emergência na subvida da instituição, parece uma aplicação quase perfeita do modelo de privação. No entanto há problemas em outros locais. Já usamos o termo "sociologia da sinceridade" para uma parte dessa perspectiva. O enquadramento com esse conceito de sinceridade que contrasta com autenticidade pode não ser perfeito, mas a afinidade está lá. O homem que é voluntariamente seu próprio carcereiro não está em busca do *self* autêntico. Provavelmente é por esse motivo que muitos dos exemplos de interação como ritual bem-intencionado de Goffman, embora reveladores, parecem um pouco superados. Sua burguesia vive em um mundo social em que os bastidores e a parte da

---

25. Esse conceito de dignidade parece nos lembrar a ideologia igualitária dos trabalhadores das plantações guianenses analisada por Jayawardena (1968), assim como certos aspectos do conceito de "alma" dos negros americanos (cf. Hannerz 1968;156ss.). Nos dois casos, obviamente, colocações de papéis formais tenderam a não ser perfeitas.

26. Cf. sobre esse ponto *Sincerity and Authenticity* de Lionel Trilling (1972: 10ss.), assim como Hall (1977).

frente do palco estão claramente demarcados, em que as hierarquias sociais estão rigorosamente combinadas com padrões de deferência diferenciados, e em que as pessoas podem fazer um esforço imenso para se comportar cerimoniosamente de maneira que tem muito pouco a ver com as praticidades materiais da vida. Norbert Elias (1978) um escritor que, como Goffman, está interessado na significância social da etiqueta, cujos textos são anteriores aos dele, embora só tenha sido descoberto pela maior parte do mundo acadêmico de língua inglesa mais recentemente, e que tem preocupações históricas mais definidas – sugere que a codificação das maneiras burguesas foi parte da transição da época medieval para o Renascimento, indo na direção de uma sociedade caracterizada por maior abertura, mas não por igualdade[27]. Em nossos dias, um grau mais alto de igualitarismo deve pelo menos simplificar a deferência, e do ponto de vista de uma ideologia de autenticidade, qualquer estilização das relações interpessoais, ainda que baseadas nos motivos mais nobres, está fundamentalmente enganada. Não é difícil discernir que isso é atualmente uma fonte importante de infelicidade com a perspectiva de Goffman com relação à sociedade.

Não há dúvida de que há um risco de passarmos a nos parabenizar muito com relação ao avanço da autenticidade. Algumas das mudanças que ocorrem atualmente podem simplesmente envolver alterações nos limites da sinceridade. A etiqueta de ontem pode agora ter sido afetada. Se hoje existem novas regras – mas ainda assim, regras – para ser apropriadamente informal, elas podem talvez nos enganar mais facilmente. Apenas quando confrontados por alguns dos reclusos mais aberrantes do asilo, em suas relações muito imprevisíveis entre eles próprios e com os funcionários, é que nós talvez possamos perceber a importância que a deferência e o comportamento ainda têm para a vida comum.

Se a "crítica da autenticidade" tem como objetivo soltar os prisioneiros da estrutura social, podemos perceber que uma contracrítica é possível. A ideia de que em qualquer interação deveríamos permitir o livre-exercício de nossos sentimentos e ser generosos ao exibir nossa própria biografia pode ser boa psicologia, mas uma sociologia terrível. Nenhuma sociedade razoavelmente complexa pode conseguir fazer seu trabalho se todas as interações entre seus membros envolvessem esse tipo de quase infinita complexidade individual. Se uma parte é assim autoindulgente, ela poderia colocar um peso intolerável sobre a outra. Mas hoje existem outros autores – tais como Richard Sennett em *The Fall of Public Man* (1977) que sugerem que a vida social contemporânea está sofrendo na medida em que as pessoas esqueceram as formas de tratar umas às outras civilmente sem intimidade.

---

27. Para outros comentários sobre a significância do relacionamento de Goffman com a ordem mutante do ritual interpessoal cf. Collins (1973: 141; 1975: 163ss.) e Manning (1976).

O acordo apropriado entre cerimônia e autorrevelação autêntica, servindo bem os objetivos tanto individuais quanto coletivos, pode não ser conseguido facilmente. No entanto, devemos estar cientes de que não é preciso que as coisas sejam exatamente iguais para todos os relacionamentos. Voltamos aqui à maneira de mapear as relações sociais ao longo das dimensões de informação pessoal e controle normativo que foi delineada no capítulo 4.

O habitat de Goffman tende a estar mais ou menos no meio do contínuo de informação pessoal, ou pelo menos não em seus pontos extremos. Muitos dos relacionamentos de que ele trata podem ser um tanto extremos em termos de controle normativo, embora haja espaço suficiente para os pequenos rituais de deferência e comportamento que lubrificam a maquinaria da sociedade de tal forma que o indivíduo possa ter seu valor e seu direito de participação reconhecidos. O uso de informação pessoal aqui não faz muita coisa para mudar os relacionamentos; pelo contrário ele os mantêm em uma forma dada. Há outros relacionamentos em que as revelações do *self* são usadas parcial e taticamente – e sincera ou enganosamente – para atrair novas reações por parte do outro e com isso deslocar a interação para novos caminhos. Mas pelo menos até o momento em que Goffman mantém um interesse em relacionamentos, as impressões são administradas e não abandonadas.

O modelo de privação, por sua parte, postula que relacionamentos importantes na ordem social estão tão altos em termos de controle normativo e tão baixos em aberturas para informação pessoal que as pessoas sentem uma dor de aniquilação pessoal, que os empurra para outros relacionamentos onde eles possam compensar expressando seus eus mais plenamente. Idealmente, no contínuo de relacionamentos formado pela informação pessoal esses estão no polo da intimidade; espécimes, parece-nos, da abertura total de Eu e Você na *communitas* delineada por Victor Turner (1969).

O que, então, é realizado pela concepção do *self* nesses relacionamentos diferentes? Para começar a responder essa pergunta, temos de abordar mais diretamente o problema da construção do *self* (em oposição à apresentação do self) por meio da interação. Goffman tende a não se preocupar muito com a questão de onde o indivíduo adquire sua própria ideia de si mesmo, como ele é ou como deseja ser. Essa ideia está simplesmente lá, e ele deseja que ela seja reconhecida pelos demais. E na sociologia do engano de Goffman, isso não pode ser exatamente uma meta. Isso iria pressupor uma medida digna de nota de autoengano para presumir que a aceitação por parte das outras pessoas de um *self* apresentado de maneira falsa possa contribuir diretamente para o próprio conceito de self do indivíduo; no máximo, ele pode se orgulhar de ser um mentiroso hábil. Fundamentalmente, no entanto, a sociologia do engano lida com um sistema de transações mais aberto, em que as pretensões de ser um certo *self* são convertidas em recursos de tipos bastante diferentes, tais como serviços mais tangíveis ou bens materiais.

Mas bem podemos nos perguntar se até mesmo a sociologia da sinceridade de Goffman cobre realmente a construção do *self*, aproximadamente no sentido sugerido por George Herbert Mead. Não há dúvida de que a construção e a manutenção do *self* podem ser até certo ponto ajudadas pelos rituais de interação rotineiros. No entanto, esses envolvem outros a quem o indivíduo não dá muita importância, e os relacionamentos envolvidos são frequentemente segmentais em um sentido wirthiano. Há uma frente de palco relativamente pequena, e bastidores consideráveis. Se a construção do *self* do indivíduo – baseada na interação – pode ser meramente a soma de selves segmentais, não precisa haver mais problemas. Se sua integração está também ancorada na interação, por outro lado, essa construção do *self* parece estar realizada de uma forma mais importante por meio da abertura dos relacionamentos mais parecida com *communitas*.

Um número de autores contribuiu para a delineação de tais relacionamentos nos últimos anos[28]. Denzin (1970a: 262-263) toca na questão com seu conceito de "acomodação do *self*" (*self-lodging*) explicitamente oposta à "apresentação do *self*" de Goffman. A concepção do *self* do indivíduo é considerada como se estivesse acomodada mais seguramente em certos relacionamentos, e retornar com alguma frequência a esses relacionamentos seria assim um dos motivos que subjazem a conduta humana. Em um ensaio com Kellner, Peter Berger analisou o papel do casamento na construção social da realidade. Por meio da longa conversa que compõe grande parte de seu relacionamento, os cônjuges vão construindo uma visão compartilhada do mundo a seu redor que se estabiliza precisamente porque é compartilhada e externalizada. É uma atividade de construção do mundo que se baseia no ciclo de experiências também fora dos relacionamentos, em outras palavras, importando elementos a serem retrabalhados e moldados em uma cultura comum e relativamente coerente. Esses elementos podem remontar às experiências da infância, e também incluir eventos daquele dia no escritório. A atividade de construção do mundo também em um sentido exporta seus produtos, na medida em que os cônjuges provavelmente levarão suas perspectivas para atividades externas também. Em termos gerais um relacionamento assim envolve um importante "processo costumeiro" que contrasta com a possível anomia na visão do mundo do indivíduo isolado. Nos termos mais particulares imediatamente relevantes para nossa discussão, no entanto, esse processo também dá aos participantes um sentido mais forte e mais integrado de quem eles são do que aquele que está disponível na maior parte dos outros relacionamentos. "O casa-

---

28. Além daqueles já discutidos aqui, cf. tb. Watson e Potter (1962) com sua distinção entre "apresentando" e "compartilhando" bastante semelhante àquilo que temos em mente.

mento em nossa sociedade é um ato *dramático* em que dois estranhos se juntam e se redefinem" (BERGER & KELLNER, 1964: 5).

Berger e Kellner, obviamente, não estão descrevendo simplesmente qualquer tipo de casamento. É o casamento de companheirismo do ocidente contemporâneo, e mesmo assim, talvez um tanto idealizado. O encontro das mentes parece funcionar melhor do que ocorre normalmente, e o trabalho de construção da realidade que ocorre no relacionamento aparentemente tem muito pouca competição externa. Nos termos do estudo de Elizabeth Bott sobre casais e redes, esse é um relacionamento conjugal conjunto entre pessoas cujas conexões externas são um tanto frágeis – classe média americana e não classe trabalhadora inglesa. No entanto, o ponto importante não é tanto se o casamento tem essa parte específica na construção do *self* ou da realidade em geral. É, ao contrário, que alguns relacionamentos, em algum lugar, podem estar um tanto especializados em desempenhar um serviço assim, embora eles não sejam necessariamente os mesmos para todos os indivíduos e quase que certamente não os mesmos para todas as estruturas sociais[29]. Podemos ver paralelos aqui também com a análise de Robert Paine da amizade entre pessoas da classe média na sociedade moderna. A noção de amizade, observa Paine, não é a mesma em todas as sociedades, e assim, os antropólogos, deslocando-se entre níveis de estudo êmico e comparativo, tiveram problemas ao lidar com ela. Na sociedade de classe média moderna, no entanto, o significado e o valor básicos da amizade são uma sensação de merecimento; especialmente, "o amigo é alguém que nos compreende e que pode nos explicar para nós mesmos" (PAINE, 1969: 507). E é uma "explicação" que passa a ser razoavelmente crível porque está subentendido que o amigo tem conhecimento do assunto, pois amigos também se comunicam abertamente sobre si próprios[30]. Uma vez mais, é um relacionamento forte em informação pessoal e frágil em controle normativo.

Possivelmente podemos concluir essa parte de nossa discussão concordando que o *self* pode bem se tornar um foco mais importante de consciência no tipo de complexidade social mais ou menos fortemente associada com o urbanismo. Em outras palavras, o indivíduo pode estar ciente de ser "alguém especial", em um sentido descritivo ainda que nem sempre avaliador. Pode haver uma consciência do *self* na forma de um reconhecimento de distinção quando se vê que menos pessoas levam vidas semelhantes, e a consciência tanto de papéis e do *self* como entidades distintas pode aumentar se existem regras sob forte controle normativo que de alguma forma são consideradas como intrinsecamente insatisfatórias para

---

29. Em outros escritos argumentei que os grupos de pares masculinos estão em uma posição assim na comunidade do gueto de americanos negros (HANNERZ, 1969: 105ss.; 1971).

30. Cf. tb. a análise da amizade por Suttles (1970).

o incumbente. Não precisa ser exatamente uma surpresa se o indivíduo passa a ser uma preocupação de atividade simbólica sob tais condições, ou se uma oposição entre o *self* "real" e a estrutura social passa a ser um motivo importante na retórica da individualidade. Sobre essa última ideia, no entanto, talvez possamos ser um pouco céticos. É difícil imaginar um *self* que esteja totalmente separado de seus envolvimentos sociais. Embora o indivíduo não precise ser apenas a soma de seus papéis, ele é, pelo menos em grande parte, uma maneira específica de uni-los e desempenhá-los, com prazer em alguns casos e talvez desprazer em outros.

Vimos também que alguns relacionamentos parecem desempenhar uma parte maior na produção desse artefato imaginativo mais elaborado de um *self*, e outros uma parte maior na exibição do produto terminado, embora muitos relacionamentos estejam claramente envolvidos em ambos. A perspectiva de Goffman sobre a apresentação do *self* deve ter como sua contrapartida um ponto de vista sobre o *self* sendo submetido à construção social. Isso implica que a dimensão de informação pessoal nos relacionamentos sociais que observamos anteriormente é um tanto mais complexa do que a princípio pensávamos. Não é apenas uma questão de uma parte oferecendo informação sobre ela própria para a outra parte, para uso na condução do relacionamento. Pode também ocorrer que um indivíduo esteja influenciado pelas indicações sobre ele feitas pelo outro. Podemos também reconhecer, neste estágio, que há outras possíveis variações. O desenvolvimento conceitual da ideia de contextos de consciência por Glaser e Strauss (1964) mostra algumas alternativas. Uma parte pode fazer um número maior de revelações, ou revelações mais verdadeiras, ou simplesmente tipos diferentes de revelações sobre ela mesma do que faz a outra parte, ou ela pode usar informação pessoal relacionada com a outra que pode ter sido coletada em outros relacionamentos e que a outra nem mesmo sabe que ela tem. Para ampliar o arcabouço um pouco mais e falar figurativamente, da maneira do interacionismo simbólico, um indivíduo em um relacionamento pode revelar coisas sobre si próprio apenas para ele próprio – saindo de um relacionamento e entrando em outro, por exemplo – ao mesmo tempo em que esconde essas coisas da outra parte. E, é claro, se mais de duas pessoas estão envolvidas, como nos desempenhos de equipe de *The Presentation of Self*, padrões ainda mais complicados podem ser vistos na distribuição de informação pessoal em uma determinada situação.

Segmentabilidade e autoapresentação

Aqui parece que chegamos à segunda parte de nosso argumento com relação à utilidade da perspectiva de Goffman para a compreensão da vida urbana. Nosso interesse agora é uma questão mais central para Goffman, ou seja, como o *self* é visto pelo outro e não como ele se estabelece na própria consciência do ego. Da maneira como as relações sociais são formadas na cidade grande, o estabelecimento de nossa imagem diante dos outros lá pode ser uma questão bastante diferente se comparado a outros tipos de formações sociais.

O comentário de Robert Park sobre "patinando sobre superfícies finas" e o "estudo escrupuloso de estilo e maneiras" nas relações urbanas se encaixa aqui. Mas nós podemos também começar a partir de outra afirmação por Max Gluckman (1962: 35-36), em sua análise da prevalência do ritual em geral e dos *rites de passage* em particular, na sociedade tribal:

> [...] nas próprias condições de uma cidade grande, examinadas em contraste com a sociedade tribal, os vários papéis da maioria dos indivíduos estão segregados uns dos outros já que eles são desempenhados em palcos diferentes. Assim, à medida que uma criança amadurece ela se desloca de casa para o jardim de infância, para a escola primária, para a escola secundária, e em cada uma dessas fases ele ou ela se desloca de uma classe para outra. Cada ano de seu crescimento é caracterizado por esse progresso, e cada vez que ele avança mais um passo, ele se desloca, dentro de um prédio educacional específico, de uma sala para outra. Depois, em uma corrente, ele progride pelas instituições de educação superior, instaladas em seus próprios prédios, para trabalhar como assalariado; ou em outra corrente, ele passa por um período de aprendizado ou como estagiário, até ocupar seu papel como assalariado. O trabalho ocorre em escritórios e fábricas, em prédios bastante diferentes daqueles em que a maioria das pessoas moram, participam de seu culto religioso e buscam sua diversão ou participam da vida política. Cultos religiosos ocorrem em prédios permanentemente santificados. E essas várias atividades associam os indivíduos com colegas bastante diferentes; na escola, gêmeos serão provavelmente os únicos membros de uma família na mesma classe; as fábricas reúnem pessoas originárias de áreas amplas; e o mesmo ocorre na maior parte das congregações religiosas. A maneira como uma criança se comporta na escola, ou um homem como operário em sua fábrica, não afeta as relações familiares imediata e diretamente, embora isso possa ocorrer no longo prazo; há uma segregação de papéis e segregação de juízos morais.

Essa é uma variedade do contraste sociedade primitiva e centro urbano e outra forma de expressar a ideia da segmentabilidade nos relacionamentos urbanos. Aquilo que mais obviamente relaciona a declaração a Goffman é o uso da metáfora dramatúrgica. Sob condições urbanas, segundo Gluckman a vida tem lugar em uma multiplicidade de estágios separados; um pouco mais cautelosamente, podemos admitir que essa é pelo menos a tendência geral. E os públicos são diferentes a cada vez. Podemos dizer que sob essas circunstâncias, a diferença entre aquilo que se deixa conhecer sobre o *self* em uma situação específica e aquilo que poderia ser conhecido envolve os papéis que o indivíduo desempenha em todas as outras situações. Esses papéis são, em um sentido, os bastidores; com respeito a qualquer uma das situações pareceria, então, que a cidade tem uma alta proporção bastidores/frente do palco. Se por um lado pudermos imaginar uma sociedade que seja apenas um único palco – um tipo mais extremo de sociedade primitiva ou, para reclusos, uma instituição total sem uma subvida – a diferença entre o *self* apresentado e o *self* que poderia ser conhecido teria de ter como centro um *self* "interior", não revelado normalmente no comportamento aberto. Essa é uma noção bastante problemática. Parece claro que no modo de gerenciamento da impressão que envolve o número maior de estágios separados, há mais espaço para manobra e maiores possibilidades também para uma análise dramatúrgica que tenha como base fatos observáveis. O contraste é rudimentar, mas sugere que o *Homo goffmani* é mais um urbanita do que membro de uma tribo.

A cidade grande, em outras palavras, é um ambiente em que há muitos e vários meios de nos fazermos conhecidos aos outros, e em que uma grande quantidade de manipulação de informação de bastidores é possível. As oportunidades estão lá, na estrutura social. O que as pessoas fazem com elas, e quão conscientemente elas se aproveitam delas, pode variar consideravelmente. No restante deste capítulo, iremos assinalar algumas dessas possibilidades.

Uma das coisas que um urbanita pode fazer é desconectar as *performances*. Os *hoboes* de Chicago de Nels Anderson, como podemos lembrar, não contavam nada sobre suas origens uns aos outros, embora presumivelmente aquilo que era mantido em segredo pertencia em grande medida a seu passado. É possível também mudar para frente e para trás, de uma *performance* à outra, e um caso extremo disso é a vida de Ronnie Kray, parcialmente do submundo londrino, como foi resumida por Raban (1947: 67).

> O comportamento de Ronnie era gloriosamente inconsistente. Ele era um gângster, um empresário respeitável, um filantropo, um membro da alta sociedade, um filhinho da mamãe, um patriota, um homem forte com um coração de manteiga, um atirador, um amigo de animais, um *gay*, no final um cavalheiro do campo vestido de *tweed* com sua própria fazenda em Suffolk. Apanhado em qualquer momento, sua identidade tinha uma perfeição dramática perversa. Um número espantoso de pessoas nunca duvidou que ele era o que parecia. Para cada público ele tinha uma voz e um rosto diferente, e as pessoas que o viam atuar um dos papéis não suspeitava da existência dos outros. Seu repertório seria a inveja de muitos atores profissionais versáteis e ele podia sem esforço passar de um papel para outro no decorrer de um único dia. O segredo era manter seus públicos separados; só quando ele estava no banco dos réus é que eles todos se juntaram, e então foi para destruí-lo.

Outra variante é introduzir em uma *performance* informação de validade duvidosa relacionada com outra *performance*. Isso é aparentemente o que ocorreu no "mau-mauing of the flak catchers" segundo a interpretação de Tom Wolfe citada no capítulo anterior. Os burocratas não tinham meios de dizer se os homens selvagens que surgiram em seus escritórios eram líderes verdadeiros de guetos ou não. Eles só poderiam ser mais ou menos enganados com as reivindicações que eram feitas.

A cidade grande pode assim oferecer excelentes oportunidades para apresentações do *self* que pareceriam, mais ou menos conscientemente, deceptivas. De um ângulo ligeiramente diferente, ela também fornece chances de escapar, em alguns relacionamentos, de um *self* que não pode ser evitado em outros. Podemos pensar aqui sobre a sugestão de Berreman de que a cidade não é um ambiente ideal para o sistema indiano de castas, já que ela pode permitir que as pessoas, pelo menos em determinadas situações, escapem daquele lugar na hierarquia que, em princípio, deveria definir toda sua existência social[31]. Mas aproveitar essas oportunidades aparentes poderia envolver riscos. Se estivermos conscientes daquilo que as pessoas são em nossos vários públicos, poderíamos presumivelmente ter o cuidado suficiente para não fazer apresentações contraditórias nos casos em que sabemos que os públicos se superpõem. É provável que não tenhamos consciência suficiente de rede, no entanto, para perceber que públicos separados podem estar em contato em suas regiões traseiras. Não só a separação de palcos, mas também redes esparsas são um pré-requisito para o tipo de manobras apresentacionais que estamos examinando aqui. Nos casos em que as fofocas estão em jogo, o gerenciamento da impressão pode ter de sair. Um exemplo excelente daquilo que pode resultar de uma incapacidade de manter os públicos bem separados é a chantagem, uma espécie de crime que claramente se nutre de uma estrutura de relacionamentos diferenciada como aquela da cidade grande[32].

Há outros meios mais específicos em que as variações na apresentação de *self* de um indivíduo podem ser influenciadas, e podem, elas próprias, influenciar a maneira como as redes são formadas, e existem assim vantagens na integração da perspectiva dramatúrgica na análise de redes. Um grupo de exemplos pode ser encontrado naqueles relacionamentos de aprovisionamento em que o serviço prestado por uma parte consiste em receber informação pessoal transmitida pela outra parte sobre ela própria e atuar com base nessa informação. Por exemplo o relacionamento entre médico e paciente ou entre advogado e cliente. Esse tipo de informação pode muitas vezes ser prejudicial à última parte se for permitido que ela se espalhe, e ele raramente a usaria em outra apresentação. Introduz-se, portanto, um código profissional que, presume-se, irá restringir o uso

---

31. Podemos achar que há algum paradoxo nisso; no capítulo 3 observamos que foi também na cidade tradicional indiana que o sistema de castas alcançou seu desenvolvimento pleno.

32. Goffman tem alguns breves comentários sobre a chantagem em *Stigma* (1963a: 75ss.). Há um tratamento mais elaborado por Hepworth (1975) embora esse não esteja muito relacionado com nosso arcabouço.

desse conhecimento. A questão é, até que ponto o cliente, paciente ou alguma outra pessoa em um papel equivalente, deposita confiança nessas restrições puramente normativas? É possível que ele prefira fazer um novo contato para esse relacionamento em vez de procurar alguém que já conhece em outra capacidade (e com isso tornando o relacionamento multiplex). Esse último caso implicaria uma mudança de uma apresentação do *self* para outra na frente da mesma pessoa, algo que provavelmente não seria muito confortável. Além disso, o indivíduo pode preferir que a nova conexão fique isolada do resto de sua rede pessoal, e não profundamente enraizada nela. Isso seria um seguro duplo, por se acaso as restrições normativas sobre revelações externas por parte de seu outro não sejam suficientes. E, é claro, uma medida de precaução desse tipo pode parecer ainda mais razoável no estabelecimento implícito ou explícito de relacionamentos de processamento de informação em que nenhum código profissional de discrição existe. Até mesmo hábitos de consumo podem ser considerados como se contivessem revelações sensíveis sobre nossa vida pessoal. Um caixa anônimo de um supermercado pode não pensar duas vezes sobre nossas compras, enquanto o Sr. Brown da loja da esquina que conversa longamente com todos nossos vizinhos talvez nunca as esqueça.

A essa altura, devemos provavelmente considerar outra vez o hábito de analistas de rede de pensar que apenas os relacionamentos pessoais mais duradouros são componentes significativos de redes. Particularmente quando se trata do processamento da informação, essa prática pode ter suas limitações. Os estranhos que o morador da cidade encontra nos relacionamentos de tráfego, e em alguns relacionamentos de aprovisionamento tais como aquele do caixa do supermercado, são, como já dissemos, pelo menos quase não pessoas no sentido de Goffman. Às vezes isso pode significar que não somos particularmente cuidadosos com que tipo de *self* projetamos nas interações envolvidas. Como também observamos no capítulo 3, presume-se que elas não serão fatais. De certa forma, podemos presumir que há segurança entre estranhos. Mas há um problema de circunspecção dramatúrgica aqui. Se o *show* não está acontecendo, talvez devesse estar, pois embora você possa não reconhecer a outra pessoa, ela pode reconhecê-lo. Intencionalmente ou por acaso, a copresença aparentemente inocente pode realmente ser um caso de vigilância em que informação pessoal significativa flui unicamente em uma direção. E embora nossa consciência de rede com relação a estranhos seja, por definição, quase nula (nós podemos, é claro, perceber seus cons em uma copresença) eles podem estar, e podem saber que estão, a apenas dois ou três elos de nós por meio de relacionamentos mais tangíveis. Como outra possibilidade, uma conexão indireta desse tipo poderia ser descoberta só mais tarde por ambas as partes depois que uma ou ambas as partes tiverem surgido fora de linha com suas apresentações do *self* dentro daquela conexão. De uma forma ou de outra, uma brecha de credibilidade pode resultar disso.

Não precisamos levar nossa busca pelas conexões entre dramaturgia e redes mais adiante por enquanto. Certamente há grandes oportunidades para gerenciamentos de impressão ousados na cidade grande, assim como para ocasiões desastrosas em que as contradições são descobertas. É importante, no entanto, que não pensemos sobre a conexão entre a estrutura social urbana e o gerenciamento de impressões apenas como uma questão de chances que as pessoas da cidade têm de ocultar seja lá que coisas estranhas elas possam ter feito. Por um lado, as manipulações de apresentações não são tipicamente da magnitude daquelas de Ronnie Kray (que mais tarde foi considerado esquizofrênico pelos psiquiatras do presídio). O que as pessoas tentam restringir a regiões posteriores são com menos frequência aqueles segredos realmente tenebrosos do que segredos que são cinza-claro ou cinza médio; nenhum desvio espetacular, e sim pequenas fontes de constrangimento. Ou pode ser simplesmente informação considerada irrelevante para a *performance* em progresso.

Por outro lado, as pessoas podem estar tão interessadas em revelar quanto em ocultar, e se há algo interessante sobre a atividade um tanto insípida que o gerenciamento de impressão acaba muitas vezes sendo, esse algo talvez seja a complexidade e incerteza que pode fazer parte da interação entre essas duas tendências na apresentação de até mesmo um *self* urbano bastante comum. Aqui voltamos de ainda outro ângulo para nosso interesse contínuo sobre as implicações organizacionais e culturais da diversidade de papéis urbanos, e da diversidade de redes que a acompanha. Uma vez mais presumimos, pelos menos a bem do argumento, que a diversidade de papéis é considerável e permite grande liberdade de combinação. Podemos também adotar a premissa comum de que quando um indivíduo está minimamente interessado naquilo que sua imagem irá se tornar em um certo relacionamento, ele tem pelo menos uma ideia vaga de como ele quer ou não quer ser visto e de que informação pode levar a uma dessas duas opiniões. Há momentos em que a apresentação pode ser constituída sem qualquer problema totalmente por essas atividades que são, por assim dizer, intrínsecas ao relacionamento; pela conformidade ou não com normas relevantes, e pela atenção ao estilo pessoal. Ocasionalmente algum esforço pessoal é acrescentado nessa apresentação também, como no caso do garçom sartreano de Goffman. Talvez em alguns casos isso pode também estar relacionado com a diversidade da vida urbana. No caso em que muitas situações sociais alternativas são possíveis, é provável que um desempenho habilidoso seja necessário para definir qual situação é pretendida.

Em outros casos, no entanto, o indivíduo se define pelo menos parcialmente permitindo que a informação (ou desinformação) de seus outros envolvimentos se filtre pelos limites situacionais. E assim surge a questão de com que grau de elaboração e fidelidade aos fatos que podem ser resultado do repertório de envolvimentos sociais daquele indivíduo aquele *self* total é apresentado.

O problema pode ser que tipo de consistência esperamos de um indivíduo e como achamos que essa consistência deve ser refletida na ronda de sua vida. Os antropólogos hoje já estão conscientes da importância da seleção situacional na ordenação do comportamento, e pelo menos de uma maneira implícita e imperfeita, o princípio é sem dúvida também entendido por leigos. Poucos podem realmente esperar consistência absoluta, por exemplo, entre o comportamento de uma pessoa em casa e no trabalho. E, no entanto, por certo existe alguma sensação da propriedade das várias combinações de envolvimentos, na mente tanto do ego quanto do alter. É em virtude dessa sensação daquilo que acompanha o que a diversidade dos envolvimentos de um urbanita pode às vezes causar dificuldades.

Em princípio, podemos ter aprendido a esperar que uma seleção de papéis por parte de um indivíduo expresse um *self* unitário. Como questão de um mínimo encaixe necessário entre esses papéis, eles não devem, consequentemente, implicar valores e crenças pessoais muito contraditórias. Para ser tanto membro de uma seita religiosa estrita e um jogador viciado é, provavelmente nos olhos da maioria das pessoas, uma forma de ultrapassar os limites da inconsistência aceitável. O modo de vida de Ronnie Kray era, nesse sentido, mais do que uma combinação de papéis. Ele sugeria *selves* múltiplos. E disso podem ser feitos segredos tenebrosos. Mas quando a diversidade será interpretada como contradição e o que podemos fazer sobre aquela informação sobre nossos atos que parece soar como uma nota falsa?

Na cidade com sua estrutura relativamente opaca, mesmo o sentido compartilhado e preciso daquilo que acompanha o que pode não estar tão fortemente desenvolvido. Tantos tipos diferentes de envolvimentos sociais podem ocorrer que ninguém tem um mapa claro de todos eles, e um indivíduo não leva seu repertório total de papéis no rosto, como faz com atributos conspícuos discriminadores de papéis como a raça e o gênero. Assim, não se trata apenas de a sociedade não poder facilmente garantir que todos irão estar conformes com sejam quais forem os padrões de combinabilidade que possam ser dados. Até a decisão de quais devem ser esses padrões é menos simples na medida em que ao ego e a seus outros falta uma visão mútua dos estágios uns dos outros. Há ainda a outra complicação de um indivíduo poder ser atraído para papéis que, devido às circunstâncias, estão além do seu controle e não são resultados de sua volição pessoal. Se isso fica sempre claro para os outros que estão tentando envolver seu *self*, no entanto, é uma questão totalmente diferente.

Com relação às redes a situação é semelhante. Podemos ser julgados por outros não apenas por nossas atividades, mas também segundo as companhias que temos. Assim, para um outro, as características dos demais outros do ego em outros estágios pode ser uma questão de algum interesse. Aqui uma vez mais podemos pensar primeiramente na retenção de informação sobre conexões

254

com vilões e tolos conhecidos. Mas seja qual for a reticência que tenhamos em revelar as qualidades de nossos colegas, é mais provável que ela esteja relacionada com menos combinações malsucedidas com aquilo que é em qualquer momento determinado nosso comportamento frontal. As pessoas em uma conexão ou segmento de rede podem parecer muito maçantes, muito pouco sérias, muito conservadoras, muito radicais, muito piedosas, muito ingênuas, muito anárquicas, muito levianas, ou muito de um número de outras coisas para parecerem até mesmo indiretamente apresentáveis às pessoas em outras partes de nossa rede. Uma vez mais, no entanto, os limites de tolerância podem estar confusos.

As muitas formas de gerenciamento de impressão na vida urbana cotidiana podem estar relacionadas com frequência com fatores de papéis e de redes tais como aqueles que acabamos de mencionar. Podem haver ocasiões em que preferiríamos nos manter bem-insulados uns dos outros em virtude das exigências contraditórias que essas ocasiões fazem ao *self*, mas que têm influência mútua de tal forma que pelo menos alguns de seus acessórios devem ser feitos para combinar com todas elas. No pior dos casos, a experiência pode ser como a de um camaleão sobre uma colcha de retalhos multicolorida. A situação de Barbara Lamont (1975: 5), uma repórter nova-iorquina de rádio e televisão, no começo de um dia é um exemplo esclarecedor: "Estou nua diante do espelho me perguntando o que posso usar para um enterro que também possa usar para uma investigação secreta de um projeto habitacional que possa também usar para ir a minha analista que também possa usar diante do gerente da minha estação de rádio que possa também usar para jantar na Mesquita da Rua Cento e Dezesseis?"

Podemos também identificar táticas diferentes de revelação voluntária, por meio da qual o ego tenta refinar o retrato que um outro tem dele de alguma maneira desejável. Informação factual relacionada com outros envolvimentos pode ser introduzida; ou, ocasionalmente, especialmente se o outro já recebeu tal informação por meio de outro canal (como rumores) a ênfase pode estar em fornecer uma interpretação que de alguma forma ou de outra esclareça sua relação com o *self*.

Ainda outro dos ensaios de Goffman, aquele sobre distância de papéis (1961b: 85ss.) nos dá *insights* sobre uma maneira de fazer isso com papéis. Não é simplesmente uma questão de se os temos ou não. Podemos nos comunicar com outros, explicitamente ou de maneiras menos óbvias, se um papel é "realmente você" ou algo periférico, talvez acidental ou forçado, e o fazemos mostrando nossa ligação com ele ou nossa distância dele. O exemplo de Goffman é a criança no carrossel que faz sinais para os expectadores sugerindo que está ficando adulta demais para se importar com carrossel. Mais ou menos semelhante, há aquilo que Scott e Lyman (1968) chamaram de "relatos", artifícios verbais usados para criar um ponto entre ações e expectativas. Há duas categorias principais desses artifícios: desculpas e justificativas. As primeiras podem ser usadas, nas situações de revelação que estamos discutindo agora, para sugerir que um certo tipo de envolvimento pode ser desconsiderado como uma parte do *self*. Ego reconhece que ele é inconsistente com a visão de seu caráter que ele quer que o outro aceite, mas ele nega responsabilidade de uma maneira ou de outra. Nas justificativas a responsabilidade é aceita, e é feita uma tentativa para mostrar como o envolvimento realmente se encaixa ao *self* que está sendo promovido.

Nem é preciso dizer, há muitas revelações que podem ser feitas de forma rotineira e sem problemas, nos casos em que se considera que nenhuma inconsistência está envolvida. Segmentos diferentes da sociedade urbana, no entanto, podem ter exigências diferentes a esse respeito. Há círculos em que uma consciência das contradições na vida urbana provoca um grau de tolerância de tal forma que as desculpas raramente parecem ser exigidas. Pode até mesmo ser uma forma de sofisticação urbana definir um *self* desejável em termos de sua habilidade de administrar os envolvimentos que pareceriam estar em oposição um ao outro, ou até sentir prazer com eles. Aqui aquilo que poderia parecer ser materiais prováveis para segredos tenebrosos podem, em vez disso, ser alegremente exibidos na apresentação do *self*, e todas as inconsistências passam a ser sua própria justificativa.

Da mesma forma é possível que o tipo de relatos aceitos em uma parte da sociedade urbana será rejeitado em outra. Eles e outras maneiras de orientar as revelações sobre aquilo que ocorre em nossos outros estágios, poderiam talvez ser considerados, então, como formas culturais com alguma distribuição mais ou menos específica. Como as constelações de papéis e as redes urbanas podem ser tão variadas, no entanto, com frequência haverá algo experimental e inovador sobre a maneira como as revelações são feitas. Nem sempre podemos ter certeza se elas irão ser aprovadas ou censuradas e é possível que seja necessário alguma ideia nova para montar um ato. Como observamos brevemente ao discutir as diferenças das redes no capítulo anterior, pode haver um contraste aqui com o tipo de arranjo social em que as constelações de papéis são pequenas e padronizadas e em que as discrepâncias também ocorrem de forma recorrente. Nos casos em que o urbanita pode ter de experimentar uma apresentação original do *self*, a sociedade tradicional de pequena escala pode ter instituído um relacionamento de evitação, ancorado rotineiramente na consciência coletiva[33].

Por que, então, revelações? Poucas questões podem ser mais importantes para o entendimento da vida urbana e isso nos traz de volta às questões abordadas quase no final do capítulo 3. Se adotarmos a visão wirthiana de urbanismo

---

33. A análise de Barth (1971) do relacionamento pai e filho em duas sociedades do Oriente Médio, com sua inspiração em Goffman, é um exemplo esclarecedor aqui.

muito literalmente, podemos ficar presos a uma descrição excessivamente estática de relacionamentos entre estranhos. Uma das ideias úteis da interpretação que Max Gluckman faz do ritual, como mencionado acima, é que por meio do trabalho comunicativo as pessoas podem mudar aquelas definições de pessoas que parecem estar inerentes a um tipo de estrutura social. No seu caso, o *rite de passage* é utilizado para fazer um adulto, e assim uma nova pessoa, a partir de uma criança. Embora os relacionamentos entre os mesmos indivíduos do mesmo sangue vão continuar tanto antes quanto após a iniciação no mesmo estágio, um limiar de descontinuidade em sua forma já foi observado. Da mesma maneira, na sociedade tribal, as pessoas podem interagir com os mesmos outros em relacionamentos multiplex sobre uma variedade ampla de atividades; mas por meio do ritual, pessoas inteiras podem até certo ponto ser fragmentadas em papéis, de tal forma que aquilo que ocorre em um tipo de envolvimento não afeta necessariamente todas as outras facetas de um relacionamento. Com revelações na apresentação do *self* na vida urbana, o oposto acontece. As pessoas que diretamente são observáveis apenas segmentalmente podem se transformar em pessoas mais ou menos inteiras.

Isto é, na cidade, alguns dos relacionamentos mais importantes das pessoas talvez precisem ser construídos. Urbanitas não se encontram indiscriminadamente em uma situação de familiaridade com todas as pessoas que gostariam de ter em suas redes mais duradouras, da maneira que alguém concebivelmente poderia fazer como um resultado colateral de crescer em uma pequena comunidade. Em vez disso, alguns relacionamentos íntimos podem ter de ser construídos do princípio, começando em contextos que não necessariamente demonstram oferecer grandes possibilidades para a realização desse objetivo, em que as pessoas poderiam igualmente continuar bem distantes umas das outras. Para ter algum sucesso em nos estabelecermos como uma pessoa sob condições assim, precisamos "ser bastante enérgicos".

Antropólogos realmente algumas vezes fizeram comentários sobre as maneiras especiais pelas quais a população urbana busca o reconhecimento uns dos outros. Basta lembrar a ênfase de Harris sobre a busca por individualidade em Minas Velhas. Rivière (1967: 577-578) sucintamente sugere uma variante relacionada em uma reanálise de *The Children of Sanchez* de Oscar Lewis, em termos de honra e de vergonha. Como na cidade nossa origem pode não ser conhecida dos outros, a busca individual por uma honra demonstrável torna-se mais intensa. No México, conclui Rivière, sua forma conspícua é o machismo. Talvez mais diretamente relacionado com nosso argumento, Lewis (1965: 498) ele próprio comentou, sobre o tema dos contrastes clássicos entre a sociedade primitiva e a cidade, em termos de relacionamentos sociais, que "nas cidades ocidentais modernas, é possível que haja mais 'dá lá, toma cá' sobre nossa vida privada e íntima em um único coquetel 'sofisticado' do que haveria em uma aldeia camponesa durante anos".

Alguns desses intercâmbios podem simplesmente oferecer diversão para um encontro breve, e além das revelações trazidas da região posterior, outras coisas podem ter como objetivo captar a atenção do outro. Mas certamente o preenchimento das lacunas de uma descrição de nós mesmos ao revelarmos algo sobre nossos outros envolvimentos é um meio importante de personalizar um relacionamento. É no processo de fazer um amigo de um vizinho que lhe falamos sobre nosso trabalho e nossa família. E é uma parte da definição de proximidade em relacionamentos correntes, por exemplo, em uma mesma família, que as revelações sobre envolvimentos externos são feitas continuamente. O procedimento normal na construção de um relacionamento assim, é claro, não é exatamente nos virarmos do lado do avesso em uma única conversa. É bem possível que haja pontos críticos no processo, conectados com decisões de revelar informação à qual, por alguma razão, foi dada uma importância simbólica pouco comum. Mas de um modo geral, esse provavelmente é um processo gradual, em que o ego, antes de ir mais à frente, pode esperar pela reação do outro às revelações e reagir de acordo com ela. O processo pode ser interrompido se o relacionamento em sua forma nova e ampliada acabar sendo um desaponto. Por outro lado, à medida que ele tem prosseguimento, as demandas do outro para que ego continue suas revelações podem ficar mais fortes, de tal forma que em um determinado momento ego começa a perder o controle de sua própria apresentação. Finalmente, um conhecimento indireto do repertório mais amplo de papéis e da rede do ego, disponibilizado principalmente por meio de suas revelações verbais, pode já não ser suficiente, e o outro começa a aparecer em pessoa nos outros estágios também. A essa altura, antigas divisões entre o palco frontal e os bastidores se romperam; e se o ego ficou ciente da possibilidade, isso presumivelmente já restringiu por algum tempo quaisquer tendências de fantasias em suas apresentações.

Aqui, também, à medida que podemos vislumbrar o fim do gerenciamento de impressão, é possível que tenhamos abandonado a variedade de relacionamentos que constituem o interesse principal de Erving Goffman. Podemos ver, no entanto, que é por meio de uma ou outra tática na apresentação do *self* que os moradores da cidade muitas vezes fogem do anonimato e da segmentalidade nas relações sociais. Revelações pessoais, construídas mais ou menos engenhosamente, são um elemento dinâmico na vida urbana. Goffman expandiu nossa consciência de suas formas e processos e essa é uma razão pela qual nós podemos considerá-lo especialmente como um contribuinte importante para o pensamento antropológico urbano. Além disso, ele nos mostrou uma maneira de pensar sobre os riscos e também as oportunidades que uma distribuição desigual de informação pessoal pode provocar. Há também em sua obra uma penetração dos rituais modestos por meio dos quais os *selves* são cultuados que podem inspirar novas análises da atividade simbólica em uma vida urbana em que o panteão em questão pode ser extremamente diversificado. Uma consciência do *self* e o gerenciamento da informação pessoal, é claro (como Goffman certamente concordaria), não é tudo que a vida contém seja na cidade ou em qualquer outro lugar. Mas talvez não estejamos consistentemente conscientes deles porque eles estão, de uma maneira ou de outra, quase sempre conosco. Se isso é verdade, Goffman demonstrou ser um mestre da "exoticização do familiar" que, anteriormente, assinalamos como um dos produtos valiosos da imaginação antropológica. Ele tem a capacidade, como Bennett Berger (1973: 361) observou, de "tornar estranhas e problemáticas as próprias premissas e rotinas que fazem a vida social comum possível e compensadora". Nossos comentários na última parte deste capítulo podem ter contribuído para esclarecer algumas das conexões dessa perspectiva com ideias que podemos considerar centrais na antropologia urbana.

Conclusão
A construção das cidades e das vidas urbanas

Vamos, por um momento, reconstituir nossos passos. As ideias analíticas e as interpretações do urbanismo que exemplificamos são bastante diversas. Até o ponto em que estejamos meramente sugerindo que há algumas coisas que um antropólogo urbano deve saber, pode não haver nada de errado nisso, já que uma educação liberal não é necessariamente distinguida pela precisão de sua lógica. No entanto, preferiríamos extrair delas também um conjunto de percepções razoavelmente organizadas, comensuráveis com a ênfase na etnografia e um ponto de vista relacional declarado à guisa de introdução que serviria como uma base para um desenvolvimento sistemático de uma antropologia urbana.

Começamos em Chicago, com Robert Park e seus alunos. Park podia ao mesmo tempo pensar sobre o urbanismo em uma ampla escala e observá-lo em detalhe. Park estava ciente de que, pelo menos na cidade grande, alguns relacionamentos tinham qualidades um tanto peculiares; percebeu as possibilidades do processo cultural no ambiente urbano; e chamou a atenção para a variedade de "mundos sociais" contidos nele. Além disso, ele observou a importância profunda da divisão de trabalho na moldagem de estilos de vida e da estrutura comunitária e, por meio de suas ideias sobre ecologia, ancorou sua análise da variação urbana em um certo sentido de lugar. Outros chicagoenses contribuíram com algumas peças para o plano de Park, em uma série de etnografias pioneiras sobre gangues de jovens, moradores de guetos, *hoboes* e outros. Se eles não conseguiram nada semelhante a uma cobertura total de sua cidade, pelo menos mostraram quanta coisa ainda precisa ser aprendida sobre as maneiras como as pessoas vivem em um lugar como Chicago. E demonstraram – alguns, é bem verdade, de uma forma um pouco mais persuasiva do que outros – a importância do trabalho de campo no processo de aprendizado.

Podemos discernir alguma falta de precisão analítica em sua obra etnográfica, no entanto, e um motivo importante para isso pode ser o fato de a teoria social de Chicago, à medida que se desenvolvia, ter prestado menos atenção às relações entre pessoas do que às relações entre essas e o espaço. Quando chegamos ao

Urbanism as a Way of Life, de Wirth, pudemos ver que, em parte, ele reafirmou as ideias de Park e, em parte, ficou preso às questões de organização social. Mas Wirth foi menos do que cuidadoso em suas generalizações sobre a natureza dos relacionamentos urbanos. A cidade parecia ser uma e indivisível, e talvez um pouco mais como Chicago do que qualquer outro lugar. Além disso, Wirth estava mais preocupado com aquilo que a cidade fazia com as pessoas e seus contatos do que com a razão pela qual as pessoas sequer construíam cidades, e com isso sua cidade aparece como um fato dado e mais ou menos como um sistema fechado.

Sem rejeitar tudo que Wirth tinha a dizer, fomos buscar remédios para o etnocentrismo e outras fraquezas por meio de um *tour* pelas perspectivas históricas e geográficas sobre o urbanismo. Vimos que as cidades poderiam ser consideradas centros de sociedades em vez de coisas isoladas e que sistemas diferentes de poder e intercâmbio criavam suas próprias variedade de centros desse tipo. Adotando uma visão extrema, poderíamos assim dizer que mesmo se as cidades em todas as partes do mundo possam ser definidas como um assentamento denso e de tamanho considerável, a base para sua existência e também para sua forma só pode ser compreendida com referência às tendências centrípetas do sistema social específico em que ela é encontrada e às suas formas culturais. No entanto, um relativismo tão extremo por essas linhas tem um apoio um tanto limitado e os estudantes do urbanismo tenderam, em vez disso, a pensar comparativamente em termos um tanto amplos de economia política e tecnologia. A Courttown [cidade da corte], a Commercetown [a cidade comercial] e a Coketown [a cidade do carvão] foram as designações que decidimos usar para três tipos importantes na história do urbanismo. Por trás desse rótulo, no entanto, qualquer comunidade pode esconder uma estrutura de atividades bastante complexa. Observamos a teoria do lugar central dos geógrafos como uma maneira de pensar sobre como as cidades e os sistemas de cidades podem assim ser combinados, mas percebemos também que seus interesses locacionais nem sempre são igualmente relevantes. Há lugares centrais, tais como as cidades mercado, e há lugares especiais, tais como cidades mineradoras, balneários ou cidades universitárias.

Esse *tour* de pontos de vista, então, nos deixou com duas percepções principais. As cidades têm em comum o fato de tornarem as pessoas mais fisicamente acessíveis umas às outras, em um espaço limitado mais ou menos compartilhado. Elas diferem, primeiramente, em seus meios de sustento, que desempenharam o papel mais importante para transformá-las nos assentamentos que são. Mas há mais coisas a ver com o modo de vida urbano do que meramente ganhar nosso sustento. O grau de diferença entre os tipos de papéis em que as pessoas se envolvem variam de acordo com os tipos de cidades, mas parece ser de alguma utilidade prática dividi-los entre algum número limitado de setores. Aqui escolhemos cinco que chamamos de domicílio e parentesco, aprovisionamento, recreação, vizinhança e tráfego. Se algum tipo de diferenciação como essa é um fato recorrente da vida nas cidades de tal forma que as pessoas têm contatos sociais separados mais ou menos em cada um dos setores, isso é um fator importante por trás da limitação de relações que tanto Park quanto Wirth observaram. Distinguindo entre os setores, no entanto, também vemos que as generalizações precisam ser controladas. Os relacionamentos "tipicamente urbanos" podem ser prevalecentes em conexão com papéis nos setores de tráfego e aprovisionamento, e podem ser bastante atípicos nos relacionamentos nos setores de domesticidade e recreação.

No entanto, as distinções de setores não são apenas uma ferramenta para uma conceituação mais adequada. Elas também nos ajudam a ver a tarefa analítica de descobrir com que grau de ordem ou de variação os vários envolvimentos se encaixam. Até que ponto os papéis dos setores distintos afetam uns aos outros? Como as cidades tendem a ser tipificadas com base naquilo que ocorre no setor de aprovisionamento, será que esse setor comanda significativamente o conteúdo dos outros setores também? Nós apenas levantamos essas questões.

Dos setores, é o de papéis e relacionamentos de tráfego que se relaciona mais diretamente com a pura acessibilidade física como uma qualidade da vida urbana. Esses são contatos (por menores que sejam) entre estranhos, e lidar com eles, tanto na vida real quanto analiticamente, é um problema por si só. Por outro lado, o fato de a cidade, do ponto de vista de qualquer um de seus habitantes, conter um excedente de pessoas que aquele habitante não conhece e não tem nada em particular a ver com elas, não significa necessariamente que aquele habitante e aquelas pessoas continuarão sendo estranhos para sempre. Eles podem, em vez disso, constituir um *pool* de outros potenciais acessíveis para serem atraídos para relacionamentos em algum momento posterior. Isso, dissemos, poderia ter implicações interessantes também para a organização social urbana.

A seguir examinamos os estudos feitos pelos antropólogos do Rhodes-Livingstone sobre as cidades mineradoras da África Central, uma variedade de urbanismo africano e colonial. Aqui uma vez mais nós confrontamos a questão do relacionamento entre urbanismo e tradição cultural, definida em termos de "tribalismo" e "destribalização". Comunidades urbanas tais como Luanshya e Kabwe não estavam, pelo menos com relação as suas funções principais, bem-integradas na sociedade central africana a sua volta, e seus setores de aprovisionamento tinham suas próprias dinâmicas. Em outros setores, podíamos observar como tendências peculiarmente urbanas se tornavam mais obviamente entrelaçadas com a tradição cultural africana. Essa última tinha mais impacto sobre a organização social geral porque um número de grupos étnicos estava envolvido, criando alinhamentos que poderiam ser um pouco divergentes daqueles intrínsecos ao sistema urbano (embora às vezes eles podiam coincidir com esses últimos). Isso poderia ser identificado como a problemática principal no estudo da etnicidade urbana;

aqui ela nos levou a formular uma noção de "atributos discriminadores de papéis" que, sem que eles próprios fossem definidos (como papéis) em termos de envolvimentos situacionais específicos, poderiam desempenhar um papel semelhante na ordenação da participação de um indivíduo na vida social. A etnicidade é um atributo desse tipo, gênero e idade são outros. Dependendo de como esses atributos são definidos culturalmente, eles podem determinar que papéis um indivíduo pode assumir, com relação a quem ele pode desempenhá-los e de que maneira eles serão desempenhados. Como estudos sobre a combinabilidade de papéis nos mostraram, alguns papéis podem ter uma influência semelhante sobre a organização de repertórios de papéis, ao mesmo tempo em que, enquanto eles próprios podem ser especificados situacionalmente, o mesmo não ocorre com os atributos discriminadores de papéis.

A essa altura podemos talvez dizer algo sobre nosso tratamento do próprio conceito de papel, e podemos fazê-lo em conexão com o ponto de vista do Instituto Rhodes-Livingstone a respeito do caráter das relações sociais urbanas. Os antropólogos do urbanismo centro-africano, como os sociólogos da escola de Chicago, observaram que alguns dos contatos significativos nas cidades eram entre estranhos. Mas em vez de generalizar sobre como seriam todas as relações urbanas, eles cuidadosamente as dividiram entre três formas principais: estrutural, pessoal e categórica. Quando examinamos essa conceituação, sugerimos que o aspecto da consciência que organiza relacionamentos sociais tem dois componentes principais: um grau de informação pessoal e um grau de controle normativo. Presumir, como antropólogos tiveram a tendência de fazer em seu uso do conceito de papel, que os envolvimentos situacionais podem todos ser definidos em termos normativos, consistentemente e com igual precisão, é presumir algo que pode muito bem ser um tema de estudo. Definir papel simplesmente como um envolvimento situacional intencional com dimensões de consciência e gerenciamento de recursos, pode ser um tanto incomum e nem sempre preciso, mas pode nos deixar com mentes mais abertas.

Os antropólogos do Rhodes-Livingstone também levantaram o problema da competência antropológica, um problema importante especialmente no estudo de sistemas complexos como as cidades são, elas próprias, ou dos quais constituem uma parte. Sua conclusão, como vimos, foi que os antropólogos não devem interferir em campos fora de sua especialização e, sim, basear-se nas conclusões de outros especialistas como limites e pontos de partida para a análise especificamente antropológica. Com relação aos estudos urbanos, a consequência prática desse argumento foi a identificação dos parâmetros contextuais daquilo que era, para objetivos antropológicos, o sistema social da cidade.

No capítulo que se seguiu, consideramos os usos da análise de rede. Encontramos um arcabouço um tanto sofisticado para descrever e até certo ponto medir, os padrões de conexão entre vínculos sociais. As possibilidades de rigor no procedimento de pesquisa puderam assim, por si mesmas, parecer atraentes. Como esse rigor podia às vezes parecer vir a um custo muito algo, no entanto, era mais importante para nossos objetivos dar ênfase à flexibilidade do pensamento de rede. Com ideias de densidade, alcançabilidade, consciência de rede, e assim por diante, esse pensamento pode nos ajudar a transcender algumas limitações da análise de grupo, institucional e local de uma maneira que poderia ser especialmente útil no estudo de sociedades formadas por muitos tipos de unidades.

Finalmente, discutimos a comunicação dos *selves* e a microssociologia da ordem pública, segundo a interpretação de Erving Goffman e tentamos especificar seu relacionamento com a vida urbana. Goffman, pudemos facilmente perceber, desconsidera bastante os arcabouços abrangentes da estrutura social. Dentro deles, no entanto, ele faz a etnografia e a análise detalhadas daquilo que as pessoas dizem ser e o que, segundo seu entendimento, os outros são; e ele o faz com uma atenção precisa às formas simbólicas e aos usos de microambientes. Se a informação pessoal é um problema na vida urbana, como nos disseram desde os tempos dos clássicos sociológicos, Goffman parece ser nosso guia principal na observação naturalista de como ela é tratada.

Com a ajuda das ideias que assim abordamos, então, esperamos obter uma ideia mais clara daquilo que seria uma antropologia urbana que faça justiça tanto à antropologia quanto ao urbanismo. Neste capítulo final, elas serão trabalhadas em uma série de comentários sobre tópicos que pareceriam ser de importância conceitual fundamental quando os antropólogos lutam com as complexidades da vida na cidade: as formas que as vidas urbanas como um todo podem adotar, em termos de papéis e de rede: a incorporação da etnografia de setor; a fluidez da vida e os usos da análise de carreiras; as condições para a inovação de papéis; as implicações da organização social urbana para a análise cultural; o estudo de cidades inteiras; e, sucintamente, algumas possíveis consequências de nossa perspectiva para o método antropológico urbano. Antes de começarmos por esse caminho, poderíamos olhar rapidamente, como pano de fundo, para aquilo que parece ter sido uma prática dominante nas etnografias da vida urbana nos últimos tempos.

Antropologias de setores, a cidade *soft*, e modos de existência urbana

De uma maneira bastante previsível, o maior número de estudos etnograficamente orientados realizados em contextos urbanos podem ser mais ou menos facilmente identificados com um ou outro dos setores de papéis que delineamos. No setor de parentesco e domesticidade, a obra de Elizabeth Bott foi seguida na Inglaterra pelo estudo de Colin Bell sobre famílias de classe média em Swansea e o estudo em Londres por Firth, Hubert e Forge (1969). Estudos no Terceiro

Mundo sobre o mesmo setor incluem *Kinship and Urbanization* de Vatuk (1972) sobre Meerut, na Índia e *The Second Generation* de Pauw (1963) sobre East London na África do Sul, uma obra que serve de companhia para o estudo de Philip Mayer sobre os *Red* e os *School* na trilogia "Xhosa in Town". Representando o setor de aprovisionamento há um número de etnografias ocupacionais – a de Pilcher (1972) sobre os estivadores de Portland, a de Rubinstein (1973) sobre a polícia da Filadélfia, a de Klockars sobre a grade profissional, e *The Cocktail Waitress* de Spradley e Mann (1975) com ênfase em uma ocupação, embora envolva um complexo de papéis mais amplo um pouco semelhante ao texto de Cressey sobre os antigos salões de dançarinas de aluguel em Chicago. Estudos sobre organizações trabalhistas de uma escala um pouco maior incluem, da África urbana, o de Kapferer (1972) sobre uma fábrica de roupas na Zâmbia e o de Grillo (1973) sobre ferroviários em Kampala. Há também o interesse crescente no "setor informal" da empresa de pequena escala. O texto de Gould (1965) sobre os condutores de riquixá de Lucknow é um representante um pouco pioneiro. Podemos considerar um número de estudos da vida juvenil como pertencentes primordialmente à etnografia do setor de recreação – sobre os *hippies*, tais como a visão de São Francisco de Cavan (1972), ou sobre gangues, muitos deles pelos sucessores americanos de Thrasher e alguns por autores de outros países, como *A Glasgow Gang Observed* (1973) de Patrick. Também relatados são alguns tipos de diversão adulta fora do comum, por exemplo, de Bartell (1971) sobre o fenômeno do *swinging* [troca de casais], embora talvez seja surpreendente que poucos deles se concentrem em passatempos mais convencionais. A série de vinhetas de Jackson (1968) do norte industrial inglês, com seus clubes de trabalhadores, bandas de música e campos de boliche, seria um exemplo. Estudos não ocidentais nesse setor poderiam ser representados por Meillassoux (1968) sobre vida em associações em Bamako, Mali e o estudo de Plath *The After Hours* (1964) sobre "a busca de diversão" entre urbanitas japoneses. Não há falta de estudos tratando, de forma mais ou menos concentrada, de relacionamentos entre vizinhos. Itens tão diversos quanto os muitos estudos sobre subúrbios, os centros urbanos como o de Suttle sobre *The Social Order of the Slum* (1968) e um número de estudos sobre Skid Row e Idle Haven, de Johnson (1971) um relato sobre a vida em um estacionamento de *trailers*. A literatura sobre os assentamentos de invasores de terras no Terceiro Mundo também poderia até certo ponto ser incluída aqui, um componente bastante substancial. Com relação aos relacionamentos de tráfego, com Goffman sendo seu teórico mestre, é principalmente um gênero da etnografia urbana americana, embora Lyn Lofland tenha feito algumas tentativas para desenvolver um ponto de vista comparativo em *A World of Strangers* (1973).

A tendência pode ser considerar o tema como algo um tanto luxuriante e escolher em vez disso, problemas mais tangíveis em sociedades nas quais os pesquisadores são até o momento menos abundantes. Provavelmente também é verdade que algumas das sutilezas dos relacionamentos de tráfego, permanecendo em um nível baixo de consciência e raramente verbalizadas pelos participantes, irá eludir um etnógrafo que é apenas um imigrante temporário em uma sociedade estrangeira e cuja competência cultural é menos do que perfeita. Como um exemplo de pesquisa nessa área, no entanto, há o relato de Berreman (1972) sobre a categorização de forasteiros em ambientes públicos em uma cidade indiana. Talvez porque relacionamentos de tráfego sejam coisas efêmeras, os escritos sobre eles são principalmente textos curtos e não monografias longas. Em publicações do primeiro tipo, começamos a ver recentemente relatos da vida nas calçadas, nos metrôs e em viadutos da América urbana.

Em princípio, não há nada obviamente errado com as etnografias de setor dos tipos que exemplificamos aqui. A etnografia precisa começar em algum lugar e terminar em algum lugar, e as instituições, grupos ou redes, mas informalmente constituídos que estão dentro dos limites dos setores são com muita frequência focos naturais. Voltamos aqui, no entanto, à questão de se eles são antropologia *da* cidade ou só *na* cidade. O estudo dos relacionamentos de tráfego não podem talvez deixar de ser incluídos na primeira categoria, até o ponto em que estamos dispostos a considerá-los fenômenos urbanos quase que intrinsecamente. Quanto aos demais, podemos achar que eles são antropologia urbana apenas no sentido estrito quando dão uma medida razoável de atenção ao fato de lidarem com entidades que são de alguma forma partes integradas de um sistema social urbano diferenciado; e quando eles não são "cegos à superposição e conexão" – como possivelmente lembraremos que um crítico dos primeiros estudos de Chicago se expressou –, mas contribuem para uma compreensão das maneiras pelas quais esse sistema tanto segmenta quanto une.

Nosso objetivo aqui foi reunir o tipo de conceituações gerais e flexíveis que podem ser úteis para esclarecer uma visão integrada da construção de cidades e vidas urbanas. A cidade, para nossos objetivos, é (como outras comunidades humanas) uma coleção de indivíduos que existem como seres sociais primordialmente por meio de seus papéis, estabelecendo relações uns com os outros através desses papéis. As vidas urbanas, então, são moldadas à medida que as pessoas juntam um número de papéis em um repertório de papéis e provavelmente, até certo ponto, os adaptam uns aos outros. A estrutura social da cidade consiste dos relacionamentos pelos quais as pessoas estão conectadas por meio de vários componentes de seus repertórios de papéis.

Podemos decidir começar a análise pela cidade como um todo, ou com o urbanita individual; ambas as perspectivas têm seus usos. Vamos primeiramente adotar aquilo que, como antropólogos, chamamos de perspectiva egocentrada. Em seu envolvente livro *Soft City* o ensaísta britânico Jonathan Raban (1974: 1-2) tem algumas linhas que talvez possam definir um espírito investigativo:

[...] a cidade se suaviza; ela espera a impressão de uma identidade. Para o bem ou para o mal, ela o convida a refazê-la, a consolidá-la em uma forma na qual você possa viver. Você também. Decida quem você é e a cidade irá outra vez assumir uma forma fixa a seu redor. Decida o que ela é, e sua própria identidade será revelada como uma posição em um mapa fixado por triangulação. Cidades grandes, ao contrário de aldeias e de cidades pequenas, são plásticas por natureza. Nós as moldamos em nossas imagens; elas, por sua vez nos moldam pela resistência que oferecem quando tentamos impor-lhes nossa própria forma pessoal.

Suavidade, como conceituamos as coisas aqui é indeterminação; o urbanita decidindo quem ele é faz sua escolha de papéis livremente. Pense, por um momento, sobre papéis como entidades em si mesmas. Portanto, todo o inventário de papéis da cidade está lá, em exposição como em um supermercado, para que o comprador junte seu repertório. As prateleiras estão cheias de mercadorias de muitos tipos, e você tem um carrinho de compras bem grande. As variações nas coisas que podem ser colocadas nele parecem quase infinitas.

Não é bem assim, podemos na verdade descobrir todas as combinações que são teoricamente possíveis. (Seria uma espécie de tarefa que hoje em dia é feita quase sem esforço, já que simplesmente pedimos a um computador que o faça para nós.) Quando inspecionamos os resultados, no entanto, vemos que algumas das combinações não irão ocorrer na prática, enquanto teríamos perguntas a fazer sobre a viabilidade de outras. A cidade, afinal de contas, oferece alguma resistência.

À medida que os estudiosos das vidas urbanas começam a perguntar quais combinações podem ou não podem ser feitas, e como as combinações são administradas, um amplo campo de análise sutil se abre. Apenas algumas variações no raciocínio podem ser sugeridas aqui, dando mais alguma ideia das maneiras em que nossas conceituações centrais podem ser postas em operação.

Às vezes, como vimos, as fontes da restrição sobre a combinabilidade de papéis encontram-se fora daquilo que é, estritamente falando, o próprio inventário de papéis. Entramos no supermercado com um ou dois atributos discriminadores de papéis e, portanto, temos permissão para procurar apenas certos itens. Se você é um jovem descendente de imigrantes italianos, no limiar da maturidade, na Chicago da década de 1920, seu papel mais importante provavelmente será estar na família, ao mesmo tempo em que você não terá qualquer papel próprio no setor de aprovisionamento. Talvez sua recreação fora da família também seja seriamente restringida. Você pode, possivelmente, ter bastante interação com vizinhos no seu bairro de Little Sicily, mas você não deve estar se deslocando para ruas distantes, pelo menos não depois de escurecer ou, como Goffman diria, sem um "com". Se sua família, em vez disso, fosse do Leste Europeu, seus envolvimentos poderiam ter sido mais espalhados. É um pouco mais provável que nós a iríamos encontrar entre as operárias da fábrica ou entre as dançarinas de aluguel, mas não entre as debutantes da Costa Dourada. Se você é um homem anglo-saxão de meia-idade em vez disso, você pode ser um gerente de escritório no Loop ou bem possivelmente um *hobo* na Praça Bughouse. Se o primeiro caso for válido, você pode passar uma parte bastante razoável de seu tempo nos papéis familiares e de parentesco, e um mínimo de tempo em papéis de tráfego. Mas se você for um *hobo*, seria exatamente o contrário. Se você for um homem xhosa em East London, África do Sul, pode estar fazendo um trabalho industrial sem qualificações se você for *School* ou *Red*, mas seus papéis recreativos seriam claramente diferentes.

Ao examinar os efeitos organizacionais dos atributos discriminadores de papéis, vemos claramente que a cidade é mais suave para algumas pessoas do que para outras. Elas extraem seus repertórios de proporções variáveis do inventário de papéis. Como também podemos ver, no entanto, os atributos discriminadores de papéis implicam para algumas pessoas apenas uma primeira classificação rudimentar de papéis. Um ou alguns componentes de um repertório podem ser atribuídos dessa maneira, ou limites mais ou menos rigorosos podem ser estabelecidos para a escolha. Para os demais, o repertório de papéis se ordena sozinho. O *hobo* passa grande parte de seu tempo nas calçadas de Chicago não porque ele seja um anglo-saxão branco, mas porque ele é um trabalhador informal migrante. Podemos apenas sucintamente nos lembrar daquilo que entra nessa ordenação de papéis. Um indivíduo extrai o estado de sua consciência – conhecimento, crenças, valores, interesses – de sua experiência em papéis, e nesses papéis (particularmente no setor de aprovisionamento, e até certo ponto talvez em outros) ele pode também acumular recursos. O que ele ganhou assim o irá guiar nas decisões sobre que outros papéis ele pode procurar. Alguns papéis podem parecer mais atraentes e alguns mais acessíveis do que outros.

Mas não devemos fazer com que a criação de repertórios de papéis pareça uma atividade totalmente solitária. Ela não pode ser, pois há uma outra complicação: o fato de um papel, como nós normalmente o vemos, implicar um relacionamento. Não podemos tê-lo a menos que encontremos um outro, ou às vezes muitos outros, para desempenhar um papel compatível – um outro cuja disposição para fazer isso pode depender de que informação pessoal ele tem sobre ego, especialmente sobre aquilo que ele pode discernir de seus papéis e atributos discriminadores de papéis. A essa altura uma exigência de um consenso mínimo pode ser necessária para definir o que é uma combinação adequada de papéis. Se ninguém está preparado para ser o parceiro de ego em um relacionamento em que ele iria desempenhar um certo papel (nos termos sugeridos no capítulo 4) isso significa que ele não tem sequer acesso a qualquer papel. Só se alguma categoria de pessoas, também definidas em termos de um papel ou de um atributo discriminador de papéis se oferecerem como parceiros potenciais é que ele terá aquilo que chamamos de acesso relacional. Mas pode haver também alguma margem para manobra aqui, na forma de gerenciamento de impressão. Os outros podem insistir em ter informação pessoal relevante antes de participar de um certo relacionamento, ou eles podem participar de um relacionamento que teriam recusado se tivessem mais bem-informados. Pode ser responsabilidade de o ego apresentar seu repertório de papéis mais ou menos de forma completa e correta, ou dar alguma interpretação particular a ele.

Presumindo que um repertório de papéis foi montado assim, ainda mais organização será necessária para transformá-lo em um todo. De alguma forma ou de outra, temos de distribuir nossos recursos finitos, tempo e interesse, entre os papéis. Suas exigências às vezes entram em conflito, mais ou menos de forma conspícua. Horas extras no trabalho, por exemplo, são feitas em detrimento das atividades familiares ou recreativas. Mas os papéis também podem apoiar uns aos outros. A canalização de recursos a partir do papel de aprovisionamento para os outros papéis é um exemplo, o uso de técnicas que aprendemos nas atividades familiares ou recreativas em nosso trabalho é outro.

Esses consertos internos no repertório de papéis são também em grande parte fenômenos relacionais, já que pode ser uma questão de algum interesse para o outro saber como o ego se distribui. Organização do tempo, investimento de recursos e outros aspectos da *performance* de papéis podem assim ser sujeitos à negociação. É uma questão de interesse óbvio, no entanto, quais são os limites de negociabilidade para vários papéis. Sucintamente, podemos sugerir pelo menos dois tipos de situações em que os papéis terão a tendência de se tornarem fixos. Uma delas é quando eles são parte de uma estrutura normalmente ampla e fortemente integrada e em que a negociação de um relacionamento iria provocar reações em cadeia indesejáveis mais ou menos por toda a estrutura. A outra envolve o tipo de papel por meio do qual ego irá lidar com alguma sucessão relativamente rápida de outros, em contatos em que seria extremamente impraticável mudar os termos da interação a cada vez. Podemos perceber que a primeira situação provavelmente irá ocorrer com frequência, por exemplo, no funcionamento interno de burocracias ou organizações industriais e a última em relacionamentos de aprovisionamento que envolvem algum serviço de considerável centralidade.

Nesses casos, então, os relacionamentos são comandados mais por controle normativo do que por informação pessoal e há uma grande alternância de participantes. Esses relacionamentos são dos tipos que ocorrem frequentemente nas cidades grandes. A "teoria de privação" da autoconsciência a que nos referimos no capítulo anterior se relaciona com essas situações, já que elas podem provocar uma disjunção dos conceitos de papel e do *self*.

Também há papéis, por outro lado, que com mais frequência reduzem a pressão para ajustes de repertórios ou que, em outras palavras, poderiam ser descritos como mais permeáveis. Alguns deles são simplesmente partes de relacionamentos que exigem relativamente pouca coordenação entre o ego e o outro e, portanto, pouca negociação. Contatos entre vizinhos são muitas vezes deste tipo. Em consequência com aquilo que dissemos, iríamos além disso esperar que esses papéis com mais frequência irão implicar relacionamentos em díades ou pequenos grupos, não tão difíceis de rearranjar e relacionamentos em que não há qualquer fluxo constante de outros. Os relacionamentos domésticos e de amizades podem ser incluídos aqui. Deveríamos propor argumentos tais como esses somente com alguma precaução, no entanto. Aquilo que é negociável e aquilo que não é pode ser decidido não apenas pela lógica organizacional social, mas também pelas prioridades pessoais.

Aqui pode haver espaço para uma reflexão sobre o que possa ser uma diferença na padronização de papéis entre dois tipos de estruturas de papéis. No caso em que os repertórios de papéis são, até um grau mais alto, reproduzidos, os ajustes a serem feitos entre os papéis tampouco podem ser tão variados. Os papéis são impregnados de maneiras padronizadas por influências de outras partes do repertório. Quando os repertórios são variados, a padronização é obtida, ao contrário, tornando os papéis impenetráveis. O contraste é obviamente rudimentar e precisaria ser qualificado.

Sobre uma questão ligeiramente diferente: quando ego e o outro se encontram, as exigências envolvidas em manter coeso um repertório de papéis pode muito bem afetar os desempenhos de uns com relação aos outros; isso eles podem ou não assinalar. Há outras maneiras também, no entanto, em que a constelação mais ampla de papéis pode ser feita relevante em um relacionamento já existente. A discussão de revelações no capítulo anterior pode ser aprofundada um pouco mais aqui.

Quando um relacionamento envolve interações de alguma duração relativamente frequentes, é provável que alguma personalização adicional vá ocorrer, na forma de revelações relacionadas com outras partes dos repertórios dos participantes. Nesse caso, podemos imaginá-las como se estivessem ocorrendo lado a lado da atividade na qual o relacionamento está baseado, e não como uma parte integral dele. Isso, pelo menos, parece ser uma concepção clara o suficiente, por exemplo, quando colegas dizem uns aos outros o que fizeram no fim de semana. (Podemos simplesmente lembrar que alguns relacionamentos podem ser tão maldefinidos em termos de seu conteúdo intrínseco que eles continuamente são forçados a apagar revelações de envolvimentos externos. Alguns relacionamentos entre parentes são assim – somos normativamente encorajados a não tratar parentes como estranhos ou não pessoas, mas temos de procurar os materiais com os quais expressar reconhecimento, já que nada mais pode ser prescrito.)

Pode ser argumentado que atos de revelação por si só podem constituir um estabelecimento de multiplexidade em um relacionamento; seja o que for que esse último fosse antes, eles implicam uma sociabilidade que, por menor ou mais fugidia que seja, o leva também para o setor de recreação. No entanto, a maior significância de revelações pessoais para o crescimento da multiplexidade pareceria estar em sua capacidade de sugerir novos contextos distintos de interação entre ego e o outro. Elas oferecem um mapa de compatibilidade real ou potencial, que permite às partes ou rejeitarem uma à outra tacitamente ou explicitamente como parceiras além da mínima interação em sua única atividade compartilhada ou ao redor dela (às vezes até mesmo nela) ou a expandir seu relacionamento para novas áreas.

Podemos entreter, como já fizemos antes, a noção de aleatoriedade nas relações sociais urbanas. Se uma pessoa com um certo repertório de papéis extraísse para cada papel o número necessário de outros aleatoriamente do conjunto de indivíduos com o papel compatível, seria relativamente improvável que ela acabaria tendo os mesmos outros em muitos relacionamentos, de tal forma que o resultado fosse conexões multiplex. (Pelo menos seria improvável se nenhum dos papéis envolvesse grande centricidade.) Na realidade, essas conexões podem ser um tanto mais comuns na medida em que as escolhas feitas em um papel restringem escolhas em outro – se duas pessoas decidem trabalhar na mesma fábrica, por exemplo, seu desejo de morar perto uma da outra pode também fazer com que sejam vizinhas. Mesmo sem considerar esses mecanismos, pareceria que a multiplexidade intencional baseada em revelações é o tipo mais importante de multiplexidade em uma estrutura social urbana, cujas unidades mínimas são papéis definidos mais restritamente e as relações a eles conectadas.

É um tipo de multiplexidade que às vezes surge meramente como uma questão de conveniência. Ego tem um nicho vazio para um outro com quem ele pode se envolver em um tipo específico de relacionamento, e em outro relacionamento ele encontra alguém que pode assim prestar um serviço duplo. Podemos dizer que os dois pares de papéis compatíveis, de uma certa maneira, já existem, mas há um par de papéis em busca de um relacionamento. Alternativamente é possível que ego tenha uma preferência por outro como um indivíduo – uma preferência que pode ser unilateral ou recíproca. Aqui o gerenciamento da multiplexidade pode adotar novas formas. Ego pode maximizar o fato de estar junto por suas vantagens intrínsecas, inventando novas coisas sobre as quais interagir – isso é, pode haver uma busca ativa do repertório de papéis do outro para descobrir oportunidades adicionais para interação, e ego pode até expandir seu próprio repertório de papéis para incluir algo que seja compatível com um papel na constelação do outro. Para um relacionamento assim preferencial (às vezes chamado de "amizade" ou "amor" o etnógrafo marciano pode rabiscar em seu caderninho) alguns contextos são mais adequados que outros, permitindo uma expressão mais completa das qualidades individuais e dos sentimentos interpessoais envolvidos. A expansão para a multiplexidade sob tais condições provavelmente irá ocorrer em áreas sob um controle normativo limitado. Mudamos de um relacionamento de um único elemento no contexto do trabalho na fábrica para um relacionamento multiplex que inclui também recreação compartilhada, por exemplo, mas provavelmente não com tanta frequência na direção oposta.

Algumas limitações na multiplexidade intencional podem ser reconhecidas. Mesmo quando ego e o outro são capazes de identificar outros papéis compatíveis, esses podem implicar números limitados de relacionamentos. Se esses já estão ligados com outros parceiros, ego ou o outro, ou ambos, podem não estar dispostos ou não serem capazes de interrompê-los. Outra complicação surge pelo fato de, nos contextos que não sejam díades isoladas, ego não poder estar sozinho na determinação de que outro deve ser recrutado. Expansões para multiplexidade podem assim ocorrer com mais frequência por meio de papéis que impliquem um número flexível de relacionamentos, ou nos casos em que há alguma rotatividade de outros, de tal forma que vagas sejam criadas, e por meio de papéis em que ego tem o controle total do recrutamento de outros.

Efeitos adicionais de revelações pessoais podem ser descritos em termos de redes. Sem tais revelações por parte de seus outros, a consciência de rede de ego pode ser em grande medida limitada a sua estrela de primeira ordem, mais aquelas conexões laterais entre seus outros que ele possa observar diretamente. Sua percepção da densidade de sua rede envolve apenas os aglomerados visivelmente apertados de relacionamentos de papéis dos quais ele próprio é participante e o alcance de sua rede por meio de conexões superiores às ligações de primeira ordem continua a ser mais ou menos desconhecido para ele. Não há dúvida de que a vida urbana é muitas vezes assim, especialmente porque as revelações relacionadas com sua própria rede que o outro faz ao ego são frequentemente muito parciais. Quando revelações ocorrem sobre quem são os outros do outro, no entanto, a nova informação pode assumir significância de várias maneiras. Ego pode descobrir que há apenas um único intermediário entre ele próprio e um outro alguém que ele não conhece pessoalmente, que pode ser abordado mais facilmente por meio de uma ligação preexistente, mas a quem ele gostaria de influenciar de uma forma ou de outra. Ele pode então pedir a esse seu outro intermediário que intervenha em seu nome. Revelações também podem mostrar que a rede pessoal do ego é mais densa do que ele imaginava, já que outros talvez em setores diferentes de sua vida acabam estando diretamente conectados entre eles.

Revelações podem levar não só à identificação de ligações existentes, no entanto, mas podem também ser a base da formação de novas ligações. Ao descobrir que seu outro está ligado a uma terceira pessoa útil, ego pode pedir ao outro uma apresentação; isso aumenta a amplitude da rede de ego e a densidade da rede de outro. Por outro lado, ele pode achar que até mesmo uma conexão indireta com uma certa terceira pessoa é indesejável e, portanto, interromper seu próprio contato com o outro intermediário. Atraindo o outro para um relacionamento multiplex, ego também muitas vezes condensa sua própria rede, até o ponto em que isso implica a formação de conexões diretas entre segmentos da rede anteriormente separados.

A variedade de maneiras pelas quais as vidas urbanas podem se conectar pode parecer desconcertante. Se moradores das grandes cidades podem juntar papéis em seus repertórios de maneiras diferentes, podem selecionar entre outros papéis alternativos, podem ou não fazer revelações, podem ou não expandir ligações tornando-as multiplex, podem colocar em contato seus vários parceiros de rede ou mantê-los distantes uns dos outros, será que algo esclarecedor pode ser dito sobre ciclos completos de vida a menos que estejamos preparados para tratar cada um deles como uma criação totalmente única?

Talvez exista alguma necessidade de tentar. Na antropologia social, perspectivas baseadas no ego foram usadas principalmente para lançar luz sobre situações específicas em que indivíduos fazem uso de alguns segmentos particulares de suas redes ou de seus repertórios de papéis, analiticamente extirpados do total. A construção de vidas inteiras pode parecer ser biografia e não etnografia.

Ainda assim, pode ser interessante ter alguma ideia de resultados alternativos como totalidades – como algo à guisa de uma resposta à pergunta "como é ser um urbanita", que seja uma pouco diferente do retrato (ou da caricatura) esboçada por Wirth. As possibilidades de variação sendo as que são, podemos captar apenas uns poucos tipos mais amplos como um começo na direção dessa conceituação. Iremos identificar esses modos de existência urbana experimentalmente como *encapsulamento*, *segregatividade*, *integratividade* e isolamento. Vidas reais, é claro, podem ser cruzamentos entre eles.

Encapsulamento até o momento parece ser o queridinho dos antropólogos urbanos – aldeões urbanos, *red* xhosa e o povo da *vecindad* de Oscar Lewis na Cidade do México pertencem a essa categoria. A característica definidora do encapsulamento é que o ego tem um setor denso de rede, conectado com um ou mais de seus papéis, no qual ele investe uma proporção muito alta de seu tempo e interesse. No ponto extremo, só uma pequena parte de sua rede fica de fora. Em uma forma pura de encapsulamento, também todos os outros têm um envolvimento igualmente intenso na rede que eles compõem juntos. O grau mais alto de encapsulamento pode obviamente ser alcançado se relacionamentos do maior número possível de setores são combinados em relacionamentos multiplex, ou se o menor número de relacionamentos de um ou mais setores estão contidos no maior número de outro setor. Já que não podemos exatamente esperar que relacionamentos de tráfego e aprovisionamento estejam contidos dentro desses limites (os relacionamentos de tráfego não podiam muito bem estar lá) o encapsulamento máximo envolve pessoas que moram, trabalham e se divertem juntas e que também encontram seus parentes entre si. Como isso pode ser realizado mais facilmente por meio de uma padronização relativa de repertórios de papéis e acesso relacional a papéis, não é muito surpreendente que, com frequência, o encapsulamento tenha uma base étnica. Mas embora isso tenha sido observado pelos antropólogos com menor frequência, também pode ser um modo de vida da classe alta. A análise "elitista" das estruturas comunitárias de poder a que nos referimos no capítulo 5 enfatiza que membros de uma camada privilegiada podem provocar fechamento ao escolherem uns aos outros como cônjuges, vizinhos e parceiros na recreação.

Em outros grupos, se tal multiplexidade é querer demais, podemos pelo menos encontrar uma forte tendência na direção da atenuação de ligações fora da "cápsula" e a elaboração de ligações dentro dela. Agrupamentos étnicos podem obviamente estar envolvidos aqui também (cf., p. ex., a descrição da vida do gueto judeu feita por Wirth e citada no capítulo 2), mas o centro poderia bem ser um papel compartilhado e não um atributo discriminador de papéis. O trabalho em "comunidades ocupacionais" tal como o de Becker (1963: 95ss.) sobre músicos de *jazz* e aquele de Salaman (1971, 1974) sobre arquitetos e ferroviários, oferecem exemplos de vários graus de encapsulamento. Como os relacionamentos recreativos são aqueles mais certamente sob o controle individual, não é provável que encontremos qualquer coisa que poderia ser chamada de encapsulamento que não inclua uma grande parte da vida de lazer do ego, mas quais outras coisas estão envolvidas é menos claro. As revelações provavelmente serão feitas nos relacionamentos encapsulados do ego sobre suas experiências externas e não o oposto, mas podem haver algumas variações nisso – alguns conjuntos de relacionamentos encapsulados podem ser muito autossuficientes em conteúdo.

O urbanita encapsulado pode parecer fazer um uso muito limitado das oportunidades da cidade grande. Ele não captou um conjunto de outros unicamente seus, e se seu repertório de papéis não é bastante padronizado ele aproveita muito pouco daquilo que é original acerca dele. As influências que emanam fora de sua densa rede não o alcançam facilmente e, em contraste, sua capacidade de tentar se comunicar com outros desconhecidos por meio de sua rede quando isso poderia ser vantajoso não é muito grande, já que seus outros tendem a ser pouco úteis como intermediários – são pessoas muito parecidas com ele[1]. (Isso obviamente se aplica menos no caso de uma elite.) De algumas maneiras, no entanto, pode haver algo caracteristicamente urbano sobre o encapsulamento, como Robert Park compreendeu quando descreveu a cidade grande como "um mosaico de pequenos mundos que se tocam, mas não se interpenetram". Mencionamos isso no capítulo 3; uma pessoa pode se encapsular apenas com outras de seu tipo onde há um número de outros assim, e uma comunidade maior provavelmente terá mais pessoas de mais tipos. Além disso, até o ponto em que o encapsulamento depende de manter as ligações externas frágeis e de revelar pouco daquilo que ocorre internamente, a manutenção de limites deve ser simplificada pelo fato de os outros do ego nos relacionamentos externos terem outros relacionamentos nos quais podem se imergir, e não precisam ser muito curiosos sobre ego.

Podemos acrescentar uma nota aqui sobre a existência de um tipo de encapsulamento unilateral, de indivíduos cujo ciclo de vida é em alto grau ocupado por relacionamentos com um número pequeno de outros interconectados que não são igualmente encapsulados. O relacionamento entre reclusos e funcionários nas instituições totais de Goffman serviriam aceitavelmente bem como exemplo. Coser também mencionou isso em seu *Greedy Institutions* (1974) em que ele está interessado em vários "modelos de compromisso indiviso". Um modelo assim permite que ego tenha contatos bem variados, mas apenas como uma extensão completamente leal de algum mestre pessoal ou institucional; eunucos e amantes reais de ascendência modesta são exemplos históricos[2]. Outro modelo é exemplificado por certas seitas religiosas e grupos revolucionários políticos; esses são mais ou menos como a forma de encapsulamento já discutida acima[3]. O terceiro modelo de compromisso indiviso e aquele que é de interesse aqui, Coser encontra com as donas de casa e criados domésticos tais como empregadas que moram na casa. Se isso é considerado como marginalmente semelhante ao encapsulamento, pelo menos em alguns casos, o que foi dito anteriormente sobre o acesso limitado que pessoas encapsuladas têm a outras por meio de intermediários provavelmente não se aplicará. Tanto diretamente e através de uma participação indireta por meio de revelações, uma dona de casa pode bem estar intensamente envolvida nos relacionamentos externos de seus outros, embora ela tenha menos ligações externas próprias.

---

1. Cf. sobre esse ponto o conhecido texto de Granovetter (1973) sobre "a força de laços frágeis".

2. Tais papéis podem ser considerados no contexto de uma quantidade de papéis de corretagem, como sugerido na discussão de *flak catchers* no capítulo 5.

3. Mais evidência sobre a tendência ao encapsulamento por parte de grupos radicais é fornecida por Kornhauser (1962) e Bittner (1963). Pode ser prudente, no entanto, não considerar isso como uma característica permanente dada. Em outro período pode ser a estratégia expansiva de rede, descrita por Gerlach e Hine e discutida no capítulo 5 que caracteriza o radicalismo.

A segregatividade e a integratividade são talvez dois neologismos um tanto infelizes. Sob a descrição "vida dupla" a primeira é um modo de existência que causa profunda impressão em nossa imaginação. Janus com suas duas faces, Dr. Jekyll e Mr. Hyde, Clark Kent e o Super-homem, e o comentário de Park sobre o mosaico urbano que "encoraja o experimento fascinante, mas perigoso de viver ao mesmo tempo em mundos contíguos, mas de outras maneiras separados" são expressões do tema. Ronnie Kray, o gângster londrino cuja vida foi descrita em uma citação no capítulo anterior, é um exemplo. E assim também, obviamente, as dançarinas de aluguel em Chicago. Usamos o novo termo em vez de "vida dupla" porque os envolvimentos separados podem ser mais de dois, e porque é a contrapartida da integratividade, para a qual nenhum termo familiar parece estar disponível.

O indivíduo envolvido na segregatividade, então, em princípio tem dois ou mais segmentos em sua rede que são mantidos bem separados. Tipicamente, podemos presumir que isso é intencional. De forma ideal, o ego é o único indivíduo envolvido em ambos os segmentos (ou em seja qual for o número deles). Se ele não está sozinho em um envolvimento assim múltiplo, é provável que exista um pacto implícito ou explícito entre aqueles que o compartilham com o resultado que as revelações a outros não são feitas ou são feitas de forma restrita. A linha entre encapsulamento e segregatividade pode às vezes ser tênue, na medida em que um indivíduo quase totalmente encapsulado ainda pode ter ligações externas que ele luta por manter segregadas da arena central de sua vida. Podemos dizer que a segregatividade "real" faz investimentos pesados mais equitativos em segmentos diferentes da rede. Não parece necessário pressupor alguma coisa sobre o grau de densidade em quaisquer dos segmentos. A única coisa importante é que pelo menos dois deles são mantidos de tal maneira que não se misturam de forma alguma, já que isso iria revelar inconsistência na apresentação do *self* pelo ego. Um caso marginal seria o envolvimento intenso do ego em alguma atividade solitária que, embora sem gerar quaisquer relacionamentos próprios, ainda assim constitui uma espécie de papel que não é revelado a sua rede. (Fantasias à la Walter Mitty podem também pertencer aqui.) É possível para um segmento segregado de rede consistir em relacionamentos temporários – várias expressões sexuais minoritárias nos fornecem exemplos disso, com um relato etnográfico em *Tea Room Trade* de Humphrey (1970). Em seu sentido fundamental, no entanto, a segregatividade talvez devesse ser considerada como consistindo de conjuntos mais duráveis de relacionamentos, entendendo-se que cada um deles mostra o ego como ele realmente é. A segregatividade é, mais do que qualquer outro, o modo de existência urbana de alguém que vive com um "segredo misterioso".

A integratividade é provavelmente o modo de vida mais comum na cidade grande, e pode ser precisamente por esse motivo que não podemos encontrar qualquer rótulo razoavelmente informativo para ela no uso comum. Na integratividade a rede de um indivíduo é espalhada entre setores, sem tendências muito fortes à concentração em nenhum deles. Os segmentos da rede relacionados com os papéis podem variar em tamanho e densidade dependendo da natureza das atividades relacionadas, mas se não fosse pelo modo de gerenciamento de toda a rede do ego, as ligações entre eles provavelmente seriam poucas ou não existentes. Nesse caso, no entanto, o ego não tem qualquer política de segregação de rede. Mesmo se ele não insiste em juntar todos com todos os demais, e pragmaticamente sente que alguns de seus outros podem bem serem deixados separados, a tendência geral é criar encontros entre outros que anteriormente não se conheciam de uma maneira um tanto improvisada e da mesma forma fazer revelações em um relacionamento sobre outros papéis e relacionamentos. Na integratividade, o ego não exclui a possibilidade de que relações bastante variadas possam servir como base para expansões para a multiplexidade. De um modo geral, então, sua rede pessoal se desenvolve na direção de maior intensidade com o passar do tempo, com tendências menos pronunciadas a se aglomerarem, mesmo que as ligações entre os aglomerados (*clusters*) antigos muitas vezes permaneçam comparativamente frágeis. Mas é claro, o alcance de sua rede pode variar. Algumas pessoas na integratividade têm um círculo um tanto rotineiro de relacionamentos e não se esforçam para desenvolver novas ligações a partir de encontros ocasionais. Outros podem procurar novas pessoas incessantemente, sobretudo para relacionamentos um tanto informais de lazer, enquanto provavelmente ao mesmo tempo deixam outros relacionamentos se tornarem latentes ou esquecidos. De acordo com essas variações de alcance, o ego na integratividade pode também servir como um intermediário, ao contrário do indivíduo no encapsulamento que não pode fazê-lo ou aquele na segregatividade que não deseja fazê-lo. Com relação à segregatividade e à integratividade é possível dizer que elas fazem um uso real do tamanho e da diversidade da cidade grande. No entanto, enquanto a segregatividade depende de manter distâncias como elas são entre pessoas e atividades diferentes, a integratividade poderia (talvez de forma perversa) ser considerada como uma influência corruptora para o urbanismo como um meio de vida – criando ligações onde nenhuma existia e fazendo com que faces desconhecidas tornem-se conhecidas.

Voltando-nos para o isolamento, podemos pensar em solidão como um termo alternativo conveniente. Mas isolamento é uma condição social e a solidão uma condição psicológica e os dois não necessariamente estão juntos. Nenhum urbanita, por certo, provavelmente ficará sem interações e poucos sem algum relacionamento durável e, portanto, o isolamento é relativo. Concebivelmente, o urbanita solitário pode ser aquele com um pequeno repertório de papéis, pelo menos nos setores em que relacionamentos duradouros são formados normalmente; é provável que sua rede seja pequena ou pelo menos que poucos outros estejam convenientemente disponíveis; mas o que talvez seja mais importante é que poucas revelações pessoais são feitas em seus relacionamentos e esses não tendem a se expandir para o setor recreativo, que, em termos relacionais é mais ou menos um espaço vazio. Isolamento na cidade grande pode parecer paradoxal, mas não estamos com outras pessoas apenas porque estamos entre eles. O fato subjacente, naturalmente, é que os relacionamentos urbanos em grande parte podem ter de ser ativamente conquistados e ativamente mantidos. Normalmente é provável que o isolamento seja uma situação temporária, antes de novos relacionamentos serem formados (por recém-chegados à cidade, tais como alguns habitantes do "mundo de quartos mobiliados" de Zorbaugh), ou após a dissolução de uma rede antiga. Mas para alguns, ele se torna uma situação de longo prazo que eles não desejavam, se há falta de bens sociais ao redor dos quais os relacionamentos são criados – um emprego, um local para chamar de lar, uma personalidade extrovertida. É aqui que encontramos com mais frequência tentativas de fazer e buscar revelações em relacionamentos que em outra situação seriam improváveis: a disposição para envolver estranhos em interação, a ansiedade para ter intimidade com os vendedores nas lojas em que fazemos nossas compras[4]. Tais tentativas, no entanto, podem muito bem fracassar. Para citar Raban (1974: 140) uma vez mais "você anseia por reconhecimento, tudo que você recebe é tratamento". No entanto, outros podem ter isolamento sem solidão, talvez encontrando satisfação em atividades que não implicam relacionamentos e cuidadosamente cultivando oportunidades para esses últimos.

Em resumo, o isolamento é um modo de existência em grande medida sem relacionamentos significativos; o encapsulamento um modo de existência com um único conjunto desses relacionamentos; a segregatividade um modo de existência com mais conjuntos de relacionamentos, mas mantidos separados; e a integratividade ainda com mais conjuntos de relacionamentos agrupados. Podemos imaginar várias maneiras de organizá-los em modelos. Com o tempo, a vida de um indivíduo pode abarcar todos eles. A infância é normalmente um tipo de encapsulamento, parcialmente mútuo, parcialmente unilateral. Na adolescência, as tendências para a segregatividade são com frequência mais fortes. A maturidade para muitos pode ser uma fase de integratividade. O isolamento pode surgir com a velhice. Mas claramente não há nenhum modelo assim simples ao qual todos se adequam.

Pessoas de modos diferentes de existência podem relacionar-se umas com as outras com graus variados de facilidade. Alguém saindo do isolamento, e desejando abandoná-lo, pode ser bastante adaptável no sentido de ser capaz de com-

---

4. Cf. o perfil do "consumidor personalizante" de Stone (1954).

prometer muito de si mesmo em um relacionamento, de acordo com as exigências de seu outro; ele pode, por exemplo, ir diretamente para o encapsulamento. Um problema poderia possivelmente surgir se ele está pronto para comprometer mais do que aquilo que o outro pode administrar. Qualquer pessoa com envolvimentos mais variados, por outro lado, integratividade ou segregatividade, pode achar que as exigências de um grupo de pessoas que tendem para encapsulamentos compartilhados são exageradas e isso pode provocar fricção. A segregatividade e a integratividade podem ir bastante bem juntas, já que nenhuma das duas vê qualquer coisa incomum no fato de o outro dividir seu tempo entre ego e vários outros. Aqueles que buscam a integratividade como um modo de vida podem demorar a perceber a reticência do segregador e presumir, ao contrário, que ele faz parte do grupo.

Podemos, agora, voltar as nossas antropologias de setores. É verdade, como Oscar Lewis assinalou em sua crítica do pensamento wirthiano, que a vida urbana em grande medida ocorre em universos menores – família, vizinhança, firma, seita, gangue, ou seja lá o que for – e que precisamos de estudos cuidadosos desses universos. Mas devemos sempre estar conscientes de suas aberturas para outras áreas da vida urbana pelo menos até que nos tenhamos convencido de que elas, de alguma maneira, se fecharam. Deve haver pleno reconhecimento do fato de a arena que está momentaneamente em foco ser, na maior parte dos casos, apenas uma das muitas para os indivíduos envolvidos, um envolvimento de meio expediente. Dos quatro modos de existência urbana que acabamos de delinear, só o encapsulamento faz surgir grupos bem unidos em que as pessoas são membros mais ou menos como pessoas inteiras e não em virtude da incumbência de papéis específicos. Mesmo assim, o grupo está, em certos sentidos, engastado no sistema urbano mais amplo, mas atenção a outros modos de existência também nos dá outras oportunidades de ver como as atividades dentro da unidade menor são influenciadas pelas maneiras como os indivíduos participantes lidam com seus papéis e com suas redes.

Toda uma extensão de perguntas pode ser suscitada com esse objetivo. Qual é o conteúdo intrínseco de atividade da unidade sob análise? Há qualquer tendência para um recrutamento padronizado de papéis de tal forma que todos os participantes ou muitos deles também tenham outros papéis ou outros atributos discriminadores de papéis em comum? Como é que essa unidade é influenciada pelo gerenciamento do repertório interno dos participantes – seus papéis são mais ou menos permeáveis? Até que ponto os indivíduos que estão diretamente conectados aqui estão também indiretamente conectados por meio de relacionamentos em um outro ou vários outros setores (ou por meio de outras unidades dentro do mesmo setor)? As revelações feitas nessa unidade estão relacionadas com as vidas externas dos participantes e de que maneiras essas revelações podem controlar o conteúdo de sua atividade e relacionamentos internos? A unidade serve como uma arena em que relacionamentos previamente existentes tornam-se multiplex, ou ela é uma área para recrutamento em outros relacionamentos?

Um exemplo: a etnografia de vizinhança

Estudos como o de Elizabeth Bott sobre a maneira como relacionamentos no casamento são influenciados pelas redes mais amplas, ou de Adrian Mayer sobre como uma campanha eleitoral pode introduzir a política em vários tipos de relacionamentos, nos deram exemplos da maneira como etnografias parciais podem ser realizadas com o objetivo de contribuir para uma compreensão da coerência dentro da diferenciação urbana, e, portanto, ser informada por ela. Pode ainda ser útil demonstrar a perspectiva um pouco mais plenamente em um setor. Vamos fazê-lo baseando-nos em materiais de alguns estudos relacionados com vizinhança.

Primeiramente, o conteúdo intrínseco: O que é um vizinho, e o que é vizinhança propriamente dita? Às vezes, e para alguns objetivos, a resposta para ambas as perguntas pode ser bastante inequívoca. O caso mais claro pode ser quando um órgão governamental usa divisões territoriais dentro de cidades pequenas e grandes como arcabouços organizacionais dentro dos quais os habitantes são estimulados a fazer várias atividades juntos. Os habitantes são assim instruídos sobre o que fazer e com quem fazê-lo; a vizinhança está fortemente entrelaçada com a estrutura geral de aprovisionamento. O sistema distrital do Japão urbano, que cresceu e diminuiu com o passar dos anos é um exemplo (cf. DORE, 1958: 267ss.; NAKAMURA, 1968). "Comitês de bairro" e órgãos semelhantes dos regimes de mobilização atuais tendem a dar uma forma padrão para algumas relações de vizinhança. O estudo de Douglas Butterworth (1974) sobre os Comitês para a Defesa da Revolução em Havana está relacionado com esses fenômenos, mas além desse trabalho há muita coisa sobre eles nos escritos antropológicos.

Nas grandes cidades ocidentais contemporâneas, por outro lado, e em um grande número de outras, há normalmente pouco envolvimento do cimo da sociedade em tal organização territorial de pequena escala e contatos entre vizinhos são mais indiretamente influenciados por um número de outras circunstâncias. Fizemos alguns breves comentários sobre isso no capítulo 3. Vizinhos, para aprofundar o assunto agora, são pessoas cujos locais de residência (ou de trabalho, como iremos assinalar) estão próximos uns dos outros: isso é o mínimo óbvio. Além disso, normalmente, eles passam a estar conscientes da presença recorrente uns dos outros no espaço a sua volta que é mais ou menos público e consequentemente do relacionamento especial que eles têm com ele. Provavelmente também mostram essa consciência estendendo o reconhecimento uns aos outros quando se encontram, algo que faz com que esse relacionamento seja mais do que um mero relacionamento entre estranhos.

A definição do senso comum implica algumas das possibilidades para variação na vizinhança. A natureza do ambiente físico é uma das fontes. Nos locais em que as pessoas estão mais expostas umas às outras, elas reconhecerão umas às outras com mais rapidez. Se puderem se ver entrando ou saindo de suas casas respectivas, ou passando tempo em espaços privados ou semiprivados, mas visíveis ao redor das casas, isso obviamente ajuda. Se há algum foco comum ou sensação de limites para evitar que as definições de vizinhança se tornem totalmente egocêntricas e assim só parcialmente superpostas, as relações entre vizinhos podem também progredirem mais facilmente. Colinas ou rios podem fornecer essas fronteiras, mas elas podem também ser feitas pelo homem, tais como parques, trilhos ferroviários ou estradas. Nos casos em que menos forasteiros passam pela área e distraem as percepções, os residentes podem ter um sentido mais seguro de quem realmente pertence ali.

Vislumbres de tais influências são ocasionalmente oferecidos em etnografias, mas eles têm recebido uma atenção mais extensa e sistemática no contexto das cidades ocidentais do que em qualquer outro lugar. Em um caso como na análise feita por Whyte (1965: 365ss.) da vizinhança nos subúrbios em *The Organization Man*, reivindicações de bastante longo alcance foram feitas em seu nome[5]. Estudos mais comparáveis nas comunidades urbanas não ocidentais seriam de interesse na medida em que sua disposição e arquitetura são, com muita frequência, bastante diferentes.

A oportunidade para aprender a reconhecer vizinhos e se envolver com eles, no entanto, muitas vezes está inversamente relacionada com a intensidade de nosso envolvimento em papéis desempenhados em outras arenas. No caso em que os maridos são os provedores do domicílio e têm seus locais de trabalho em outra área, eles muitas vezes obtêm grande parte de seu conhecimento sobre a vizinhança, e os contatos que têm lá, por meios das revelações e mediação de suas esposas e filhos. Pessoas mais velhas e aposentadas podem igualmente ter um envolvimento mais intenso com a vizinhança. *Idle Haven*, de Johnson, nos dá alguma indicação disso e o estudo feito por Reina (1973: 91) no Paraná, na Argentina, menciona os homens idosos que "policiam" a *vecindad* e conversam com quem quer que esteja disponível ao mesmo tempo em que cuidam de seus netos. Em áreas onde poucos membros do domicílio permanecem em casa durante o dia, e em que os residentes são de um tipo que passam grande parte de seu tempo livre em atividades dispersas, o resultado é que a formação de uma vizinhança pode ser muito limitada – "as crianças são os verdadeiros vizinhos, e é um mundo

---

5. Para outras discussões sobre o impacto do ambiente construído pelo homem sobre os relacionamentos sociais, cf., p. ex., o estudo clássico de Festinger, Schachter e Back (1950) partes de *The Death and Life of Great American Cities* (1961, de Jacobs e *The Social Order of the Slum* (1968: 13ss.) de Suttles.

sem crianças" se nos lembrarmos daquilo que Zorbaugh escreveu sobre a zona de quartos de aluguéis em Chicago.

A vida de um bairro pode assim estar centrada em pessoas que estão intensamente envolvidas lá, mas que participam menos em outros setores da vida urbana. Uma parte de protagonista, no entanto, pode também caber ao indivíduo que desempenha um papel de aprovisionamento naquilo que é uma arena de vizinhança para outros, um papel por meio do qual ele administra o espaço do bairro ou abastece seus habitantes de alguma outra maneira. Bittner (1967) tem um estudo revelador aqui sobre o policial como um mantenedor da paz em Skid Row. O *concierge* francês é outro exemplo óbvio, como o é também o dono de loja cujo estabelecimento pode ser um do tipo de pontos nodais que fazem que as percepções dos limites do bairro sejam menos egocêntricos. Embora envolvimentos entre vizinhos possam ser desiguais e lhes falte uma coordenação geral, em outras palavras, alguma organização pode surgir por meio de cópias de relacionamentos de aprovisionamento.

Podemos também reconhecer aqui um par de outras variações na conexão entre trabalho-vizinhança. Devemos observar que alguém que está presente de uma forma duradoura em um bairro em virtude de seu trabalho está em um sentido também em um papel de vizinho, já que nem todos os encontros entre ele e os outros precisam necessariamente envolver uma tarefa de trabalho por parte dele. A premissa habitual (aceita mesmo nestas páginas em vários contextos) de que a vizinhança está exclusivamente conectada com residência pode, na verdade, ser considerada dubitável tão logo seja explicitada. É claro, a separação da residência e do local de trabalho é ela própria uma tendência que foi mais aprofundada nas grandes cidades industriais ocidentais do que em muitos outros lugares, e nos casos em que ela não é tão pronunciada a vizinhança provavelmente adotará outras formas. Mas nos casos em que ela ocorreu, a vizinhança pode bem ser considerada como se ocorresse pelo menos potencialmente em ambos os contextos, embora talvez com graus diferentes de elaboração. Assim, encontramos bairros com recrutamento misto em termos de trabalho e residência, como exemplificado acima; aqui podemos nos perguntar se os relacionamentos conectando residência/vizinhos com trabalho/vizinhos (em conexões conceitualmente separadas dos relacionamentos de aprovisionamento que podem ocorrer paralelamente a todos ou a alguns deles) diferem em suas definições de papel dos relacionamentos de vizinhança em cada uma dessas categorias. Também encontramos bairros mais ou menos inteiramente recrutados com base no trabalho, tais como ruas de compras em que os donos das lojas e seus empregados são vizinhos durante o dia. Desse tipo de vizinhança quase não há qualquer etnografia.

Não precisamos dizer mais nada sobre quem é um vizinho, ou sobre o fato de alguns serem mais vizinhos do que outros. O conteúdo da vizinhança pode implicar apenas tais rituais de deferência e comportamento como aqueles contidos no intercâmbio de cumprimentos, e na expressão de consideração também por meio de uma tentativa de minimizar os aborrecimentos no espaço compartilhado – evitando barulho, cheiros, obstáculos colocados nas ruas ou calçadas ou em pátios, corredores e escadas de moradias com vários domicílios. O último componente mostra que a vizinhança é, de uma maneira, muito parecida com um relacionamento de tráfego, no sentido de que o princípio é que vizinhos só devem interferir uns com os outros o mínimo possível: ou seja, "cercas fortes fazem bons vizinhos".

O relacionamento, no entanto, pode se desenvolver para ser algo mais que isso. Em um tom mais positivo, pode haver um certo intercâmbio de bens e serviços, tais como a distribuição de pequenas quantidades de artigos de consumo do domicílio quando requisitados em uma espécie de reciprocidade generalizada, o empréstimo de ferramentas, o cuidado das crianças ou da casa dos vizinhos se eles precisam sair. O princípio é claramente que aquilo que é um modesto favor de um vizinho iria implicar uma inconveniência consideravelmente maior se a mesma ajuda tivesse de ser procurada de outra fonte, talvez socialmente mais próxima, mas fisicamente mais distante. O melhor vizinho, portanto, estritamente falando, é o vizinho da porta ao lado.

O conteúdo e a extensão dessa reciprocidade podem variar. Se a mera quantidade de tempo que temos para atuar como vizinhos é uma coisa que depende de como é nosso repertório de papéis, nossa necessidade de intercâmbios com vizinhos é outra muito diferente. Se nos é fácil ter acesso a parentes ou amigos, é possível que não tenhamos tanto uso para os serviços ocasionais de vizinhos imediatos. A intensa interação entre vizinhos dos moradores dos subúrbios em Park Forest, Illinois, descrita por Whyte em *The Organization Man*, ao contrário, poderia ser característica de uma comunidade de migrantes interurbanos com poucas outras ligações úteis localmente. A fim de chegar a acordos mutuamente satisfatórios, no entanto, vizinhos precisam então ter necessidades congruentes. O estudo de Bell (1968: 135) em Swansea mostra isso. O conjunto habitacional que ele estudou continha tanto famílias como aquelas de Park Forest, ascendentes em espiral que se deslocam de uma cidade pequena para outra e residentes locais que estão lá há muito tempo. Os ascendentes em espiral precisavam de novas ligações com objetivos múltiplos, enquanto os antigos habitantes tinham redes mais variadas e não tinham um lugar nelas para essas novas ligações tão carentes. As duas categorias, portanto, tendiam a se aglutinar em aglomerados separados de relacionamentos de vizinhança.

Como sugerimos anteriormente, é muito provável no caso de repertórios de papéis um tanto padronizados que as pessoas cheguem a tipos específicos de relacionamentos com posições de negociação semelhantes, e cheguem a resultados em que o acordo ótimo tomaria a forma de papéis de definição recorrente. Quanto à vizinhança, isso seria também nos casos em que a proximidade relativa teria o maior efeito sobre a real formação de relacionamentos. Nos casos em quem os vizinhos são realmente substituíveis uns pelos outros, nos envolvemos com aqueles que estão mais convenientemente acessíveis.

As lembranças pessoais de Jeremy Seabrook (1967: 50ss.) de um bairro de classe trabalhadora, onde ele enfatiza a homogeneidade subjacente, parece se enquadrar bem nesse argumento. Seabrook observa que os relacionamentos entre vizinhos eram "baseados na observância de um sistema rígido e complexo de regras e convenções", e que "as ligações mais fortes eram geralmente estabelecidas com os vizinhos imediatos" e que "aqueles que estavam a algumas portas de distância eram tratados com uma cordialidade que diminuía progressivamente à medida que seu local de moradia se tornava mais distante, até que aqueles no fim da rua tinham de se contentar com um aceno apressado e uma olhadela de reconhecimento rapidíssima". Bryan Roberts (1973: 187), observando a grande heterogeneidade das vidas entre os habitantes de baixa renda de dois bairros da cidade de Guatemala, parece propor a forma oposta desse relacionamento entre diversidade de repertório e padronização de papéis já que ele observa que "há um tema recorrente na descrição dos vários relacionamentos pessoais encontrados nos bairros: a maior parte dos relacionamentos são essencialmente diádicos, e aquilo que é intercambiado é específico daquele par de pessoas que interagem".

Continuamos para nos perguntar de que maneiras a vizinhança pode ser influenciada pela canalização de informação pessoal entre ela e outros papéis e relacionamentos. Há um problema especial nessa área: o de controlar o fluxo de informação entre os setores domésticos e de vizinhança. Já que eles são fisicamente tão próximos, nem sempre é fácil manter o primeiro a salvo em uma posição de bastidores para o último. As revelações podem começar a correr soltas através dos limites marcados um tanto ineficazmente, e tão logo uma pessoa esteja fisicamente presente no espaço doméstico, os vizinhos poderiam, no pior dos casos, ter um acesso praticamente incontrolável a ela.

Isso é obviamente considerado como um problema de uma maneira bastante generalizada, e tentamos solucioná-lo por meio de algum grau de reserva. Reina (1973: 86) observa isso no estudo de Paraná:

> Cada domicílio mantém um forte sentido de intimidade familiar – há uma vida não revelada entre nossas próprias paredes. Em contraste com as constantes reuniões públicas na zona central, no bairro a regra de etiqueta é que "cada um deve estar em sua própria casa". Tolerância e evitação calculada protegem cada estilo familiar. Os vizinhos raramente discutem diferenças de forma aberta, mas as advinham. Diferenças são encobertas contanto que cada um "viva no seu canto".

A análise de Goffman da manutenção consensual de *selves* públicos na interação ritual parece muito pertinente aqui. Da mesma forma, La Fontaine (1970: 130) descobriu em seu estudo de Kinshasa, Zaíra, (então ainda chamada de Leopoldville) que vizinhos muitas vezes pareciam concordar tacitamente em manter uma ignorância fictícia das vidas uns dos outros, já que mostrar muito conhecimento seria considerado insolente. Para pessoas de fora os vizinhos afirmavam não saber a origem étnica de um homem ou até quantas crianças estavam vivendo com ele; e isso apesar de suas acomodações, como com tanta frequência ocorre nas cidades do Terceiro Mundo, torná-los extremamente visíveis uns aos outros.

Outros microestudos de tais ambientes poderiam ser realizados. Que divisão em espaço privado, semiprivado, e público para atividades domésticas e entre vizinhos surge nos casos em que as famílias de um conjunto habitacional compartilham a cozinha, a lavanderia e banheiros em um pátio aberto ou adjacente e usam esse último para outros propósitos em sua vida diária também? O que é que eles devem saber ou não saber um do outro? E a que, finalmente, se resumem a vizinhança e a domesticidade, a frente do palco e os bastidores quando uma família de Calcutá arma sua casa na calçada, como no esboço de Lelyveld? (1970).

Mas há outros tipos de revelações com consequências sociais com que devemos nos preocupar – dois tipos basicamente, nesse caso revelações feitas em contextos de outros setores que levam à vizinhança, e revelações entre vizinhos que mudam o relacionamento que um tem com o outro. De uma maneira, atenção considerável foi dedicada ao primeiro tipo: o processo chamado migração em cadeia, no qual indivíduos que já têm algum outro relacionamento gradativamente recrutam uns aos outros de tal forma que venham a habitar o mesmo território. Bairros étnicos tais como aqueles formados nas cidades americanas no auge da imigração são exemplos óbvios de migração em cadeia, e o conceito na verdade tem sido usado de forma limitada fora dos campos de etnicidade e migração de longa distância. Nesses casos a migração em cadeia pode surgir como o primeiro estágio típico naquele processo de evolução de um bairro no qual o estágio posterior é um encapsulamento de "aldeia urbana" em relacionamentos multiplex que duram desde o berço até o túmulo. Quando a etnicidade é o critério aparente de recrutamento para um bairro, no entanto, é ainda provável que papéis e relacionamentos específicos, restritos por esse atributo discriminador de papéis sejam os fatores efetivos em cada recrutamento particular, de tal forma que o aspecto étnico passa a ser conspícuo apenas globalmente, e talvez com base na percepção de categorias de um não membro (cf. MacDONALD & MacDONALD, 1962, 1964). E naturalmente esses outros fatores podem estar da mesma forma em funcionamento onde não há qualquer etnicidade para chamar a nossa atenção. Isso também significa que bairros bastante diversos podem ser formados pelo mesmo processo. Cada ligação preexistente poderia presumivelmente ser de um tipo diferente – parentesco, amizade, contatos no trabalho, até relacionamentos de aprovisionamento – de tal forma que uma variedade de multiplexidades existem no bairro, sem qualquer homogeneidade geral. Obviamente, também há bairros só parcialmente povoado por cadeias (longas ou curtas) e parcialmente por outros tipos de recrutamento.

Com relação às revelações pessoais entre as pessoas que já se tornaram vizinhas, há um exemplo esclarecedor em *The Levittowners* por Herbert Gans (1967: 46-47), descrevendo as apresentações como elas ocorreram logo depois de as pessoas terem se estabelecido no novo desenvolvimento:

> Elas descreveram de onde tinham vindo e suas ocupações – ou a de seus maridos – e continuaram falando sobre métodos de criação de filhos e planos para consertar a casa (as mulheres), a grama do jardim, carros e o trabalho (os homens). Cada tema servia para aproximar mais as pessoas ou afastá-las indicando onde existiam as diferenças e quais tópicos eram tabu. Por exemplo, um dos meus vizinhos era piloto do Exército e em nosso primeiro encontro – produzido por um desmoronamento que ocorreu no gramado em frente de nossas casas – nós intercambiamos ocupações. Quando eu mencionei que era professor, ele fez uma piada sobre outro vizinho, um operário, para indicar que, embora ele se referisse a si próprio como "um caminhoneiro de alto gabarito" ele era, apesar disso, um trabalhador de colarinho branco como eu. Ele continuou falando sobre um parente que estava estudando para um doutorado, mas, consciente de que a maior parte dos professores são liberais e agnósticos, ele também me confessou que compartilhava as atitudes sobre raça dos sulistas e era um batista fundamentalista. Discordâncias certamente iriam surgir sobre raça e religião e para que nós fôssemos bons vizinhos, esses assuntos não deveriam ser discutidos.

Revelações de vizinhos, podemos ver, nem sempre estabelecem compatibilidade. Isso não significa que elas sejam insignificantes. A pura vizinhança, podemos achar, é um daqueles tipos de relacionamento que tem pouco conteúdo próprio; eles se beneficiam importando algum conteúdo de fora. Mesmo seu aspecto ritual de mostrar uma consideração pessoal apropriada para com um outro com quem ego não tem muito em comum pode ser aprimorado pela referência ocasional a seu trabalho ou a seus interesses recreativos. O exemplo de Gans também sugere que a informação sobre papéis externos podem desempenhar uma parte no estabelecimento da ordem de prestígio de uma vizinhança.

Mas também pode haver resultados mais tangíveis. Alguém pode afinal ter habilidades específicas ou conexões de rede que o tornam um vizinho especial para todos ou alguns daqueles a seu redor. Ou as pessoas podem descobrir que podem vantajosamente se tornar parceiras umas das outras em outros tipos de ligação também. Às vezes é possível recrutar um sócio para nossa empresa dessa maneira. Com mais frequência o recrutamento será de alguém com quem compartilhar atividades de lazer.

Nos casos em que encontramos uma vizinhança envolvida de maneira intensa e razoavelmente harmoniosa em seus próprios relacionamentos internos isso normalmente parece ser devido a sua química particular dos papéis internos e externos dos vizinhos. Pelo menos algumas de suas pessoas têm tempo para estimular contatos com vizinhos; as pessoas sabem o bastante umas sobre as outras para compreender o comportamento mútuo bastante bem sem muito desaprovação; e há algum potencial para complementaridade e relacionamentos multiplex. Aqui também, podemos talvez mais prontamente alcançar uma organização de vizinhos mais abrangente, parecida com aquela que um governo pode, em alguns lugares, introduzir de cima. Muitas vezes é uma organização para conflito externo. O governo passa a ser o adversário, em um protesto contra planejamento local, ou estranhos passam a ser suspeitos e os vizinhos vigilantes quando a ordem dos relacionamentos de tráfego ameaça se romper.

Mas as vizinhanças urbanas nem sempre são assim. Vários autores – Dennis (1958) em um texto curto, mas bem conhecido, Roberts em seu estudo da Cidade da Guatemala – comentaram sobre os problemas da organização da vizinhança quando as pessoas têm em sua maioria relacionamentos de cadeia única, pouco conhecimento uns dos outros e pouca confiança, nenhum passado compartilhado nem um futuro em comum.

A fluidez da vida urbana

Essa última consideração nos traz para uma faceta da organização de repertórios de papéis e de redes que não transmitimos o bastante até aqui, embora em outra forma ela tenha recebido alguma atenção quase no fim do capítulo 3. Permanecendo em uma estrutura de análise sincrônica, poderíamos pensar que a noção de contatos "transitórios" de Wirth se referem apenas à temporariedade dos relacionamentos de tráfego, ou encontros breves de aprovisionamento. Monitorando intervalos um tanto mais longos, no entanto, ficamos cada vez mais conscientes de que a descrição também pode se aplicar a ligações que acreditamos serem duráveis, mas que podem sê-lo apenas até certos limites. Novos movimentos e reuniões na estrutura social resultam da manobra de papéis e relações. Observe o repertório e a rede de um morador da cidade em um momento no tempo e retorne a ele alguns anos mais tarde. Ele pode ter mudado de emprego, se mudado para outro lugar e começado um novo *hobby*. Nem mesmo no setor familiar e de parentesco as coisas são exatamente as mesmas, pois ele se divorciou e casou outra vez. (Isso pode ser onde a mudança de relacionamentos seja realmente menos caracteristicamente urbana, já que há sociedades rurais tradicionais com altas frequências de divórcio; especialmente os antropólogos do Instituto

Rhodes-Livingstone nos disseram isso.) O potencial para mudança pessoal na cidade grande, então, quase não pode ser rivalizado em outras formas comunitárias. Podemos chamar isso de fluidez da vida urbana.

Esforços sistemáticos e associados por parte de antropólogos para estudar a dimensão temporal das relações sociais foram principalmente dedicados ao ciclo de desenvolvimento doméstico e às reflexões sociais da maturação. Em uma sociedade em pequena escala, isso pode cobrir grande parte daquilo que está envolvido. Se examinarmos a sociedade urbana em termos de papéis, por outro lado, podemos considerar a possibilidade teórica de que a variabilidade que pode ser observada entre repertórios individuais em um determinado momento podem ocorrer em um único repertório com o passar do tempo. Aqui as mudanças nos papéis da família podem ser os mais previsíveis, como nos ciclos de desenvolvimento que são analiticamente bastante bem-conceituados. A passagem por papéis de aprovisionamento também foi um foco de pesquisa embora a maior parte na sociologia ou em organizações mais ou menos burocráticas. Sobre a mudança e a estabilidade em papéis recreativos e de vizinhança parece que sabemos um pouco menos, e o mesmo ocorre com relação às maneiras como papéis de setores diferentes estão conectados na mudança.

A fluidez não é apenas mudança entre papéis, no entanto. Novos outros podem surgir em papéis antigos, outros são abandonados. Alguns permanecem ou retornam. À medida que relacionamentos de uma única cadeia se tornam multiplex e vice e versa um colega de trabalho passa a ser tanto colega de trabalho quanto amigo que depois muda de emprego, mas continua – às vezes – sendo um amigo. Em uma fase de sua vida, o ego tem uma quantidade de contatos variados com outros que não se conhecem uns aos outros. Em outra fase, a densidade de sua rede pode ter se tornado muito maior, mas sua extensão pode ou não ter mudado ao mesmo tempo.

Não devemos exagerar essas variações com o passar do tempo. O fluxo total pode ser raro, para mais pessoas ele é parcial, e para alguns moradores da cidade grande pouca coisa parece ter mudado no decorrer de uma vida, ou pelo menos desde que se tornaram adultos. Mas a plena diversidade das vidas urbanas não é exatamente compreendida de forma total a menos que nós também tenhamos uma ideia das várias maneiras em que elas mudam com o passar do tempo. O conceito-chave em nossa perspectiva com relação à fluidez na vida social é carreira; não no sentido cotidiano de uma mudança ocupacional mais ou menos rápida e mais ou menos linear para cima, que é apenas um tipo, e sim, para tentar uma definição geral, a organização sequencial das situações vitais[6]. Como mostram os

---

6. Embora Hughes (1958) de sua posição fundamental na sociologia ocupacional tenha feito muito para estimular a análise de carreiras, Becker (1963) com seus estudos de carreiras na dissidência,

exemplos, poderíamos limitar a análise de carreira aos papéis de um único setor. Como a definição implica, podemos também tentar pensar holisticamente sobre a maneira como todos os setores são feitos para se encaixarem em um modo de vida através do tempo.

Certamente não esperamos que as carreiras sejam totalmente imprevisíveis. A determinação na construção de repertórios de papéis na verdade tende a implicar sequencialidade. Em nenhum momento, pareceria, o indivíduo é capaz de começar de novo construindo um repertório totalmente novo, mas ele sempre será restrito pelos papéis que já tem e pelos relacionamentos conectados a eles. O grau de previsibilidade, no entanto, e quantidade de controle pessoal exercido, são variáveis. Podemos descrever como "carreirista" um indivíduo que está preocupado com a administração da carreira, com a direção e o momento das mudanças de fase em seu futuro. Se ele for bem-sucedido, cada fase seria alcançada por ter sido escolhida para substituir a que a precedeu, seja qual for o setor que esteja envolvido. (Mas, é claro, o carreirista sem sucesso ainda é um carreirista, embora nem todos com carreiras bem-sucedidas precisam necessariamente ser carreiristas de forma significativa.) Uma carreira assim poderia ocorrer em versões diferentes. Examinemos uns dois casos do setor de aprovisionamento. Um deles poderia ser considerado uma progressão ordenada pelas fases ABCDE. Essa seria a sequência normal, de tal forma que para ir de A a E, teríamos pelo menos provavelmente de passar por B,C e D. Quando o carreirista está ciente disso seu motivo principal para entrar em B ou C pode ser que, por mais insatisfatórias que essas possam ser elas próprias – talvez piores que A – é preciso passar por elas no caminho para as mais desejáveis D e E. (Mas poderíamos nos arriscar a ficar presos nelas.)

O planejamento de muitas fases futuras como esse pode ser possível quando há um mapa organizacional aceitavelmente confiável e disponível para inspeção, como em uma burocracia. Essa carreira talvez também pudesse ser planejada só no setor de aprovisionamento, de tal forma que cada fase consistisse mais ou menos de um papel, e o desempenho dele fosse o critério para uma mudança posterior de fase. Nossa segunda forma de administração de carreira é um pouco mais complexa. Em um dos mais conhecidos estudos antropológicos sobre carreiras Anthony Leeds (1964) retrata os movimentos de indivíduos pelas estruturas de oportunidade em expansão do Brasil urbano. Sob forte influência internacional, novos papéis surgem antes que exista uma oferta organizada de

---

pode ter desempenhado o papel mais importante ao trazê-los para fora do estudo de ocupações e levá-los para a análise da organização social como um todo. Observe também o comentário de Barth (1972: 208) sobre a falta de atenção a carreiras no estudo antropológico. Os comentários sobre o assunto aqui foram extraídos de um seminário sobre análise de carreiras no Departamento de Antropologia Social, Universidade de Estocolmo, realizado durante os trimestres da primavera e do outono de 1973. Estou grato aos participantes desse seminário por seus comentários sobre várias das questões que mencionamos nesta seção.

pessoas para preenchê-los. Para ser capaz de fazer o melhor uso possível dessa situação, devemos estar bem-informados, bem-conectados e preparados para adquirir as técnicas relevantes pelo caminho. Muitas vezes o resultado será um malabarismo com um número de papéis de aprovisionamento ao mesmo tempo. Quando começamos uma carreira, necessitamos de um trampolim. Isso poderia ter várias formas: fazer o casamento certo, atividade política pequena, mas preferivelmente exibicionista, envolvimento conspícuo em jornalismo ou esportes. A parte importante é começar a estabelecer uma reputação, em círculos os mais amplos possíveis. O carreirista passa muito de seu tempo buscando informação e espalhando informação sobre ele próprio. A mídia de notícias e conexões de parentes são importantes aqui. Ele também gasta tempo simplesmente andando por ai, passeando com seus ouvidos bem atentos, encontrando pessoas "por coincidência" em cafés ou livrarias. Dessa maneira ele abre seu caminho para vários papéis, mas continua procurando mesmo assim, também usando esses papéis como pontos de vantagem. Em alguma fase ele começa a se juntar a grupos compostos de pessoas com papéis complementares que podem ajudar a cuidar de interesses mútuos. Para o carreirista com sucesso há grupos diferentes em pontos progressivamente mais altos da escada, finalmente talvez de alcance nacional.

Esse não é um modelo simples, ABCDE. Cada fase aparentemente envolve nutrir simultaneamente um número de chances para o movimento de continuidade e somente na próxima fase, escolasticamente, pode ser revelado em que direção a carreira pode ir dali em diante[7]. Há, além disso, um gerenciamento ativo de papéis e relações de ida e volta entre setores, familiar, recreativo e de aprovisionamento. Embora para a análise da carreira seja preciso um conceito de fase, tentar demarcar uma fase nessa confusão de ímpetos, arrancos e falsos começos assim pode não ser nada simples.

Saltar de trampolim e passear com os ouvidos atentos, no entanto, são tanto o trabalho de um carreirista quanto a busca por mérito de um lugar-tenente que tem a intenção de se tornar capitão, coronel e general. Outras carreiras se moldam sem muito planejamento, e as mudanças de fases podem não ir de pior para melhor. As pessoas podem ser empurradas para fora de papéis quando a base de recurso se desfaz, ou quando outros já não se oferecem para manter certos tipos de relacionamentos em operação (o que às vezes é a mesma coisa). Carreiras podem aleatoriamente tomar formas alternativas – ACEDB, AEBDC, CEBDA. Esses são os destinos que se abrem para pessoas que não estão em controle, como os *hoboes* de Nels Anderson. Para Jurgis Rudkus em *The Jungle*, uma vez mais, funcionário de um matadouro – recluso na cadeia – metalúrgico – mendigo – la-

---

7. Para um relato igualmente interessante de carreiras que se desdobram gradativamente à medida que novas oportunidades são canalizadas por meio de relacionamentos antigos, cf. o ensaio de Lemann *Survival Networks: Staying in Washington* (1978).

drão – político corrupto. Para as dançarinas de aluguel de Cressey, ganhos de curto prazo entremeados com declínio de longo prazo à medida que a jovem muda de categorias de clientes, de estabelecimentos e de papéis. Enquanto o carreirista luta por ABCDE, a dançarina de aluguel consegue EDCBA.

A análise de carreiras pode oferecer alguns dos *insights* mais pungentes sobre as várias maneiras em que as vidas urbanas podem ser moldadas. Ela pode mostrar com clareza particular o que ocorre quando uma mudança de fase em um setor se reflete em outros; como segmentos diferentes do repertório de papéis e da rede de uma pessoa podem estar "defasados" em relação uns aos outros, por exemplo, e fazem exigências contraditórias que só podem ser solucionadas com reajustes mais ou menos radicais. O caso-modelo é aquele do sucesso ocupacional destruindo conexões antigas familiares e de amizade. O foco sobre ajustes desse tipo ocorrendo quando as pessoas fazem seu caminho por uma sociedade fluida também mostra, no entanto, que a análise de carreiras não precisa ser uma perspectiva totalmente egocêntrica. Às vezes, a unidade em foco pode ser um relacionamento específico, analisado pela interação com uma rede mais ampla que o rodeia. Aquilo que descrevemos antes como encapsulamento unilateral oferece um exemplo – algo que poderíamos chamar de uma "carreira dependente" pode resultar se a vida de uma pessoa está, em um grau muito alto, sob a influência contínua daquilo que ocorre com uma certa outra pessoa. Um cônjuge, crianças durante algum tempo e talvez uma secretária particular podem se encontrar nessa posição e podem se transformar em carreiristas indiretos como consequência. *Cherchez la femme* passou a ser uma trama padrão para carreiras na sociedade ocidental.

Devemos também perguntar de nossas unidades maiores convencionais na antropologia de setores específicos como é que eles são afetados pelos fatos de carreiras. Na vizinhança, a fluidez varia bastante. Há aldeias urbanas, zonas de ascendência espiral como a Park Forest de Whyte e o conjunto habitacional de Bell em Swansea e "o mundo de quartos mobiliados" de Zorbaugh em Chicago, todos caracterizados por seus índices específicos de mobilidade. Mudanças de residência podem ser geradas por mudanças de fase em outro setor, como no caso da ascendência em espiral, ou o motivo pode ser encontrado na própria vizinhança. Janowitz (1952) cunhou o conceito de "comunidades de responsabilidade limitada" – quando não gostamos delas podemos afastar-nos delas. Esse foi um estudo dos subúrbios americanos e é possível questionar se elas são tão prevalentes na vida urbana em outros lugares. Provavelmente não, mas, por outro lado, pode haver algum risco de subestimarmos a fluidez das cidades pré-industriais ou não ocidentais. Um trabalho por Robert Smith (1973) sobre dados históricos de distritos em duas comunidades urbanas japonesas mostra uma instabilidade residencial extraordinária nos séculos XVIII e XIX, e La Fontaine (1970: 133) também insiste nisso em seu estudo da Kinshasa contemporânea. Quando explodem conflitos entre vizinhos, afirma ela, eles são muitas vezes solucionados pela partida de uma das partes de uma unidade habitacional. Por esse motivo, provavelmente, as hostilidades e suspeitas nessa arena raramente adotam a forma de acusações de feitiçaria ou de bruxaria. Uma pesquisa mostrou que poucas pessoas tinham morado no mesmo lugar durante toda sua estadia na cidade, e fossem quais fossem os motivos para esses movimentos, muitas pessoas de Kinshasa achavam que isso era um aspecto atraente da liberdade urbana.

Concepções de carreira podem ser levadas ainda mais longe, para mostrar em termos mais gerais o que a fluidez pode fazer com a vida urbana. Isso toca uma vez mais naquela diferença entre duas perspectivas antropológicas as quais nos referimos no capítulo 5, interpretando o crescimento do interesse na análise de rede – a diferença entre ver as pessoas como pessoal anônimo e conformista devidamente desempenhando um papel a cada momento, e vê-las como indivíduos com mentes próprias, tentando mudar a organização social para que essa se adeque a suas próprias circunstâncias e objetivos. Nesse contexto específico, o último ponto de vista sugere que realmente importa para a ordem social quem são os incumbentes dos papéis, onde eles estavam antes, e onde poderão estar em algum período futuro, porque eles são pessoas com memórias e planos.

Um exemplo um tanto abstrato disso é o efeito de longo prazo que a organização de carreira das vidas pode ter sobre a morfologia da rede. Se ego se desloca por muitos papéis, ele irá apanhar muitos outros com o passar do tempo. Se as conexões não esmorecem completamente (e isso é claramente uma condição importante), a rede egocêntrica na sociedade fluida será cumulativa; ela aumentará sua amplitude com o passar do tempo. A amizade desenvolvida a partir de algum outro relacionamento, como observado em um determinado momento antes, pode permanecer depois de aquela outra conexão ter-se rompido. Sob um arranjo social em que todas as pessoas permanecem em todas as cadeias de seus relacionamentos multiplex continuamente, haveria uma multiplexidade geral maior. Na sociedade fluida, laços de uma só cadeia e multiplex se alternam com o passar do tempo. Por certo, antigos relacionamentos podem ser mantidos de uma maneira apenas mínima. Eles podem encolher e se tornar conhecimentos em grande medida latentes, ou mero reconhecimento. Mas enquanto não houver qualquer retorno à ignorância mútua, poderíamos dizer que a ligação existe de alguma forma como um fato social. Com essa amplitude crescente da rede pessoal, deve ir, teoricamente, uma maior densidade na rede total da sociedade. Na sociedade fluida por comparação a uma sociedade igualmente complexa em que "todos ficam em seus lugares", em outras palavras, nós encontraríamos em qualquer momento determinado, uma multiplexidade relativamente baixa combinada com maior densidade, embora talvez com muitas ligações latentes[8].

As consequências sociais dessa situação poderiam incluir um tipo especial de particularismo na sociedade fluida, à medida que as pessoas atuam com alguma atenção aos relacionamentos formados em fases prévias de suas vidas, ou resíduos de tais ligações. Se duas pessoas, identicamente localizadas na estrutura de papéis como sincronicamente percebida, competem pelo favor de uma terceira pessoa, aquela que já teve outro tipo de contato com essa terceira pessoa em uma fase anterior pode receber tratamento preferencial (ou o oposto). O critério particularista da sociedade fluida é "Será que eu não vi essa pessoa em algum lugar antes?"

Tais consequências para a rede da mudança de repertórios de papéis não ocorreriam, é verdade, se as pessoas marchassem perfeitamente juntas por suas carreiras interconectadas, de tal forma que os relacionamentos reais pudessem continuar, seja lá como fossem redefinidos. Mas isso pareceria ser uma situação hipotética. Uma qualificação bastante mais razoável à proposição de que a mudança de carreiras leva a redes de maior amplitude seria que as pessoas poderiam desenvolver menos ligações e ligações mais estreitas onde elas não ficassem muito tempo (e onde não esperam ficar muito tempo), de tal forma, que o número de ligações que resultam de cada fase na carreira passa a ser menor. Isso nos leva a outro fato da vida em uma sociedade fluida. A revelação pessoal por parte do ego, e um interesse nessa revelação por parte do outro pode levar tempo e um sentido de compromisso que pode estar ausente quando um relacionamento é parte de uma carreira. Um exemplo de como isso poderia afetar a sociedade pode ser encontrado naqueles relacionamentos de aprovisionamento que, segundo afirmam, funcionam melhor quando são estendidos além do relacionamento temporário – envolvendo assistência médica, assistência social, educação, aplicação da lei, por exemplo –, mas que, na verdade, são com frequência limitados a um ou a alguns encontros porque o indivíduo no papel de aprovisionamento dali em diante passa para uma outra fase da carreira. Menos obviamente, podemos esperar que haja muitos outros contextos também, de uma natureza mais ou menos institucional, em que o grau de envolvimento do indivíduo está relacionado com noções tácitas da duração da fase e em que isso influencia o funcionamento geral.

Embora seu envolvimento em uma fase atual da carreira possa ser um tanto limitado, o indivíduo em uma sociedade fluida pode em um dado momento ter alguma preocupação com a possibilidade de mudar sua situação e assim, continuamente examina seu ambiente em busca de novas oportunidades em papéis e relacionamentos. Normalmente ele pode fazer isso em um nível baixo de consciência, como uma parte não planejada nem reconhecida da vida existente,

---

8. Presumindo que todos continuam na mesma matriz de relacionamentos.

mas esse exame também pode ter algumas formas mais ou menos próprias. Em contextos diferentes mencionamos algumas delas – o bar na cidade da Catalunha descrito por Hansen, os passeios nas cidades brasileiras descritos por Leeds, anúncios com letras pequenas (empregos, alojamento, pessoais). Poderíamos acrescentar à lista os bares para solteiros na América urbana. Essas, então, são instituições da sociedade fluida. Ela pode também ter suas expressões idiomáticas peculiares, utilizadas quando uma mudança está a ponto de ocorrer, ou pelo menos quando vai ser testada. Há momentos quando é apropriado ligar nossas antenas ao mesmo tempo em que preservamos o anonimato; alguns anúncios são assim. Há circunstâncias em que queremos rejeitar convites para participar de um relacionamento, mas não de uma maneira muito brusca, que possa magoar alguém que já seja um interesse existente. Há ocasiões em que alguém precisa ser mudado delicadamente de um papel para outro, em uma mudança de fase à qual ele pode se opor, como no *cooling the mark out** de Goffman. Em geral essas mudanças de fase reais ou potenciais podem ser momentos críticos, situações em que muita coisa pode depender de uma apresentação bem-sucedida do *self* ou de intercâmbios rituais que se apoiam mutuamente. Mas elas podem também ser confirmadas por ritos de passagem mais relaxados, como festas de despedida para emergentes que partem.

A fluidez pode assim ter suas próprias formas sociais e culturais, lubrificação para a maquinaria de carreiras. Pode ter seus estados de sentimento – a nostalgia pode ser típica tanto da mudança pessoal quanto da social. Outro aspecto da fluidez é que as ideias originárias da percepção de carreiras podem se tornar parte da cultura, disponíveis para um uso mais geral. Um exemplo óbvio é a maneira como elas podem ser interpretadas como indicadores do caráter e da competência individual. Carreiras ocupacionais são especialmente importante como carreiras nesse sentido. Alguém que sobre rapidamente é inteligente, alguém que sobre lentamente pode ser tolo, mas ainda assim confiável. Aquele que se desloca rapidamente para o lado é instável e descer é um sinal de inadequação pessoal. Tais avaliações podem ser corretas ou incorretas. Elas podem ser feitas sem considerar as condições que possam dificultar qualquer controle das carreiras. O fato interessante é que elas podem ser importadas de um setor para outro, em que tais indicadores podem não existir embora a informação seja considerada relevante.

Um ponto adicional pode ser mencionado com relação ao tempo e à organização social. Contanto que não estejamos lidando com mudança social propriamente dita, tendemos rotineiramente a presumir que, ao redor dos indivíduos trabalhando na direção de suas próprias metas, há ainda um arcabouço institucional relativamente estável. Essa ideia pode ser bastante útil, mas há momen-

---

* A tradução seria mais ou menos "acalmar a vítima de um conto do vigário" [N.T.].

tos quando as próprias organizações são estabelecidas em uma base temporária, tanto em pequena quanto em grande escala. A cidade ocidental contemporânea é um habitat proeminente para tais organizações. Toffler (1970: 112ss.) cunhou o conceito de *adhocracia* para tendências desse tipo nas burocracias modernas. McIntosh (1975: 42ss.) observa a importância de organização de projetos no crime profissional contemporâneo e podemos lembrar do *ganging process* na Chicago de Thrasher. Isso nos dá mais uma razão para nos interessarmos pela fluidez da vida urbana.

Criando papéis

Até aqui nós estivemos mais ou menos presos à ideia de que papéis podem ser considerados como coisas mais ou menos prontas por si mesmas; disponíveis, por assim dizer, para a inspeção e aquisição no grande supermercado da sociedade. Quando assumimos um deles, podemos ser capazes, talvez, de modificá-lo ligeiramente, e a partir de uma forma padrão ou média transformá-lo a fim de que ele se encaixe confortavelmente no resto de nosso repertório; mas, em essência, ele permanece o mesmo papel que vemos recorrentemente modelado na vida a nossa volta.

O ponto de vista parece bastante útil para muitos propósitos. Há até mesmo ocasiões em que um papel pode existir como uma ideia na sociedade antes de alguém assumir a responsabilidade de desempenhá-lo. No caso das carreiras brasileiras de Leeds, em uma sociedade que se baseia fortemente em modelos externos, poderia ser meramente o sonho de um efusivo capitão da indústria, comércio ou burocracia, um papel procurando um incumbente.

Não devemos desconsiderar o fato, no entanto, de que o morador da cidade às vezes não tira um papel de uma prateleira e sim o produz em sua própria oficina; e essa oportunidade de inovar no inventário de papéis pode, de uma forma ou de outra, estar relacionada com a natureza do urbanismo. Parece possível distinguir pelo menos três fatores que subjazem essa criação de papéis.

A rigidez relativa da definição por parte de alguns outros papéis, aliada à premissa da possibilidade de substituição de incumbentes é um deles. Esses papéis podem ser tão desconfortáveis para as pessoas recrutadas para eles que é preciso equilibrá-los com outros papéis que possam oferecer uma sensação maior de satisfação. E se os papéis desse último tipo já não existem, eles são criados. Esse é o argumento do modelo de privação da autoconsciência discutido brevemente no capítulo 6, e sugerido como uma explicação particularmente para o desenvolvimento de novos papéis recreativos na sociedade urbana industrial-burocrática contemporânea. Mas papéis do primeiro tipo também podem às vezes de uma certa maneira "perder contato com a realidade". Eles podem parecer excelentes em um gráfico sem na verdade realizar a tarefa que supostamente deveriam realizar e, portanto, não podem ficar sozinhos no longo prazo. Por isso papéis adicionais crescem a seu redor como uma estrutura de apoio.

Quando falamos de "estruturas informais" muitas vezes temos em mente papéis desses tipos e os relacionamentos que se formam entre eles. "O antropólogo tem uma licença profissional para estudar essas estruturas intersticiais, suplementares e paralelas na sociedade complexa e exibir sua relação com as principais instituições estratégicas e abrangentes" propôs Eric Wolf (1966: 2). Realmente nos deparamos com elas repetidamente. A interpretação que Thrasher dá à emergência de gangues juvenis, citada no capítulo 2, é semelhante à caracterização de Wolf até na escolha de palavras. O caso mais óbvio em outros autores é a "subvida" nas instituições totais de Goffman. Podemos considerar essas estruturas como sendo artifícios basicamente defensivos pelos quais as pessoas tentam evitar os danos que poderiam lhes ser infligidos por uma estrutura social que elas não podem controlar. Como Wolf assinala, essa estrutura é lógica, ainda que não temporalmente, anterior a eles. E, é claro, possível que os papéis que surgem dessa maneira irão eles próprios se estabilizar e tornar-se parte de um inventário de papéis disponível. Mas parece que, em grande parte, eles são gerados uma vez mais, repetidamente.

Se alguma criação de papéis é defensiva, nem todas elas precisam sê-lo. O segundo fator do qual podemos vantajosamente estar conscientes é que a variabilidade dos repertórios de papéis pode, ela mesma, ser a mãe da invenção. Quanto mais dessa variabilidade relativamente livre houver, tanto mais provável parecerá ser que um indivíduo pode combinar suas várias experiências e recursos de maneiras únicas e colocá-los em novos contextos, assim assumindo um papel principal na criação de situações que não ocorreram antes. A imagem do empreendedorismo parece ser a questão aqui. Imagine cada situação, como aliás ocorre mais normalmente, como uma esfera própria, com um fluxo um tanto já rotineiro de recursos e experiências. A pessoa que pode combinar situações e romper as barreiras entre seus envolvimentos respectivos nelas de uma maneira nova pode encontrar um novo papel se formando na confluência.

Tais combinações originais também podem ser feitas a partir de elementos que foram atraídos uns aos outros com o passar do tempo em uma carreira em ziguezague. O relato de Bryan Roberts (1976) sobre mudança econômica na cidade provinciana de Huancayo, no Peru, pode ser interpretado para exemplificar processos desse tipo. Diante da crescente dominância metropolitana, a indústria de têxteis de Huancayo, relativamente de grande escala, entrou em decadência e finalmente fechou. De um modo geral, o setor de aprovisionamento tornou-se mais fragmentado. No entanto, a cidade não parecia estar em uma situação pior do que a anterior. Novos pequenos negócios proliferaram, estabelecidos com frequência por pessoas que tinham originalmente vindo do campo para trabalhar em minas e fábricas. Em alguns negócios, observa Roberts, "toda uma carreira de migração está refletida nas atividades contemporâneas". Uma oficina de roupas pode aproveitar a maquinaria de uma fábrica falida na qual o dono tinha estado empregado e, ao mesmo tempo, usar os contatos da aldeia para divulgar o trabalho, recrutar outros trabalhadores para a cidade e distribuir produtos.

Temos a tendência de encontrar uma grande quantidade dessa inovação combinada no "setor informal" das comunidades urbanas do Terceiro Mundo. Talvez como um exemplo mais fora do comum de transformar antigas experiências em um novo papel, podemos nos lembrar da notória gangue Manson da Califórnia do final da década de 1960. Charles Manson era mais um daqueles indivíduos com uma carreira que não seguia nenhum modelo discernível, a menos que possamos ver um modelo retrospectivamente na forma desastrosa de liderança de grupo que ele desenvolveu. Segundo Sanders (1972), um dos cronistas da gangue, Manson tinha entrado e saído de instituições de correção desde os primeiros anos da adolescência. Mais ou menos uma década mais tarde, ele tinha adquirido uma educação prisional quase completa. No final dos anos de 1950, podemos acompanhá-lo pulando de um meio de sustento para outro, ajudante de garçom, barman, vendedor de *freezers*, frentista, produtor de TV e cafetão. "Conversa de cafetão", o meio utilizado para controlar prostitutas, tinha realmente sido uma grande parte daquilo que ele pôde absorver na prisão onde tinha estado recentemente. Agora ele a estava pondo em prática, com uma versão bastante comum. O que podemos argumentar é que mais tarde, no mundo de novas amalgamações contraculturais no sul da Califórnia na década de 1960, o antigo delinquente juvenil, ladrão e aproveitador das fraquezas humanas, teve alguns de seus sucessos temporários fazendo amigos e influenciando pessoas, e sobrevivendo da terra ao dar uma forma simbólica original a algumas de suas antigas habilidades; entre pessoas, pode, além disso, ser observado, que muitas vezes não tinham uma experiência comparável e, portanto, não podiam competir com ele.

A inovação de papéis na cidade grande parece ser favorecida, em terceiro lugar, pela possibilidade de empurrar a divisão de trabalho infinitamente para adiante. Há, é claro, a ideia que Wirth adquiriu de Darwin e Durkheim que a concentração de pessoas, como a de outros organismos, aumenta a competição e encoraja a especialização como uma forma de escapar dela. Mas talvez, de uma maneira um tanto mais simples, entre o grande número de pessoas convenientemente acessíveis, podemos também encontrar um número suficiente delas que podem ser convencidas a desejar o serviço mais esotérico e minúsculo, assim erguendo-o acima do limiar da viabilidade.

Um visitante a uma cidade do Terceiro Mundo pode uma vez mais se maravilhar com o tipo de coisas que podem ser transformadas em uma empresa no "setor informal". Em uma cervejaria na Nigéria, cortadores de unha *free-lance* pairam ao redor das mãos e pés de seus clientes. Na parte externa de um parque de diversões colombiano, um adolescente com uma balança de banheiro oferece pesar os transeuntes. Em uma rua indiana, um *bahuruipiya*, "homem de muitos disfarces" usa a própria heterogeneidade da cidade como um recurso dramático, imitando um tipo urbano atrás do outro, e finalmente pedindo sua recompensa de um público divertido e surpreso (cf. BERREMAN, 1972: 577). Se, por outro lado, um morador de favela da África ou da Ásia for a Londres ou a Nova York, outro conjunto de especializações que ele nunca tinha sequer imaginado lhe parecerão igualmente extraordinárias – moda para animais domésticos, consultores para a decoração de interiores.

Exatamente quando um papel é novo ou apenas uma variação de um papel antigo pode naturalmente ser algo um tanto ambíguo, embora talvez não seja necessário discutir essas questões de prática conceitual aqui. O que parece mais significativo é que urbanitas podem continuar a introduzir novos itens em um inventário de papéis onde, em princípio, outros podem então se basear para seus próprios repertórios. Uma vez que o protótipo foi construído, a produção em massa pode começar. E o processo pode se autoperpetuar. Quando um novo papel é instituído, uma estrutura informal pode crescer a sua volta. Quando uma combinação original tem sucesso e atrai mais pessoas para ela, alguém vê uma fatia diferente para cortar dela e se separa com ainda outra especialização. Algumas cidades, é claro, podem ter um potencial maior para esse desenvolvimento contínuo do que outras. "A raposa sabe muitas coisas, mas o ouriço sabe uma grande coisa", o poeta grego Arquíloco bem sabia; há urbanismos que são mais como raposas e outros que são mais como ouriços[9]. As primeiras apoderam-se da variedade, brincam com ela e assim criam mais dela. Os últimos investem fortemente em uma única linha e vão adiante com ela. O livro de Jane Jacobs, *The Economy of Cities* (1969), é um argumento a favor do urbanismo de raposas, com pequenas empresas que constantemente se combinam e se segmentam[10]. O contraste entre Birmingham e Manchester é um de seus casos ilustrativos – a primeira com estabelecimentos pequenos que mudam muito, a última com estabelecimentos grandes que têm dificuldade em se adaptar a novas circunstâncias e que, portanto, decaem. A cidade companhia, nesse sentido, torna-se o mais moderno dos ouriços urbanos, planejada desde o começo com uma estrutura de papéis dedicada a um objetivo e dali em diante recusando-se a ser distraída por outras. Talvez a cidade ortogenética de Redfield e Singer fosse também mais parecida a um ouriço, e a cidade heterogenética a uma raposa.

---

9. É bem verdade que eu não teria ficado ciente de Arquíloco se não tivesse sido pelo ensaio no qual Isaiah Berlin discute raposas e ouriços literários na Rússia; reimpresso em Berlin (1978).

10. Jacobs, é claro, lida particularmente com inovação no setor de aprovisionamento, mas processos semelhantes podem ser vistos em funcionamento também em outros locais.

A organização social do significado

Até aqui, como previmos na introdução, estivemos principalmente interessados na ordenação das relações sociais na vida urbana. A combinação e recombinação de papéis e o ajuste e reajuste de redes são os primeiros de todos os temas em uma tradução relacional da cidade. Mas a antropologia também está fundamentalmente preocupada com a cultura. No final, devemos pensar um pouco sobre que tipo de análise cultural a antropologia urbana necessita[11]. É hoje bastante generalizada – também fora dos círculos antropológicos e sociológicos – a moda de descrever a vida em uma sociedade complexa como sendo composta de uma variedade de culturas. Elas são geracionais, tais como a cultura jovem; étnica, tais como a cultura negra; ocupacional, tais como a cultura de músicos de dança; institucional, como a cultura da burocracia ou até "a cultura da Casa Branca" durante um governo específico; culturas de classe como a cultura da pobreza; culturas dissidentes, como a dos travestis ou dos mendigos; ou contraculturas, como no caso dos *hippies*. E ao redor dessas ilhas do culturalmente diferente estão entidades com designações tais como cultura de massa, cultura popular ou cultura oficial. Grande parte da etnografia se originou dessa preocupação com a diversidade. Um número um tanto menor de autores tentaram lidar sistematicamente com a complexidade cultural como um problema analítico. Alguns daqueles que parecem contribuir significativamente para essa análise, além disso, não definem seu trabalho nesses termos, e escrevem com pouca ou nenhuma referência uns aos outros.

Aqui estamos interessados no significado; algo que pode ser surpreendentemente sutil, não exatamente tangível, quase que imperceptivelmente mutante, talvez nunca fácil de tratar em um argumento analítico. Para tentar captar os problemas envolvidos, podemos começar com a antiga concepção antropológica dos seres humanos tanto como pensadores, ocupados com questões morais e intelectuais, quanto como fazedores, solucionando problemas práticos. No último aspecto, eles estão atuando fundamentalmente sobre os significados para lidar de uma maneira adaptativa com seu meio ambiente. No primeiro aspecto, tentam compreender e avaliar, e aqui estão preocupados com as opiniões de seus colegas. Com maior frequência, de qualquer forma, eles preferem aprovação à censura, e estão um tanto ansiosos de que suas ideias não sejam totalmente quixotescas. Com isso eles se baseiam na comunicação social para estabelecer significado. Os dois aspectos da vida humana se inter-relacionam continuamente, é claro. Mas eles inter-relacionam de formas mais problemáticas em alguns contextos sociais do que em outros.

---

11. Uma discussão anterior sobre o tema – primeiramente apresentada em 1973 – pode ser encontrada em Hannerz (1978).

Uma última visita, a esta altura, ao tipo-ideal da sociedade primitiva. O significado tende a ser incomumente transparente nela. A variedade de situações com as quais as pessoas têm de lidar é pequena e as mesmas pessoas com o passar do tempo se envolvem na maior parte delas. Em outras palavras, o inventário de papéis é bastante limitado. No máximo, ele pode ser diferenciado apenas por idade e gênero, e papéis atribuídos a homens ou mulheres com base na idade serão então assumidos por todos do gênero apropriado à medida que o ciclo da vida vai continuando. Como as pessoas se deparam em grande parte com as mesmas situações, elas poderiam até independentemente chegar a conclusões semelhantes. Mas, além disso, elas veem e ouvem umas às outras lidando com elas. Isso tem um uso prático para as pessoas como fazedoras, já que elas podem então captar soluções prontas para os problemas. Ao mesmo tempo, elas têm provas de que os outros consideram essas soluções realistas e moralmente aceitáveis, já que esses outros estão, eles próprios, realmente baseando-se nelas.

Enquanto isso, na cidade como a vimos, as coisas podem ficar muito mais complicadas. No sistema social extremamente diferenciado e ainda assim coerente, pareceria que os significados extraídos da própria experiência situacional do indivíduo e os significados adotados de outros na comunicação têm maior chance de se apartarem.

Confrontados com o problema de como o indivíduo extrai significado do mundo complexo que o rodeia, podemos tentar chegar a uma resposta por contraponto. Por outro lado, há o tema favorito da sociologia do conhecimento – a concepção da realidade de uma pessoa depende de seu lugar na sociedade[12]. Versões familiares enfatizam tipos específicos de colocação, tais como classe ou ocupação. Mas essas são normalmente avaliações gerais que podem ser qualificadas de várias maneiras. Aqui presumimos que o indivíduo extrai experiência de todas as situações em que está envolvido; há um influxo, grande ou pequeno, para sua consciência por meio de cada um de seus papéis. Para levar esse tema da "socio-

---

12. Entre os antecessores estão Marx e Engels, começando com *The German Ideology* (1970: 47): "Em contraste direto com a Filosofia alemã que descende do céu para a terra, aqui nós ascendemos da terra para o céu. Isto é, não começamos a partir daquilo que os homens dizem, imaginam, concebem, nem a partir de homens como são descritos, pensados, imaginados, concebidos a fim de chegar aos homens em carne e osso. Começamos a partir de homens verdadeiros, ativos, e com base em seus processos de vida reais nós demonstramos o desenvolvimento dos reflexos ideológicos e ecos desse processo vital. Os fantasmas formados no cérebro humano também são, necessariamente, sublimados de seu processo de vida material que é empiricamente verificável e ligado a premissas materiais... A vida não é determinada pela consciência e sim a consciência pela vida." O trabalho pioneiro mais conhecido na sociologia do conhecimento pode ainda ser *Ideology and Utopia* (1936) de Mannheim; para um estudo na sociologia do conhecimento que enfatiza as perspectivas ocupacionais em vez das de classe e é de considerável interesse para a antropologia urbana, cf. Bensman e Lilienfeld (1973). Nossa hipótese de "solidão intelectual" como uma base para a determinação posicional da consciência não está necessariamente em linha com os clássicos da área, mas parece que lhe é exigida garantir o contraste à difusão cultural de ideias.

logia do conhecimento" a seus limites lógicos, no entanto, talvez tenhamos de considerar o indivíduo como se estivesse tendo as experiências características de seu envolvimento situacional e refletindo sobre sua interpretação, em isolamento intelectual. Só assim pareceria possível garantir a pura forma dessa determinação posicional da perspectiva com relação à vida.

Uma sociedade poderia possivelmente existir com base nesse significado apenas. Em sua polêmica contra uma premissa muito superficial de um compartilhamento total de motivações e cognições em um sistema social, Wallace (1961: 29ss.) argumentou que interações ordenadas podem realmente ocorrer sem essa réplica de uniformidade. Elas podem acabar sendo um pouco como o comércio silencioso, que funciona até o ponto em que ego acha que o comportamento do outro é suficientemente previsível – sem se importar com *o motivo* pelo qual o outro age como age. Wallace continua, propondo que uma sociedade complexa nunca poderia funcionar com um grau muito alto de uniformidade nos sistemas de significados individuais. Deve haver uma divisão do conhecimento a fim de operá-la.

Pode ser que isso seja certo. Mas há momentos em que realmente tentamos, e acreditamos ter algum sucesso, em comparar nossas experiências e interpretações uns com os outros. Por outro lado, isto é, há o tema mais essencialmente cultural de um tráfego em significados. Comunicando-se uns com os outros dessa maneira, as pessoas podem ter experiências de segunda mão, e padronizar a maneira como as experiências serão implantadas em suas mentes. Os significados que surgem mais imediatamente a partir das qualidades dos envolvimentos situacionais do indivíduo podem, com isso, estar "corrompidos". O que resulta é aquilo que chamamos de cultura: um sistema coletivo de significados. E quando o descrevemos como coletivo, isso não é apenas dizer que os sistemas individuais das pessoas A e B (e talvez C, D, E...) na verdade mostram um grau de superposição. O ponto é que tal replicação é tanto promovida por meio da comunicação quanto presumida como uma base de um relacionamento. A presume que B, pelo menos em parte, tem o mesmo sistema de significados; e ele também presume que B está ciente de que A também tem esse mesmo sistema e vice e versa[13]. Dessa maneira ele pode pressentir que o sistema coletivo de significados tem uma existência própria, independente dele mesmo, algo que seu sistema puramente individual de significados não poderia ter. Na frase tornada popular por Berger e Luckmann (1966), há uma "construção social da realidade".

Estamos interessados na interação entre esses dois temas, então; entre a diferenciação de perspectivas através da estrutura social e os efeitos homogeneizantes da cultura. No processo de examiná-la, podemos estar testando os limites do

---

13. Essa concepção de um sistema coletivo de significados foi inspirada por Scheff (1967).

pensamento antropológico tradicional sobre aquilo a que se refere o conceito de cultura. John Fischer (1975) sugeriu que fenômenos podem ter graus de culturalidade, ao longo de dimensões diferentes. Talvez a dimensão da extensão seja aquela mais frequentemente reconhecida. Os fenômenos de um alto grau de culturalidade são compartilhados amplamente, os de um baixo grau menos amplamente. Aqui a antiga premissa "uma sociedade/uma cultura" aparece, ao mesmo tempo em que o conceito de subcultura foi popularizado como um rótulo para sistemas de significados compartilhados menos extensivamente. Outra dimensão é a do tempo – tendemos a pensar sobre a cultura como significado de longa duração. Outras dimensões presumivelmente poderiam ser acrescentadas. O grau de comprometimento que as pessoas têm com uma ideia seria um exemplo.

O problema da primeira dimensão – qual é a extensão do compartilhamento de um certo sistema de significados por toda a sociedade? – parece um bom ponto de partida para novas discussões, no entanto. Segundo nossa definição como um sistema coletivo de significados, uma cultura não pode envolver menos de duas pessoas. Poderíamos adotar uma posição diferente. Podem haver áreas da consciência de um indivíduo que em sua opinião são mais plenamente compartilhadas com outras pessoas com quem ele interage e outras áreas que podem não ser tão compartilhadas. Como é improvável que elas existam estritamente compartimentalizadas na mente do indivíduo, poderíamos ter preferido não dar ênfase à distinção, e sim, talvez, descrever todo o modelo inclusivo dos sistemas de significados individuais – chamando-os de *mazeways* [trilhas de labirinto] como Wallace o fez, ou *propriospects* com Goodenough (1971) – dos membros de uma sociedade como constituindo sua cultura. Por certo seria difícil destrinchar totalmente o que é coletivo e o que é meramente individual. O encontro perfeito de mentes (não menos que uma fusão de mentes) pode nunca ocorrer. No entanto, apenas por um breve momento na primeira infância a consciência do indivíduo é significativamente autônoma, antes de a comunicação simbólica com outros seres humanos se estabelecer. Depois disso, até o ponto em que seu sistema de significados é realmente sistemático, isso resulta em grande medida de sua cumulatividade. E a consciência cresce com o tempo não simplesmente por meio de adição, mas à medida que os significados, pelo menos algumas vezes, agem uns sobre os outros. A situação mais comum é provavelmente aquela em que o indivíduo seletivamente volta-se para certos fenômenos e os interpreta em termos de significados anteriormente aceitos, talvez com um efeito de retroalimentação sobre o último. A consciência existente assim continuamente estrutura novas experiências que então se sedimentam como uma parte do sistema. (A situação oposta, em que o sistema de significados estabelecido é revisto com base na nova experiência, parece mais raro. Em uma forma radical, ele constitui uma conversão.) Consequentemente, depois de um indivíduo ter começado a se comunicar com outros, ele pode nunca mais vivenciar qualquer coisa totalmente isolada, na medida em que ele a percebe contra o pano de fundo da comunicação anterior.

Nosso foco para a análise cultural, no entanto, é sobre a maneira como várias constelações de pessoas trabalham para desenvolver ou manter perspectivas comuns, que envolvem significados compartilhados mais imediatamente. Segundo essa visão, a díade passa a ser a unidade mínima para o estudo do processo cultural. Se os entendimentos não são compartilhados mais amplamente, isso seria realmente uma minicultura. Mas vamos aguardar por um momento outras ligações e ver que *insights* a unidade menor oferece: se não literalmente uma díade, pelo menos uma combinação de pessoas não significativamente diferentes.

Sistemas coletivos de significados são criados quando os indivíduos revelam seus entendimentos individuais uns dos outros. É por meio da entrada na perspectiva compartilhada da experiência individual que a cultura como um sistema aberto explora a realidade. O sistema coletivo de significados também é cumulativo, como a consciência individual. Ele expande à medida que os indivíduos confrontam novas experiências juntos, informam uns aos outros sobre as percepções individuais contra o pano de fundo daquilo que eles já têm em comum, ou descobrem facetas adicionais de seus sistemas de significados individuais para ser compartilhados. O tipo de debate que antropólogos vêm realizando com relação ao que deve ser considerado o *locus* da cultura – dentro da cabeça das pessoas ou "lá fora" inscrito nas coisas e eventos observáveis – desse ponto de vista parece ser melhor solucionado reconhecendo que ele está nos dois lugares. Ninguém (antropólogo ou outra coisa) pode captar as ideias de outro indivíduo até que ele ou ela lhes tenha dado alguma forma externa; na maior parte das vezes, conversa, conversa, conversa. Mas tampouco podemos evitar o fato de se tentarmos interpretar as realidades externas como um "conjunto de textos", como disse Geertz, (1972: 26), algumas delas podem ser interpretadas de maneira diferente por pessoas diferentes, e algumas serão compreensíveis para algumas pessoas, mas em grande medida, não farão sentido para outras. Um dedo esticado para cima pode significar "apenas um" ou pode ser um gesto obsceno. Uma piscadela pode ser uma piscadela com muito sentido para você, mas talvez apenas uma contração involuntária para mim.

De maneira mais básica, podemos talvez distinguir dois tipos de relacionamentos nos quais os sistemas coletivos de significados são estabelecidos. No primeiro e mais simples deles, as pessoas estão envolvidas na mesma situação da mesma maneira, isso é, por meio do mesmo papel, e se comunicam umas com as outras sobre esse envolvimento. Aqui, possivelmente o significado de mensagens pode ser quase o mesmo em cada direção, de força igual, e coincidindo com aquilo que o recipiente obtém diretamente de sua experiência situacional. A consciência é confirmada e amplificada ao se tornar coletiva por meio da construção social da realidade.

Esse é o tipo de processo cultural que Albert Cohen (1955: 60-61) usou como tema de uma análise bem conhecida, que tem como foco as culturas de delinquentes juvenis. A condição crucial para o desenvolvimento de novas formas culturais, sugere Cohen, é a interação efetiva de um número de indivíduos que se confrontam com a necessidade de se adaptar a circunstâncias semelhantes. No caso dos jovens delinquentes, o problema é encontrar aceitação mútua para novas linhas de ação. Cada passo, portanto, torna-se um "gesto exploratório":

> [...] cada reação do outro àquilo que o ator diz e faz é uma pista para as direções nas quais a mudança pode ir adiante de uma maneira que seja aceitável ao outro a à direção na qual à mudança irá faltar apoio social. E se o gesto experimental é motivado por tensões comuns a outros participantes é provável que seja iniciado um processo de exploração *mútua* e elaboração *conjunta* de uma nova solução. Meu gesto exploratório funciona como uma pista para você; seu gesto exploratório como uma pista para mim. Por meio de um comentário semissério, casual, evasivo ou tangencial eu posso me arriscar um pouquinho, mas eu rapidamente voltarei atrás a menos que você, por meio de algum sinal de afirmação, também se arrisque.

O segundo tipo de situação é aquele em que as pessoas criam algum tipo de consciência compartilhada a partir das perspectivas de envolvimentos improváveis; ela já é mais complicada, já que tentativas para desenvolver um sistema coletivo de significados podem entrar em conflito com os entendimentos específicos de um papel. Os resultados desse processo cultural podem concebivelmente variar. Uma consciência coletiva consensual pode ser trabalhada, suficientemente semelhante às várias perspectivas dos papéis para ser crível; isso pareceria mais simples se as perspectivas não fossem muito divergentes desde o começo. Participantes podem informar uns aos outros sobre suas compreensões individuais, de tal forma, que esses todos passam a ser mutuamente conhecidos e assim, em um sentido, coletivos, embora as pessoas continuem mais convencidas de suas próprias ideias – "ele sabe que eu sei que ele (erroneamente) acredita..." ou algo mais ou menos parecido com uma das perspectivas específicas passa a ser o sistema dominante de significados na situação, enquanto outras perspectivas são submersas totalmente nele ou retidas em um ou outro grau como reservas privadas. Nessas situações, então, pode haver uma construção social da realidade, mas há também uma destruição social da realidade na medida em que a validade de um sistema individual de significados é tacitamente ou absolutamente negada.

Após o tom muito microssociológico da análise de Cohen da simetria no processo cultural, uma interpretação extremamente macrossociológica pode exemplificar o que pode ocorrer com a consciência coletiva quando ela emerge sob assimetria, com a dominância de uma parte sobre as outras; ou seja, a declaração de Marx de que "as ideias da classe dominante são, em todas as épocas, as ideias dominantes". Em outras palavras, o poder tende a ser importante na determinação de que definições devem ser mantidas. Para um pobre-coitado, pode ser muito difícil ter sua própria versão da realidade institucionalizada em uma situação. Às vezes, se ele insistir, pode, em vez disso, encontrar-se ele próprio institucionalizado.

A declaração de Marx, poderíamos dizer, faz da sociedade como um todo – uma sociedade de desigualdade – um ambiente para nosso segundo tipo de processo cultural em escala maior. De uma forma semelhante, a sociedade primitiva seria um pouco como o primeiro tipo. Como estamos interessados na variação cultural em uma estrutura social, no entanto, iríamos querer um retrato mais detalhado das maneiras como os processos culturais em relacionamentos diferentes se encaixam. Se, na rede social total da cidade, cada relacionamento estivesse totalmente aberto para a importação e eficiente transmissão de entendimentos originários dos outros envolvimentos dos participantes, os mesmos significados poderiam possivelmente no final fluir em todos eles. A cultura seria homogênea e o tema da sociologia do conhecimento mal seria audível. Isso, entretanto, não ocorre. E, tampouco, cada relacionamento desenvolve cultura nele próprio, para ele próprio, e por si próprio. Alguns relacionamentos fazem mais trabalho cultural do que outros e significados se transferem mais facilmente entre alguns do que entre outros.

É da natureza de muitas conexões segmentais e transitórias que pouca construção ativa de significados compartilhados ocorre nelas. A interação, na verdade, passa a ser um pouco como o comércio silencioso, ou depende de premissas de certos entendimentos mínimos originalmente construídos em outras situações, cada participante com outros. Um tanto raramente, tais relacionamentos também subitamente se transformam para a construção energética de cultura; aquilo que os sociólogos descrevem como "comportamento coletivo" tais como fenômenos de multidão, poderiam bem ser considerados como a formação de culturas instantâneas e efêmeras. (Embora isso não envolva um alto grau de culturalidade nos termos da segunda dimensão mencionada anteriormente.) Mas outros relacionamentos têm maior probabilidade de serem a estufa do processo cultural. Vimos no capítulo 6 que Berger e Kellner usaram um certo tipo de casamento para um estudo de caso da construção social não só do *self*, mas da realidade mais geralmente, e que a amizade poderia ser outro exemplo desse relacionamento. As experiências podem ser trazidas dos envolvimentos de todos os participantes para serem examinadas cuidadosamente. O entendimento assim validado pode, então, por sua vez, ser exportado para influenciar a participação em outras situações.

Uma parte da análise cultural antropológica urbana busca mapear o lugar, nas várias estruturas sociais das cidades, em que essa geração intensa de significados compartilhados ocorre. (Imagine um diagrama da rede urbana total; colora os relacionamentos mais culturalmente ativos em tons de vermelho, os mais passivos em tons de azul.) Em um determinado momento, uma forma institucional característica para o desenvolvimento de um gênero particular de ideias pode ter sido o *salon*; em outro momento e em outra cidade, o café (cf. COSER, 1970: 11-25). A gangue, o grupo religioso, ou o departamento universitário pode servir objetivos semelhantes. Um outro problema para análise é a maneira como os significados fluem pela rede e às vezes talvez se choquem. Já tratamos anteriormente do caso específico da introdução de informação pessoal em um relacionamento por meio das revelações de envolvimentos externos. Agora a questão é aquela geral em que podemos ver o indivíduo como se estivesse parado na interseção de várias situações, administrando mais ou menos habilidosamente os sinais de trânsito pelos quais os movimentos de ideias entre elas são direcionados. Como é que significados transbordam de um contexto para outro, e quais são as consequências se relacionamentos mais ou menos adjacentes constroem realidades contraditórias?

Em uma afirmação mais ou menos na mesma linha daquela de Albert Cohen, citada acima, Everett Hughes (1961: 28) sucintamente resumiu algumas condições do desenvolvimento cultural na sociedade complexa: "Em qualquer lugar que algum grupo de pessoas tenha um pouco de vida em comum com uma pequena dose de isolamento de outras pessoas, um canto comum na sociedade, problemas comuns e talvez um par de inimigos comuns, ali a cultura se desenvolve".

A antropologia há muito tem um conceito de "movimento cultural" referindo-se a esse processo cultural divergente, embora ele parece não ter figurado em estudos urbanos; os textos sobre ele também dão alguma ênfase ao isolamento (cf. HERSKOVITS, 1951: 500ss.; BERREMAN, 1960: 787ss.). Mas o isolamento, sob as circunstâncias da vida urbana é uma noção problemática. Como não pode exatamente ser uma questão de isolamento físico, devemos compreendê-lo como uma forma de isolamento intelectual e ligações sociais tênues. Quando o significado passa por uma série de relacionamentos, evidentemente, o movimento cultural pode proceder em uma direção dada com a menor distração se as pessoas interagindo mais intensamente umas com as outras para estabelecer uma consciência coletiva têm repertórios de papéis relativamente padronizados, e relacionamentos externos que são mais frágeis e não implicam entendimentos que estejam em conflito com aqueles das ligações internas. Dessa forma o processo cultural microevolutivo pode adaptar os significados compartilhados à experiência de um número finito de tipos de envolvimento situacional. As pessoas têm uma chance maior de se reconhecerem nas experiências de situações umas das outras. Pode-se compreender certos papéis e relacionamentos, então, como se eles formassem agrupamentos culturais coerentes e mais ou menos homogêneos dentro de todo o diferenciado sistema social.

Em parte isso é uma questão de o sistema coletivo de significados em um relacionamento conectar-se com o de outro e até um grau considerável, replicá-lo. Podemos vê-los como vasos intercomunicantes, contendo mais ou menos a mesma cultura. No entanto, significados que são compartilhados em um relacionamento também podem se interconectar por meio do repertório de papéis de um participante com aqueles que compõem a perspectiva de seu papel em um relacionamento mais definitivamente assimétrico em algum outro lugar. As pessoas podem, na verdade, ter uma necessidade especial de afundar-se em um processo cultural sobre aquelas experiências congruentes de envolvimentos externos nos quais suas perspectivas individuais não estão satisfatoriamente incorporadas em um sistema coletivo de significados – onde nenhum sistema como esse digno de ser mencionado sequer existe, ou em que a perspectiva de algum outro participante é dominante. Em outras palavras, os relacionamentos em que esse tipo de construção da cultura ocorre podem mediar e servir como uma válvula de segurança na contradição entre cultura e experiência posicional. A construção da realidade comum pode ser da forma descrita por Cohen, mas, de certa forma, a alguma distância.

Tais relacionamentos podem surgir por acaso, ou eles podem ser estabelecidos intencionalmente para trabalho cultural. Há um jorrar espontâneo de conversa sobre trabalho quando duas pessoas descobrem uma oportunidade de se comunicar sobre percepções mais esotéricas e raramente discutidas de seu negócio e há o grupo organizado para "conscientizar", fortalecer perspectivas que tendem a ser reprimidas em outros lugares.

Quanto mais encapsuladas as pessoas forem em um agrupamento de papéis e relacionamentos tais como os que acabamos de descrever, tão menos provável pareceria ser uma discrepância proeminente entre a experiência individual e a cultura comunicada. Agrupamentos, no entanto, podem vir em tamanhos e constelações diferentes. Eles podem envolver pequenos grupos, que se isolam de seus arredores tanto quanto podem. O argumento já foi proposto anteriormente sobre a importância dos números urbanos: por mais diferenciado que o sistema social urbano possa ser, a cidade normalmente permite que as pessoas encontrem pelo menos alguns outros de uma posição semelhante, e isso possibilita o desenvolvimento de uma cultura adaptada a essa posição[14]. Agrupamentos culturais podem também ser conceituados em uma escala maior, por outro lado. A ideia de culturas de classe é um exemplo esclarecedor. As pessoas se conectam da mesma forma com o sistema social mais amplo por meio de papéis de aprovisionamento

---

14. Para uma elaboração teórica desse ponto cf. tb. Claude Fischer (1975).

e têm experiências semelhantes e se relacionam no trabalho e por meio de uma variedade um tanto restrita de prováveis envolvimentos no setor de recreação, parentesco e vizinhança. Por meio dessa rede mais do que aleatoriamente densa, entendimentos compartilhados podem ser capazes de se acumular e circular sem muita dificuldade.

Dentro desses agrupamentos de uma extensão assim maior, por certo, podemos encontrar unidades menores embutidas, compostas de indivíduos que interagem de uma maneira particularmente intensa sobre experiências mais restritas. Mas eles podem fazer isso, então, contra o pano de fundo de significados compartilhados no agrupamento mais amplo. Estudantes das culturas britânicas contemporâneas assinalaram que recentes culturas de jovens – como as dos *mods*, *rockers* e *skinheads* – não foram as culturas de qualquer tipo de jovens, mas sim tinham ligações bastante nítidas com as culturas de classe (cf. CLARKE et al., 1975; MUNGHAM & PEARSON, 1976). Segundo Keniston (1971: 395-96) algo semelhante foi observável nas contraculturas americanas: filhos de pais que estavam no mundo da mídia de massa, publicidade e coisas semelhantes tendiam a participar das facções do complexo contracultural preocupado com uma rebelião do estilo expressivo; filhos de pessoas nas profissões mais antigas se inclinavam para preocupações com ideologia e ação políticas.

A classe, no entanto, nem sempre encapsula as pessoas. Um corpo de textos com uma relação com aquilo que dissemos, sobre variedades de consciência de classe, também se desenvolveu especialmente na sociologia britânica a partir do ensaio de Lockwood (1966; cf. BULMER, 1975) sobre o impacto de diferentes situações de trabalho. Uma tradição cultural proletária parece se expandir especialmente nas indústrias como mineração, ancoragem e construção de navios, em que trabalhadores têm fortes relacionamentos uns com os outros e os estendem para a vida de lazer[15]. Ao mesmo tempo, suas interações com superiores e forasteiros são um tanto distantes e infrequentes. O desenvolvimento da consciência compartilhada pode se basear, sem muita interferência, na própria experiência do trabalhador. A imagem da sociedade opõe "nós" e "eles". De modo contrário,

---

15. Deve ser observado aqui que essa "tradição cultural proletária" não precisa estar em oposição a uma cultura dominante em nenhum sentido muito nítido. Frank Parkin (1972: 79ss.), em uma declaração sucinta, sugeriu que ela é fundamentalmente um sistema de valor subordinado acomodativo. Sua visão, que deve ser colocada no arcabouço do debate sobre o papel de intelectuais e partidos políticos no desenvolvimento da consciência de classe, é que tal sistema oposicional de significados tende a vir de fora. Talvez possamos considerar esse sistema como mais estritamente contracultural, desenvolvido por indivíduos com uma experiência mais imediata do sistema dominante e, ao mesmo tempo, como uma tentativa de desenvolver indiretamente a perspectiva da sociologia do conhecimento com relação ao mundo como ele deve ser a partir do lugar na estrutura social onde os trabalhadores se encontram. A etnografia de Pilcher (1972) sobre os estivadores americanos, podemos acrescentar, não se conecta explicitamente com os escritos analíticos britânicos sobre a tradição cultural proletária, mas parece oferecer evidência adicional a favor.

uma tradição deferente torna-se dominante entre trabalhadores que se relacionam pouco uns com os outros, mas em uma base mais pessoal e frequente com seus superiores, um pouco na maneira de cliente-patrão. Eles consideram aqueles de um *status* superior como seus "melhores" e atribuem maior legitimidade aos valores mantidos por esses outros sem lutar para colocá-los em prática em seu próprio benefício. Os trabalhadores respeitosos na cidade podem estar no setor de serviços ou em pequenas empresas, de tal forma que pares em uma situação semelhante não estão facilmente acessíveis. Mas seu protótipo na sociedade britânica é evidentemente o trabalhador rural.

Podemos deixar que os trabalhadores deferentes da Grã-Bretanha ilustrem uma forma cultural característica de pessoas a quem faltam autonomia e coesão suficientes para desenvolverem um sistema de significados compartilhados em linha com sua própria localização na estrutura social e, em vez disso, passam a ser parceiros um tanto passivos na manutenção de outro complexo cultural[16]. Se eles e os portadores da tradição proletária estão aproximadamente em uma situação de oposição, podemos identificar casos em que grupos não estão isolados o bastante para construir uma forte cultura própria, e, no entanto, não tão fragmentados para que estejam totalmente expostos a sistemas de significados desenvolvidos por outras pessoas sob outras circunstâncias. Processos culturais como os descritos por Cohen e Marx estão ambos presentes, e se desestabilizam mutuamente[17].

As realidades que estiveram sob análise e debate com o rótulo de "cultura da pobreza" e outros semelhantes se encaixam aqui[18]. A lista de características

---

16. Existe uma conexão aqui com os conceitos de "categoria" e "moldura" usados por Nakane (1970) para analisar a sociedade japonesa. A "tradição proletária" é desenvolvida e mantida entre os trabalhadores que se conectam com outros da mesma categoria; para os "tradicionalistas deferenciais" há uma moldura ao redor de relacionamentos que os conecta com pessoais de outra categoria.

17. Um parágrafo de *Prison Notebooks* (1971: 326-327) de Gramsci parece pertinente aqui: "[...] a coexistência de duas concepções do mundo, uma afirmada em palavras e a outra exibida em ação efetiva, não é simplesmente um produto de autoilusão. A autoilusão pode ser uma explicação adequada para alguns indivíduos tomados separadamente, ou até para grupos de um certo tamanho, mas ela não é adequada quando o contraste ocorre na vida de grandes massas. Nesses casos o contraste entre pensamento e ação não pode ser nada mais do que a expressão de contrastes mais profundos de uma ordem histórica social. Isso significa que o grupo social em questão pode realmente ter sua própria concepção do mundo, ainda que apenas embrionária; uma concepção que se manifesta em ação, mas ocasionalmente em relâmpagos – quando, isso é, o grupo está atuando como uma totalidade orgânica. Mas esse mesmo grupo, por razões de submissão e subordinação intelectual, adotou uma concepção que não é própria e sim foi emprestada de outro grupo; e ele afirma essa concepção verbalmente e acredita que ele próprio a está seguindo, porque essa é a concepção que ele segue em 'tempos normais' – isto é, quando sua conduta não é independente e autônoma e sim submissa e subordinada".

18. Referências a esse debate são dadas no capítulo 1; o ponto de vista proposto aqui é basicamente aquele que foi mais desenvolvido por Hannerz (1971). Cf. tb. a discussão esclarecedora por Suttles (1976).

copiladas por Oscar Lewis (1966: xliv) e outros primordialmente revela pessoas pouco privilegiadas como fazedores, que se adaptam da melhor maneira possível às situações difíceis; e de acordo com a natureza das coisas, nem sempre particularmente bem. Mas os pobres como fazedores e os pobres como pensadores de certa maneira têm problemas uns com os outros. Seu "conjunto de textos", os fatos da vida, pode ser parcialmente confuso e contraditório. Eles podem ver pessoas à sua volta se comportando de maneira que parecem práticas o bastante sob as circunstâncias e podem aprender algo das minúcias de como sobreviver dessas observações. Podem também presumir que se eles se tornarem fazedores da mesma maneira, esses outros não poderiam exatamente condená-los. Ocasionalmente, eles até ouvem afirmações sobre a correção dessas adaptações. Mas ao mesmo tempo outras definições e valores também são irradiados em sua direção e de uma forma tão poderosa que sua credibilidade não pode ser descartada ainda que sua relevância imediata para o problema à frente seja realmente um tanto questionável. Nos Estados Unidos – e a maior parte do debate sobre a cultura da pobreza está relacionada com privação na sociedade americana – não podemos exatamente evitar os significados daquilo que é, em grande medida, cultura de classe média, mesmo nas profundezas do gueto. A consequência, para levar a metáfora textual um pouco mais adiante, parece ser que os pobres adquirem hábitos de leitura um tanto diferentes. Alguns prestam mais atenção a um conjunto de significados, outros a outro; e muitos, afinal, mantêm os dois.

O problema da coexistência urbana de sistemas de significados, com maior ou menor facilidade, veio à tona com as tentativas de entender os modos de vida conseguidos através de esforços, pelos pobres, mas ele não é peculiar a esse contexto. A antiga Escola de Chicago lidou com ele, não particularmente com muito sucesso, como "desorganização". Os antropólogos do Rhodes-Livingstone trataram de um aspecto dele como "seleção situacional". Um crítico mais recente deles poderia discernir nas cidades do Copperbelt uma tensão um tanto parecida com aquela que confronta os pobres americanos, entre valores coloniais de derivação externa e compreensões nativas da parte inferior da pilha. A divisão frente do palco/bastidores de Goffman às vezes acaba sendo ainda outra maneira de examinar o conflito em significado entre situações. Mas geralmente o problema é abordado apenas de uma maneira fragmentada. É necessário algum trabalho para juntar as peças e conceituar mais plenamente a organização social urbana do significado. Pode ser útil pensar que a consciência do indivíduo é composta, em parte, por um repertório de culturas, relacionadas (embora não necessariamente de uma forma muito simples) com papéis diferentes no repertório de papéis. Como as combinações de papéis variam, os repertórios culturais também podem ser diferentes.

Vimos que os moradores da cidade podem às vezes se encapsular quase que totalmente em relacionamentos em que um sistema de significados reina, com variações internas limitadas. Apesar disso, como comentamos antes a propósito dos grupos encapsulados, seus membros na comunidade urbana podem ainda estar expostos, marginalmente, a forasteiros, simplesmente em virtude da acessibilidade física; e isso poderia implicar uma exposição também periférica a outras culturas. Algumas possíveis consequências das oportunidades para tal conhecimento rápido foram mencionadas quase no final do capítulo 3. Em seu *Understanding Media* Marshall McLuhan (1965: 5) propôs que a era eletrônica fez surgir uma "implosão" cultural, à medida que estilos de vida que previamente eram distantes se pressionam uns contra os outros por meio da tela da televisão e de outras maneiras semelhantes. Podemos considerar o urbanismo como uma forma implosiva anterior, possivelmente menos eficiente, talvez mais verdadeira, que, da mesma maneira, trouxe as pessoas para uma maior consciência de que existem alternativas e dando-lhes apenas alguma ideia limitada daquilo que essas alternativas são.

Um urbanita, no entanto, pode estar mais intensamente envolvido que isso em situações sob os auspícios de sistemas diferentes de significados. Nenhum problema, talvez, se esses forem – nos termos meio esquecidos de Ralph Linton (1936: 272-273) de análise cultural – "especialidades" em vez de "alternativas" peculiares a uma certa situação. Mas quando os significados que emergem das experiências situacionais reivindicam mais expansivamente sua validade moral e intelectual, surgem questões. "Aquele experimento perigoso de viver ao mesmo tempo em mundos diferentes", como disse Park – como é que isso afeta o sistema individual de significados e o que parecem aos demais as lealdades contraditórias?

Pode ser que não devêssemos tentar ir muito longe com a noção de seleção situacional, por mais claramente válida que ela seja até certo ponto. A sensação de contradição pode às vezes ser aumentada. Não há dúvida de que isso, por si só, pode reduzir a velocidade e fazer parar o processo de movimento cultural. O "significado imanente" de uma experiência situacional, por assim dizer, é neutralizada pela variedade de outras ideias que se acumulam na consciência[19]. Em outros casos, no entanto, um indivíduo com um repertório variado pode se envolver em um conflito de comprometimentos para separar sistemas de significados que é menos fácil de resolver. A ambivalência cultural pode se tornar uma afecção comum das pessoas com repertórios variados.

Quanto à exposição pública da inconsistência, lidamos com as considerações relevantes particularmente no capítulo 6. Uma pessoa que se envolve em segregatividade como um meio de vida pode evitar o problema, mudando de culturas sem um problema de imagem. Alguém que condensa sua rede de relacionamen-

---

19. Para alguns breves comentários sobre essa questão cf. Bennett Berger (1966: 151ss.) e Arnold (1970a, 1970b).

tos, na integratividade, pode ter de recorrer àquilo que descrevemos como "explicações" e artifícios semelhantes. Para as pessoas preocupadas com inconsistências semelhantes, esses construtos podem até evoluir, chegando a ser culturas pequenas que preenchem as lacunas por si só, sintetizando entendimentos de ambas as arenas e amenizando as dificuldades. "Homens marginais" podem tratar alguns de seus problemas dessa maneira; por exemplo, os jovens, com um pé entre as pessoas mais velhas de uma população de imigrantes encapsulada e outro nas redes mais abertas que a rodeiam.

Um repertório cultural variado, podemos acrescentar, não precisa envolver apenas problemas. A criação de papéis, tais como a de Charles Manson, aparentemente captando um sistema de significados com a ajuda de outro, sugere uma fonte de inovações vantajosas. Podemos ver um jogo de palavras sobre a palavra "conversão" aqui, dependendo de seus significados tanto em crenças quanto na economia. No primeiro sentido, conversão na carreira cultural de um indivíduo é uma questão de descartar um sistema de significados por outro; no último sentido, podemos indagar se os ativos da consciência em uma esfera podem ser vantajosamente cambiados por outros.

As possíveis permutações no ponto de vista com relação à complexidade cultural sugeridas aqui parecem praticamente infindas. É possível objetar que isso é levar as coisas longe demais. Os significados compartilhados de uma díade são de um grau de culturalidade que mal mereceu a atenção de estudiosos que estavam acostumados a se preocupar com matérias importantes tais como as culturas de sociedade inteiras. Há uma quantidade suficientemente maior de compartilhamento cultural na cidade para não ter que ser incomodados por tais miniaturas e, além disso, a cultura é realmente bastante estável. Toda nossa preocupação com construção cultural como um processo é, dessa perspectiva, muita confusão sobre relativamente pouco.

Certamente podemos nem sempre estar interessados em trabalhar nesse nível de intensidade analítica. Mas mesmo que este não seja o caso, pode ser útil estar ciente de que complicações de desenvolvimento e transmissão estão sumarizadas e minimizadas em afirmações mais gerais. Com respeito à amplitude do compartilhamento de significados como um critério de culturalidade, começamos talvez com a premissa oposta daquela convencionalmente feita pelos antropólogos. A noção "uma sociedade/uma cultura" implica que indivíduos em uma sociedade começam de uma base cultural comum, uma estrutura de significados que tem praticamente a mesma forma dentro de cada cabeça, sem se importar como ela chegou lá. A diferenciação cultural então tende a ser considerada como um modelo dissidente a ser problematizado. Possivelmente a sensação é que ela foi realizada, esticando, comprimindo ou retorcendo essa estrutura original de acordo com a localização dos indivíduos na estrutura das relações sociais. Embora essas imagens possam ser esclarecedoras de algumas maneiras, aqui não presumimos essa base comum. O cérebro humano pode impor certas formas, ou permitir variações apenas dentro de certos limites, nos sistemas cognitivos. O que vem nos preocupando aqui, no entanto, são os processos pelos quais seus materiais de trabalho são entregues. Considerando a variedade de experiências que pessoas diferentes têm e as incertezas de comunicação que têm a ver com mal-entendidos e a irregularidade de contatos, podemos muito bem achar que é quase um milagre que os significados cheguem a ser entendidos de uma maneira comum tão amplamente.

Com isso em mente, evitamos atirar casualmente, de cá para lá, conceitos como "cultura oficial", ou "cultura dominante" que são tão convenientes (e às vezes até inevitáveis) na discussão de diferenciação cultural. As entidades a que eles se referem não estão simplesmente lá, para serem meramente presumidas. Mesmo os entendimentos mais generalizados devem ser construídos a partir de algo e ativamente propagados, com maior ou menor sucesso. Tendemos a usar esses termos de forma menos hesitante quando estamos falando sobre o que eles excluem: os pobres, os jovens, os dissidentes, os imigrantes. Uma vez que começamos a arranhar a superfície daquilo que supostamente é a cultura dominante, muitas vezes temos de voltar para comunicar que ela se dissolveu diante de nossos olhos, transformando-se uma vez mais em um número de unidades menores e sutilmente interconectadas.

Devemos assim nos perguntar quais são as condições que poderiam criar qualquer coisa assim como uma cultura oficial. No quadro que desenhamos até agora de processos culturais um tanto descentralizados, principalmente no contexto da interação face a face, a resposta teria de ser que ela surge em parte quando uma grande proporção da população está em uma rede relativamente aberta, em oposição a estar encapsulada em muitas redes pequenas, e é razoavelmente generosa com relação a espalhar as mesmas ideias pela maioria de seus relacionamentos.

Então, no entanto, deixamos de lado uma coleção de relacionamentos de significância variada em estruturas sociais diferentes. Esses são os relacionamentos que estabelecem centricidade no sistema social e que são às vezes extremamente ativos culturalmente. Na cidade ortogenética de Redfield e Singer, era o complexo sagrado que era interpretado para o público pelos sacerdotes e contadores de histórias, em grande medida em comunicação unilateral. Na cidade ocidental moderna, esse aparato cultural centralizado tem alguns componentes óbvios como a mídia de massa e as escolas; instituições como tribunais e serviços sociais também desempenham um papel nisso, e não devemos esquecer a distribuição de significados padronizados por meio de artefatos em uma economia orientada para o consumo de massa. Essa é a cultura que nós não necessariamente pegamos das pessoas em nossa vizinhança imediata, mas podemos estar bem certos de que a aprendemos com elas.

Não podemos presumir que o impacto culturalmente homogeneizante de relacionamentos de centricidade tem a mesma forma e intensidade em todos os tipos de urbanismo. Além disso, a conexão entre os significados distribuídos por meio de tais canais e aqueles dos contatos comuns face a face das pessoas, não é óbvia. Os participantes no debate da cultura de massa que foi tão intenso nos Estados Unidos na década de 1950 e depois desvaneceu, tinha ideias interessantes nessa área, mas essas ideias raramente foram testadas por meio da etnografia. Não há dúvida de que os significados se originam mais de algumas culturas face a face do que de outras; isso pode ou não criar a antiga "cultura oficial". Quem leva esses significados principalmente a sério, introduzindo-os em outras situações, é outro problema. Às vezes eles talvez simplesmente mantenham, de uma maneira circular, a cultura daquele segmento da sociedade em que eles se originaram. Outras, eles podem estar entre as influências interferindo com a cultura que foi construída mais diretamente a partir da experiência pessoal, para melhor ou para pior.

Se estivemos um pouco cautelosos com os conceitos de supercultura, também evitamos o termo subcultura. Em parte porque os dois vão juntos, já que para a maior parte das pessoas o último implica o primeiro. Mas podemos também nos dar bem usando-o apenas após ter compreendido plenamente quão inexato é esse termo. Se uma cultura de classe é um subcultura, por exemplo, há também subculturas, como a cultura jovem, dentro dela e certamente subsubsubculturas também. Outros sistemas de significados podem se superpor ou unir essas unidades, ou aquilo a que nos referimos como subcultura e a cultura oficial. Se precisamos de um vocabulário para distinguir entre tipos de unidades na análise da organização social de significados (não apenas para jogos classificatórios, mas para pensar) é possível que necessitemos mais de dois termos.

Algo mais pode ser dito sobre tempo e culturalidade também; isso se relaciona com nossa ideia de fluidez na vida urbana. Relacionamentos sociais podem realmente ser ativos de uma maneira variada na construção cultural em fases diferentes. Para começar, quando os primeiros entendimentos são coletivizados, pode ser preciso haver um alto grau de clareza sobre aquilo que eu quero que você saiba que eu sei. Nos termos da sociolinguística de Basil Bernstein (1971), a comunicação tem de estar em um código elaborado e não em um código restrito. Isso é verdadeiro tanto quando um relacionamento implica a mutualidade do modelo de processo cultural de Albert Cohen ou a entrada de uma parte em um sistema de significados que já é uma preocupação existente, sob a dominância daqueles que estiveram presentes há mais tempo. No último caso, é claro, vemo-nos sendo socializados em uma cultura existente, diretamente no relacionamento que depende dele ou de uma maneira antecipada para movimentos de carreira esperados. De qualquer forma, mais tarde, quando as coisas se estabelecem, podemos ser capazes de nos comunicarmos em taquigrafia, em um código restrito. Como no caso da piscadela, as mensagens explícitas que são intercambiadas são apenas a ponta do *iceberg* e erguer suas partes escondidas até a superfície pode ser uma tarefa frustrante. As análises etnometodológicas de Garfinkel (1967: 38ss.) da fala cotidiana são esclarecedoras aqui. Há o registro de uma conversa natural entre um homem e sua esposa, tão familiarizados com os hábitos e circunstâncias um do outro que uma grande proporção daquilo que precisa ser comunicado é repassado sem que seja dito, enquanto o que é dito pode parecer incompreensível para qualquer outra pessoa. Há também os intercâmbios em que uma parte, em uma base experimental, tenta forçar a outra a fazer com que todas as declarações e premissas sejam explícitas e cristalinas e que, portanto, rapidamente se transforma em situações de desconforto e confronto, eventos de sabotagem cultural.

Claramente também há muita coisa dessa rotina cultural na estrutura mais fluida dos relacionamentos sociais. Pode valer a pena dedicar um pensamento ocasional às bases dessa rotina. Mesmo quando um sistema de significados se estabiliza, ele não fica ali, solidamente, sem mais ajuda humana. Ele precisa ser mantido, podemos até dizer que continuamente recriado, apenas para ficar onde está. Mas além disso, a prevalência da fluidez na vida urbana significa que processos culturais mais ativos são lançados repetidamente. Alguns se espalham amplamente por toda a sociedade. Exatamente como o comportamento da multidão pode ter algo cultural nele, não devemos nos esquecer dos significados compartilhados de curta duração que se tornam manias ou moda e depois são renegados. Outros processos culturais são de um alcance mais limitado, ocorrendo em algum lugar em uma rede pessoal quando as pessoas mudam de lugar, com possíveis repercussões em outros relacionamentos. Eles podem envolver meramente a chegada de um indivíduo a uma outra construção cultural existente, e nenhuma mudança para ninguém mais a não ser ele próprio; como o recém-chegado traz experiências próprias, no entanto, o começo de seu envolvimento pode também precipitar uma reconstrução. Essas coisas ocorrem frequentemente em escritórios, vizinhanças, associações e em outros locais.

Cidades como um todo

De forma um tanto rápida e nada exaustiva tratamos de algumas daquelas que poderiam ser questões detalhadas na teoria antropológica urbana. Na sua maioria, o tipo de análise da formação e uso de repertórios de papéis, redes e culturas que foi esboçado pode parecer ter sido colocado em conjuntos um tanto limitados de relacionamentos sociais – bairros, gangues, locais públicos, redes centradas no ego e assim por diante. Nisso não diferimos muito da maior parte da pesquisa antropológica nas cidades: a diferença é que tentamos encontrar uma maneira unificada de lidar com elas.

No debate sobre o que a antropologia urbana é e deve ser, no entanto, alguns autores argumentaram que o estudo dessas pequenas unidades não é suficiente. E com isso nós finalmente voltamos para a questão de unidades de estudo na antropologia urbana.

A crítica do interesse existente em unidades menores na cidade é que ela é extremamente microssociológica e transforma a antropologia urbana em uma "antropologia de rua" do tipo mais corriqueiro. Em um par de publicações, por exemplo, Richard Fox (1972,1977) argumentou a favor de uma perspectiva alternativa. Na cidade, sugere ele, os antropólogos se encontram em uma situação em que sua disciplina de certa maneira desmorona. A maioria deles até o momento optou por permanecer fiel a uma parte da herança: observação participante, a abordagem romântica ao culturalmente diferente. Assim obtemos retratos dos estilos de vida dos pobres, dos dissidentes e de migrantes recentes. A própria cidade, no entanto, perde-se no pano de fundo. A outra posição é levar a sério as aspirações holísticas da antropologia mesmo quando lidamos com a forma de sociedade mais complexa e em grande escala. Se essa for nossa escolha, a cidade como um todo é a unidade em foco, para ser compreendida como uma forma social em sua interação com a sociedade a sua volta. Essa seria uma base superior para uma antropologia urbana verdadeiramente comparativa, já que ela daria uma atenção concentrada à maneira como sociedades diferentes fazem cidades diferentes. Essa perspectiva também incluiria a história, para alcançar uma total consciência da variação urbana e mostrar como as cidades também passam por carreiras. Com uma profundidade temporal assim, a antropologia de urbanismo em grande escala se divorciaria ainda mais da tradição da antropologia de trabalho de campo, com seu preconceito inerente à sincronia. De um modo geral essa pareceria ser a diferença entre uma antropologia urbana de cima e uma antropologia urbana de dentro.

Fizemos uma rápida revisão do urbanismo em linhas um tanto parecidas com aquelas defendidas por Fox no capítulo 3: autores como Weber, Pirenne, Sjoberg e Redfied e Singer também inspiraram sua antropologia de cidades. Algumas questões de natureza relacionada envolvendo as ligações entre a comunidade urbana e a sociedade maior foram levantadas no capítulo 4. Na ocasião, no entanto, nós também vimos sugestões de que um estudo do urbanismo interessado na parte desempenhada pela cidade no contexto mais amplo provavelmente tampouco se transformaria em uma antropologia urbana completa. Ela tem uma forma de se concentrar na luta por sustento e poder, da cidade em seu contexto, bem como internamente entre os urbanitas. As pessoas no setor da economia urbana que formam a cidade são colocadas nos papéis principais: na Courttown sacerdotes e guerreiros, na Commercetown os comerciantes, na Coketown os industrialistas e os trabalhadores.

Essa não é uma má escolha para um estudo de um segmento da vida urbana, mas indiscutivelmente ainda é só um segmento. Para realmente estudar a cidade como um todo, teríamos de levar em conta todas suas pessoas – fundadores da cidade, aldeões urbanos, ascendentes em espiral, pessoas da rua, sejam quais forem os tipos que possamos reconhecer. E teríamos de acompanhá-los por todos os setores de atividades, não só como eles se sustentam, mas também como administram seus domicílios, lidam com vizinhos, esbarram uns nos outros na praça da cidade, ou simplesmente relaxam. Além disso, iríamos exigir de um estudo assim não só que a etnografia estivesse toda lá, mas também a possibilidade de obter uma ideia razoavelmente clara de como tudo isso se une. Algumas das tentativas corajosas que foram feitas para juntar a antropologia de cidades inteiras infelizmente pareceram um pouco com catálogos de antropologias descritiva de setores, sem muita análise da relação entre eles.

Obviamente, tudo isso é mais fácil de falar do que de fazer. Em um determinado momento, será necessário um compromisso entre cobertura extensa e cobertura intensa. Talvez ainda possa ser de algum interesse esboçar os princípios de uma antropologia da cidade como um todo, em linha com as ideias propostas nas páginas precedentes. Onde deveríamos começar ao tentar construir um retrato aceitavelmente sistemático de como tudo se encaixa?

Os antropólogos do Rhodes-Livingstone enfatizaram que um antropólogo urbano poderia preferivelmente tratar alguns tipos de fatos como dados – "determinantes externos" ou "parâmetros contextuais". A lista mais elaborada de Mitchell de tais categorias de fatos incluía densidade, mobilidade, composição étnica e demográfica, diferenciação econômica, e restrições políticas e administrativas. A versão compacta de Epstein cobriu mais ou menos o mesmo território sob os rótulos de estruturas industriais, cívicas e demográficas.

Obviamente o arcabouço do Rhodes-Livingstone baseia-se em muita experiência de pesquisa. Em seu detalhe relativamente amplo ele pode oferecer a oportunidade de um progresso bastante rápido na direção de precisão analítica. Contra essa vantagem, no entanto, pode ser colocado o valor da parcimônia no aparato analítico. Poderíamos preferir introduzir novas variáveis mais gradativamente e tentar obter delas tanta quilometragem analítica quanto possível antes de acrescentar outras. Presumir que um certo fenômeno deve ser considerado como um determinante externo parece equivalente a dizer que no arcabouço de outros fatos disponíveis, ele continua sendo um imponderável. Mas a questão sobre que fatores devem ser considerados em alguma medida analiticamente independentes não pode exatamente ser respondida com base em primeiros princípios. É bem verdade, é possível que se a estrutura cívica fosse diferente entre as cidades mineradoras naquilo que costumavam ser os territórios britânicos e os territórios belgas na África, a razão deve ser encontrada, como sugere Epstein, nas diferentes políticas coloniais que o antropólogo só pode tomar pelo que são. Se a política e a administração de um tipo menos formal devem também ser consideradas como uma parte da estrutura cívica, no entanto, logo observaremos que elas próprias podem ser consideradas emergentes, saindo da própria estrutura das relações sociais que elas então irão a seguir influenciar sozinhas. Para ir um pouco mais à frente, se é sabido que uma cidade obtém seu sustento em grande medida da mineração, e que o influxo de migrantes está controlado para que se tenha o menor número de pessoas possível que não sejam recrutas para a força de trabalho, é um tanto previsível que uma desproporção demográfica em termos de idade e gênero irá resultar, com ainda outro impacto sobre a natureza da vida urbana. Ocasionalmente, então, podemos ficar tentados a perguntar se os antropólogos urbanos devem sempre ser tão modestos ao desistir da ambição de descobrir certas coisas por conta própria como uma lista mais longa de determinantes externos pode supor.

Nossa estratégia analítica aqui, sugerida tentativamente no capítulo 3, é fazer com que o setor de aprovisionamento seja nosso ponto de partida no estudo da totalidade urbana, e ver até onde podemos chegar calculando as implicações mais amplas de sua composição. No final, isso mais ou menos significa selecionar a variável que Mitchell chama de diferenciação econômica e Epstein de estrutura industrial, para centro primordial de nossa atenção. Alguns breves comentários podem pelo menos dar uma ideia daquilo que seria o procedimento geral.

Em primeiro lugar, há aqueles relacionamentos externos pelos quais a comunidade urbana – com a possível exceção de uma ocasional cidade-estado antiga com base agrícola – reúne uma base coletiva de recursos; as ligações externas, isto é, do setor da economia formador da cidade, com o campo também como parte de um sistema de cidades. Qualquer setor formador da cidade tem sua própria disposição de papéis de aprovisionamento. Eles diferem, primeiramente, em suas conexões uns com os outros e com a sociedade que rodeia a cidade. Em um extremo encontramos lugares em que uma grande proporção desses papéis implica relacionamentos de aprovisionamento externos diretos, sem mediação. Podemos imaginá-los de acordo com a teoria de lugar central como coleções de pequenas centricidades na estrutura social, que estão ombro a ombro, ou de costas umas para as outras, mas de frente para fora; elas podem ser mais ou menos bem-sucedidas, mas seu destino depende mais de suas negociações externas do que de transações dentro da comunidade. Às vezes elas podem estar em um relacionamento indireto por meio da competição, tentando chamar a atenção dos mesmos outros externos. Por outro lado, seu envolvimento com o mundo externo pode ser em grande medida complementar, e cada uma delas pode ser um apoio para as outras à medida que, juntas, elas constroem a centricidade relativa da comunidade como um todo.

O oposto de tal setor multicêntrico formador da cidade seria um setor em que os relacionamentos externos imediatos estão em relativamente poucas mãos. Uma cidade pequena ou grande dedicada principalmente a servir uma função particular dentro de uma economia mais ampla teria mais frequentemente esse tipo de conexão externa. Em uma cidade do Copperbelt como Luanshya, por exemplo, o aprovisionamento de milhares de mineiros seria todo canalizado por meio das mãos de um número relativamente pequeno de pessoas dos níveis superiores da gerência; isso é um aspecto daquilo que Epstein chamou de "estrutura unitária" da mina. Aqui, então, a distribuição de recursos por meio de relacionamentos internos ao setor formador da cidade adquire uma importância maior.

Entre esses tipos multicêntricos e oligocêntricos ou até unicêntricos do setor formador de cidade estão qualquer número de formas intermediárias. Do setor que serve à cidade, por sua parte, pode ser dito ocasionalmente que ele se superpõe consideravelmente ao setor formador da cidade. No tipo de multicentricidade que acabamos de sugerir, os urbanitas podem depender em grande parte dos mesmos serviços de que dependem as pessoas fora da população urbana. Nos casos em que elas têm uma existência mais reconhecivelmente separada, no entanto, com outro número de papéis de aprovisionamento, os recursos devem uma vez mais fluir pelos relacionamentos de aprovisionamento na própria cidade, a partir dos incumbentes de papéis no setor formador da cidade para aqueles com papéis no setor servidor da cidade. A estrutura desse último parece com mais frequência ser relativamente multicêntrica, com uma variedade de serviços organizados separadamente oferecidos lado a lado. O exemplo de Luanshya parece esclarecedor aqui também, ainda que um tanto extremo. Embora a mina fosse formadora de cidade e "unitária" a municipalidade era em grande parte servidor da cidade e, na opinião de Epstein "atomística". Há outro fluxo de recursos, é claro, entre as pessoas no setor servidor da cidade.

Grande parte do drama da vida urbana certamente está relacionado com a manobra de papéis e relacionamentos no setor de aprovisionamento. Pessoas no mesmo papel, como acabamos de dizer, podem competir por outros escassos e os recursos que possam vir deles; alternativamente ou ao mesmo tempo elas podem colaborar umas com as outras em uma posição de barganha unificada frente a esses outros para obter o índice mais favorável de intercâmbio por seus serviços; elas podem, além disso, tentar restringir o acesso de outros ao mesmo papel de tal forma que elas próprias possam ser um tipo escasso e, portanto, com vantagem nas negociações. Como recursos finitos estão envolvidos, o conflito, seja ele aberto ou em surdina, tende a parecer próximo nos relacionamentos de aprovisionamento. No entanto, ao mesmo tempo, isso sugere bases para alianças.

Só com um conhecimento íntimo da mistura específica de papéis de aprovisionamento em uma cidade e da distribuição da população por esses papéis, é provável que possamos alcançar um entendimento dos alinhamentos no caso do conflito urbano e a pura quantidade dele. Mencionamos anteriormente o estudo das estruturas de poder da comunidade, em que interesses separados podem ser seguidos não apenas de uma maneira difusa em contextos variados e mais isolados, mas também por meio de uma maquinaria em que decisões são tomadas que são obrigatórias para toda a comunidade. De algumas maneiras, essa maquinaria pode ter sua própria forma, não a criação da cidade propriamente dita como era no urbanismo weberiano e sim uma construção imposta sobre ela por agências da sociedade mais ampla, como no caso das formas coloniais de urbanismo a que se referiram os antropólogos do Rhodes-Livingstone. Mas de outras maneiras, aquelas que foram de maior interesse para os sociólogos políticos, as estruturas de poder comunitário, são fenômenos emergentes. Poderia ser verdade, como dizem os céticos, que algumas das variações encontradas entre tais estruturas são simplesmente artefatos das diferenças entre as metodologias usadas para investigá-las, mas por certo existem também diferenças mais reais[20]. Para mencionar apenas uma das mais óbvias, se uma comunidade urbana tem um setor formador de cidade unicêntrico ou oligocêntrico, é provável que a política comunitária repetidamente venha a se concentrar no controle dos relacionamentos de aprovisionamento por meio dos quais o centro distribui os recursos dos quais a comunidade inteira depende. Os incumbentes de papéis no centro podem usar seu controle dos recursos para tentar maximizar seu poder sobre a vida comunitária em geral e podem, às vezes, serem em grande medida incontestados. Em outros casos, a reação pode ser a criação de uma longa linha de batalha entre os papéis do centro e grande parte do resto da comunidade, recorrentemente sem vencedores em grande medida da mesma maneira. Nos casos em que tanto os setores formadores da cidade quanto os servidores da cidade são mais fragmentados, outro modelo pode surgir, e este pode ser menos estável. Como nenhuma única pessoa ou grupo de interesse está no comando seguro de especificamente grandes recursos, um observador pode até chegar a se perguntar se alguém exerce poder comunitário. Sua estrutura parece estar mudando sempre à medida que pessoas diferentes promovem questões diferentes, tentam formar coalizões estratégicas com outros e avaliam as implicações de cada resultado em seu ambiente para sua própria posição – uma "ecologia de jogos" no sentido de Norton Long (1958).

A partir da análise do setor de aprovisionamento, nosso estudo de uma cidade passaria para outros setores. Ao abarcar a vida urbana dessa forma, em primeiro lugar, podemos ter alguma sensação de até que ponto a organização da

---

20. Para outras discussões de variações na estrutura de poder comunitário que são relevantes aqui cf., p. ex., Rossi (1960), Fisher (1962) e Walton (1976b).

diversidade em aprovisionamento gera mais diversidade em outros envolvimentos situacionais. Quanto aos recursos, a natureza específica da participação das pessoas no primeiro setor pode estabelecer o arcabouço mais ou menos restrito para seus atos em outros contextos também (e para aquelas entre as pessoas dependentes materialmente delas em seus domicílios). Mas papéis de aprovisionamento também podem ter outras influências sobre a maneira como os papéis são combinados e ajustados uns aos outros nos repertórios de papéis. Experiências podem moldar as orientações gerais, outros papéis podem ter de ser agendados de acordo com os do aprovisionamento, e nossa contribuição para papéis e relações em outras partes pode depender de uma retroalimentação calculada no setor de aprovisionamento. No setor de domicílio e relacionamentos de parentesco, para tomar alguns exemplos principalmente da sociedade urbana ocidental contemporânea, a natureza da vida doméstica pode depender de se o setor de aprovisionamento oferece emprego para os dois sexos em uma ampla variedade de faixas etárias. A prevalência de fortes laços de parentesco extensos pode estar conectada com o papel na economia de *know-how* e propriedade transmitidos por eles. No setor de recreação, um trabalhador manual muito provavelmente não terá recursos suficientes para criar cavalos de corrida como passatempo; pessoas com sua origem ou experiência do mundo muitas vezes simplesmente preferem jogos de futebol a leituras de poesia. Se ele trabalha em turnos, ele pode passar grande parte de seu tempo de lazer em atividades um tanto solitárias tais como jardinagem, porque poucas outras pessoas podem estar desocupadas para interagir com ele quando ele está livre[21]. Esperando de uma maneira ou de outra mudar a estrutura do setor de aprovisionamento como um todo, ou pelo menos sua própria posição nele, ele pode depender do tempo disponível para recreação também para promover seus objetivos, envolvendo-se na política de movimentos ou fazendo cursos de extensão para adultos. Em que tipo de vizinhança uma pessoa irá se encontrar depende significativamente daqueles relacionamentos específicos de aprovisionamento por meio dos quais o espaço urbano é distribuído. O tipo de relacionamentos que essa pessoa pode ter com vizinhos pode variar, como vimos, com o tempo que ela tem a sua disposição para estar por ali e com aquela necessidade para reciprocidades menores que pode ser tanto um resultado direto ou indireto de seu envolvimento para conseguir seu sustento. Papéis de tráfego são, em grande parte, uma questão de tempo, de distância entre a casa e o trabalho (se os dois estão em locais separados) e de escolha de veículo. Eles podem implicar uma caminhada por ruas escuras, estar pendurado segurando uma alça em um trem superlotado, ou uma viagem na parte de trás de uma limusine em um momento que nos é conveniente.

---

21. O exemplo é do estudo de Salaman (1971: 398-99) de ferroviários.

Mas, repetindo, a cidade pode em parte ser *soft*. Tendo tentado discernir tanto quanto possível de que maneiras e até que ponto as atividades, ideias e relacionamentos das pessoas em toda sua vida são influenciadas pela forma como sua cidade e elas próprias se sustentam, nos voltaríamos para aquelas áreas de suas vidas que estão em um relacionamento mais indeterminado com aquilo que ocorre no setor de aprovisionamento. Aqui estão os laços que não se alinham com os de aprovisionamento e trabalho e que podem até implicar uma alternação de lealdades. Aqui detectamos os sistemas de significados que surgem e se espalham por meio de outras situações e que podem simplesmente coexistir com aqueles no setor de aprovisionamento ou entrar em conflito com eles. Para ser um pouquinho mais específico, aqui, por exemplo, estão os jogos de lazer que buscamos na companhia de pessoas que não conhecemos através do trabalho, que podem na verdade estar "do outro lado" embora para o momento, isso não importa. Aqui nós encontramos aquelas vizinhanças cujos habitantes podem ser amigos ou distantes, mas em que as pessoas que saem para trabalhar de manhã todas vão em direções diferentes. Aqui estão os interesses absorventes que ficam deslizando na mente de uma pessoa talvez até mesmo enquanto ela está desempenhando um trabalho monótono – interesses aos quais ela pode até tentar adaptar às obrigações de seu trabalho.

Nos pontos suaves da estrutura social, provavelmente encontraremos combinações mais originais, as carreiras mais imprevisíveis, as confluências de significado menos rotineiras. Nos casos em que a determinação mais estrita dos repertórios de papéis e relacionamentos por parte dos papéis de aprovisionamento tendem a criar grandes brechas na rede urbana total, entre aglomerados um tanto densos, as áreas menos estruturadas da vida constroem pontes, embora em parte inserindo aglomerados de outras tendências. Entretanto, precisamente porque elas permitem experimentação e inovação nas constelações de envolvimentos das pessoas, elas podem permitir o desenvolvimento de novas maneiras de conectar essas constelações do modo mais eficiente possível com os papéis de aprovisionamento. Dessa forma, devemos compreender que aquilo que é macio e o que é rígido na vida urbana não só se matizam uns com os outros, mas podem estar inter-relacionados de uma forma dinâmica.

Assim, talvez possamos gradativamente construir um retrato de toda a ordem social urbana, sua rigidez e sua flexibilidade, suas fontes de coesão e de fragmentação. Para trazer esse retrato um passo mais próximo de sua compleição, devemos observar que seus habitantes podem ter conexões atravessando os limites da cidade não apenas no setor de aprovisionamento. As cidades mineradoras do Copperbelt foram nossos exemplos mais proeminentes aqui de lugares em que um grande número de migrantes combinam envolvimentos tanto urbanos quanto rurais em seus repertórios de papéis. As pessoas chamadas de ascendentes em espiral podem, da mesma maneira, por meio de suas carreiras, acumular relacionamentos entre cidades. E encontramos pessoas que, devido a seus interesses profissionais ou recreativos de tipos um tanto especializados, mantêm uma variedade de conexões externas por meio de viagens ou correspondência; participando daquilo que Melvin Webber (1964: 108ss.), com um termo possivelmente não muito atraente, descreveu como "domínios urbanos *nonplace*"*. Esses contatos externos variados continuam a fazer da rede total da cidade uma rede aberta. Em primeiro lugar, a passagem de significados que ocorre dentro deles evita que a cidade como um todo se envolva de uma maneira eficiente demais em um processo de movimento cultural próprio, mantendo, em vez disso, a unidade cultural que possa existir entre a cidade e a sociedade.

Será que a etnografia urbana total, nas linhas esboçadas aqui, pode ser feita algum dia? Talvez não, pelo menos não de uma maneira particularmente exaustiva. Isso exigiria um trabalho enorme, e demoraria muito. Para cobrir toda a variedade de maneiras pelas quais as vidas urbanas podem ser construídas, a etnografia poderia se transformar literalmente em informação pessoal, uma monografia que é um *Who's Who* em forma de rede.

Uma possibilidade é usar a compreensão da tarefa que alcançamos como um instrumento de orientação para esforços mais limitados. Alguma familiaridade com uma comunidade urbana determinada pode fazer com que nos seja possível elaborar em nossas mentes pelo menos um esboço rudimentar da etnografia total. Saberíamos bastante bem o que é o setor de formação da cidade de sua economia e como é o setor de aprovisionamento de um modo geral. Teríamos alguma ideia da variedade de papéis nos vários outros setores e dos principais aglomerados culturais. Certas conexões entre os papéis poderiam parecer óbvias: outras teriam que ser calculadas. Poderíamos descobrir bastante cedo quais são as consequências onde a estruturação da vida é rígida. O que ocorre nos lugares em que ela é macia pode nunca deixar de nos surpreender.

Uma imagem geral da cidade assim pode ser útil nos estudos de menores segmentos da vida urbana, e poderia, com vantagem, ser incorporada a eles mais conscientemente. Algumas vezes foi levantada a questão de qual é a melhor maneira para os antropólogos lidarem com "a cidade como contexto" quando seu foco real é entidades tais como uma ocupação, um bairro, ou um grupo étnico nessa cidade (cf. ROLLWAGEN, 1972, 1975). Se um grupo X está representado nas cidades A e B, existirão diferenças entre seus modos de vida nelas e como é que explicamos isso? Nossa interpretação seria que, quanto mais característico o

---

* Em um ensaio e livro com o mesmo título, *Non-Places: Introduction to an Anthropology of Supermodernity* (1995), Marc Augé cunhou a frase "non-place" referindo-se a locais provisórios que não tem significância suficiente para serem considerados como "lugares". Exemplos de um nonplace seria uma estrada, um quarto de hotel, um aeroporto ou um supermercado [N.T.].

setor de formação de cidade de A ou B for, tanto mais diretamente os urbanitas de que trata um estudo estão envolvidos nesse setor, e quanto mais forte for a conexão entre papéis de aprovisionamento e qualquer outra atividade, tanto mais útil é considerar essa atividade como um fenômeno relacionado ao caráter específico da cidade como um todo.

Se uma ideia da cidade inteira pode ser útil como uma imagem de pano de fundo dessa maneira, no entanto, podemos ainda relutar em desistir da noção de um retrato urbano mais inclusivo; "retrato" no sentido de uma forma de arte e não de uma semelhança absoluta e exaustiva. Para desenvolver um modo antropológico mais intelectual e esteticamente satisfatório de lidar com comunidades urbanas inteiras nós sem dúvida teremos de nos envolver em alguma experimentação, tanto com relação à pesquisa quanto à prestação de contas. Historiadores ocasionalmente chegaram perto dessas apresentações sintetizadoras das cidades como as que desejamos obter, gradativamente dependendo de uma variedade mais ampla de tópicos e materiais, mas normalmente sem quaisquer critérios explícitos para sua seleção e organização. Na sociologia e antropologia de sociedades complexas, temos, nos estudos comunitários, um gênero que também tentou a etnografia de lugares inteiros com algum sucesso, embora uma vez mais sem muita preocupação com a codificação do procedimento. Sem sacrificar totalmente os elementos humanistas desses tipos de estudos, o arcabouço para a antropologia de uma cidade sugerido anteriormente pode promover um pensamento um pouco mais sistemático sobre o que ser incluído nessa etnografia; algo que poderia ser útil especialmente ao lidar com formas urbanas um tanto maiores e mais complicadas que aquelas com que lidamos mais frequentemente nos estudos comunitários. Com base em uma revisão de toda a estrutura social urbana selecionaríamos para uma cobertura mais intensa zonas nela que, juntas, dariam um sentido mais adequado da coisa total. As unidades de etnografia a serem trazidas para a síntese deveriam ser ilustrativas da diferenciação, enquanto ao mesmo tempo se superpondo ou se conectando de alguma forma ou de outra para representar a coerência também. A fórmula "rede das redes" pode nos colocar no caminho certo: gostaríamos de incluir aglomerados significativos de relacionamentos, e também as ligações que os conectam. As unidades seriam de tipos diferentes: reuniões de conselho, chãos de fábrica, interiores de família, vida na rua, eventos importantes, carreiras individuais. Como, presumivelmente, pelo menos para prestar contas de nossos objetivos, gostaríamos de que alguns deles cobrissem muito território e sugerissem muitas pistas, análises situacionais tais como a da dança Kalela em Luanshya seriam incluídas como artifícios úteis; nesse caso, o foco seria em um passatempo específico que é também um comentário sobre relacionamentos tanto de aprovisionamento quanto de tráfego. Idealmente, o retrato urbano poderia incluir ambos *insights* sobre a fluidez característica na organização social e exemplos de processo cultural. E poderia nos familiarizar com algumas das pessoas que usam os materiais da cidade tanto para a construção quanto para a apresentação do *self*.

Nesse quadro da vida em uma cidade o uso do espaço na cultura urbana e a organização social podem também ser reveladas de uma maneira vívida. A cidade é um pedaço de território em que muita interação humana é comprimida. De uma maneira ou de outra, seja o que for que permaneça daquilo que ela foi em um momento dado como paisagem natural pode ser usado para organizá-la como uma comunidade humana – o Left Bank, a Capitol Hill –, mas em grande medida, é à paisagem da cidade que temos que dar atenção, um ambiente que urbanitas criaram para si mesmo e uns para os outros. Esse é também um conjunto de textos. A interpretação que Burgess e outros deram a Chicago foi um tanto assimétrica (muita atenção ao cifrão do dólar, especialmente) para servir como um modelo para a exegese dos ambientes urbanos de um modo geral. Precisaríamos ser muito mais liberais sobre que considerações influenciam a maneira como a terra é distribuída, e que maneiras são usadas para apropriar-se dela, de uma forma que leve em consideração State Street, assim como a cosmografia dos centros cerimoniais, imobiliárias e também invasões de prédios. Mas, além disso, devemos tentar obter uma sensação de como a paisagem urbana explicita a sociedade em geral e sua própria comunidade em particular para as pessoas que habitam nela e como ela facilita alguns contatos e dificulta outros[22]. O que os muros e torres imponentes do Kremlin significam para os moscovitas e Piccadilly Circus para os londrinos, o que o centro comercial e a área chamada de *civil lines** significam para uma cidade indiana com um passado colonial, e as altas chaminés de fábricas, sem fumaça, para uma cidade industrial em declínio. Como um mercado movimentado, um templo, ou um parque sombreado e fresco podem produzir encontros inesperados; como lugares públicos tais como bares ou bibliotecas às vezes são realmente só isso e outras foram ocupados como territórios privados por grupos que se selecionam e ressentem intromissões. A maneira como graus e tipos diferentes de encapsulamento na estrutura social correspondem ao desenho físico a "do outro lado dos trilhos", guetos e territórios privados. O que são, para objetivos diferentes, os bastidores e o palco frontal da vida urbana, e os acessórios significativos da frente do palco. Como a mudança e a estabilidade na face públi-

---

22. Gulick (1963: 455) em um texto pioneiro sobre a contribuição da antropologia para os estudos urbanos enfatiza a "inclinação do antropólogo para visualizar e retratar", mas para o tipo de interpretação que temos em mente aqui, há certamente também inspiração que pode vir de outras coisas. Cf., p. ex., Lynch (1960) e Strauss (1961). Para uma breve discussão do simbolismo espacial em um ambiente urbano específico cf. o estudo de Gerholm (1977: 160ss.) de uma cidade iemenita.

* Civil Lines (originalmente White Town) é um termo usado para os bairros residenciais desenvolvidos durante a época colonial para os oficiais mais graduados do Exército Britânico [N.T.].

ca da cidade – monumentos, prédios, padrão das ruas – afetam aquilo que existe em termos de uma consciência do passado entre sua população. Tudo isso, uma vez mais, traz o sentido de lugar para a antropologia urbana.

São atributos como esses que nós normalmente pinçamos quando, como leigos, tentamos captar a essência de uma cidade. Se eles significam o mesmo para o nativo quanto para o observador que vem de fora é apenas um problema tão antigo quanto a própria antropologia e que deve ser solucionado pela antropologia. Mas nós também temos outros meios de resumir a singularidade de uma comunidade, noções em que o cenário pode ser importante, mas em que a atenção está realmente voltada para o estilo dos atores. Finalmente, podemos querer introduzir esses também na antropologia das cidades. Podemos chamar isso de uma abordagem configuracional; como os antropólogos foram atraídos para ela em outros contextos, eles começaram a simpatizar com termos tais como etos, personalidade, temperamento, gênio. Ela as vezes é recebida com ceticismo, por não ser muito analítica. No entanto, no experimento de tentar mostrar como é uma cidade, sua capacidade integrativa pode talvez complementar, de maneira útil, o ponto de vista um tanto particularizante com relação a papéis e relações que adotamos aqui normalmente.

O caráter da cidade é muitas vezes considerado como indivisível, recorrente quase da mesma forma onde quer que a vida urbana seja encontrada, uma qualidade um tanto amorfa que permeia muitas de suas atividades, se não todas elas. Essa foi uma parte da mensagem de Wirth e Simmel. Apesar disso, examinados de perto e,de qualquer forma, apenas em parte, aqueles temas conspícuos que parecem atravessar grande parte da cultura e da estrutura social da cidade e lhe dão a qualidade peculiar de urbanidade, podem acabar sendo definidos de uma maneira distinta e contraditória em lugares diferentes, dependendo do como as cidades e a centricidade nas estruturas sociais são produzidas. Embora comunidades urbanas de uma natureza diferente possam ocorrer dentro da matriz de uma sociedade, muitas vezes um padrão é tão dominante que ele passa a ser a única fonte de imaginário urbano em uma tradição cultural.

Se tentarmos nos tornar mais comparativos e mais precisos sobre aquilo que faz parte de uma configuração urbana, outro estudo brasileiro por Anthony Leeds (1968: 37-38), um esboço cuidadoso sobre a diferença estilística entre Rio de Janeiro e São Paulo, nos dá um exemplo. A elite dominante privilegiada e patrimonial do Rio, Leeds sugere, ocupa posições que devem continuamente ter uma validação simbólica para que ela possa manter poder e prestígio. Sua sensualidade é uma exibição tanto de sua disponibilidade para novas alianças quanto a exclusividade de *status*. Mas todos os setores da comunidade carioca estão permeados pela atmosfera de *resort*, do carnaval e das praias. Membros da elite determinam o ritmo da vida do Rio também para pessoas de outras camadas sociais, que os copiam em seu comprometimento com festividade. Em contraste, São Paulo é um nexo das elites privadas comerciais e industriais, de cujas atividades a maioria também está aprimorada pela privacidade em vez da exibição. O etos do Rio é aquele da Courttown, o de São Paulo o da Coketown.

O conto das duas cidades, pelo que parece, começa uma vez mais no setor de aprovisionamento, no setor formador da cidade. Daqui, no entanto, o estilo especial do Rio (que é aquele que desperta maior interesse, já que o estilo de São Paulo parece um tanto antiestilo) se estende particularmente no setor recreativo; aqui, estando tão visível em suas formas de interação ritual, ele simplesmente se espalha continuamente. Ele tem seus pontos altos, mas qualquer pessoa pode vir ao Rio a qualquer momento e ver esse estilo a sua volta. Meros relacionamentos de tráfego, em outras palavras, são suficientes para exposição. Alguns dos miniambientes que são mais geralmente considerados como símbolos do Rio como um todo são apenas cenários de desempenho estilístico *par preference*.

Se uma cidade pode ser resumida com qualquer justiça, então (o que pode ou não ser o caso) em termos como de um etos dominante, podemos razoavelmente buscar as raízes desse etos nas funções que compõem a cidade. Direta ou indiretamente dessas raízes devem brotar, ao mesmo tempo, formas extremamente observáveis de comportamento repetido frequentemente, na frente do palco para serem vistas por quase qualquer pessoa grande parte do tempo, muitas vezes também conectadas a formas construídas características. Na cidade de Montecastello, no centro da Itália, descrita em *Three Bells of Civilization* (1975) de Silverman, a ideologia urbana de *civilità* parece estar conectada com os interesses de uma elite proprietária da terra, mas que mora na cidade – cortesia, generosidade e comportamento refinado, uma etiqueta de responsabilidade e benevolência que parcialmente serve para suavizar pontos ásperos nos relacionamentos com as pessoas nas camadas inferiores e para ocultar as facetas mais exageradamente exploradoras, e uma reivindicação de acesso a lugares mais altos, assim como orgulho cívico, expressando relacionamentos tanto hierárquicos quanto lateralmente competitivos em um sistema mais amplo de lugares urbanos. Isso parece ser mais um etos de Courttown do que de Commercetown, ainda que Montecastello seja apenas uma cidade de poder em miniatura. Compare isso com o espírito de Gopher Prairie, a pequena cidade americana típica dos romances de Sinclair Lewis, dominada pelos pequenos comerciantes atropelando-se ao longo da rua principal, pulsando com a competitividade interna e externa de um lugar central comercial de um nível relativamente baixo.

Reflexões posteriores: no campo da cidade

Fizemos uma tentativa de formular sobre o que é uma antropologia urbana. Durante todo este volume, a ênfase foi em destilar das várias obras mais ou menos importantes, um sentimento para aqueles que são, mesmo que não unicamente, pelo menos um tanto caracteristicamente, fenômenos urbanos, e para conceituá-los de uma maneira razoavelmente econômica que deve também estar em linha com o pensamento antropológico em geral, embora às vezes possivelmente dando-lhe alguma pequena extensão. Especificamente quando mencionamos maneiras de retratar as cidades como totalidades, no entanto, e quando estressamos a vantagem de formatos inovadores de etnografia, pode ser um bom lugar para acrescentar algumas reflexões posteriores sobre aquilo que nossa conceituação da vida urbana implica termos metodológicos. Certamente não há apenas uma única receita para fazer antropologia urbana, mas o que foi dito aqui pode talvez lançar alguma nova luz sobre práticas antigas.

Nenhum motivo realmente sério parece ter surgido para expulsar a observação participante de sua posição central na metodologia antropológica. Pode haver diferenças de opiniões nesse ponto. Aqueles que há muito acham que as vantagens do trabalho de campo antropológico são obtidas a um preço muito alto, podem realmente considerar seu custo no labirinto de coisas proibitivas na sociedade urbana. Devemos estar conscientes das dificuldades de acesso, do limite das situações em que a observação participante é possível, e dos problemas consequentes de representatividade e relevância macroscópica. A possibilidade de réplica e de verificação e a confiabilidade são itens de um vocabulário de valores científicos por meio dos quais as objeções foram colocadas ao método antropológico tradicional.

Não há dúvida de que os antropólogos têm motivos para serem cuidadosos sobre generalizações baseadas em dados de um campo social restrito em que normalmente um trabalho intenso ocorre. Se os antropólogos no final não reagem às propostas de metodologias alternativas, no entanto, não é porque eles neguem que sua abordagem tem suas dificuldades, mas porque acham que ela pode ainda assim servir seus objetivos específicos melhor do que qualquer outra coisa disponível. Na verdade, pode haver algumas vantagens especiais à coleção de dados discreta e observacional na vida urbana como retratamos aqui. A necessidade de exploração ainda está presente. Entre a diversidade de culturas na cidade algumas podem ser conspícuas, outras mal podem ser notadas pelos de fora e normalmente não são identificadas. Qualquer instrumento que não envolva o maior grau possível de imersão nessas culturas pode ser insensível demais. Seria improvável captar as nuanças sutis que compõem grande parte da variação cultural, por exemplo, nas cidades europeias ou americanas contemporâneas. Além disso, há também o fato de com a implosão cultural da cidade, as pessoas que prefeririam não ter uma cultura sua aberta aos olhares de qualquer outra pessoa serem sofisticadas o bastante para escolher outra cultura de seus repertórios para interação com estranhos; em termos convencionais, algo "oficial" em vez de "dissidente".

As maiores chances de ultrapassar uma fachada assim de gerenciamento de impressão é uma parte da vantagem da observação participante urbana. Claramente, em alguns desses casos, a observação participante suscita problemas morais importantes. Sem nos aprofundar neles, concluímos que a observação participante é muitas vezes uma maneira eficiente de descobrir fatos.

Há outras vantagens, talvez mais familiares em trabalho de campo em outros lugares. Podemos obter *insights* por meio da observação participante sobre o comportamento sobre o qual as pessoas não estão dispostas a verbalizar, e nossos dados podem se concentrar mais nas relações e seus contextos, em vez de em indivíduos abstraídos desses contextos. Os críticos do método antropológico, assim, com muita frequência parecem simplesmente não estar cientes de que eles se propõem a jogar o bebê fora junto com a água do banho. Se critérios para uma avaliação mais sistemática da qualidade dos dados forem necessários, esses precisam ser sensíveis à natureza e à utilização dos dados. Como uma questão básica, nossa preocupação principal com a prática de observação participante na antropologia urbana talvez não seja a possibilidade de ela ser inadequada, mas sim que ela pode, às vezes, ser considerada de uma maneira muito superficial. Ocasionalmente, suspeitamos que alguma pesquisa urbana envolve meramente um contato tênue com um "campo" no outro lado da cidade, a ser mantido em uma base de tempo disponível em competição com a família, amigos, e um emprego de horário integral. Isso poderia ser melhor do que nada, mas está longe da intensidade de envolvimento que antropólogos normalmente esperam no trabalho de campo. Podemos temer que uma etnografia de má qualidade será, às vezes, o resultado e esperar que essa não será a prática dominante na antropologia urbana. Um compromisso com o trabalho de campo que ocupe todas as horas do dia pode às vezes ser impraticável em um estudo urbano, já que algumas unidades de estudo são, elas próprias, fenômenos de meio expediente. Mas em princípio, é o horário dessas unidades, e não a conveniência dos antropólogos que deve determinar suas horas de trabalho.

No entanto, apesar de tudo que possa ser dito a favor da observação participante, não há qualquer razão para advogar um purismo de método antropológico como questão de princípio. Na verdade, embora a observação participante seja considerada geralmente como central à elas, as abordagens antropológicas ao trabalho de campo sempre foram caracterizadas por uma quantidade bastante grande de ecletismo. A senha aqui é "triangulação"; em linhas gerais, a estratégia de juntar dados captados de várias maneiras, às vezes encontrando vários caminhos para o mesmo fato[23]. Um bom conhecimento funcional da metodologia existente para produção de dados nas ciências humanas é obviamente muito van-

---

23. Para uma discussão esclarecedora sobre triangulação, cf. Denzin (1970b: 297ss.).

tajoso para nossa disposição de lidar com as peculiaridades que surgem em uma situação de trabalho de campo. Mas o que também merece ênfase e nem sempre a recebe mesmo quando os antropólogos estão se tornando mais autoconscientes sobre suas maneiras de fazer trabalho de campo, é a necessidade de inventividade. Não há apenas um conjunto finito de métodos autorizados de chegar à realidade. A metodologia do campo deve ser considerada como algo multiforme, sempre mudando de forma, à medida que procedimentos estabelecidos são modificados para se enquadrar com outro contexto e quando novas ferramentas são construídas sob a inspiração de uma situação no campo sem precedentes óbvios. Podemos descobrir que o álbum de fotografias de um conhecido é uma fonte reveladora de informação de rede e começar uma pesquisa sistemática dessa documentação; podemos descobrir que com informantes que mal sabem ler e escrever, as categorias de ocupações são mais facilmente obtidas com algo que parece um jogo de cartas do que com um formulário burocrático a ser preenchido[24].

"Esteja preparado", no entanto, é o lema para o trabalho de campo antropológico seja onde for, como é para os escoteiros. Talvez a vida urbana, por sua própria natureza, implique uma exigência por um grau ainda maior dessa flexibilidade metodológica geral por parte do pesquisador. Mas também pode haver motivos para procurar as consequências de nossa concepção da cidade ao longo de algumas poucas dimensões metodológicas específicas. Uma dessas envolve tempo. Ao discutir fluidez na organização social, sugerimos que mesmo desconsiderando a mudança cumulativa no sistema social, o urbanismo pode permitir transformações extraordinárias nas situações vitais das pessoas à medida que, com o passar dos anos, elas se encaixam de forma diferente em redes e no inventário de papéis. Historiadores urbanos, especialistas do tempo entre os estudiosos da cidade, muitas vezes criticaram a negligência, ou a má compreensão, de tal mudança nas outras disciplinas (cf. THERNSTROM, 1965, 1973: 23ss.; CHUDACOFF, 1972: 5ss.). Com um período convencional no campo de um ano ou talvez dois, o antropólogo pode certamente estar no local certo para observar algumas dessas mudanças quando elas ocorrem. Mas é menos provável, considerando como o trabalho de campo é normalmente praticado, que ele possa ter uma concepção original das carreiras e as combinações entre elas durante um longo período de tempo.

Alguns dos autores a que nos referimos tentaram construir diacronia em sua etnografia e análise. Os chicagoenses estavam interessados no processo de várias maneiras; o grupo do Rhodes-Livingstone desenvolveu a ideia de estudos

---

24. O exemplo do álbum de fotografias como evidência de rede é de Plotnicov (1967: 24); podemos acrescentar que o ponto de vista com relação ao trabalho de campo urbano proposto aqui está também fortemente relacionado com o de Plotnicov (1973). O exemplo de categorização ocupacional por meio de um jogo de cartas é de Hannerz (1976), mas inspirado inicialmente por Silverman (1966).

de caso prolongados. Mas a construção de uma antropologia urbana sistemática pareceria necessitar que ainda mais atenção fosse dedicada às maneiras de prestar contas sobre a fluidez.

Uma possibilidade é certamente prolongar o tempo do trabalho de campo – não necessariamente por meio de uma presença contínua, que muitas vezes não é viável, mas por meio de períodos recorrentes no mesmo campo. Como sempre, podemos precisar um período mais longo como uma primeira fase, para se aprofundar no campo, enquanto estadias posteriores podem talvez ser mais curtas e ainda assim úteis, já que podemos retomar os fios da meada em um ponto não muito distante daquele que deixamos na última estadia. Além desse cronograma do próprio trabalho de campo, o desenvolvimento do método antropológico urbano pareceria incluir mais atenção aos instrumentos do estudo retrospectivo (e talvez também prospectivo). Alguma habilidade para lidar com documentos e dados de arquivo é cada vez mais reconhecida como uma parte da competência profissional na antropologia de um modo geral. Em seu ramo urbano, ela pareceria pelo menos tão útil quanto em qualquer outro local. O desenvolvimento nos últimos anos de uma história urbana centrada nas vidas de pessoas comuns demonstrou como uma grande quantidade de conhecimento pode às vezes ser resgatada só dessas fontes. No entanto, essa é certamente também uma área em que os antropólogos urbanos podem tentar triangular. A história oral pode muitas vezes vir à tona de uma maneira que complementa a evidência de registros e arquivos. Já que ao falar de fluidez temos a organização de mudança pessoal e não de mudança social em primeiro lugar em mente, histórias de vida seriam particularmente significativas. Até o momento, a publicação de histórias de vida provavelmente foi normalmente considerada como uma parte leve do empreendimento antropológico – elas foram deixadas no papel de uma maneira muito semelhante àquela que foi oferecida pelo informante, sem muita tentativa séria de análise. Sistematizando o estudo de carreiras, tenderíamos a trabalhar com histórias de vida muito ativamente e a desenvolver critérios para uma abrangência na coleta a qual muito pouca atenção foi dada até hoje. Iríamos também nos preocupar com vieses e lacunas que relatos retrospectivos de vidas quase que inevitavelmente contêm, e ver se podemos lidar com eles (por exemplo, encontrando informação colateral de uma outra fonte).

A outra dimensão metodológica sobre a qual alguns breves comentários devem ser feitos está relacionada com o tamanho e com a complexidade da cidade. As fronteiras incertas ou indistintas de muitas unidades de estudo não são apenas um problema conceitual característico da antropologia urbana, mas podem também ser uma fonte de dificuldades práticas na vida cotidiana do trabalhador de campo. Cadeias de redes fluem sem um fim visível, novas faces ficam aparecendo enquanto outras desaparecem imprevisivelmente de vista. Uma maneira de lidar com esse problema, como já vimos, é evitá-lo tanto quanto possível. Concentran-do-se nos grupos encapsulados da cidade, antropólogos urbanos tentaram eliminar esse barulho dos sistemas de informação que estão construindo. Isso também sig-nificou que os próprios antropólogos, como observadores participantes, tenderam para o encapsulamento como um modo de existência no campo. (Possivelmente tendo uma outra existência fora do campo, em uma espécie de vida dupla.)

No final, no entanto, o problema deve ser enfrentado para que possamos vir a ter um retrato mais completo da vida urbana. No momento em que começar-mos a nos interessar pelas várias maneiras de ser um urbanita, ou pelo estudo de totalidades urbanas, podemos também nos envolver como trabalhadores de campo com as redes da cidade de outras maneiras. Às vezes, podemos nos transformar em integradores de redes; provavelmente haverá outros momentos em que preferiremos deixar as redes de nossos vários outros como elas são, em grande medida desconectadas umas das outras, de tal forma que o trabalho de campo implique uma segregatividade na qual nós nos dividimos entre vários contextos de campo distintos. O único modo de existência urbana que pareceria se encaixar mal com as metas do pesquisador de campo é o do isolamento.

Mas mesmo quando ele assume a tarefa de lidar com unidades cuja adminis-tração é menos confortável, um antropólogo não pode estar em todas as partes da cidade ao mesmo tempo, e não pode conhecer todos seus habitantes. É pos-sível que ele ainda queira descobrir o que ocorre fora do alcance de seu campo individual de observação direta e intensa.

Uma parte da solução para esse tipo de problema pode estar em uma mistura qualitativo-quantitativa; talvez, a forma mais óbvia de triangulação. Para sempre um tema de debate na antropologia urbana, ela tem suas vantagens de tipo e suas incertezas de tipo. Embora formas sutis de pensar e atuar possam elas próprias ser muito pouco acessíveis aos modos extensos de formação de dados, podemos esperar obter algum sentido de sua distribuição obliquamente pelas perguntas da pesquisa sobre questões relacionadas. Da mesma forma, podemos desejar obter alguma compreensão dos efeitos agregados de certos modos de ação que pude-mos observar de perto. E podemos realmente achar, após ter adquirido alguma medida de competência cultural, que é possível formular perguntas inteligentes sobre certas questões e obter respostas válidas para elas, mesmo de pessoas total-mente estranhas. Mas estamos conscientes ao mesmo tempo das dificuldades que podem surgir. Podem haver lacunas no raciocínio que tenta conectar os dados de tipos diferentes, o pesquisador de campo que tenta ser ao mesmo tempo um observador participante razoavelmente discreto e um coletor de dados da pes-quisa pode ter problemas com sua apresentação do *self*, ou simplesmente pode ser difícil encontrar tempo para coletar dados que tenham tanto amplitude quanto profundidade.

Como essas dificuldades variam com as situações do campo e as definições dos problemas, generalizações muitas vezes não são muito esclarecedoras. Deixando o tema de lado com esses poucos comentários, podemos abordar a questão de cobertura extensa de outro ângulo, o da organização social de pesquisa. A mistura qualitativo-quantitativa por definição implica uma cobertura desigual. Ao simplesmente envolver mais pessoas nas atividades da pesquisa, uma cobertura mais intensa de algum tipo pode ser dada a uma porção maior da vida urbana. Mas como fazê-lo talvez seja uma questão a qual os antropólogos urbanos poderiam vantajosamente dar uma atenção mais sistemática.

Por um lado, existem os relacionamentos mais intensos do antropólogo urbano com habitantes específicos do campo, e, por outro, há a colaboração entre pesquisadores profissionais. Com relação aos primeiros, para começar, haverá algumas considerações especiais envolvidas no trabalho com informantes nos estudos urbanos?

Possivelmente, em uma comunidade mais homogênea, esses indivíduos tendem a ser escolhidos com base nas características de suas personalidades: eles devem ser bons observadores, um tanto inclinados para a introspecção e ao mesmo tempo bastante verbais, e devem ter bastante afinidade com o trabalhador de campo. Em uma estrutura complexa tal como a da cidade, podemos também nos tornar mais seriamente preocupados com a necessidade de escolhê-los estrategicamente para fornecer perspectivas complementares com relação a vida social, ao longo de seus vários eixos de diferenciação. Talvez, a fim de ampliar a cobertura, os antropólogos urbanos além disso tendem a usar informantes no lugar da observação em vez de paralelamente à observação. Até o momento, no entanto, houve poucas discussões na antropologia urbana sobre as maneiras como esses painéis de informantes são recrutados (cf. HANNERZ, 1976: 81ss.). Poderíamos desejar também mais análise do desenvolvimento posterior dos relacionamentos entre informantes e antropólogos, em seus aspectos pessoais e também profissionais. Em primeiro lugar, até que ponto as perspectivas de informantes regulares ficam antropologizadas, à medida que eles estabelecem um sistema coletivo de significados com o trabalhador de campo?

De informantes regulares pode ser apenas um pequeno passo para assistentes de pesquisa recrutados localmente. À primeira vista, a diferença poderia parecer que os últimos são pagos e dão mais do seu tempo do que os primeiros: quanto ao caráter das atividades de pesquisa, pode ser importante que os assistentes de pesquisa façam um grande esforço para encontrar coisas que, de outra forma, eles poderiam não conhecer muito, em ambientes nos quais eles podem não se encontrar normalmente. Podemos nos perguntar sobre a adequação entre o assistente de pesquisa e essas situações, em termos de todo seu repertório de papéis e seus atributos discriminadores de papéis. Quais são os efeitos, além disso, da interposição de assistentes entre o antropólogo e partes do campo que, em última instância, ele considera como suas? O estabelecimento de pesquisa antropológica urbana pode acabar tendo seus próprios corretores e *flak catchers*. A socialização do assistente de pesquisa como um paraprofissional deveria também receber mais atenção na discussão da metodologia de campo.

Os estudos do Copperbelt do Instituto Rhodes-Livingstone oferecem alguns exemplos, mas pouca discussão, do uso de assistentes de pesquisa locais. Ao mesmo tempo, seu grupo de antropólogos, como os chicagoenses anteriormente, nos dão alguma ideia daquilo que pode ser realizado em termos da etnografia urbana em grande escala quando há alguma coordenação dos esforços de um número de pesquisadores profissionais. Sem dúvida, continuaremos a ter o antropólogo como lobo solitário na cidade também, com nada mais do que um ou dois assistentes para ajudá-lo em seu projeto. Alguns problemas da pesquisa podem ser tão circunscritos que chegam a ser facilmente administráveis para um único investigador, e é bastante concebível que um tipo de antropólogo possa, sozinho, até querer assumir alguma forma de antropologia de toda uma cidade, talvez como um trabalho sentimental de longo prazo. Simplesmente por motivos organizacionais e financeiros, aliás, nenhuma maneira alternativa de fazer pesquisa está disponível para muitas das pessoas que querem fazer antropologia urbana. Mas é lastimável que, a não ser por aqueles de Chicago e do Copperbelt, até o momento quase não há exemplos de uma etnografia de grande escala com uma equipe profissional em comunidades urbanas, embora ela já tenha sido sugerida como uma forma apropriada para o trabalho antropológico urbano (cf. PRICE, 1973). Por último, essa pareceria ser a base mais promissora para assumir o estudo de cidades inteiras parecido com aquele que esboçamos anteriormente.

Há mais uma variedade de organização de pesquisa para estudos urbanos que devemos registrar à guisa de conclusão: a pesquisa interdisciplinar. Ocasionalmente a forma pode ser adequada simplesmente para o mesmo objetivo que os outros tipos organizacionais que acabamos de mencionar, para ampliar a cobertura de uma estrutura social grande e complexa. Em outras ocasiões, o objetivo pode ser combinar metodologias e também uma integração conceitual ativa. Há naturalmente, vantagens nessa cooperação. Se seguirmos os argumentos de Gluckman e seus colegas relacionados com os limites da ingenuidade, nem os antropólogos nem seus pares em outras disciplinas deveriam se envolver muito em questões que podem ser tratadas por outros de uma maneira mais competente. E a colaboração interdisciplinar ativa pareceria a forma mais elevada de uma divisão de trabalho científica.

Ainda assim, podemos querer qualificar nosso entusiasmo. Com bastante frequência, parece que o trabalho interdisciplinar pioneiro é feito por algum indivíduo corajoso que ignorou as demarcações da ciência normal e juntou as coisas de maneiras novas por meio de conversações internas em sua própria mente. Na antropologia, é possível que tenha havido mais desse tipo de abertura nos últimos anos do que era costume existir. Pode parecer que Gluckman escreveu no contexto de uma disciplina mais consolidada e fortemente delimitada do que aquela que temos hoje. Mas o verdadeiro trabalho em conjunto entre especialistas atravessando os limites das disciplinas, por outro lado, não é fácil. O trabalho de equipes interdisciplinares às vezes parece ser comemorado como uma panaceia para todos os problemas de complexidade intelectual: muitas vezes prescrito, mais raramente usado na prática em uma cura bem-sucedida.

Seja lá como for. Os problemas das conexões interdisciplinares não são realmente os nossos aqui, conceitual ou metodologicamente. A menos que tenhamos uma compreensão do urbanismo que seja reconhecidamente antropológica, no entanto, nosso insumo para essa cooperação nesse campo pode ser mínimo. Tentamos nas últimas páginas dar alguns passos na direção de tal compreensão. Parece que as conclusões a que chegamos também têm algumas implicações para a maneira como o antropólogo urbano pode em termos práticos manejar o seu campo, de maneiras diferentes do trabalho de campo tradicional. Muito mais poderia ser dito sobre isso, mas uma vez mais as continuidades são provavelmente mais significativas. O antropólogo na cidade pode se tornar membro de uma equipe consciente do tempo (às vezes), mas ele ainda é um participante e um observador, adotando uma visão instrumental e eclética dos meios complementares de descobrir fatos. No método como nos conceitos, é bem possível que haja algo distintamente antropológico sobre a antropologia urbana.

Apêndice
Conceitos analíticos em *Explorando a cidade*

Um leitor do manuscrito deste livro sugeriu que outras pessoas poderiam achar útil ter em algum lugar uma declaração sumária do aparato analítico básico utilizado nele, preferivelmente de forma diagramática, já que os conceitos foram introduzidos em uma espécie de fluxo contínuo por muitos capítulos. O que se segue, então, é uma tentativa de visualizar, de uma maneira razoavelmente descomplicada, a compreensão de como a sociedade urbana é construída, em termos de papéis e relações, que foi afirmado de uma maneira mais indireta na parte principal do livro.

A vida social consiste, talvez mais concretamente, de situações. As pessoas se envolvem nelas por meio de modos relativamente padronizados de comportamento intencional (e também com parte de sua consciência e recursos materiais) que nós chamamos de papéis. O conjunto total desses modos de comportamento conhecido em alguma unidade social importante, tal como uma comunidade urbana, pode ser descrito como seu *inventário de papéis*. A série específica de modos de comportamento em que um indivíduo está envolvido é um *repertório de papéis*. Parece prático considerar que ambos esses tipos de coleções de papéis estão divididos em *setores* (domicílio e parentesco; aprovisionamento; recreação; vizinhança; tráfego) contendo números maiores ou menores de papéis. (Esses conceitos são discutidos nas páginas 111-117).

As pessoas são recrutadas para situações e para papéis específicos nelas, em grande parte com base naquilo que nós chamamos de *atributos discriminadores de papéis*, características de indivíduos definidas culturalmente que existem separadamente das situações específicas. Esses atributos importantes são gênero, idade e (nas unidades sociais que são heterogêneas com relação a isso) etnicidade ou raça. (A noção de atributos discriminadores de papéis foi discutida nas p. 164-171.) Podemos dizer que eles estão entre os fatores que determinam *acesso ao papel* (cf. p. 165).

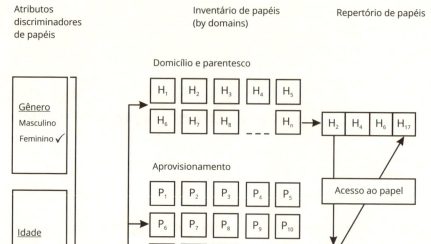

Figura 5   A construção de um repertório de papéis na sociedade urbana

Na figura 5 podemos ver, portanto, de uma maneira extremamente simplificada, como um repertório de papéis é montado nesses termos, em uma comunidade etnicamente heterogênea com uma diferenciação de setores mais ou menos completa. Um indivíduo que é uma mulher adulta marrom, em oposição, digamos, a um homem idoso azul (os termos de cor aqui representam qualquer tipo de designação étnica), pode ser considerada em uma comunidade como adequada para certos papéis no inventário de papéis, mas não outros. (É, é claro, muitas vezes uma combinação de atributos discriminadores de papéis, e não apenas um deles, que influencia tal acesso.) Dentre os papéis ainda acessíveis, um repertório de papéis é formado, como indicado pelas setas entre as colunas do inventário e do repertório. Mas outros problemas de acesso a papéis podem entrar aqui. A inclusão de papéis específicos no repertório pode ter uma influência determinante sobre que outros papéis o indivíduo pode ou não assumir, simultaneamente ou em um momento posterior. Nessa figura sugere-se que o papel de domicílio/parentesco H_2 foi importante no recrutamento desse indivíduo para o papel de aprovisionamento P_7. Estar nesse papel, por sua vez, permitiu-lhe entrar no papel de domicílio/parentesco H_{17} nos papéis recreativos R_4 e R_9 e no papel de vizinho N_2, que lhe seriam restritos em outras circunstâncias. Com relação a seus outros papéis, por exemplo H_6, R_8 e T_2, parece que seus atributos discriminadores de papéis e o restante de seu repertório de papéis, na medida em que são conhecidos aos outros, pelo menos não a desqualificaram para eles. Um papel em seu repertório, P_{n+1}, é um tanto misteriosamente incluído lá, mas não no inventário de papéis. Isso poderia possivelmente ser uma maneira de denotar algum modo de comportamento basicamente novo, nesse caso no setor de aprovisionamento – um exemplo da "criação de papéis" discutido nas páginas 295-299. Mas, é claro, tão logo ele aparece pela primeira vez em um repertório de papéis individual, podemos vê-lo sendo introduzido no inventário mais geral.

Deveríamos talvez acrescentar que o número de papéis enumerados no repertório de papéis nesse diagrama é seriamente limitado em nome da conveniência, embora possivelmente as proporções aproximadas do repertório indicadas como categorizadas nos vários setores possam não ser tão fora da realidade; sobre isso veja a discussão nas páginas 118-196.

Na figura 6, demos o passo adicional de mostrar como uma parte da rede pessoal é constituída para a pessoa (ego) com o repertório de papéis mostrado na figura 5. Seus relacionamentos com 13 outros são mostrados; com 3 deles (11, 12 e 13) ela está conectada apenas minimamente por meio de relacionamentos de tráfego, e como as análises de rede normalmente não incluem essas conexões aqui elas estão marcadas com linhas tracejadas. Mas observe que desses relacionamentos o n. 11 está conectado por meio de um relacionamento mais tangível com o n. 10, de tal forma que o relacionamento de tráfego de ego com ela deve ser de maior significância – veja a discussão dessas conexões nas páginas 251-253.

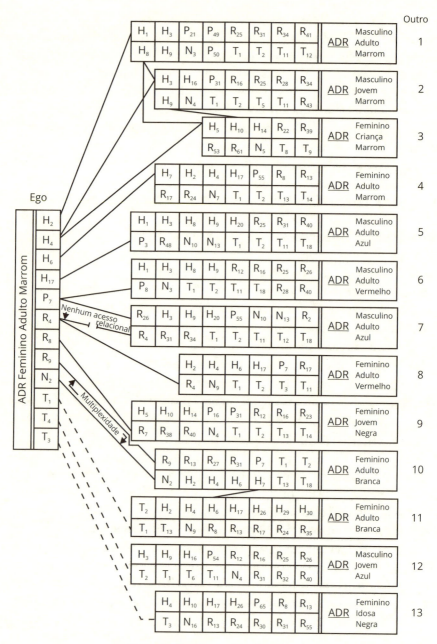

Figura 6 Uma parte da rede pessoal

Quanto aos relacionamentos do ego com 1-10, esse esboço deles pode estar relacionado com os conceitos de rede discutidos no capítulo 5 e comparados com os tipos de diagramas de rede mais comuns como exemplificados nas figuras 3-4, p. 194s. Nesses diagramas, é claro, os repertórios de papéis inteiros são contraídos em pontos únicos. Se quisermos mostrar como as redes pessoais são montadas à medida que cada papel implica seus próprios relacionamentos, alguma maneira assim de retratá-lo como na figura 6 parece necessária. Ela pode ter a vantagem de mostrar, pelo menos, com que rapidez as redes podem se ramificar. No segmento de rede composto de ego e outros 1-3 (que pode ser feito de maneira a consistir no ego, seu marido e seus dois filhos) relacionamentos laterais também são mostrados. Em outras palavras, esse segmento tem a qualidade de uma "zona de primeira ordem" (cf. p. 193). No resto do diagrama, nenhum relacionamento entre os outros (exceto aquele que acabamos de mencionar entre 10 e 11) foi incluído, nem entre outros e outras pessoas: essa parte do diagrama, isso é, é uma "estrela de primeira ordem" (cf. p. 193). Mas por meio de cada papel mostrado em seus repertórios, esses outros terão pelo menos um relacionamento, e com frequência muitos mais, de tal forma que já poderíamos esperar que a "estrela de segunda ordem" será muito grande. Nós mostramos apenas por meio das conexões do ego com 6 e 7 que um indivíduo poderia se conectar por meio de um papel a mais do que um indivíduo e também a mais do que um outro papel (papel P_7 a P_8 e R_{26}). Entre ego e 7 também fazemos questão de observar um não relacionamento, aquele entre um R_4 e outro R_4. Isso é um exemplo da ausência de *acesso relacional* (cf. p. 165); embora ego possa assumir o papel R_4, por alguma razão ela está restrita de desempenhá-lo vis a vis alguém como 7. Podemos suspeitar que é considerado inapropriado para uma mulher marrom e um homem azul ter um relacionamento de papel recreativo desse tipo. É, por outro lado, bastante correto para ego ter um relacionamento assim com uma mulher vermelha (n. 8). E em todos os outros relacionamentos mostrados, é claro, uma pessoa com as características de ego obviamente tem acesso relacional por meio dos papéis relacionados com pessoas como esses outros. Com o n. 10, o ego tem relacionamentos por meio de dois pares de papéis distintos, um recreativo e outro de vizinhança. Esse é um relacionamento multiplex – veja as discussões nas páginas 198-200 e 271-273.

Na figura 7, finalmente, nos concentramos em um dos relacionamentos incluídos na figura 6, aquela entre ego e o outro no. 8, do qual ambos participaram por meio de seus respectivos papéis R_4. O que nos interessa aqui é o que governa a conduta desse relacionamento. Alguns relacionamentos, argumentamos, estão sob *controles normativos* mais fortes do que outros, de tal forma que sejam quem forem ego e outro, a não ser pelos papéis em que estejam por enquanto, é em grande medida irrelevante – as prescrições para comportamento são relativamente precisas (cf. p. 164s., 269-271). Há outros relacionamentos em que ego e o outro podem prestar mais atenção em seus contatos à *informação pessoal* sobre outros atributos e envolvimentos. Dessa forma, esses podem influenciar não somente o acesso ao papel e o acesso relacional, como discutido acima, mas também a *conduta relacional* (cf. p. 165). Na figura 7, vemos que o relacionamento R_4–R_4, um relacionamento recreativo, é quase que fortemente influenciado pela informação pessoal – as flechas em linhas tracejadas a partir dos atributos discriminadores de papéis, assim como outros papéis, mostram que a conduta do relacionamento é parcialmente moldada pelas considerações que os envolvem. É possível observar aqui que nem todos os atributos e papéis afetam qualquer relacionamento específico, mesmo que ele seja permeável a influências externas como esse. Quanto ao ego, um par de seus papéis de domicílio/parentesco, um outro papel recreativo e dos papéis de tráfego não são "trazidos para dentro" desse relacionamento. Podemos também assinalar que nem sempre é preciso haver simetria naquilo que as partes em um relacionamento introduzem nele com relação a outros envolvimentos. Ego pode fazer revelações sobre seu papel vizinho (N_2), mas esse outro não faz com que seu papel N_9 seja relevante para o relacionamento.

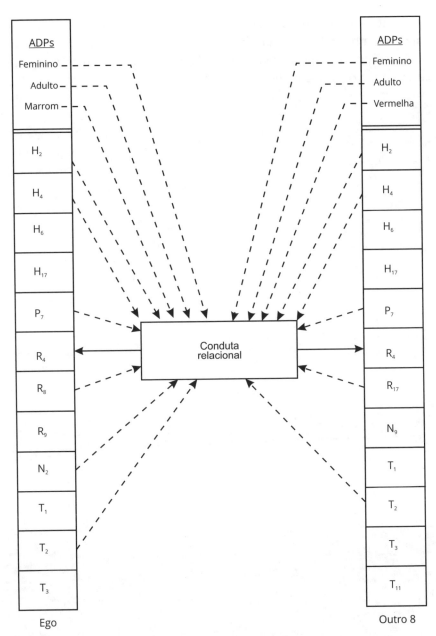

Figura 7 Relacionamento entre Ego e Outro no. 8

Essa, então, é uma maneira de tentar conceituar, verbal e diagramaticamente, como uma estrutura social complexa se une à medida que os papéis são combinados por indivíduos e os indivíduos se combinam em relacionamentos. Não há dúvida de que isso pode ser mais elaborada facilmente; e também não há dúvida de que a atual simplicidade relativa do arcabouço conceitual pode fazer com que alguma ambiguidade seja inevitável. Mas ela pode nos dar algum sentido de como lidar sistematicamente com a vida urbana tanto em algumas de suas coisas essenciais quanto em sua grande variabilidade.

Referências

ADAMS, R.M. (1974). "Anthropological Perspectives on Ancient Trade". *Current Anthropology*, 15, p. 239-249.

_____ (1966). *The Evolution of Urban Society*. Chicago: Aldine.

ADELMAN, W.J. (1976). *Haymarket Revisited*. Chicago: Illinois Labor History Society.

ANDERSON, N. (1961). *The Hobo*. Chicago. University of Chicago Press [Publicado originalmente em 1923].

ANÔNIMO (1956/1959). "The Battle Hymn of the Research Experts". *Northern Rhodesia Journal*, 3, p. 472.

ARNOLD, D.O. (1970a). "Subculture Marginality". In: ARNOLD, D.O. (org.). *The Sociology of Subcultures*. Berkeley, CA: Glendessary.

_____ (1970b). "A Process Model of Subcultures". In: ARNOLD, D.O. (org.). *The Sociology of Subcultures*. Berkeley, CA: Glendessary.

ARONOFF, J. (1973). "Review of Relations in Public". *Sociological Quartely*, 14, p. 142-143.

ARONSON, D.R. (org.) (1970). "Social Networks". *Canadian Review of Sociology and Anthropology*, 7 (4).

BAILEY, F.G. (1965). "Decisions by Consensus in Councils and Committees". In: BANTON, M. (org.). *Political Systems and the Distribution of Power*. Londres: Tavistock [ASA 2].

BAKER, P.J. (1973). "The Life Histories of W.I. Thomas and Robert E. Park". *American Journal of Sociology*, 79, p. 243-260.

BANTON, M. (1973). "Urbanization and Role Analysis". In: SOUTHALL, A. (org.). *Urban Anthropology*. Nova York: Oxford University Press.

_____ (1965). *Roles*. Londres: Tavistock.

BARNES, J.A. (1972). *Social Networks*. Reading. Mass: Addison-Wesley.

_____ (1969). "Networks and Political Process". In: MITCHELL, J.C. (org.). *Social Networks in Urban Situations*. Manchester: Manchester University Press.

_____ (1954). "Class and Committees in a Norwegian Island Parish". *Human Relations*, 7, p. 39-58.

BARTELL, G.D. (1971). *Group Sex*. Nova York: Signet.

BARTH, F. (1975). *Ritual and Knowledge Among the Baktaman of New Guinea*. New Haven, Conn.: Yale University Press.

_____ (1972). "Analytical Dimensions in the Comparison of Social Organizations". *American Anthropologist*, 74, p. 207-220.

_____ (1971). "Role Dilemmas and Father-Son Dominance in Middle Eastern Kinship Systems". In: HSU, F.L.K. (org.). *Kinship and Culture*. Chicago: Aldine.

_____ (1969). "Introduction". In: BARTH, F. (org.). *Ethnic Groups and Boundaries*. Bergen/Oslo: Universitetsforlaget.

BASCOM, W.R. (1962). "Some Aspects of Yoruba Urbanism". *American Anthropologist*, 64, p. 699-709.

_____ (1959). "Urbanism as a Traditional African Pattern". *Sociological Review*, 7, p. 29-43.

_____ (1958). "Yoruba Urbanism: A Summary". *Man*, 58, p. 190-191.

_____ (1955). "Urbanization among the Yoruba". *American Journal of Sociology*, 60, p. 446-454.

BASHAM, R. (1978). *Urban Anthropology*. Palo Alto, CA: Mayfield.

BEALS, R.L. (1951). "Urbanism, Urbanization and Acculturation". *American Anthropologist*, 53, p. 1-10.

BECKER, H.S. (1966). "Introduction". In: SHAW, C.R. *The Jack-Roller*. Chicago: University of Chicago Press.

_____ (1963). *Outsiders*. Nova York: Free Press.

BECKFORD, G.L. (1972). *Persistent Poverty*. Nova York: Oxford University Press.

BELL, C. (1968). *Middle Class Families*. Londres: Routledge and Kegan Paul.

BELL, C. & NEWBY, H. (1971). *Community Studies*. Londres: Allen & Unwin.

BENDIX, R. (1960). *Max Weber*. Garden City, NY: Doubleday.

_____ (1954). "Social Theory and Social Action in the Sociology of Louis Wirth". *American Journal of Sociology*, 59, p. 523-529.

BENET, F. (1963a). "The Ideology of Islamic Urbanization". *International Journal of Comparative Sociology*, 4, p. 211-226.

_____ (1963b). "Sociology Uncertain: The Ideology of the Rural-Urban Continuum". *Comparative Studies in Society and History*, 6, p. 1-23.

BENSMAN, J. & LILIENFELD, R. (1973). *Craft and Consciousness*. Nova York: Wiley.

BERGER, B.M. (1973). "Sincerity and Authenticity in Modern Society". *The Public Interest*, 31, p. 81-90.

_____ (1970). "On the Obsolescence of the Concept of Honor". *Archives Européennes de Sociologie*, 11, p. 339-347.

_____ (1966). "Suburbs, Subcultures, and the Urban Future". In: WARNER JR., S.B. (org.). *Planning for a Nation of Cities*. Cambridge, MA: MIT Press.

BERGER, P.L.; BERGER, B. & KELLNER, H. (1973). *The Homeless Mind*. Nova York: Random House.

BERGER, P.L. & KELLNER, H. (1964). "Marriage and the Construction of Reality". *Diogenes*, 46, p. 1-24.

BERGER, P.L. & LUCKMANN, T. (1966). *The Social Construction of Reality*. Garden City, NY: Doubleday.

BERGHE, P.L. (1970). "Pluralism and Conflict Situations in Africa – A Reply to B. Magubane". *African Social Research*, 9, p. 681-689.

BERLIN, I. (1978). *Russian Thinkers*. Nova York: Viking.

BERMAN, M. (1972). "Weird but Brilliant Light on the Way We Live Now: Relations in Public". *New York Times Book Review*, 27, fev., p. 10, 18.

BERNSTEIN, B. (1971). "A Sociolinguistic Approach to Socialization: With some Reference to Educability". In: HYMES, D. & GUMPERZ, J.J. (orgs.). *Directions in Sociolinguistics*. Nova York: Holt, Rinehart and Winston.

BERREMAN, G.D. (1978). "Scale and Social Relations". *Current Anthropology*, 19, p. 225-245.

_____ (1972). "Social Categories and Social Interaction in Urban India". *American Anthropologist*, 74, p. 567-586.

_____ (1960). "Cultural Variability and Drift in the Himalayan Hills. *American Anthropologist*, 62, p. 774-794.

BERRY, B.J.L. (1967). *Geography of Market Centers and Retail Distribution*. Englewood Cliffs, NJ: Prentice-Hall.

BIRENBAUM, A. & SAGARIN, E. (1973). "Introduction: Understanding the Familiar". In: BIRENBAUM, A. & SAGARIN, E. (orgs.). *People in Places*. Nova York: Praeger.

BITTNER, E. (1967). "The Police on Skid-Row: A Study of Peace Keeping". *American Sociological Review*, 32, p. 699-715.

_____ (1963). "Radicalism and the Organization of Radical Movements". *American Sociological Review*, 20, p. 928-940.

BLANTON, R.E. (1976). "Anthropological Studies of Cities". *Annual Review of Anthropology*, n. 5. Palo Alto, CA: Annual Reviews.

BLUMER, H. (1972). "Action vs. Interaction". *Society*, 9 (6), p. 50-53.

_____ (1939). *Critiques of Research in the Social Sciences – 1*: An Appraisal of Thomas and Znaniecki's The Polish Peasant in Europe and America. Nova York: Social Science Research Council.

BOGART, R.W. (1977). "Critique of Existential Sociology". *Social Research*, 44, p. 502-528.

BOISSEVAIN, J. (1974). *Friends of Friends*. Oxford: Blackwell.

BOISSEVAIN, J. & MITCHELL, J.C. (orgs.) (1973). *Network Analysis*. The Hague: Mouton.

BOLTANSKI, L. (1973). "Erving Goffman et le temps du soupçon". *Social Science Information*, 12 (3), p. 127-147.

BOTT, E. (1957). *Family and Social Network*. Londres: Tavistock.

BOULDING, K.E. (1963). "The Death of the City: A Frightened Look at Post-civilization". In: HANDLIN, O. & BURCHARD, J. (orgs.). *The Historian and the City*. Cambridge, MA: MIT Press.

BRAUDEL, F. (1977). *Afterthoughts on Material Civilization and Capitalism*. Baltimore: John Hopkins University Press.

_____ (1974). *Capitalism and Material Life 1400-1800*. Londres: Fontana/Collins.

BROWN, R. (1973). "Anthropology and Colonial Rule: Godfrey Wilson and the Rhodes-Livingstone Institute, Northern Rhodesia". In: ASAD, T. (org.). *Anthropology & the Colonial Encounter*. Londres: Ithaca Press.

BRYCE-LAPORTE, R.S. (1971). "Slaves as Inmates, Slaves as men: A Sociological Discussion of Elkins' Thesis". In: LANE, A.J. (org.). *The Debate over Slavery*. Urbana: University of Illinois Press.

BULMER, M. (org.) (1975). *Working-Class Images of Society*. Londres: Routledge and Kegan Paul.

BURGESS, E.W. & BOGUE, D.J. (1967). "Research in Urban Society: A Long View!" In: BURGESS, E.W. & BOGUE, D.J. (orgs.). *Urban Sociology*. Chicago: University of Chicago Press.

BURKE, P. (1975). "Some Reflections on the Pre-Industrial City". In: DYOS, H.J. (org.). *Urban History Yearbook 1975*. Leicester: Leicester University Press.

BURNET, J. (1964). "Robert E. Park and the Chicago School of Sociology: A Centennial Tribute". *Canadian Review of Sociology and Anthropology*, 1, p. 156-164.

BUTTERWORTH, D. (1974). "Grass-Roots Political Organizations in Cuba: A Case of the Committees for the Defense of the Revolution". In: CORNELIUS, W.A. & TRUEBLOOD, F.M. (orgs.). *Anthropological Perspectives on Latin American Urbanization* – Latin American Urban Research. Vol. 4. Beverly Hills, CA: Sage.

CAREY, J.T. (1975). *Sociology and Public Affairs* – The Chicago School. Beverly Hills, CA: Sage.

CARNEIRO, R.L. (1970). "A Theory of the Origin of the State". *Science*, 169, p. 733-738.

CARO BAROJA, J. (1963). "The City and the Country: Reflections on Some Ancient Commonplaces". In: PITT-RIVERS, J. (org.). *Mediterranean Countrymen*. The Hague: Mouton.

CARTER, H. (1972). *The Study of Urban Geography*. Londres: Edward Arnold.

CASTELLS, M. (1977). *The Urban Question*. Londres: Edward Arnold.

_____ (1976). "Theory and Ideology in Urban Sociology". In: PICKVANCE, C.G. (org.). *Urban Sociology*. Londres: Tavistock.

CAVAN, S. (1972). *Hippies of the Haight*. St. Louis, MO: New Critics.

CHRISTALLER, W. (1966). *Central Places in Southern Germany*. Englewood Cliffs, NJ: Prentice-Hall.

CHUDACOFF, H.P. (1972). *Mobile Americans*. Nova York: Oxford University Press.

CLARKE, J.; HALL, S.; JEFFERSON, T. & ROBERTS, B. (1975). "Subcultures, Cultures and Class: A Theoretical Overview". *Working Papers in Cultural Studies*, 7/8, p. 9-74.

COBB, R. (1975). *A Sense of Place*. Londres: Duckworth.

COHEN, A. (1969). *Custom and Politics in Urban Africa*. Londres: Routledge and Kegan Paul.

COHEN, A.K. (1955). *Delinquent Boys*. Glencoe, Ill.: Free Press.

COLLINS, R. (1975). *Conflict Sociology*. Nova York: Academic Press.

_____ (1973). "Review of Relations in Public". *Sociological Quarterly*, 14, p. 137-142.

COLSON, E. (1977a). "The Institute under Max Gluckman, 1942-1947". *African Social Research*, 24, p. 285-295.

_____ (1977b). "From Livingstone to Lusaka, 1948-1951". *African Social Research*, 24, p. 297-307.

CORNELIUS, W.A & TRUEBLOOD, F.M. (orgs.) (1975). *Urbanization and Inequality* – Latin American Urban Research. Vol. 5. Beverly Hills, CA: Sage.

COSER, L.A. (1974). *Greedy Institutions*. Nova York: Free Press.

_____ (1970). *Men of Ideas*. Nova York: Free Press.

COX, O.C. (1969). "The Preindustrial City Reconsidered". In: MEADOWS, P. & MIZRUCHI, E.H. (orgs.). *Urbanism, Urbanization, and Change*. Reading, MA: Addison-Wesley.

CRAVEN, P. & WELLMAN, B. (1974). "The Network City". In: EFFRAT, M.P. (org.). *The Community*. Nova York: Free Press.

CRESSEY, P.G. (1969). *The Taxi-Dance Hall*. Montclair, NJ: Patterson Smith [Publicado pela primeira vez pela University of Chicago Press, 1932].

CUBITT, T. (1973). "Network Density among Urban Families". In: BOISSE-VAIN, J. & MITCHELL, J.C. (orgs.). *Network Analysis*. The Hague: Mouton.

DALTON, G. (1960). "A Note of Clarification on Economic Surplus". *American Anthropologist*, 62, p. 483-490.

DAVIS, M.S. (1975). "Review of Frame Analysis". *Contemporary Sociology*, 4, p. 599-603.

DAWE, A. (1973). "The Underworld-view of Erving Goffman". *British Journal of Sociology*, 24, p. 246-253.

DENNIS, N. (1958). "The Popularity of the Neighborhood Community Idea". *Sociological Review*, 6, p. 191-206.

DENZIN, N.K. (1970a). "Symbolic Interactionism and Ethnomethodology". In: DOUGLAS, J.D. (org.). *Understanding Everyday Life*. Chicago: Aldine.

_____ (1970b). *The Research Act*. Chicago: Aldine.

DEVONS, E. & GLUCKMAN, M. (1964). "Conclusion: Modes and Consequences of Limiting a Field of Study". In: GLUCKMAN, M. (org.). *Closed Systems and Open Minds*. Edimburgo/Londres: Oliver & Boyd.

DEWEY, R. (1960). "The Rural-Urban Continuum: Real but Relatively Unimportant". *American Journal of Sociology*, 66, p. 60-66.

DIKE, K.O. (1956). *Trade and Politics in the Niger Delta 1830-1885*. Londres: Oxford University Press.

DOMHOFF, G.W. (1974). *The Bohemian Grove and Other Retreats*. Nova York: Harper & Row.

_____ (1970). *The Higher Circles*. Nova York: Random House.

DORE, R.P. (1958). *City Life in Japan*. Berkeley/Los Angeles: University of California Press.

DOUGLAS, M. (1978). *Cultural Bias*. Londres: Royal Anthropological Institute.

_____ (1970). *Natural Symbols*. Nova York: Pantheon.

DUFF, C. (1935). *Anthropological Report on a London Suburb*. Londres: Grayson & Grayson.

DUNCAN, O.D. (1957). "Community Size and the Rural-Urban Continuum". In: HATT, P.K. & REISS JR., A.J. (orgs.). *Cities and Society*. Nova York: Free Press.

DURKHEIM, E. (1961). *The Elementary Forms of Religious Life*. Nova York: Collier Books.

EAMES, E. & GOODE, J.G. (1977). *Anthropology of the City*. Englewood Cliffs, NJ: Prentice-Hall.

EDDY, E.M. (org.) (1968). *Urban Anthropology*. Atenas: Southern Anthropological Society.

ELIAS, N. (1978). *The Civilizing Process*. Nova York: Urizen Books.

ELKINS, S.M. (1959). *Slavery*. Chicago. University of Chicago Press.

ENGLES, F. (1969). *The Condition of the Working Class in England*. Londres: Panther Books.

EPSTEIN, A.L. (1978). *Ethos and Identity*. Londres: Tavistock.

_____ (1969). "Gossip, Norms and Social Network". In: MITCHELL, J.C. (org.). *Social Networks in Urban Situations*. Manchester: Manchester University Press.

_____ (1967). "Urbanization and Social Change in Africa". *Current Anthropology*, 8, p. 275-284.

_____ (1964). "Urban Communities in Africa". In: GLUCKMAN, M. (org.). *Closed Systems and Open Minds*. Edimburgo/Londres: Oliver & Boyd.

_____ (1961). "The Network and Urban Social Organization". *Human Problems in British Central Africa*, 29, p. 29-62.

_____ (1959). "Linguistic Innovation and Culture on the Copperbelt, Northern Rhodesia". *Southwestern Journal of Anthropology*, 15, p. 235-253.

_____ (1958). *Politics in an Urban African Community*. Manchester: Manchester University Press.

_____ (1953). *The Administration of Justice and the Urban African*. Londres: HMSO.

ETZIONI, A. (1959). "The Ghetto – A Re-evaluation". *Social Forces*, 37, p. 255-262.

FARIS, R.E.L. (1970). *Chicago Sociology 1920-1932*. Chicago: University of Chicago Press.

FAVA, S.F. (1966). "Recent Books in the Urban Field – An Essay Review". *Social Problems*, 14, p. 93-104.

FESTINGER, L.; SCHACHTER, S. & BACK, K. (1950). *Social Pressure in Informal Groups*. Nova York: Harper.

FEUER, L. (1973). "Ideology & No End: Some Personal History". *Encounter*, 40 (4), p. 84-87.

FINLEY, M.I. (1977). "The Ancient City: From Fustel de Coulanges to Max Weber and Beyond". *Comparative Studies in Society and History*, 19, p. 305-327.

FIRTH, R. (1955). "Some Principles of Social Organization". *Journal of the Royal Anthropological Institute*, 85, p. 1-18.

_____ (1954). "Social Organization and Social Change". *Journal of the Royal Anthropological Institute*, 84, p. 1-20.

_____ (1951). *Elements of Social Organization*. Londres: Watts.

FIRTH, R.; HUBERT, J. & FORGE, A. (1969). *Families and Their Relatives*. Londres: Routledge and Kegan Paul.

FISCHER, C.S. (1975). "Toward a Subcultural Theory of Urbanism". *American Journal of Sociology*, 80, p. 1.319-1.341.

_____ (1972). "Urbanism as a Way of Life: A Review and an Agenda". *Sociological Methods and Research*, 1, p. 187-242.

FISCHER, J.L. (1975). "The Individual as a Crucial Locus of Culture". In: WILLIAMS, T.R. (org.). *Socialization and Communication in Primary Groups*. The Hague: Mouton.

FISHER, S. (1962). "Community-Power Studies: A Critique". *Social Research*, 29, p. 449-466.

FORTES, M. (1953). "The Structure of Unilineal Descent Groups". *American Anthropologist*, 55, p. 17-41.

FOSBROOKE, H. (1977). "From Lusaka to Salisbury, 1956-60". *African Social Research*, 24, p. 319-325.

FOSTER, G.M. (1953). "What is Folk Culture?" *American Anthropologist*, 55, p. 159-173.

FOSTER, G.M. & KEMPER, R.V. (orgs.) (1974). *Anthropologists in Cities*. Boston: Little/Brown.

FOX, R. (1973). *Encounter with Anthropology*. Nova York: Harcourt Brace Jovanovich.

FOX, R.G. (1977). *Urban Anthropology*. Englewood Cliffs, NJ: Prentice-Hall.

_____ (1972). "Rationale and Romance in Urban Anthropology". *Urban Anthropology*, 1, p. 205-233.

FRANKENBERG, R. (1968). "The Beginning of Anthropology: The Challenge of the New Africa to the Sociological Study of Small-Scale Social Process". *Proceedings of the VIIIth Congress of Anthropological and Ethnological Sciences*, 2, p. 73-77.

_____ (1966). *Communities in Britain*. Harmondsworth: Penguin.

FRIEDMANN, J. (1961). "Cities in Social Transformation". *Comparative Studies in Society and History*, 4, p. 86-103.

GAMSON, W.A. (1975). "Review of Frame Analysis". *Contemporary Sociology*, 4, p. 603-607.

GANS, H.J. (1967). *The Levittowners*. Nova York: Pantheon.

_____ (1962a). *The Urban Villagers*. Nova York: Free Press.

_____ (1962b). "Urbanism and Suburbanism as Ways of Life: a Re-evaluation of Definitions". In: ROSE, A.M. (org.). *Human Behavior and Social Processes*. Boston: Houghton Mifflin.

GARBETT, G.K. (1970). "The Analysis of Social Situations". *Man*, 5, p. 214-227.

GARFINKEL, H. (1967). *Studies in Ethnomethodology*. Englewood Cliffs, NJ: Prentice-Hall.

GEARING, F.O. (1970). *The Face of the Fox*. Chicago: Aldine.

GEERTZ, C. (1972). "Deep Play: Notes on the Balinese Cockfight". *Daedalus*, 101, p. 1-37.

_____ (1967). "Politics Past, Politics Present: Some Notes on the Contribution of Anthropology to the Study of New States". *Archives Européennes de Sociologie*, 8, p. 1-14.

_____ (1965). *The Social History of an Indonesian Town*. Cambridge, MA: MIT Press.

GELLNER, E. (1974). *Legitimation of Belief*. Londres: Cambridge University Press.

GERHOLM, T. (1977). "Market, Mosque and Mafraj". *Stockholm Studies in Social Anthropology*, n. 5. Stockholm: Department of Social Anthropology, University of Stockholm.

GERLACH, L.P. (1970). "Corporate Groups and Movement networks in Urban America". *Anthropological Quarterly*, 43, p. 123-145.

GERLACH, L.P. & HINE, V.H. (1970a). *People, Power, Change*. Indianápolis: Bobbs-Merrill.

_____ (1970b). "The Social Organization of a Movement of Revolutionary Change: Case Study, Black Power". In: WHITTEN JR., N.E. & SZWED, J.F. (orgs.). *Afro-American Anthropology*. Nova York: Free Press.

GLASER, B.G. & STRAUSS, A.L. (1964). "Awareness Contexts and Social Interactions". *American Sociological Review*, 29, p. 669-679.

GLUCKMAN, M. (1974). "Report from the Field" [Carta]. *New York Review of Books*, 28, nov., p. 43-44

_____ (1971). "Tribalism, Ruralism and Urbanism in South and Central Africa". In: TURNER, V. (org.). *Profiles of Change*. Cambridge. Cambridge University Press.

_____ (1968). "The Utility of the Equilibrium Model in the Study of Social Change". *American Anthropologist*, 70, p. 219-237.

_____ (1965). *The Ideas in Barotse Jurisprudence*. New Haven: Yale University Press.

_____ (1963a). *Order and Rebellion in Tribal Africa*. Londres: Cohen & West.

_____ (1963b). "Gossip and Scandal". *Current Anthropology*, 4, p. 307-316.

_____ (1962). "Les Rites de Passage". In: GLUCKMAN, M. (org.). *Essays on the Ritual of Social Relations*. Manchester: Manchester Univeristy Press.

_____ (1961a). "Etnographic Data in British Social Anthropology". *Sociological Review*, 9, p. 5-17.

_____ (1961b). "Anthropological Problems arising from the African Industrial Revolution". In: SOUTHALL, A. (org.). *Social Change in Modern Africa*. Londres: Oxford University Press.

_____ (1955). *The Judicial Process among the Barotse of Northern Rhodesia*. Manchester: Manchester University Press.

_____ (1945). "The Seven Year Research Plan of the Rhodes-Livingstone Institute". *Rhodes-Livingstone Journal*, 4, p. 1-32.

_____ (1940). "Analysis of a Social Situation in Modern Zululand". *Bantu Studies*, 14, p. 1-30,147-174.

GOFFMAN, E. (1971). *Relations in Public*. Nova York: Basic Books.

_____ (1969). *Strategic Interaction*. Filadélfia: University of Pennsylvania Press.

_____ (1967). *Interaction Ritual*. Chicago: Aldine.

_____ (1964). "The Neglected Situation". *American Anthropologist*, 66 (6, parte 2), p. 133-136.

_____ (1963a). *Stigma*. Englewood Cliffs, NJ: Prentice-Hall.

_____ (1963b). *Behavior in Public Places*. Nova York: Free Press.

_____ (1961a). *Asylums*. Garden City, NY: Doubleday/Anchor Books.

_____ (1961b). *Encounters*. Indianápolis: Bobbs-Merrill.

_____ (1959). *The Presentation of Self in Everyday Life*. Garden City, NY: Doubleday/Anchor Books.

_____ (1956a). "The Nature of Deference and Demeanor". *American Anthropologist*, 58, p. 473-502.

_____ (1956b). "Embarassment and Social Organization". *American Journal of Sociology*, 62, p. 264-274.

_____ (1955). "On Face-Work: An Analysis of Ritual Elements in Social Interactions". *Psychiatry*, 18, p. 213-231.

_____ (1952). "On Cooling the Mark Out: Some Aspects of Adaptation to Failure". *Psychiatry*, 15, p. 451-463.

GOLDKIND, V. (1970). "Anthropologists, Informants and the Achievement of Power in Chan Kom". *Sociologus*, 20, p. 17-41.

GONOS, G. (1977). "Situation versus Frame: The Interactionist and the Structuralist Analysis of Everyday Life". *American Sociological Review*, 42, p. 854-867.

GOODENOUGH, W.H. (1971). *Culture, Language and Society*. Reading, MA: Addison-Wesley.

GOODY, J. (1977). *The Domestication of the Savage Mind*. Londres: Cambridge University Press.

GOODY, J. & WATT, I.P. (1963). "The Consequences of Literacy". *Comparative Studies in Society and History*, 5, p. 304-345.

GOULD, H.A. (1965). "Lucknow Rickshawallas: The Social Organization of an Occupational Category". *International Journal of Comparative Sociology*, 6, p. 24-47.

GOULDNER, A.W. (1970). *The Coming Crisis of Western Sociology*. Nova York: Basic Books.

GRAMSCI, A. (1971). *Selections from the Prison Notebooks*. Londres: Lawrence and Wishart.

GRANOVETTER, M.S. (1973). "The Strength of Weak Ties". *American Journal of Sociology*, 78, p. 1.360-1.380.

GREGERSEN, B. (org.). (1975). *Om Goffman*. Copenhagen: Hans Reitzel.

GRILLO, R. (1973). *African Railwaymen*. Londres: Cambridge University Press.

GRUNEBAUM, G.E. (1955). "The Structure of the Muslim Town". *American Anthropologist*, 57 (2, parte 2), p. 141-158.

GUGLER, J. & FLANAGAN, W.G. (1977). "On the Political Economy of Urbanization in the Third World: The Case of West Africa". *International Journal of Urban and Regional Research*, 1, p. 272-292.

GULICK, J. (1969). "Village and City: Cultural Continuities in Twentieth Century Middle Eastern Cultures". In: LAPIDUS, I.M. (org.). *Middle Eastern Cities*. Berkeley/Los Angeles: University of California Press.

_____ (1963). "Urban Anthropology: Its Present and Future". *Transactions of the New York Academy of Sciences*, ser. II, 25, p. 445-458.

GUTKIND, P.C.W. (1974). *Urban Anthropology*. Assen: Van Gorcum.

_____ (1969). "The Social Researcher in the Context of African National Development: Reflections on an Encounter". In: HENRY, F. & SABERWAL, S. (orgs.). *Stress and Response in Fieldwork*. Nova York: Holt, Rinehart and Winston.

_____ (1968). "Urban Anthropology: Creative Pioneer of Comparative Modern Social Anthropology – The African Case". *Proceedings of the VIIIth Congress of Anthropological and Ethnological Sciences*, 2, p. 77-81.

GUTNOVA, E.V. (1968). "Levitskys Artisanal Theory in England". In: BENTON, J.F. (org.). *Town Origins*. Lexington, MA: Heath.

HALL, J.A. (1977). "Sincerity and Politics: 'Existencialists' vs. Goffman and Proust". *Sociological Review*, 25, p. 535-550.

HANDELMAN, D. & KAPFERER, B. (1972). "Forms of Joking Activity: A Comparative Approach". *American Anthropologist*, 74, p. 484-517.

HANNERZ, U. (1978). "Problems in the Analysis of Urban Cultural Organization". In: ASCHENBRENNER, J. & COLLINS, L. (orgs.). *Processes of Urbanism*. The Hague: Mouton.

_____ (1976). "Methods in an African Urban Study". *Ethnos*, 41, p. 68-98.

_____ (1974a). *Caymanian Politics* – Stockholm Studies in Social Anthropology, I. Stockholm: Department of Social Anthropology/University of Stockholm.

_____ (1974b). "Ethnicity and Opportunity in Urban America". In: COHEN, A. (org.). *Urban Ethnicity*. Londres: Tavistock [ASA 12].

_____ (1973). "The Great Chernichewski". *Current Anthropology*, 14, p. 172.

_____ (1971). "The Study of Afro-American Cultural Dynamics". *Southwestern Journal of Anthropology*, 27, p. 181-200.

_____ (1969). *Soulside*. Nova York: Columbia University Press.

_____ (1968). "The Rhetoric of Soul: Identification in Negro Society". *Race*, 9, p. 453-465.

_____ (1967). "Gossip – Networks and Culture in a Black American Ghetto". *Ethnos*, 32, p. 35-60.

HANSEN, E.C. (1974). "From Political Association to Public Tavern: Two Phases of Urbanization in Rural Catalonia (Spain)". *Annals of the New York Academy of Sciences*, 220, p. 509-521.

HARRIES-JONES, P. (1977). "'A House Should Have a Ceiling': Unintended Consequences of Development Planning in Zambia". In: WALLMAN, S. (org.). *Perceptions of Development*. Cambridge: Cambridge University Press.

_____ (1975). *Freedom and Labour*. Oxford: Blackwell.

HARRIS, C.D. (1943). "A Functional Classification of Cities in the United States". *Geographical Review*, 33, p. 86-99.

HARRIS, M. (1959). "The Economy Has No Surplus?" *American Anthropologist*, 61, p. 185-199.

_____ (1956). *Town and Country in Brazil*. Nova York: Columbia University Press.

HARVEY, D. (1973). *Social Justice and the City*. Londres: Edward Arnold.

HAUSER, P.M. (1965). "Observations on the Urban-Folk and Urban-Rural Dichotomies as Forms of Western Ethnocentrism". In: HAUSER, P.M. & SCHNORE, L.F. (orgs.). *The Study of Urbanization*. Nova York: Wiley.

HENDERSON, I. (1975). "Early African Leadership: The Copperbelt Disturbances of 1935 and 1940". *Journal of Southern African Studies*, 2, p. 83-97.

HEPWORTH, M. (1975). *Blackmail*. Londres: Routledge & Kegan Paul.

HERSKOVITS, M.J. (1951). *Man and His Works*. Nova York: Knopf.

HOLLEMAN, J.F & BIESHEUVEL, S. (1973). *White Mine Workers in Northern Rhodesia 1959-1960*. Leiden: Afrika-Studiecentrum.

HOOKER, J.R. (1963). "The Anthropologists' Frontier: The Last Phase of African Exploitation". *Journal of Modern African Studies*, 1, p. 455-459.

HORTON, R. (1967). "African Traditional Thought and Western Science". *Africa*, 37, p. 50-71, 155-187.

HORWATH, R.J. (1969). "In: Search of a Theory of Urbanization: Notes on the Colonial City". *East Lakes Geographer*, 5, p. 69-82.

HOSELITZ, B.F. (1955). "Generative and Parasitic Cities". *Economic Development and Cultural Change*, 3, p. 278-294.

HUGHES, E.C. (1961). *Students' Culture and Perspectives*. Lawrence: University of Kansas/Law School.

_____ (1958). *Men and Their Work*. Glencoe, Ill.: Free Press.

HUMPHREYS, L. (1970). *Tearoom Trade*. Chicago: Aldine.

HUNTER, F. (1971). *The Sociological Eye*. Chicago: Aldine.

_____ (1953). *Community Power Structure*. Chapel Hill: University of North Carolina Press.

IBN KHALDUN (1969). *The Muqaddimah*. Princeton, NJ: Princeton University Press.

JACKSON, B. (1968). *Working Class Community*. Londres: Routledge and Kegan Paul.

JACOBS, J. (1969). *The Economy of Cities*. Nova York: Random House.

_____ (1961). *The Death and Life of Great American Cities*. Nova York: Vintage Books.

JACOBSON, D. (1971). "Mobility, Continuity, and Urban Social Organization". *Man*, 6, p. 630-644.

JAMESON, F. (1976). "On Goffman's Frame Analysis". *Theory and Society*, 3, p. 119-133.

JANOWITZ, M. (1952). *The Community Press in an Urban Setting*. Chicago: University of Chicago Press.

JAYAWARDENA, C. (1968). "Ideology and Conflict in Lower Class Communities". *Comparative Studies in Society and History*, 10, p. 413-446.

JEFFERSON, M. (1939). "The Law of the Primate City". *Geographical Review*, 29, p. 226-232.

JOHNSEN, T. (1970). "The Extended Case Method – teknikk eller teori?" *Tidsskrift for samfunnsforskning*, 11, p. 314-332.

JOHNSON, E.A.J. (1970). *The Organization of Space in Developing Countries*. Cambridge, MA: Harvard University Press.

JOHNSON, S.K. (1971). *Idle Haven*. Berkeley/Los Angeles: University of California Press.

JONES, G.I. (1963). *The Trading States of the Oil Rivers*. Londres: Oxford University Press.

KAPFERER, B. (1976). "Conflict and Process in a Zambian Mine Community". In: ARONOFF, M.I. (org.). *Freedom and Constraint*. Assen: Van Gorcum.

_____ (1973). "Social Network and Conjugal Role in Urban Zambia: Towards a Reformulation of the Bott Hypothesis". In: BOISSEVAIN, J. & MITCHELL, J.C. (orgs.). *Network Analysis*. The Hague: Mouton.

_____ (1972). *Strategy and Transaction in an African Factory*. Manchester: Manchester University Press.

_____ (1969). "Norms and the Manipulation of Relationships in a Work Context". In: MITCHELL, J.C. (org.). *Social Networks in Urban Situations*. Manchester: Manchester University Press.

_____ (1966). *The Population of a Zambian Municipal Township*. Lusaka: Institute for Social Research [Communication, n. 1].

KEIL, C. (1966). *Urban Blues*. Chicago: University of Chicago Press.

KEISER, R.L. (1969). *The Vice Lords*. Nova York: Holt, Rinehart and Winston.

KENISTON, K. (1971). *Youth and Dissent*. Nova York: Harcourt Brace Jovanovich.

KING, A.D. (1976). *Colonial Urban Development*. Londres: Routledge and Kegan Paul.

_____ (1974). "The Language of Colonial Urbanization". *Sociology*, 8, p. 81-110.

KLOCKARS, C.B. (1974). *The Professional Fence*. Nova York: Free Press.

KORNBLUM, W. (1974). *Blue Collar Community*. Chicago: University of Chicago Press.

KORNHAUSER, W. (1962). "Social Bases of Political Commitment: A Study of Liberals and Radicals". In: ROSE, A.M. (org.). *Human Behavior and Social Processes*. Boston: Houghton Mifflin.

KRAPF-ASKARI, E. (1969). *Yoruba Towns and Cities*. Londres: Oxford University Press.

KROEBER, A.L. (1948). *Anthropology*. Nova York: Harcourt, Brace.

KUHN, T.S. (1962). *The Structure of Scientific Revolutions*. Chicago: University of Chicago Press.

KUPER, A. (1973). *Anthropologists and Anthropology*. Londres: Allen Lane.

KUPER, L. (1969). "Plural Societies: Perspectives and Problems". In: KUPER, L. & SMITH, M.G. (orgs.). *Pluralism in Africa*. Berkeley/Los Angeles: University of California Press.

LA FONTAINE, J.S. (1970). *City Politics*. Londres: Cambridge University Press.

LAMONT, B. (1975). *City People*. Nova York: Macmillan.

LEACH, E.R. (1967). "An Anthropologist's Reflections on a Social Survey". In: JONGMANS, D.G. & GUTKIND, P.C.W. (orgs.). *Anthropologists in the Field*. Nova York: Humanities Press.

LEACOCK, E.B. (org.). (1971). *The Culture of Poverty: A Critique*. Nova York: Simon and Schuster.

LEE, N.H. (1969). *The Search for an Abortionist*. Chicago: University of Chicago Press.

LEEDS, A. (1972). "Urban Anthropology and Urban Studies". *Urban Anthropology Newsletter*, 1 (1), p. 4-5.

_____ (1968). "The Anthropology of Cities: Some Methodological Issues". In: EDDY, E.M. (org.). *Urban Anthropology* – Southern Anthropological Society Proceedings, n. 2. Athens: University of Georgia Press.

_____ (1964). "Brazilian Careers and Social Structure: A Case History and a Model". *American Anthropologist*, 66, p. 1.321-1.347.

LELYVELD, J. (1970). "Kishan Babu". In: MANGIN, W. (org.). *Peasants in Cities*. Boston: Houghton Mifflin.

LEMANN, N. (1978). "Survival Networks: Staying in Washington". *Washington Monthly*, 10 (4), p. 22-32.

LERNER, D. (1958). *The Passing of Traditional Society*. Nova York: Free Press.

LEWIS, O. (1966). *La vida*. Nova York: Random House.

_____ (1965). "Further Observations on the Folk-urban Continuum and Urbanization with Special Reference to Mexico City". In: HAUSER, P.M. & SCHNORE, L.F. (orgs.). *The Study of Urbanization*. Nova York: Wiley.

_____ (1951). *Life in a Mexican Village*. Urbana: University of Illinois Press.

LINSKY, A.S. (1965). "Some Generalizations Concerning Primate Cities". *Annals of the Association of American Geographers*, 55, p. 506-513.

LINTON, R. (1936). *The Study of Man*. Nova York: Appleton-Century-Crofts.

LITTLE, K. (1965). *West African Urbanization*. Cambridge: Cambridge University Press.

LLOYD, P.C. (1973). "The Yoruba: An Urban People?" In: SOUTHALL, A. (org.). *Urban Anthropology*. Nova York: Oxford University Press.

LOCKWOOD, D. (1966). "Sources of Variation in Working-class Images of Society". *Sociological Review*, 14, p. 249-267.

LOFLAND, J.F. (1970a). "Morals Are the Message: The Work of Erving Goffman". *Psychiatry & Social Science Review*, 4 (9), p. 17-19.

_____ (1970b). "Interactionist Imagery and Analytic Interruptus". In: SHIBUTANI, T. (org.). *Human Nature and Collective Behavior*. Englewood Cliffs, NJ: Prentice-Hall.

LOFLAND, L.H. (1973). *A World of Strangers*. Nova York: Basic Books.

LONDON, B. & FLANAGAN, W.G. (1976). "Comparative Urban Ecology: A Summary of the Field". In: WALTON, J. & MASOTTI, L.H. (orgs.). *The City in Comparative Perspective*. Nova York: Halsted/Wiley.

LONG, N.E. (1958). "The Local Community as an Ecology of Games". *American Journal of Sociology*, 64, p. 251-261.

LOPEZ, R.S. (1976). *The Commercial Revolution of the Middle Ages*, 950-1350. Cambridge: Cambridge University Press.

_____ (1963). "The Crossroads within the Wall". In: HANDLIN, O. & BURCHARD, J. (orgs.). *The Historian and the City*. Cambridge, MA: MIT Press/Harvard University Press.

LUCKMANN, T. & BERGER, P. (1964). "Social Mobility and Personal Identity". *Archives Européennes de Sociologie*, 5, p. 331-343.

LUPRI, E. (1967). "The Rural-Urban Variable Reconsidered – The Cross-Cultural Perspective". *Sociologia Ruralis*, 7, p. 1-20.

LYMAN, S.M. (1973). "Civilization: Contents, Discontents, Malcontents". *Contemporary Sociology*, 2, p. 360-366.

LYNCH, K. (1960). *The Image of the City*. Cambridge, MA: MIT Press.

MABOGUNJE, A.L. (1962). *Yoruba Towns*. Ibadan: Ibadan University Press.

MacDONALD, J.S. & MacDONALD, L.D. (1964). "Chain Migration, Ethnic Neighborhood Formation, and Social Networks". *Millbank Memorial Fund Quarterly*, 42, p. 82-97.

_____ (1962). "Urbanisation, Ethnic Groups and Social Segmentation". *Social Research*, 29, p. 433-448.

MADGE, J. (1962). *The Origins of Scientific Sociology*. Nova York: Free Press.

MAGUBANE, B. (1973). "The Xhosa in Town, Revisited Urban Social Anthropology: A Failure of Method and Theory". *American Anthropologist*, 75, p. 1.701-1.715.

_____ (1971). "A Critical Look at Indices Used in the Study of Social Change in Colonial Africa". *Current Anthropology*, 12, p. 419-431.

_____ (1969). "Pluralism and Conflict Situations in Africa – A New Look". *African Social Research*, 7, p. 529-554.

_____ (1968). "Crisis in African Sociology". *East Africa Journal*, 5 (12), p. 21-40.

MANNHEIM, K. (1936). *Ideology and Utopia*. Nova York: Harcourt/Brace.

MANNING, P.K. (1976). "The Decline of Civility: A Comment on Erving Goffman's Sociology". *Canadian Review of Sociology and Anthropology*, 13, p. 13-25.

_____ (1973). "Review of Relations in Public". *Sociological Quarterly*, 14, p. 135-137.

MARX, K. (1973). *Grundrisse*. Nova York: Vintage/Random House.

MARX, K. & ENGELS, F. (1970). *The German Ideology*. Londres: Lawrence and Wishart.

MATTHEWS, F.H. (1977). *Quest for an American Sociology*: Robert E. Park and the Chicago School. Montreal: McGill-Queen's University Press.

MATZA, D. (1969). *Becoming Deviant*. Englewood Cliffs, NJ: Prentice-Hall.

MAUSS, M. (1967). *The Gift*. Nova York: Norton.

MAYER, A.C. (1966). "The Significance of Quasi-Groups in the Study of Complex Societies". In: BANTON, M. (org.). *The Social Anthropology of Complex Societies*. Londres: Tavistock [ASA 4].

MAYER, P. (1964). "Labour Migrancy and the Social Network". In: HOLLEMAN, J.F; KNOX, J.; MANN, J.W. & HEARD, K.A. (orgs.). *Problems of Transition*. Pietermaritzburg: University of Natal Press.

_____ (1962). "Migrancy and the Study of Africans in Towns". *American Anthropologist*, 64, p. 576-592.

_____ (1961). *Townsmen or Tribesmen*. Cape Town: Oxford University Press.

McGEE, T.G. (1971). *The Urbanization Process in the Third World*. Londres: Bell.

_____ (1964). "The Rural-Urban Continuum Debate: The Preindustrial City and Rural-Urban Migration". *Pacific Viewpoint*, 5, p. 159-181.

McINTOSH, M. (1975). *The Organization of Crime*. Londres: Macmillan.

McKENZIE, R.D. (1968). *On Human Ecology*. Chicago: University of Chicago Press [Org. por Amos Hawley e com uma introdução deste mesmo autor].

McLUHAN, M. (1965). *Understanding Media*. Nova York: McGraw-Hill.

MEAD, G.H. (1967). *Mind, Self, and Society*. Chicago: University of Chicago Press.

MEILLASSOUX, C. (1968). *Urbanization of an African Community*. Seattle: University of Washington Press.

MERTON, R.K. (1957). *Social Theory and Social Structure*. Glencoe, Ill.: Free Press.

MESSINGER, S.L.; SAMPSON, H. & TOWNE, R.D. (1962). "Life as Theater: Some Notes on the Dramaturgic Approach to Social Reality". *Sociometry*, 25, p. 98-110.

MIDDLETON, J. (1966). *The Effect of Economic Development on Traditional Political Systems in Africa South of the Sahara*. The Hague: Mouton.

MILES, S.W. (1958). "An Urban Type: Extended Boundary Towns". *Southwestern Journal of Anthropology*, 14, p. 339-351.

MILGRAM, S. (1970). "The Experience of Living in Cities: A Psychological Analysis". *Science*, 167, p. 1.461-1.468.

_____ (1969). "Interdisciplinary Thinking and the Small World Problem". In: SHERIF, M. & SHERIF, C.W. (orgs.). *Interdisciplinary Relationships in the Social Sciences*. Chicago: Aldine.

MILLS, C.W. (1961). *The Sociological Imagination*. Nova York: Grove Press.

MINER, H. (1953). *The Primitive City of Timbuctoo*. Princeton, NJ: Princeton University Press.

_____ (1952). "The Folk-Urban Continuum". *American Sociological Review*, 17, p. 529-537.

MINTZ, S.W. (1954). "On Redfield and Foster". *American Anthropologist*, 56, p. 87-92.

_____ (1953). "The Folk-Urban Continuum and the Rural Proletarian Community". *American Journal of Sociology*, 59, p. 136-143.

MITCHELL, J.C. (1977). "The Shadow of Federation, 1952-55". *African Social Research*, 24, p. 309-318.

_____ (1974a). "Perceptions of Ethnicity and Ethnic Behaviour: An Empirical Exploration". In: COHEN, A. (org.). *Urban Ethnicity*. Londres: Tavistock [ASA 12].

_____ (1974b). "Social Networks". *Annual Review of Anthropology*, n. 3. Palo Alto, CA: Annual Reviews.

_____ (1973a). "Distance, Transportation, and Urban Involvement in Zambia". In: SOUTHALL, A. (org.). *Urban Anthropology*. Nova York: Oxford University Press.

_____ (1973b). "Networks, Norms and Institutions". In: BOISSEVAIN, J. & MITCHELL, J.C. (orgs.). *Network Analysis*. The Hague: Mouton.

_____ (1969a). "Urbanization, Detribalization, Stabilization and Urban Commitment in Southern Africa: 1968". In: MEADOWS, P. & MIZRUCHI, E.H. (orgs.). *Urbanism, Urbanization, and Change*. Reading, MA: Addison-Wesley.

_____ (1969b). "The Concept and Use of Social Networks". In: MITCHELL, J.C. (org.). *Social Networks in Urban Situations*. Manchester: Manchester University Press.

_____ (1966a). "Aspects of Occupational Prestige in a Plural Society". In: LLOYD, P.C. (org.). *The New Elites of Tropical Africa*. Londres: Oxford University Press.

_____ (1966b). "Theoretical Orientations in African Urban Studies". In: BANTON, M. (org.). *The Social Anthropology of Complex Societies*. Londres: Tavistock [ASA 4].

_____ (1964). "Foreword". In: VELSEN, J. *The Politics of Kinship*. Manchester: Manchester University Press.

_____ (1961). "Social Change and the Stability of African Marriage in Northern Rhodesia". In: SOUTHALL, A. (org.). *Social Change in Modern Africa*. Londres: Oxford University Press.

_____ (1957). "Aspects of African Marriage on the Copperbelt of Northern Rhodesia". *Rhodes-Livingstone Journal*, 22, p. 1-30.

_____ (1956a). *The Kalela Dance*. Manchester: Manchester University Press [Rhodes-Livingstone Papers, n. 27].

_____ (1956b). *The Yao Village*. Manchester: Manchester University Press.

_____ (1956c). "Urbanization, Detribalization and Stabilization in Southern Africa – A Problem of Definition and Measurement". *In Social Implications of Industrialization and urbanization in Africa South of the Sahara*. Paris: Unesco.

MITCHELL, J.C. & EPSTEIN, A.L. (1959). "Occupational Prestige and Social Status Among Urban Africans in Northern Rhodesia". *Africa*, 29, p. 22-40.

MOMMSEN, W.J. (1977). *The Age of Bureaucracy*. Nova York: Harper & Row.

MORRIS, C. (1973). *The Discovery of the Individual*: 1050-1200. Nova York: Harper & Row.

MORRIS, R.N. (1968). *Urban Sociology*. Londres: Allen & Unwin.

MUMFORD, L. (1961). *The City in History*. Nova York: Harcourt/Brace.

MUNGHAM, G. & PEARSON, G. (orgs.) (1976). *Working Class Youth Culture*. Londres: Routledge and Kegan Paul.

MURPHEY, R. (1954). "The City as a Center of Change: Western Europe and China". *Annals of the Association of American Geographers*, 44, p. 349-362.

MURVAR, V. (1969). "Some Tentative Modifications of Weber's Typology: occidental versus Oriental City". In: MEADOWS, P. & MIZRUCHI, E.H. (orgs.). *Urbanism, Urbanization, and Change*. Reading, MA: Addison-Wesley.

NAIR, K.K. (1972). *Politics and Society in South Eastern Nigeria 1841-1906*. Londres: Cass.

NAKAMURA, H. (1968). "Urban Ward Associations in Japan". In: PAHL, R.E. (org.). *Readings in Urban Sociology*. Oxford: Pergamon.

NAKANE, C. (1970). *Japanese Society*. Berkeley/Los Angeles: University of California Press.

NEWTON, E. (1972). *Mother Camp*. Englewood Cliffs, NJ: Prentice-Hall.

OLIVER-SMITH, A. (1977). "Traditional Agriculture, Central Places, and Post-disaster Urban Relocation in Peru". *American Ethnologist*, 4, p. 102-116.

ORANS, M. (1966). "Surplus". *Human Organization*, 25, p. 24-32.

OTTENBERG, S. (1971). "Social Networks in Urban Situations". *American Anthropologist*, 73, p. 946-948 [Resenha de J. Clyde Mitchell].

PAHL, R.E. (1967). "The Rural Urban Continuum – A Reply to Eugen Lupri". *Sociologia Ruralis*. 7, p. 21-28.

_____ (1966). "The Rural-Urban Continuum". *Sociologia Ruralis*, 6, p. 299-327.

PAINE, R. (1970). "Informal Communication and Information-Management". *Canadian Review of Sociology and Anthropology*, 7, p. 172-88.

_____ (1969). "In Search of Friendship: An Exploratory Analysis in 'Middle-class' Culture". *Man,* 4, p. 505-524.

_____ (1968). "Gossip and Transaction". *Man*, 3, p. 305-308.

_____ (1967). "What is Gossip About? – An Alternative |Hypothesis". *Man*, 2, p. 278-285.

_____ (1966). "A Critique of the Methodology of Robert Redfield: 'Folk Culture' and Other Concepts". *Ethnos*, 31, p. 161-172.

_____ (1963). "Entrepreneurial Activity without its Profits". In: BARTH, F. (org.). *The Role of the Entrepreneur in Social Change in Northern Norway*. Bergen/ Oslo: Norwegian Universities Press.

PARK, R.E. (1972). *The Crowd and the Public and Other Essays*. Chicago: University of Chicago Press [Org. por Henry Elsner e com uma introdução por esse mesmo autor].

_____ (1967). *On Social Control and Collective Behavior*. Chicago: University of Chicago Press [Org. por Ralph H. Turner e com uma introdução por esse mesmo autor].

_____ (1955). *Society*. Glencoe, Ill.: Free Press.

_____ (1952). *Human Communities*. Glencoe, Ill.: Free Press.

_____ (1950). *Race and Culture*. Glencoe, Ill.: Free Press.

PARK, R.E.; BURGESS, E.W. & McKENZIE, R.D. (1967). *The City*. Chicago: University of Chicago Press [Publicado pela primeira vez em 1925].

PARKIN, F. (1972). *Class Inequality and Political Order*. Londres: Paladin.

PATRICK, J. (1973). *A Glasgow Gang Observed*. Londres: Eyre Methuen.

PAUW, B.A. (1963). *The Second Generation*. Cape Town: Oxford University Press.

PEARSON, H.W. (1957). "The Economy Has no Surplus". In: POLANYI, K.; ARENSBERG, C.M. & PEARSON, H.W. (orgs.). *Trade and Market in the Early Empires*. Glencoe, Ill.: Free Press.

PERINBANAYAGAM, R.S. (1974). "The Definition of the Situation: An Analysis of the Ethnomethodological and Dramaturgical View". *Sociological Quarterly*, 15, p. 521-541.

PERRINGS, C. (1977). "Consciousness, Conflict and Proletarization: An Assessment of the 1935 Mineworkers' Strike on the Northern Rhodesian Copperbelt". *Journal of Southern African Studies*, 4, p. 31-51.

PILCHER, W.W. (1973). *The Portland Longshorem*en. Nova York: Holt, Rinehart and Winston.

PIRENNE, H. (1952). *Medieval Cities*. Princeton, NJ: Princeton University Press.

PLATH, D.W. (1964). *The After Hours*. Berkeley/Los Angeles: University of California Press.

PLECK, E.H. (1976). "Two Worlds in One: Work and Family". *Journal of Social History*, 10, p. 178-195.

PLOTNICOV, L. (1973). "Anthropological Field Work in Modern and Local Urban Contexts". *Urban Anthropology*, 2, p. 248-264.

_____ (1967). *Strangers to the City*. Pittesburgo: University of Pittsburgh Press.

_____ (1964). "Nativism in Contemporary Nigeria". *Anthropological Quarterly*, 37, p. 121-137.

POCOCK, D.F. (1960). "Sociologies Urban and Rural". *Contributions to Indian Sociology*, 4, p. 63-81.

POLANYI, K. (1957a). *The Great Transformation*. Boston: Beacon Press.

_____ (1957b). "The Economy as Instituted Process". In: POLANYI, K.; ARENSBERG, C.M. & PEARSON, H.W. (orgs.). *Trade and Market in the Early Empires*. Glencoe, Ill.: Free Press.

PORTES, A. & BROWNING, H.L. (orgs.) (1976). *Current Perspectives in Latin American Urban Research*. Austin: Institute of Latin American Studies/ University of Texas.

POWDERMAKER, H. (1966). *Stranger and Friend*. Nova York: Norton.

_____ (1962). *Copper Town*. Nova York: Harper and Row.

PRICE, J.A. (1973). "Holism through Team Ethnography". *Human Relations*, 26, p. 155-170.

RABAN, J. (1974). *Soft City*. Londres: Hamish Hamilton.

RAINWATER, L. (1966). "Work and identity in the Lower Class". In: WARNER JR., S.B. (org.). *Planning for a Nation of Cities*. Cambridge, MA: MIT Press.

RAKOVE, M. (1975). *Don't Make No Waves, Don't Back No Losers*. Bloomington: Indiana University Press.

RANGER, T.O. (1975). *Dance and Society in Eastern Africa*. Londres: Heinemann.

RAYFIELD, J.R. (1974). "Theories of Urbanization and the Colonial City in West Africa". *Africa*, 44, p. 163-185.

REDFIELD, R. (1962). *Human Nature and the Study of Society*. Chicago: University of Chicago Press [Org. por M.P. Redfield].

_____ (1955). *The Little Community*. Chicago: University of Chicago Press.

_____ (1953). *The Primitive World and its Transformations*. Ithaca, NY: Cornell University Press.

_____ (1947). "The Folk Society". *American Journal of Sociology*, 41, p. 293-308.

_____ (1941). *The Folk Culture of Yucatan*. Chicago: University of Chicago Press.

_____ (1930). *Tepoztlan, a Mexican Village*. Chicago: University of Chicago Press.

REDFIELD, R. & SINGER, M. (1954). "The Cultural Role of Cities". *Economic Development and Cultural Change*, 3, p. 53-73.

REINA, R.E. (1973). *Paraná*. Austin: University of Texas Press.

REISS JR., A.J. (1955). "An Analysis of Urban Phenomena". In: FISHER, R.M. (org.). *The Metropolis in Modern Life*. Garden City, NY: Doubleday.

REITMAN, B.L. (1975). *Sister of the Road*. Nova York: Harper & Row [Publicado pela primeira vez em 1937].

RICHARDS, A.I. (1977). "The Rhodes-Livingstone Institute: An Experiment in Research, 1933-38". *African Social Research*, 24, p. 275-278.

_____ (1939). *Land, Labour and Diet in Northern Rhodesia*. Londres: Oxford University Press.

RIESMAN, P. (1977). *Freedom in Fulani Social Life*. Chicago: University of Chicago Press.

RIVIÈRE, P.G. (1967). "The Honour of Sánchez". *Man*, 2, p. 569-583.

ROBERTS, B.R. (1976). "The provincial Urban System and the process of Dependency". In: PORTES, A. & BROWNING, H.L. (orgs.). *Current Perspectives in Latin American Urban Resear*ch. Austin: Institute of Latin American Studies/ University of Texas.

_____ (1973). *Organizing Strangers*. Austin: University of Texas Press.

ROLLWAGEN, J.R. (1972). "A Comparative Framework for the Investigation of the City-as-Context: A Discussion of the Mexican Case". *Urban Anthropology*, 1, p. 68-86.

RÖRIG, F. (1971). *The Medieval Town*. Berkeley/Los Angeles: University of California Press.

ROSSI, P.H. (1960). "Power and Community Structure". *Midwest Journal of Political Science*, 4, p. 390-401.

RUBINSTEIN, J. (1973). *City Police*. Nova York: Farrar, Straus and Giroux.

SABERWAL, S. (1972). "Status, Mobility, and Networks in a Punjabi Industrial Town". In: SABERWAL, S. (org.). *Beyond the Village*. Simla: Indian Institute of Advanced Study.

SALAMAN, G. (1974). *Community and Occupation*. Londres: Cambridge University Press.

_____ (1971). "Two occupational Communities: Examples of a Remarkable Convergence of Work and Non-Work". *Sociological Review*, 19, p. 389-407.

SANDERS, E. (1972). *The Family*. Nova York: Avon.

SAPIR, E. (1924). "Culture, Genuine and Spurious". *American Journal of Sociology*, 29, p. 401-429.

SCHEFF, T.J. (1967). "Toward a Sociological Model of Consensus". *American Sociological Review*, 32, p. 32-46.

SCHNEIDER, P.; SCHNEIDER, J. & HANSEN, E. (1972). "Modernization and Development: The Role of Regional Elites and Noncorporate Groups in the European Mediterranean". *Comparative Studies in Society and History*, 14, p. 328-350.

SCHNORE, L.F. (1965). "On the Spatial Structure of Cities in the Two Americas". In: HAUSER, P.M. & SCHNORE, L.F. (orgs.). *The Study of Urbanization*. Nova York: Wiley.

SCHWAB, W.B. (1965). "Oshogbo – An Urban Community". In: KUPER, H. (org.). *Urbanization and Migration in West Africa*. Berkeley/Los Angeles: University of California Press.

SCOTT, M.B. & LYMAN, S.M. (1968). "Accounts". *American Sociological Review*, 33, p. 46-62.

SEABROOK, J. (1967). *The Unprivileged*. Londres: Longmans.

SENNETT, R. (1977). *The Fall of Public Man*. Nova York: Knopf.

SENNETT, R. (org.) (1969). *Classic Essays on the Culture of Cities*. Englewood Cliffs, NJ: Prentice-Hall.

SERVICE, E.R. (1975). *Origins of the State and Civilization*. Nova York: Norton.

SHACK, W.A. (1972). "Urban Anthropology and the Study of Complex Societies". *Urban Anthropology Newsletter*, 1 (1), p. 5-6.

SHAW, C.R. (1930). *The Jack-Roller*. Chicago: University of Chicago Press.

SHILS, E. (1975). *Center and Periphery*. Chicago: University of Chicago Press.

SHORT JR., J.F. (org.) (1971). *The Social Fabric of the Metropolis*. Chicago: University of Chicago Press.

SILVERMAN, S.F. (1975). *Three Bells of Civilization*. Nova York: Columbia University Press.

_____ (1966). "An Ethnographic Approach to Social Stratification: Prestige in a Central Italian Community". *American Anthropologist*, 68, p. 899-921.

SIMMEL, G. (1955). *Conflict & The Web of Group-Affiliations*. Glencoe, Ill.: Free Press.

_____ (1950). "The Metropolis and Mental Life". In: WOLFF, K.H. (org.). *The Sociology of Georg Simmel*. Glencoe, Ill.: Free Press.

SJOBERG, G. (1965). "Theory and Research in Urban Sociology". In: HAUSER, P.M. & SCHNORE, L.F. (orgs.). *The Study of Urbanization*. Nova York: Wiley.

_____ (1964). "The Rural-Urban Dimension in Preindustrial, Transitional, and Industrial Societies". In: FARIS, R.E.L. (org.). *Handbook of Modern Sociology*. Chicago: Rand McNally.

_____ (1960). *The Preindustrial City*. Nova York: Free Press.

_____ (1959). "Comparative Urban Sociology". In: MERTON, R.K.; BROOM, L. & COTTRELL, L.S. (orgs.). *Sociology Today*. Nova York: Basic Books.

_____ (1952). "Folk and Feudal Societies". *American Journal of Sociology*, 58, p. 231-239.

SKINNER, W.G. (1964-1965). "Marketing and Social Structure in Rural China". *Journal of Asian Studies*, 24, p. 3-43, 195-228, 363-399.

SMIGEL, E.O. (org.) (1963). *Work and Leisure*. New Haven, CO: College and University Press.

SMITH, C.A. (1975). "Examining Stratification Systems through Peasant Marketing Arrangements: An Application of Some Models from Economic Geography". *Man*, 10, p. 95-112.

_____ (1974). "Economics of Marketing Systems: Models from Economic Geography". *Annual Review of Anthropology*, n. 3. Palo Alto, CA: Annual Reviews.

SMITH, C.A. (org.) (1976). *Regional Analysis* – Vol. I: "Economic Systems"; Vol. II: "Social Systems". Nova York: Academic Press.

SMITH, R.H.T. (1965). "Method and Purpose in Functional Town Classification". *Annals of the Association of American Geographers*, 55, p. 539-548.

SMITH, R.J. (1973). "Town and City in Pre-Modern Japan: Small Families, Small Households and Residential Instability". In: SOUTHALL, A. (org.). *Urban Anthropology*. Nova York: Oxford University Press.

SMITH, R.T. (1967). "Social Stratification, Cultural Pluralism, and Integration in West Indian Societies". In: LEWIS, S. & MATHEWS, T.G. (orgs.). *Caribbean Integration*. Rio Pedras, Porto Rico: Institute of Caribbean Studies.

SOUTHALL, A. (1961). "Introductory Summary". In: SOUTHALL, A. (org.). *Social Change in Modern Africa*. Londres: Oxford University Press.

_____ (1959). "An Operational Theory of Role". *Human Relations*, 12, p. 17-34.

SOUTHALL, A. (org.) (1973a). *Urban Anthropology*. Nova York: Oxford University Press.

_____ (1973b). "The Density of Role-Relationships as a Universal Index of Urbanization". *Urban Anthropology*.

SPEARPOINT, F. (1937). "The African Native and the Rhodesian Copper Mines". *Journal of the Royal African Society*, 36 (154), p. 1-58 [Suplemento].

SPRADELY, J.P. & MANN, B.J. (1975). *The Cocktail Waitress*. Nova York: Wiley.

SPRADLEY, J.P. (1972). "Adaptive Strategies of Urban Nomads: The Ethnoscience of Tramp Culture". In: WEAVER, T. & WHITE, D. (orgs.). *The Anthropology of Urban Environments* – The Society for Applied Anthropology [Monograph Series, n. 11].

_____ (1970). *You Owe Yourself a Drunk*. Boston: Little/Brown.

STEIN, M.R. (1960). *The Eclipse of Community*. Princeton: Princeton University Press.

STEWARD, J.H. (1950). *Area Research*. Nova York: Social Science Research Council.

STEWART JR., C.T. (1958). "The Urban-Rural Dichotomy: Concepts and Uses". *American Journal of Sociology*, 64, p. 152-158.

STONE, G.P. (1954). "City Shoppers and Urban Identification: Observations on the Social Psychology of City Life". *American Journal of Sociology*, 60, p. 36-45.

STRAUSS, A.L. (1961). *Images of the American City*. Nova York: Free Press.

SUTTLES, G.D. (1976). "Urban Ethnography: Situational and Normative Accounts". *Annual Review of Sociology*, n. 2. Palo Alto, CA: Annual Reviews.

_____ (1970). "Friendship as a Social Institution". In: McCALL, G.J. (org.). *Social Relationships*. Chicago: Aldine.

_____ (1968). *The Social Order of the Slum*. Chicago: University of Chicago Press.

SYMMONS-SYMONOLEWICZ, K. (1968). *The Polish Peasant in Europe and America*: Its First Half-a-Century of Intellectual History (1918-1968)". *Polish Review*, 13 (2), p. 14-27.

TAX, S. (1941). "World View and Social Relations in Guatemala". *American Anthropologist*, 43, p. 27-42.

_____ (1939). "Culture and Civilization in Guatemalan Societies". *Scientific Monthly*, 48, p. 463-467.

TAYLOR, L. (1968). "Erving Goffman". *New Society*, 12, p. 835-837.

TEEFFELEN, T. (1978). "The Manchester School in Africa and Israel: A Critique". *Dialectical Anthropology*, 3, p. 67-83.

TENBRUCK, F.H. (1965). "Formal Sociology". In: COSER, L.A. (org.). *Georg Simmel*. Englewood Cliffs, NJ: Prentice-Hall.

THERNSTROM, S. (1973). *The Other Bostonians*. Cambridge, Mass: Harvard University Press.

_____ (1965). "Yankee City Revisited: The Perils of Historical Naïveté". *American Sociological Review*, 30, p. 234-242.

THOMAS, W.I. (1966). *On Social Organization and Social Personality*. Chicago: University of Chicago Press [Org. por Morris Janowitz e com uma introdução pelo mesmo autor].

_____ (1937). *Primitive Behavior*. Nova York: McGraw-Hill.

_____ (1909). *Source Book for Social Origins*. Chicago: University of Chicago Press.

THOMAS, W.I. & ZNANIECKI, F. (1918-1929). *The Polish Peasant in Europe and America*.

THRASHER, F.M. (1963). *The Gang*. Chicago: University of Chicago Press [Publicado pela primeira vez em 1927].

THRUPP, S.L. (1961). "The Creativity of Cities". *Comparative Studies in Society and History*, 4, p. 53-64.

TOFFLER, A. (1970). *Future Shock*. Nova York: Random House.

TRAVERS, J. & MILGRAM, M. (1969). "An Experimental Study of the Small World Problem". *Sociometry*, 32, p. 425-443.

TRIGGER, B. (1972). "Determinants of Urban Growth in Preindustrial societies". In: UCKO, P.J.; TRINGHAM, R. & DIMBLEBY, G.W. (orgs.). *Man, Settlement and Urbanism*. Londres: Duckworth.

TRILLING, L. (1972). *Sincerity and Authenticity*. Cambridge, MA: Harvard University Press.

TSURU, S. (1963). "The Economic Significance of Cities". In: HANDLIN, O. & BURCHARD, J. (orgs.). *The Historian and The City*. Cambridge, MA: MIT Press.

TURNER, B.S. (1974). *Weber and Islam*. Londres: Routledge and Kegan Paul.

TURNER, V.W. (1969). *The Ritual Process*. Chicago: Aldine.

_____ (1957). *Schism and Continuity in an African Society*. Manchester: Manchester University Press.

UZZELL, J.D. & PROVENCHER, R. (1976). *Urban Anthropology*. Dubuque, Iowa: W.C. Brown.

VALENTINE, C.A. (1968). *Culture and Poverty*. Chicago: University of Chicago Press.

VATUK, S. (1972). *Kinship and Urbanization*. Berkeley/Los Angeles: University of California Press.

VELSEN, J. (1975). "Urban Squatters: Problem or Solution". In: PARKIN, D. (org.). *Town and Country in Central and Eastern Africa*. Londres: Oxford University Press.

_____ (1967). "The Extented-Case Method and Situational Analysis". In: EPSTEIN, A.L. (org.). *The Craft of Social Anthropology*. Londres: Tavistock.

_____ (1964). *The Politics of Kinship*. Manchester: Manchester University Press.

_____ (1961). "Labour Migration as a Positive Factor in the Continuity of Tonga Tribal Society". In: SOUTHALL, A. (org.). *Social Change in Modern Africa*. Londres: Oxford University Press.

VINCENT, J. (1974). "The Changing Role of Small Towns in the Agrarian Structure of East Africa". *Journal of Commonwealth and Comparative Politics*, 12, p. 261-275.

VOLKART, E.H. (org.) (1951). *Social Behavior and Personality*. Nova York: Social Science Research Council.

WALLACE, A.F.C. (1961). *Culture and Personality*. Nova York: Random House.

WALTON, J. (1976a). "Political Economy of World Urban Systems: Directions for Comparative Research". In: WALTON, J. & MASOTTI, L.H. (orgs.). *The City in Comparative Perspective*. Nova York: John Wiley.

_____ (1976b). "Community Power and the Retreat from Politics: Full Circle after Twenty Years?" *Social Problems*, 23, p. 292-303.

WATSON, J. & POTTER, R.J. (1962). "An Analytic Unit for the Study of Interaction". *Human Relations*, 15, p. 245-263.

WATSON, W. (1964). "Social Mobility and Social Class in Industrial Communities". In: GLUCKMAN, M. (org.). *Closed Systems and Open Minds*. Edingurgo/ Londres: Oliver & Boyd.

_____ (1960). "The Managerial Spiralist". *Twentieth Century*, 7, p. 413-418.

_____ (1958). *Tribal cohesion in a Money Economy*. Manchester: Manchester University Press.

WEAVER, T. & WHITE, D. (orgs.) (1972). *The Anthropology of Urban Environments*. Washington, DC: Society for Applied Anthropology.

WEBBER, M.M. (1964). "The Urban Place and the Nonplace Urban Realm". In: WEBBER, M.M. (org.). *Explorations into Urban Structure*. Filadélfia: University of Pennsylvania Press.

WEBER, M (1958). *The City*. Nova York: Free Press.

WHEATLEY, P. (1972). "The Concept of Urbanism". In: UCKO, P.; TRING-HAM, R. & DIMBLEBY, G.W. (orgs.). *Man, Settlement and Urbanism*. Londres: Duckworth.

_____ (1971). *The Pivot of the Four Quarters*. Edimburgo: Edinburgh University Press.

_____ (1963). "What the Greatness of a City is Said To Be". *Pacific Viewpoint*, 4, p. 163-188.

WHITE, C.M.N. (1977). "Interregna 1955-56 e 1960-62". *African Social Research*, 24, p. 327-329.

WHITE, M. & WHITE, L. (1962). *The Intellectual versus the City*. Cambridge, MA: Harvard University Press.

WHITTEN JR., N.E. (1970). "Network Analysis and Processes of Adaptation among Ecuadorian and Nova Scotian Negroes". In: FREILICH, M. (org.). *Marginal Natives*. Nova York: Harper & Row.

WHYTE, W.F. (1943). *Street Corner Society*. Chicago. University of Chicago Press.

WHYTE JR., W.M. (1957). *The Organization Man*. Garden City, NY: Anchor Books.

WILLIAMSON, H. (1965). *Hustler!* Garden City, NY: Doubleday [Org. por R. Lincoln Keiser].

WILSON, G. (1942). *An Essay on the Economics of Detribalization in Northern Rhodesia*. Part II. Livingstone: Rhodes-Livingstone Institute [Rhodes-Livingstone Papers, n. 6].

_____ (1941). *An Essay on the Economics of Detribalization in Northern Rhodesia*. Part I. Livingstone: Rhodes-Livingstone Institute [Rhodes-Livingstone Papers, n. 5].

WILSON, G. & WILSON, M. (1945). *The Analysis of Social Change*. Cambridge: Cambridge University Press.

WILSON, M. (1977). "The First Three Years, 1938-41". *African Social Research*, 24, p. 279-283.

WIRTH, L. (1964a). *On Cities and Social Life*. Chicago: University of Chicago Press [Org. por Albert J. Reiss Jr. com uma introdução pelo mesmo autor].

_____ (1964b). "Rural-Urban Differences". In: REISS JR., A.J. (org.). *Louis Wirth on Cities and Social Life*. Chicago: University of Chicago Press.

_____ (1956). *The Ghetto*. Chicago: University of Chicago Press [Publicado pela primeira vez em 1928].

_____ (1938). "Urbanism as a Way of Life". *American Journal of Sociology*, 44, p. 1-24.

WOLF, E.R. (1966). "Kinship, Friendship, and Patron-Client Relations in Complex Societies". In: BANTON, M. (org.). *The Social Anthropology of Complex Societies*. Londres: Tavistock [ASA 4].

WOLFE, A.W. (1978). "The Rise of Network Thinking in Anthropology". *Social Networks*, 1, p. 53-64.

_____ (1963). "The African Mineral Industry: Evolution of a supranational Level of Integration". *Social Problems*, 11, p. 153-164.

WOLFE, T. (1976). *Mauve Gloves & Madmen, Clutter & Vine*. Nova York: Farrar, Straus and Giroux.

_____ (1970). *Radical Chic & Mau-Mauing the Flak Catchers*. Nova York: Farrar, Straus and Giroux.

WRIGHT, R.H. (1971). "The Stranger Mentality and the Culture of Poverty". In: LEACOCK, E.B. (org.). *The Culture of Poverty*: A Critique. Nova York: Simon and Schuster.

YOUNG, K. (1962-1963). "Contributions of William Isaac Thomas to Sociology". *Sociology and Social Research*, 47, p. 3-24, 123-137.

YOUNG, T.R. (1971). "The Politics of Sociology: Gouldner, Goffman e Garfinkel". *American Sociologist*, 6, p. 276-281.

ZORBAUGH, H.W. (1929). *The Gold Coast and the Slum*. Chicago: University of Chicago Press.

Índice remissivo

Aarhus 83
Abidjan 135
Aborcionistas
    em busca de 209
Abordagem configuracional 326-329
Acessibilidade 110s., 125-130, 207, 263
Acesso
    a papéis 165, 337s.
    relacional 165, 270, 274s., 341
Adams, R.M. 11, 93n., 95
Addams, J. 29
Adelman, W.J. 43n.4
Adhocracia 296
Agentes imobiliários 208, 326
Agrocidades 91, 100, 132
Alcançabilidade em redes 194, 207-214, 265
Alcance
    conceito na análise de rede 194, 275s., 278
    conceito na teoria de lugar central 101-105, 127
Aldeias urbanas 15, 82, 124, 217, 274, 286, 292, 317
Alfabetismo 89, 98, 110, 330s.
Allahabad 98
Amantes reais 276
Ambivalência cultural 176, 312
América Latina 107, 188, 208
Americanos
    alemães 47, 58
    chineses 62
    filipinos 62
    gregos 58, 62

irlandeses 47
italianos 47, 58, 61, 268
mexicanos 62
negros 23s., 33, 47, 62, 203, 215, 300
poloneses 31, 47, 61
suecos 47, 58
Amizade 86, 122, 139, 163s., 180, 182, 247, 258, 271, 287, 292s., 298
Análise
cultural 265, 300-316
situacional 145-147, 192, 325
Ancoragem de rede 193
Anderson, N. 41-45, 54, 57, 59, 64-66, 250, 291
Andes 93
Anonimato 81, 83, 124s., 163, 258
cf. tb. estranhos
Antropologia
colonial 171-176
jurídica 146n.15
simbólica 22
Antropólogos da Manchester 26, 143-177, 192, 202; cf. tb. Instituto
Rhodes-Livingstone
Antuérpia 121
Apartheid 183n.4
Arnold, D.O. 312n.19
Aronoff, J. 218n.2
Aronson, D.R. 178n.1
Arquíloco 299
Arquitetos 275
Ascendentes em espiral 173, 284, 292, 318, 323s.
Assírios 58
Assistentes de pesquisa 174, 334s.
Associações
de crédito rotativo 142
voluntárias 59, 76, 83, 151s., 168, 266
Atores 250
Atributos
discriminadores de papéis 165-171, 254, 264, 269s., 275, 280, 286, 334,
337-339, 342
interacionais das redes 192
morfológicos das redes 193-196
Aushi 149

382

Autenticidade 243s.
Autoconceito 220, 227, 232, 234, 238-248

Back, K. 282n.5
Bailey, F.G. 223
Baixo Lado Norte, Chicago 54-59
Baker, P.J. 30n.1
Baktaman 240
Balnton, R.E. 103n.20
Bamako 266
Banton, M. 166n.23
Bares de solteiros 295
Barnes, J. 143, 178-180, 191-193, 200, 204, 216
Bartell, G.D. 266
Barth, F. 167, 239, 256n.33
Bascom, W. 132
Basham, R. 12n.2
Bastidores; cf. Distinção frente do palco-bastidores
Beals, R. 19
Becker, H.S. 63, 67, 275, 289n.6
Beckford, G.L. 232n.22
Bell, C. 27, 265, 284, 292
Bemba 139, 144, 149, 154, 176
Bendix, R. 30n.1
Benet, F. 11, 75n.3, 84
Bensman, J. 301n.12
Berger, Bennett 259, 218n.2, 219n.4, 312n.19
Berger, Brigitte 242
Berger, P. 242s., 246, 302, 306
Berghe, P. 172
Berlin, I. 299n.9
Berman, M. 219n.3
Bernstein, B. 163n.21, 315
Berreman, G.D. 251, 267, 299, 307
Berry, B.J.L. 102n.19
Biesheuvel, S. 175n.31
Birenbaum, A. 219n.3
Birmingham 299
Bisa 147-149
Bittner, E. 276n.3, 283

Blumer, H. 30n.1, 318n.2

Boas, F. 40

Bogart, R.W. 218n.2, 231n.21

Bogue, D.J. 30n.1

Boissevain, J. 178n.1, 192n.7, 196n.8, 197, 208

Boltanski, L. 218n.2

Bombay 98

Boston 209s.

Bott, E. 180-183, 185, 191-194, 197, 247, 265, 281

Boulding, K. 129

Brasil 290, 295, 327s.

Braudel, F. 100s., 106, 108

Bremnes 179s., 190, 204, 216

Brice-Laporte, R.S. 232n.22

Broken Hill; cf. Kabwe

Brown, R. 131n.1, 173n.28

Browning, H.L. 107n.23

Bruges 98, 101

Bruxaria azande 157

Bulmer, M. 309

Burgess, E. 30n.1, 37-39, 66, 104, 326

Burke, P. 89n.7

Burnet, J. 30n.1

Burocracia 95, 98s., 188, 205s., 213, 242, 251, 270, 296, 300

Butterworth, D. 281

Cafés 307

Calcutá 286

Cambridge (Massachusetts) 210

Campanhas eleitorais 185s., 189, 204, 215, 281

Camponeses 16, 26, 83, 93, 99, 105, 184

Canberra 98

Cantão 98

Capitalismo 84s., 89

Caprichos 127

Carey, J.T. 30n.1

Carneiro, R.L. 94n.14

Caro Baroja, J. 73

Carreira moral 232

Carreiras 63, 265, 289-298, 313, 316, 323, 325
    dependentes 292

384

Cartas-corrente 178, 186, 194, 210
Carter, H. 109n.26
Casamento 63, 141, 145, 180-182, 246, 281, 291, 306; cf. tb. Papéis e
    relacionamentos domésticos e de parentesco
Caso Haymarket 28, 43n.4, 83
Casta 34, 55, 86, 118, 190, 251
Castells, M. 85
Cavan, S. 266
Ceilão 19
Centralidade nas redes 194
Centros cerimoniais 93-97, 100, 133, 326s.
Cercas 284
Chan Kom 191n.6
Chantagem 251
Chernichewski, V. 17s.
Chewa 149
Chicago 26s., 28-68, 73, 79, 84, 87, 109, 261s., 267-269, 283, 292, 296, 326
Chicago Council of Social Agencies 66
China 93s., 101
Christaller, W. 102-106, 135n.9
Chudacoff, H.P. 331
Ciclo de relações raciais 53, 64, 170
Cidade
    como contexto 324
    da Guatemala 285, 288
    do México 80s., 274
Cidades
    com limites ampliados 95, 133, 161
    generativas 107n.23
    heterogenéticas 98-100, 299
    mineradoras 80, 107s., 136, 143, 148-154, 159, 161, 168, 262s., 309, 318s., 323
    muçulmanas 86
    orientais 97s., 101
    ortogenéticas 98-100, 299, 314
    parasíticas 107n.23
    portuárias 107, 121
    pré-industriais 87-89, 115, 119, 125, 128
    primatas 106n.22, 135, 136n.9
    universitárias 107s., 262
Cidades-empresa 149, 170, 299
Cingapura 98, 121

Clarke, J. 309

Classe 54, 87-89, 108, 110, 153, 171, 180, 201s., 212, 247, 275, 285, 300, 306, 308s., 315

Classificação funcional de cidades 108, 111, 121, 133s.

Cobb, R. 125

Código
elaborado 315
restrito 315

Cohen, A. 168

Cohen, A.K. 305, 307s., 310, 315

Coketown (cidade-carvão) 85, 110s., 136, 241, 262, 318, 328

Collins, R. 218n.2, 219n.5

Colômbia 299

Colson, E. 131n.1, 143

Comaroff, J.L. 131n.1, 163n.21

Commercetown (cidade-comércio) 98, 110s., 241, 262, 318, 328

Communitas 245

Comportamento 226s., 237, 284
coletivo 32, 34, 73, 306, 316

Comunidades
de responsabilidade limitada 292
ocupacionais 275, 309

Conceito
de campo social 187
de cultura 21, 302
de papel 112s., 165, 201, 264
do equilíbrio 138s., 142, 173

Concièrges 283

Conduta
pública 219, 234-237
cf. tb. Papéis e relacionamentos de tráfego
relacional 165, 343s.

Condutores de riquixá 266

Conectividade; cf. Densidade de redes

Conflito 47, 83, 88, 142, 148, 150, 157, 176, 288, 320

Congo Belga 160, 319

Congo Reform Association 32

Congress Party 185s.

Conjunto de ações 185s., 192

Consciência de rede 204, 209-211, 251, 265, 273

Constrangimento 229

386

Construtores navais 309
Contextos de consciência 247s.
Contínuo
  rural/urbano; cf. Contínuo Sociedade primitiva/sociedade urbana
  sociedade primitiva/sociedade urbana 74-76, 83s., 133, 26s., 249, 257
Contracultura 298, 300, 309
Controle normativo 163s., 169, 181s., 185, 189, 242, 247, 264, 273, 341
Conversão 303, 313
Cooling the mark out 229, 295
Copperbelt; cf. Urbanismo na África Central
Cornelius, W.A. 107n.23
Corretores 186, 206s., 214, 335
Cortadores de unhas 298
Coser, L.A. 276, 307
Courttown (cidade-corte) 98, 110s., 262, 317, 328
Cox, O.C. 89n.8
Craven, P. 217
Cressey, P.G. 54, 59-63, 65, 109, 266, 292
Criados domésticos 88, 224, 276
Crime 28, 35, 49, 57, 64, 68, 238, 251, 296-299
Cubitt, T. 182n.2
Cultura
  da pobreza 27, 300, 310s.
  de massa 300, 315
  dominante 314
    cf. tb. Cultura oficial
  oficial 300, 314s., 329
  popular 300
Culturalidade
  graus de 303, 306, 313
Culturas jovens 300, 309, 314s.
Cunnison, I. 143

Dacar 135
Dados arquivais 332
Dalton, G. 94n.13
Dança Kalela 145-149, 151, 155, 172, 325
Dançarinas de aluguel 54, 59-63, 65, 109, 266, 269, 292
Darwinismo 37, 78, 127, 298
Davis, M.S. 218n.2
Dawe, A. 218

Decepção 225, 228s., 245
Deferência 227s., 238, 244, 284, 310
Déli 86, 98
Delimitação do campo de estudo 158s., 264s.
Demografia 76, 90, 160, 318
Densidade 71s., 76s.
   de redes 179-183, 191-195, 214, 216, 265, 273-277, 293s.
Denzin, N.K. 246
Departamentos universitários 31, 40, 143, 215, 307
Desenho de cidades 25s., 36s., 86s., 93, 98, 128, 282, 325-327
Desorganização social 31, 47, 49, 65, 76, 81, 311
Despertar da consciência 307-309
Destribalização 138, 154, 157
Determinantes externos 158-161, 318
Detroit 24, 170
Devons, E. 177n.32
Dewas 185
Dewey, R. 75n.3
Dickens, C. 85
Dike, K.O. 134n.5
Distância
   do papel 255
   social 145, 167
Distinção frente do palco/bastidores 223, 243, 250, 258, 286, 311, 326s.
Divisão de trabalho 34, 38, 70, 72, 94, 111, 114, 118s., 121, 159, 261, 298
Documentos pessoais 31, 41
   cf. tb. Histórias de vida
Domhoff, W. 212, 214
Domínios urbanos de não lugar 324
Donas de casa 276, 282
Dore, R.P. 281
Douglas, M. 163n.21
Dreiser, T. 29, 40
Duff, C. 17s.
Duncan, O.D. 75n.3
Durkheim, E. 74, 78, 142, 219, 226, 238, 298

Eames, E. 12n.2
East London (África do Sul) 161, 183-185, 266, 269
Ecologia 36-39, 46, 52-54, 60, 66, 75, 82, 85, 94, 104, 261, 321

Economia
   política 82, 89-92, 107-110, 114, 119
   que forma a cidade 109, 117, 320
   que serve à cidade 109, 117, 320
Eddy, E.M. 12n.2
Edimburgo 218n.2, 219
Elias, N. 244
Elkins, S. 232n.22
Elsner, H. 30n.1
Empatia 190, 240
Empreendedorismo 19, 95, 98, 105, 297
Encapsulamento 274, 277, 279, 308s., 313, 333
Engels, F. 73, 85, 301n.12
Epstein, A.L. 143, 145, 149-155, 158-161, 168-172, 192, 202, 318-320
Espanha 214
Estivadores 266, 309n.
Estranhos 21, 118, 122-124, 148, 157, 196n.9, 207s., 220, 234-237, 252s., 263s.,
       267, 271, 279, 288, 329, 333
   cf. tb. Anonimato
Estrelas
   de primeira ou de segunda ordem, nas redes 193s., 273, 275, 341
Estruturas
   de poder 83, 91-97, 150s., 159s., 175, 212-215, 318, 321s.
   sociais em pequena escala 24, 124
   cf. tb. Sociedade primitiva
Estudos
   comunitários 158, 325
   de caso prolongados 145-147, 192, 202, 331s.
   ocupacionais 33, 67, 156, 197-200, 266, 275, 289n.6, 300
Etnicidade 11, 13, 24, 47, 58, 84, 88, 140s., 148s., 157, 159-163, 165-170, 263,
       275, 286, 300, 337
Etnografia 18, 38, 41, 64-67, 170, 174, 230, 261, 265s., 300, 315, 318, 324s.,
       328-336
Etnometodologia 228, 316
Etologia 221
Etos 327s.
Etzioni, A. 30n.1, 54
Eunucos 276
Evans-Pritchard, E.E. 157
Explicações 256, 313

Fachada pessoal 222
Fanon, F. 172
Faris, R.E.L. 30n.1
Fava, S.F. 89n.7
Fazendas 231, 331n.24
Ferroviários 266, 275
Festas de despedida 295
Festinger, L. 282n.5
Feudalismo 87-89
Feuer, L. 65
Filadélfia 266
Finley, M.I. 95
Firth, R. 188s., 192, 265
Fischer, C.S. 75n.3, 308n.14
Fischer, J.L. 303
Fisher, S. 321n.20
Flak catchers 205-207, 250, 276n.2, 335
Flanagan, W.G. 38n.3, 135n.9
Flanders 98
Fluidez 265, 288-296, 315s., 325, 331
Fofoca 202-205, 251, 255
Forge, A. 265
Fortes, M. 21
Fosbrooke, H. 131n.1
Foster, G.M. 12n.2, 75n.3
Fotografias 222, 232, 241, 331
Fox, R. 12
Fox, R.G. 12n.2, 317
Frankenberg, R. 131n.1, 216
Frankfurt 51
Friedman, J. 92
Fronteira 28, 41, 48, 83, 150
Fulani 240
Funcionalismo estrutural 142, 188, 202
Fustel de Coulanges, N.D. 95

Gamson, W.A. 218n.2
Gangues 45-49, 54, 57, 64, 68, 261, 266, 280, 297s., 307, 316
Gans, H.J. 15, 75n.3, 82, 287
Gao 134n.5
Garbett, G.K. 145n.14

Garfinkel, H. 316
Gearing, F. 240
Geertz, C. 97, 146, 304
Gellner, E. 74n.2
Gênero como atributo discriminador de papéis 165s., 169s., 254, 264, 337
George Town 24, 26
Gerenciamento de impressão 221-225, 250s., 253, 255, 258, 270
Gerholm, T. 326n.22
Gerlach, L.P. 215, 276n.3
Gestos exploratórios 305
Glaser, B. 226, 248
Glasgow 266
Gluckman, M. 142s., 145s., 154-159, 169s., 172s., 176s., 199, 202-204, 249, 257, 335
Goffman, E. 26, 67, 116, 117n.31, 218-259, 265s., 268, 276, 286, 295, 297, 311
Goldkind, V. 191n.6
Goldman, E. 43n.4
Gonos, G. 218n.2
Goode, J.G. 12n.2
Goodenough, W. 303
Goody, J. 74n.2
Gopher Prairie 328
Gould, H.A. 266
Gouldner, A.W. 218n.2, 230n.18
Gramsci, A. 310n.17
Granovetter, M.S. 276n.1
Grécia 95
Gregersen, B. 218n.2
Grillo, R. 266
Grunebaum, G.E. 86
Grupos
   cult 132, 307
   domésticos 19, 76, 81, 88, 115, 138s., 289
Gueto 13, 24, 50-53, 203, 205n.29, 251, 261, 275, 311, 326
Gugler, J. 135n.9
Guildas 88, 97, 132
Gulick, J. 158n.20, 326n.22
Gutkind, P.C.W. 12, 191n.6
Gutnova, E. 97n.16

391

Hall, J.A. 218n.2

Handelman, D. 167n.24

Hannerz, U. 24, 168n.26, 203, 243n.25, 247n.29, 300n.11, 310n.18, 331n.24

Hansen, E.C. 213s., 295

Harries-Jones, P. 136n.10, 149n.18, 170s.

Harris, C.D. 102n.19, 108

Harris, M. 79s., 94n.13, 257

Harvey, D. 94n.13, 94n.14

Hausa 168

Hauser, P.M. 75n.3

Havana 281

Hawley, A. 30n.1

Henderson, I. 151n.19

Hepworth, M. 251n.32

Herskovits, M.J. 307

Heterogeneidade 78-80, 83s., 103, 109, 127

Hill, J. 45

Hine, V.H. 215, 276n.3

Hippies 266, 300

História oral 332

Histórias de vida 40, 332; cf. tb. Documentos pessoais

Hoboes 41-45, 54, 57, 64, 250, 261, 269, 291

Holismo 13, 19, 317

Holleman, J.F. 175n.31

Homem marginal 36, 53s., 313

Honra 58, 164n.22, 229, 242

Hooker, J.R. 171-175

Horton, R. 74n.2

Horwath, R.J. 134n.4

Hoselitz, B.F. 107n.23

Hospitais psiquiátricos 220, 228, 231-233

Hospital St. Elizabeth 220, 231

How, J.E. 44

Huancayo 297

Hubert, J. 265

Hughes, E.C. 30n.1, 67, 220n.7, 289n.6, 307

Hull House 29

Humphreys, L. 277

Hunter, F. 212

Ibadan 132

Ibn Khaldun 97

Idade como atributo discriminador de papéis 165s., 169, 264, 337

Iêmen 326n.22

Ilhas Cayman 24

Ilhas Shetland 220, 223

Implosão de cultura 312, 329

Índios fox 240

Individualidade 127, 239, 248, 257

Industrialismo 84, 108, 115, 133, 136n.9, 138s., 176, 201n.10, 242, 270, 296-299, 318

Informação pessoal 25, 162-165, 188, 202-204, 247s., 251s., 258, 264, 285, 291, 307, 324, 343

Informantes 197, 334

Inovação
    de papéis 265, 296-299, 313, 339
    linguística 145s., 170
    totais 220, 231-234, 245, 250, 276, 296s.

Instituto Nacional de Saúde Mental 219s., 227

Instituto Rhodes-Livingstone 26, 131-177, 183s., 188-190, 192, 263s., 288s., 311, 318, 321, 331, 335

Integratividade 274, 277-280, 333

Interação face a face 218-238, 315

Interacionismo simbólico 22, 219, 239, 248

Intermediários 208s., 273, 276, 287
    cf. tb. Corretores

International Brotherhood Welfare Association 44

Inventário de papéis 113, 118-120, 268s., 296, 299, 301, 331, 337s.

Ioruba 91, 93, 132-135

Itália 98, 328

Jack Roller 44, 46n.5, 563s.

Jackson Brian 266

Jacobs, J. 282n.5, 299

Jacobson, D. 124n.37

Jameson, F. 218n.2

Jan Sangh 185s.

Janowitz, M. 30n.1, 292

Jayawardena, C. 243n.25

Jefferson, M. 135n.9, 136n.9

Johnsen, T. 145n.14

Johnson, E.A.J. 102n.19
Johnson, S. 266, 282
Jones, G.I. 134n.5
Jornalismo investigativo 32, 213
Judeus 50-54, 58, 61, 275
Juvenile Protective Association 66

Kabwe (Broken Hill) 136-145, 150, 154, 176, 198, 263
Kafanchan 25s., 135n.
Kampala 266
Kapferer, B. 136n.10, 143, 182n.2, 198-200, 201n.10, 266
Keil, C. 68
Keiser, L. 68
Kellner, H. 242, 246s., 306
Kelly, E. 174n.30
Kemper, R.V. 12n.2
Keniston, K. 309
King, A. 134
Kinshasa 135, 286, 293
Klockars, C. 266
Kornblum, W. 68
Kornhauser, W. 276n.3
Krapf-Askari, E. 132n.2
Kray, R. 250, 253s., 277
Kroeber, A.L. 127
Kuhn, T.S. 177n.32
Kuper, A. 173
Kuper, L. 212n.14

La Fontaine, J. 286, 293
Ladrões 49, 88, 164n.22, 237
Lagos 135
Lakeside Tonga 146
Lamont, B. 255
Las Vegas 220
Lazer; cf. papéis recreativos
Leach, E. 19
Leacock, E. 27
Lee, N.H. 209
Leeds, A. 12, 200, 290, 295s., 327
Lelyveld, J. 286

Lemann, N. 291n.7
Leopoldville; cf. Kinshasa
Lerner, D. 240
Lewis, O. 27, 75n.3, 80-82, 123, 257, 274, 280, 311
Lewis, S. 328
Lhasa 98
Lião 125
Líbano 158n.20
Liga Hanseática 98
Lilienfeld, R. 301n.12
Limiar, conceito na teoria de lugar central 101-105, 111, 127, 298
Linsky, A.S. 135n.9
Linton, R. 312
Little, K. 168n.27
Lloyd, P.C. 132n.2
Lockwood, D. 309
Lofland, J.F. 218n.2
Lofland, L. 118n.32, 266
London, B. 38n.3
Londres 17, 98, 180, 250, 265, 326
Long, Norman 143
Long, Norton 321
Lopez, R. 96n.15, 100
Lower North Side Community Council 66
Lowie, R. 40
Lozi 154
Luanshya 136, 147, 149-154, 157, 159, 162, 170, 174s., 263, 320, 325
Lübeck 98
Luckman, T. 242, 302
Lucknow 266
Lupri, E. 75n.3
Lusaka 135n.8, 174n.29
Luvale 149, 176
Lyman, S. 218n.2, 255
Lynch, K. 326n.22
Lynd, H. 27
Lynd, R. 27

Mabogunje, A.L. 132n.2
MacDonald, J. 286
MacDonald, L. 286

Madge, J. 30n.1
Magubane, B. 172s., 183n.3
Maias 69, 84
    cf. tb. Mesoamérica
Malinowski, B. 59, 143
Malta 196s.
Manchester 85, 87, 299
Mann, B. 266
Mannheim, K. 301n.12
Manning, P.K. 218n.2, 244n.27
Manson, C. 298, 313
Marco Polo 97
Marselha 98
Marwick, M.G. 143
Marx, K. 69, 73, 94n.14, 101, 105, 142, 174n.30, 301n.12, 305s., 310
Matthews, F.H. 29n.1
Matza, D. 58, 64, 66
Mau-mauing 205-207, 250
Mauss, M. 92n.9
Mayer, A.C. 185s., 189, 191, 193, 204, 207, 215, 281
Mayer, P. 153, 157, 158n.20, 183-183, 191, 194, 266
McGee, T.G. 75n.3, 134n.4
McIntosh, M. 296
McKenzie, R. 30n.1, 37
McLuhan, M. 312
Mead, G.H. 219, 239, 246
Meerut 266
Meillassoux, C. 266
Mercados 88, 95-99, 102-107, 122, 132s., 329
Merton, R.K. 173n.28
Mesoamérica 93s.
    cf. tb. Maias, México
Mesopotâmia 93
Messinger, S.L. 218n.2
Metodologia de pesquisas 19s., 31, 40, 145, 334
Metodologia 12, 19s., 25, 31, 41, 131, 145-147, 158, 177, 196-201, 209-211,
    226, 265, 328-336
México 94, 123, 257
    cf. tb. Mesoamérica
Middleton, J. 135n.6
Middletown 27

Migração 11, 40-45, 138-140, 143s., 158, 160, 183-185, 187, 286, 323
em cadeia 286s.
Miles, S.W. 95
Milgram, S. 128, 209-211
Mills, C.W. 18
Minas Velhas 79s., 103, 127, 257
Miner, H. 75n.3, 133
Mintz, S.W. 75n.3
Mistura qualitativo-quantitativa 333s.
Mitchell, J.C. 31, 131n.1, 136n.10, 143-148, 154, 156-160, 167, 169s., 172, 174n.30, 178, 190, 192, 318s.
Modas 127, 316
Modelo
de contraste de autoconsciência 239-241, 243
de privação de autoconsciência 239, 241-245, 296
Montecastello 328
Morgan, L.H. 45
Morris, C. 241
Morris, R.N. 75n.3
Moscou 326
Movimento cultural 307s., 324
Multiplexidade 198s., 212, 216, 257, 272-275, 278, 281, 286s., 289, 293, 341
Mumford, L. 85
Mungham, G. 309
Murphey, R. 97n.17
Murvar, V. 97n.17
Músicos 68, 88s., 127, 275, 300

Nair, K.U. 134n.5
Nairobi 135
Nakamura, H. 281
Nakane, C. 310n.16
Não pessoas 224, 236s., 252, 271
Ndebele 149
Ndembu 146
Ndola 202
Newark 24
Newby, H. 27
Newton, E. 68
Ngoni 149
Nigéria 25, 134s., 298

Nordbotn 204
Noruega 179s., 204
Nova Déli; cf. Déli
Nova York 51, 98, 136n.9, 255, 299
Nyasaland 154

Observação participante 13, 19, 23, 40, 67, 174s., 219, 317, 329s., 333, 336
Oliver-Smith, A. 103n.20
Orans, M. 94n.13
Ordem moral 34s., 242, 300
Organização informal 188, 233s., 297
Ottenberg, S. 200

Pahl, R.E. 75n.3
Paine, R. 53n.7, 75n.2, 204, 247
Palermo 208
Papéis
   discrepantes 224
   e relacionamentos de aprovisionamento 113-115, 117s., 120-122, 126, 139-141,
      166-170, 179, 216, 242, 263, 266, 280-282, 287s., 289-291, 293s., 297, 308,
      319-325, 337-339
   e relacionamentos de tráfego 113-119, 122-126, 156, 165s., 216, 235-237, 263,
      266s., 269, 275, 288, 317, 322, 325, 337, 339, 341s.
   e relacionamentos de vizinhos 113-123, 141, 166s., 258, 262s., 266s., 271s.,
      275, 281-289, 292s., 309, 318, 322s., 337, 339
   e relacionamentos recreativos 113-119, 122, 140s., 156s., 166-168, 179s., 184,
      263, 270, 275, 278s., 287, 289, 291, 296, 309, 318, 322, 325, 328, 339, 342
Parâmetros contextuais; cf. Determinantes externos
Paraná 282, 285
Park Forest 284, 292
Park, R.E. 32-41, 53, 58, 64-68, 74, 98, 127, 144, 170, 219, 242, 249, 261-263,
   276, 312
Parkin, Frank 309n.15
Parsons, A. 43n.4
Parsons, T. 219
Patrick, J. 266
Pauw, B.A. 266
Pearson, G. 309
Pearson, H.W. 94n.13
Pequeno problema mundial 209-211
Pequim 98

Perfomances de equipe 223
Perinbanayagam, R.S. 218n.2
Perrings, C. 151n.19
Personalidade urbana 74, 82, 84-86, 128, 239-244
Perspectiva
    dramatúrgica 221-230, 249-253
    relacional 20, 76, 111-117, 267, 330
Pesquisa
    de equipe 334s.
    interdisciplinar 335
Pilcher, W. 266, 309n.15
Pirenne, H. 96, 241, 317
Plath, D.W. 266
Pleck, E.H. 115n.29
Plotnicov, L. 134n.5, 331n.24
Pobreza 11, 13, 24, 28, 205, 310s., 314
Pocock, D. 86, 118
Poder comunitário; cf. Estruturas de poder
Polanyi, K. 92-95
Polícia 58, 150s., 266
Política de máquinas 34, 48, 68
Porteiros 206
Portes, A. 107n.23
Portland 266
Potter, R.J. 246n.28
Powdermaker, H. 136n.10, 174
Prestígio ocupacional 145, 148
Price, J.A. 335
Privacidade 128, 219, 282
Processo cultural 35, 100, 125, 127, 300, 316, 326
Produção excedente 87s., 94
Propriospects 303
Prostituição 43, 57, 62s., 141, 298
Provencher, R. 12n.2
Psicanálise 242
Publicidade 208, 295

Quioto 98

Raban, J. 250, 267, 279
Radcliffe-Brown, R.B. 219n.6

Rainwater, L. 127n.38

Raison, T. 30n.1

Rakove, M. 68

Ranger, T.O. 148n.16

Rayfield, J.R. 134n.5

Rede

parcial 193

pessoal 193, 196-198, 316, 339s.

Redes 19, 26, 144, 178-217, 251-253, 256-258, 264, 267, 273, 277-280, 287s., 292-294, 306s., 312, 323-325, 331, 333, 339-341

de movimento 215

Redfield, R. 40, 67, 69-71, 73s., 76, 80s., 84, 92, 98-100, 115, 118, 133, 142

Regras e relacionamentos domésticos e de parentesco 71, 80-82, 88, 92s., 113-116, 122s., 138s., 165-167, 179-183, 263, 265, 268-272, 285, 289, 291, 309, 321s., 337, 339, 341s.

Reina, R.E. 282, 285

Reiss, A.J. 30n.1, 75n.3, 83

Reitman, B.L. 43n.4

Relacionamentos

categóricos 156s., 163s., 170, 264

estruturais 156s., 163s., 264

lúdicos 148

patrono-cliente 186, 188, 207, 310

pessoais 156s., 163s., 264

Repertório

cultural 311s.

de papéis 113, 118-121, 187-190, 253, 256-258, 264, 267-276, 278, 280, 284s., 288s., 291, 294, 299, 307, 311s., 316, 321-323, 334, 337-341

Resorts 107

Richards, A. 131n.1, 139

Riesman, P. 240

Rio de Janeiro 170, 327s.

Ritos de passagem 249, 257, 294s.

Rivière, P.G. 257

Roberts, B. 285, 288, 297

Rodésia do Norte; cf. Urbanismo na África Central

Rollwagen, J.R. 324

Roma 95

Rörig, F. 96n.15

Rossi, P.H. 321n.20

Rubinstein, J. 266

Rudkus, J. 29, 109, 291
Rússia 101, 299n.9

Saberwal, S. 208
Sagarin, E. 219n.3
Salaman, G. 275, 322n.21
Salões 307
Sanders, E. 298
São Francisco 170, 205, 266
São Paulo 170, 327s.
Sapir, E. 242
Sartre, J.-P. 222, 253
Schachter, S. 282n.5
Scheff, T.J. 302n.13
Schneider, J. 213
Schneider, P. 213
Schnore, L.F. 38n.3
Schwab, W.B. 132n.2
Scott, M.B. 255
Seabrook, J. 285
Segregação 50, 72, 79, 134
Segregatividade 274, 277-280, 333
Seleção situacional 157s., 311s.
Sennett, R. 244
Service, E.R. 93n.12
Setor informal 266, 298s.
Setores de papéis 114-117, 263, 265, 337
Setting 222
Shack, W. 19
Shaw, C.R. 44, 46n.5, 63
Shils, E. 219n.5
Short, J.F. 30n.1, 59, 64, 68, 82
Silverman, S.F. 328, 331n.24
Simmel, G. 32s. 74, 81, 85, 99, 128, 132, 142, 216, 220, 231, 239, 242, 327
Sinais de laços 234s.
Sinceridade 226, 229s., 243-246
Sinclair, U. 29, 40, 85, 109
Sindicatos 28, 152-154, 170, 174n.29
Singer, M. 98-100, 107n.23, 118, 299, 314, 317
Siracusa, S. 208
Sjoberg, G. 75n.3, 87-89, 97-99, 115, 125, 128, 317

Skid Row 45, 266, 283
Skinner, W.G. 103n.20
Smigel, E.O. 116n.30
Smith, C.A. 103n.20
Smith, R.H.T. 103n.20
Smith, R.J. 292
Smith, R.T. 232n.22
Sociedade primitiva 69-71, 73, 76, 83n.6, 99, 115, 240, 249s., 301
Sociedades mediterrâneas 188, 213, 215
Sociologia do conhecimento 121, 301, 306
Sociólogos da Chicago 26, 28-68, 75, 82, 86s., 131, 144, 170, 218s., 261s., 264, 311, 331, 335
Sociometria 196
Solidão 274, 278s., 333
Southall, A. 12n.2, 133s., 159, 166
Spearpoint, F. 136n.10
Spengler, O. 33
Spradley, J. 44, 266
Squatters 27, 135n.8, 267
Steffens, L. 29
Stein, M.R. 30n.1
Steward, J.H. 75n.3
Stewart, C.T. 75n.3
Stone, G.P. 279n.
Strauss, A. 67, 226, 248, 326n.22
Strodtbeck, F. 68
Subculturas 127, 232, 303, 315
Subvida 233s., 243, 297
Swansea 265, 284, 292
Swinging (troca de casais) 266
Symmons-Symonolewicz, K. 30n.1

Tax, S. 75n.3
Taylor, L. 218n.2
Tecnologia 87, 89, 93, 108, 110, 129, 139, 213s.
Teeffelen, T. 131n.1
Tenbruck, F.H. 231n.31
Teoria
    da Dependência 107
    do Lugar Central 102, 111, 127, 133, 161s., 262, 328s.
    Gráfica 196

Teotihucan 101
Tepoztlan 80
Terminologia de rede 191-196
Thernstrom, S. 331
Thomas, W. 30-33, 40, 48, 211
Thrasher, F.M. 45-49, 54, 64, 66, 68, 266, 296s.
Thrupp, S.L. 89n.7
Timbuktu 11, 133-135
Toffler, A. 296
Tönnies, F. 74
Trabalhadores
  agrícolas 310
  industriais do mundo 44
Trabalho 34, 42, 114s., 156, 162, 170, 184, 197s., 240-242, 258, 266, 281s., 287,
  309, 322s.
    cf. tb. Papéis e relacionamentos de aprovisionamento
  de face
Tradições culturais de urbanismo 85s.
Travers, J. 209, 211
Triangulação 330-333
Tribalismo; cf. tb. Etnicidade
Tribunais de justiça 34, 77, 151, 314
Trigger, B. 90n.8
Trilhas de labirinto 303
Trilling, L. 243n.26
Trueblood, F.M. 107n.23
Tsuru, S. 77
Turner, B.S. 97n.17
Turner, F.J. 28
Turner, R.H. 30n.1
Turner, V. 143, 245
Tusik 70
Tuskegee 33
Tylor, E. 13

Uaxactun 98
Urbanismo
  africano 131-137
    cf. tb. Urbanismo na África Central; Urbanismo na África Ocidental
  colonial 98-100, 134, 311
  indiano 86, 118, 134, 185s., 208, 251, 265-267, 299, 326

403

japonês 266, 281, 292, 310n.16
latino-americano 27, 86, 100s.
na África Central 26, 131-177, 192, 198-200, 202, 263, 311s., 320, 323
na África Ocidental 98, 135n.9
Uzzell, J.D. 12n.2

Vale do Indo 93
Vale do Nilo 93s.
Valentine, C. 27
Vatuk, S. 266
Veblen, T. 31
Velsen, J. 135n.8, 143-147
Vestimentas 55, 80, 127, 140, 143, 172, 232, 255
Vida dupla; cf. Segregatividade
Vincent, J. 135
Vizinhanças 24, 34, 36-38, 46s., 51-53, 64, 80s., 86, 116, 266, 280-288, 316, 322
Volkart, E.H. 30n.1, 48n.6

Wallace, A.F.C. 302s.
Walton, J. 107n.23, 321n.20
Warner, L. 27, 86, 219
Washington, B.T. 33
Washington, D.C. 23s., 26, 98, 203, 220
Watson, J. 246n.28
Watson, W. 143s., 173
Watt, I.P. 74n.2
Weaver, T. 12n.2
Weber, Max 69, 97, 100, 117, 122, 216, 241, 317, 321
Webber, Melvin 324
Wellman, B. 217
Wheatley, P. 69, 93-95
White, C.M.N. 131n.1
White, D. 12n.2
White, Leslie 40
White, Lucia 30n.1
White, M. 30n.1
Whitten, N.E. 178, 191n.6
Whyte, W.F. 49, 82
Whyte, W.M. 282, 284, 292
Williamson, H. 68
Wilson, G. 137-145, 158, 173, 176, 198

Wilson, M. 131n.1, 137, 142
Wirth, L. 30n.1, 50-54, 59, 69, 71-87, 99, 101, 103-105, 109s., 117-119, 123s.,
    126-128, 132, 142, 149, 156, 216, 262s., 274s., 280, 288, 298, 327
Wolf, E. 297
Wolfe, A.W. 175n.31, 178
Wolfe, T. 205s., 242n.24
Wright, R.H. 241n.23

Xangai 98
Xhosa 158n.20, 183-185, 194, 217, 266, 269, 274

Yankee C. 27, 86
Yao 146
Yokohama 98
Young, K. 30n.1
Young, T.R. 218n.2, 231n.19

Znaniecki, F. 30n.1, 31
Zola, É. 40
Zona
    de transição 37-39, 41, 46s.
    primeira ordem ou segunda ordem, nas redes 193s., 341
Zorbaugh, H.W. 36, 43n.4, 54-59, 66-68, 82, 230, 279, 283, 292
Zululand 146s.

CULTURAL

Administração
Antropologia
Biografias
Comunicação
Dinâmicas e Jogos
Ecologia e Meio Ambiente
Educação e Pedagogia
Filosofia
História
Letras e Literatura
Obras de referência
Política
Psicologia
Saúde e Nutrição
Serviço Social e Trabalho
Sociologia

CATEQUÉTICO PASTORAL

Catequese
Geral
Crisma
Primeira Eucaristia

Pastoral
Geral
Sacramental
Familiar
Social
Ensino Religioso Escolar

TEOLÓGICO ESPIRITUAL

Biografias
Devocionários
Espiritualidade e Mística
Espiritualidade Mariana
Franciscanismo
Autoconhecimento
Liturgia
Obras de referência
Sagrada Escritura e Livros Apócrifos

Teologia
Bíblica
Histórica
Prática
Sistemática

REVISTAS

Concilium
Estudos Bíblicos
Grande Sinal
REB (Revista Eclesiástica Brasileira)
SEDOC (Serviço de Documentação)

VOZES NOBILIS

Uma linha editorial especial, com importantes autores, alto valor agregado e qualidade superior.

PRODUTOS SAZONAIS

Folhinha do Sagrado Coração de Jesus
Calendário de Mesa do Sagrado Coração de Jesus
Agenda do Sagrado Coração de Jesus
Almanaque Santo Antônio
Agendinha
Diário Vozes
Meditações para o dia a dia
Encontro diário com Deus
Dia a dia com Deus
Guia Litúrgico

VOZES DE BOLSO

Obras clássicas de Ciências Humanas em formato de bolso.

CADASTRE-SE
www.vozes.com.br

EDITORA VOZES LTDA.
Rua Frei Luís, 100 – Centro – Cep 25689-900 – Petrópolis, RJ
Tel.: (24) 2233-9000 – Fax: (24) 2231-4676 – E-mail: vendas@vozes.com.br

UNIDADES NO BRASIL: Belo Horizonte, MG – Brasília, DF – Campinas, SP – Cuiabá, MT
Curitiba, PR – Florianópolis, SC – Fortaleza, CE – Goiânia, GO – Juiz de Fora, MG
Manaus, AM – Petrópolis, RJ – Porto Alegre, RS – Recife, PE – Rio de Janeiro, RJ
Salvador, BA – São Paulo, SP